SOS

WIE MACHT MAN DAS?

Was man wirklich können muss!

Christa Pöppelmann

compact via

compact via ist ein Imprint der Compact Verlag GmbH

Redaktion: Isabella Bergmann, Anna Kalb
Produktion: Wolfram Friedrich
Illustrationen: Doris Oppenauer
Gestaltung: h3a GmbH, München
Umschlaggestaltung: h3a GmbH, München

ISBN 978-3-8174-7922-1
5479221

www.compact-via.de

Vorwort

Einladung mit Dresscode? Unerwartete Babysitterverpflichtungen? Regelmäßige Panikattacken wegen Nachbars Dogge? Bewerbungsgespräch und seit der Konfirmation keine Krawatte mehr getragen? Hier gibt's Hilfe für jede Situation!

1 „Hilfe – wie macht man das denn?"
2 Notrufsäule in Buchform konsultieren
3 Anleitung lesen
4 Illustration betrachten
5 „Ah, so macht man das!"

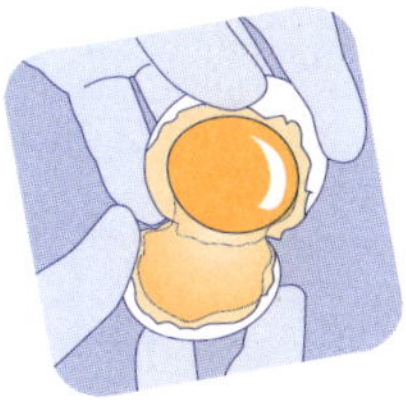

Alle Anleitungen wurden sorgfältig recherchiert und auf ihre Umsetzbarkeit überprüft.
Endlich perfektes Augen-Make-up tragen, ein Frauenversteher sein, ein Baby zum Lachen bringen oder den Kindheitstraum verwirklichen und ein Baumhaus bauen! Werden Sie kreativ, lassen Sie sich inspirieren – denn zusätzlich zu den wirklich alltagstauglichen Anleitungen stecken in diesem Buch auch jede Menge richtig guter Ideen und Hintergrundinfos.

Aber Achtung: Machen Sie sich klar, wo Ihre Grenzen sind und welche Risiken mit jeder einzelnen Aktivität verbunden sein können. Verlag und Autorin übernehmen keine Haftung.
Kinder sollten stets von einem Erwachsenen beaufsichtigt werden, vor allem, wenn Werkzeuge oder gefährliche Materialien im Spiel sind. Und nicht zuletzt: Kinnhaken auszuteilen haben Sie im Normalfall nicht nötig – der dient natürlich nur der Selbstverteidigung!

Mit diesem Buch sind Sie für alles gewappnet – keine Situation kann Sie jetzt mehr schrecken!

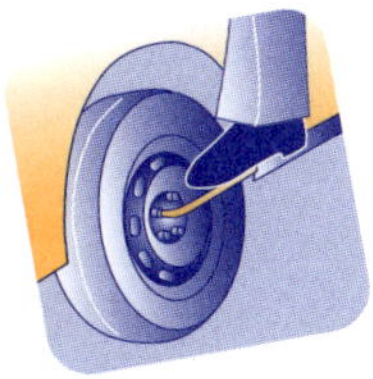

Inhalt

MÄNNER-SACHE

Krawatte binden

Krawatten sind ziemlich out. Wer nicht gerade beruflich zu Schlips und Kragen verpflichtet ist, greift in der Regel selten zu diesem Halsschmuck. Doch eines schönen Tages kommt dann einmal eine Gelegenheit, wo sich auch Krawattenmuffel den gesellschaftlichen Normen beugen müssen. Aber wie ging das noch einmal? Manche pfiffige Zeitgenossen behelfen sich, indem sie stets eine gebundene Krawatte im Schrank haben, deren Knoten sie dann nur noch festziehen müssen. Dass jeder Stilguide mahnt, eine ordentliche Krawatte gehöre stets frisch gebunden, wird großzügig ignoriert. Irgendwann aber ist das gute Stück so verknittert, dass es absolut nicht mehr tragbar ist. Dann ist guter Rat teuer. Manch einer musste sich schon – wie peinlich! – an die eigenen Eltern wenden. Oder hat versucht, die telefonischen Anweisungen eines Freundes vor dem Spiegel nachzuvollziehen. Wer das Binden jedoch einmal geübt und – als Gedächtnisstütze – eine Anleitung griffbereit hat, kann sich das problemlos ersparen.
Krawattenmuffel werden erstaunt sein, zu hören, dass es rund 180 Arten gibt, eine Krawatte zu binden. Doch es reicht völlig aus, einen einzigen Standardknoten zu kennen. Die hier empfohlene Variante heißt „Four-in-Hand“ und wurde vermutlich nach einem gleichnamigen Londoner Klub benannt.

FÜR FORTGESCHRITTENE

Wenn Sie sich schon mit dem Thema Krawattenknoten beschäftigen, warum nicht gleich Eindruck schinden? Es reicht, wenn Sie sich drei Varianten merken, um einen Hilfe suchenden Freund lässig fragen zu können: „Wie hättest du es denn gerne? Einen ‚Four-in-Hand', einen ‚Windsor' oder einen ‚Kent'?“ Anleitungen - teilweise sogar mit Video – finden Sie problemlos im Internet, wenn Sie nach „Krawattenknoten“ suchen. Und natürlich ist das Ganze nicht nur Männersache. Auch als Frau kann man kräftig punkten, wenn man hilflosen Herren kompetente Beratung in Sachen Halsschmuck angedeihen lassen kann.

1 Man legt sich die Krawatte mit der Naht nach innen um den Hals. Das dünne Ende zeigt gerade nach unten, das dicke Ende wird im 45-Grad-Winkel schräg darübergelegt.

2 Nun führt man das dicke Ende erst unter dem dünnen hindurch und dann darüber hinweg. Am Ende zeigt es wie zuvor zur Seite, ist aber einmal um den nach unten hängenden Krawattenteil geschlungen.

3 Nun fädelt man das dicke Ende unter dem am Hals liegenden Teil der Krawatte von unten nach oben hindurch.

4 Anschließend wird das dicke Ende durch die dabei entstehende Schlaufe gesteckt. Es liegt nun auf dem dünnen Ende und zeigt ebenfalls nach unten.

5 Jetzt muss der Knoten nur noch ordentlich zurechtgezogen werden. Dabei entsteht in der Mitte unterhalb des Knotens ein kleines, längliches Grübchen, das „Dimple“ genannt wird. Über die richtige Länge gibt es Diskussionen. Früher endete die Krawatte meist eine Handbreit über dem Hosenbund. Heute ist es üblich, sie so lang zu tragen, dass die Spitze auf der Gürtelschnalle endet.

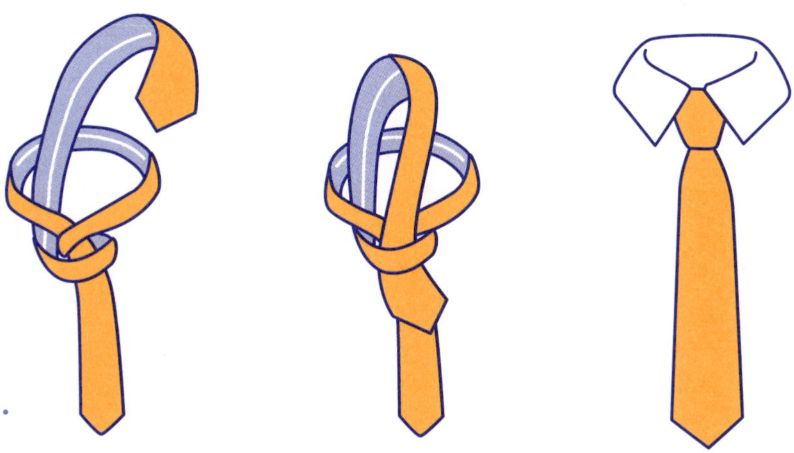

Fliege binden

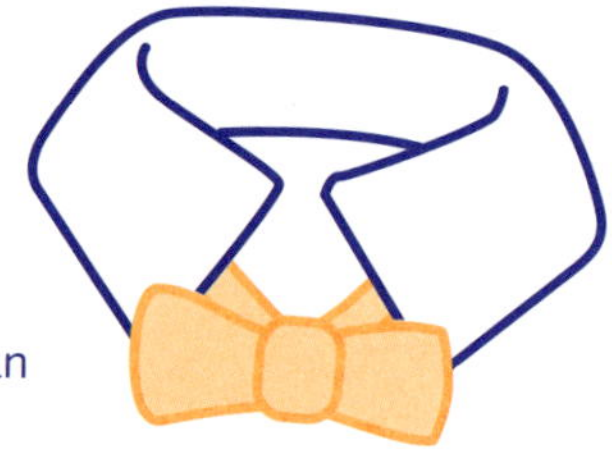

Sie tragen lieber Fliege als Krawatte? Oder kommen in die Verlegenheit, zu wirklich feierlichen Events gebeten zu werden, wo Smoking oder gar Frack gefordert ist? Dann sollten Sie wissen, wie man das gute Stück korrekt bindet – auch wenn es fertig gefaltete Fliegen zu kaufen gibt, die man nur umlegen und im Nacken wie eine Halskette verschließen muss. Denn wirklich stilecht ist nur die selbst gebundene Fliege.

1 Man legt sich den Stoffstreifen so um den Hals, dass eines der Enden einige Zentimeter länger ist.

2 Nun kreuzt man das längere Ende über das kürzere und führt es dann von unten nach oben darunter hindurch, sodass ein lockerer Knoten entsteht.

3 Jetzt wird das kürzere Ende im Zickzack gefaltet und dann auf den Knoten gelegt. Danach legt man das längere Ende über die Mitte des gefalteten Teils.

4 Den Rest des längeren Endes faltet man ebenfalls im Zickzack und schiebt es dann hinter den bereits liegenden Zickzack-Teil in den Knoten. Das geht nicht ohne etwas „Gefummel" ab.

5 Nun muss die Fliege nur noch ordentlich zurechtgezogen werden.

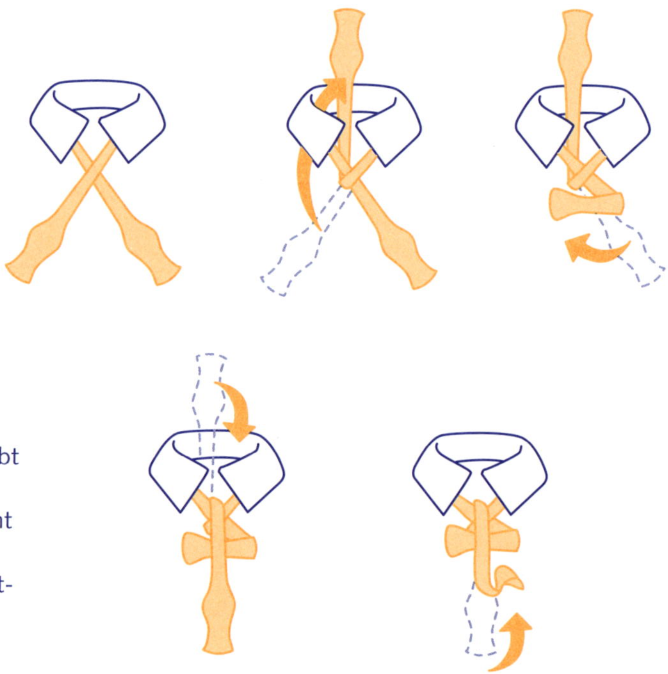

WISSENSWERT

Zum **Frack** und zum **Smoking** wird immer Fliege getragen. Zum Frack eine weiße und zum Smoking eine schwarze. Außerdem kann man bei jeder Gelegenheit, wo Krawatte gefordert wird, auch mit Fliege erscheinen. Hier gerne auch mit einer farbigen oder gemusterten Variante. Das kann unkonventionell, aber auch leicht exzentrisch wirken. Auf jeden Fall fällt man mit Fliege mehr auf.

Anzug tragen

Was soll daran schwer sein? Anziehen und fertig! Wer so denkt, der hat tatsächlich noch einiges zu lernen, damit er im eleganten Zwirn auch tatsächlich elegant aussieht.

- Am Anfang steht die Wahl des richtigen Anzugs. Im **Sommer** sollte man eher leichte Stoffe und hellere Farben tragen, im **Winter** schwere Stoffe und gedeckte Farben. Generell wirken dunklere Farben seriöser. Komplettes Schwarz sieht aber leicht nach Beerdigung aus.
- Am wenigsten falsch machen kann man mit einem **zweiteiligen** Anzug. Eine Kombination, bei der Jackett und Hose aus unterschiedlichem Stoff sind, kann für manche Gelegenheiten zu leger wirken. In einem Zweireiher oder dreiteiligem Anzug (mit dazugehöriger Weste) ist man leicht overdressed. Vor allem wenn „wichtigere" Leute einfacher gekleidet sind.
- Die Anzughose hat **Bügelfalte**. Sie reicht hinten bis zur Mitte der Schuhrückseite und endet vorne mit einem Knick auf dem Spann.
- Die **Manschetten** des Hemdes sollten etwa sechs Millimeter aus den Ärmeln des Jacketts herausragen.
- **Manschettenknöpfe** sind eleganter als gewöhnliche Knöpfe.
- Auch ein **Einstecktuch**, das farblich zur Krawatte passt, erhöht die Eleganz.
- Der **unterste Knopf** des Jacketts wird niemals geschlossen. Beim Setzen werden in der Regel alle Knöpfe geöffnet, da sich ansonsten eine unschöne Falte bildet. Zweireiher sollten so geschnitten sein, dass man sie im Sitzen nicht zu öffnen braucht. Steht man aber wieder auf, schließt man alle Knöpfe bis auf den untersten.
- Zum Anzug gehören natürlich **dunkle, polierte Schuhe**.

GRUNDWISSEN: SCHUHE PUTZEN

1. Zuerst wird mit einer groben Bürste der Schmutz abgebürstet.
2. Dann trägt man mit einem Tuch oder einem kleinen Schwamm mit kreisenden Bewegungen dünn Schuhcreme auf.
3. Wenn diese getrocknet ist, bürstet man die Schuhe noch mal mit einer weicheren Bürste.
4. Dann wird mit einem sauberen Tuch nachpoliert.

Hemd bügeln

Sie haben eine liebevolle Partnerin, die sich gerne um die Pflege Ihrer Bekleidung kümmert? Schön für Sie! Aber dann kommt die Dienstreise. Ihre Hemden sind deutlich in Mitleidenschaft gezogen und die Hotelrezeption hat zwar ein Bügeleisen, aber keine hilfreiche Hand zu bieten. Da heißt es: Selbst ist der Mann!

GRUNDWISSEN: BÜGELEISEN

1. Bei einem Dampfbügeleisen muss destilliertes Wasser in den dafür vorgesehenen Tank gefüllt werden.
2. Nun gilt es, die geeignete Temperatur zu wählen. Auf der Skala sind entweder bis zu drei Punkte aufgedruckt oder die Materialien für jede Hitzestufe. Aus welchem Material ein Kleidungsstück ist und auf wie viele Punkte man das Bügeleisen einstellen muss, sollte auf dem Etikett stehen. Ist dieser Idealfall nicht gegeben, dann hilft nur vorsichtiges Ausprobieren. Als Faustregel gilt: **Kunststoffe** dürfen nur mit niedrigen Temperaturen (ein Punkt) gebügelt werden, weil sie sonst schmoren. **Baumwolle** und **Leinen** brauchen sehr heiße Temperaturen (drei Punkte), um glatt zu werden. Ist man unsicher, dann stellt man das Eisen auf eins und dreht langsam höher, wenn die Wäsche nicht glatt wird. Gleitet das Eisen nicht mehr leicht über den Stoff, sondern zeigt Anzeichen, „kleben“ zu bleiben, dann heißt es: sofort aufhören und niedriger schalten, da die Temperatur zu heiß ist.
3. Bei einem Dampfbügeleisen kann die Wäsche während des Bügelns per Knopfdruck mit Wasser eingesprüht werden. Das erleichtert das Bügeln besonders bei sehr hartnäckigen Falten.
4. Natürlich gilt: Vorsicht mit der beheizten Unterseite des Bügeleisens! Beim Bügeln nie länger auf einer Stelle ruhen, in den Pausen das Eisen hochkant oder auf ein spezielles Ablagegitter am Bügelbrett stellen, nicht aus Versehen an die Heizfläche kommen und das Eisen nicht fallen lassen. Nach Gebrauch sofort ausstecken und hochkant auskühlen lassen.

1 Wenn man kein Dampfbügeleisen benutzt, dann sollte das Hemd leicht feucht sein. Entweder lässt man es nach dem Waschen nicht ganz trocknen oder man feuchtet es wieder an. Am besten mit einer Sprühflasche.

2 Man beginnt mit den steifen Teilen: Erst wird der aufgeklappte Kragen innen, dann außen gebügelt. Danach macht man das Gleiche mit den Manschetten.

3 Nun wird es komplizierter: Die Ärmel sind an der Reihe. Profis haben ein schmales Ärmelbügelbrett, das sie in den Ärmel schieben. Wer das nicht hat, breitet den jeweiligen Ärmel ganz glatt auf der Unterlage aus und bügelt erst die hintere und dann die vordere Seite. Dabei kann es leicht passieren, dass man beim Bügeln der vorderen Seite wieder Falten in die hintere bügelt. Dann hilft nur, nochmals zu bügeln, bis wirklich alle Falten verschwunden sind. Bei ungeübten Büglern kann das leicht zum Geduldsspiel werden.

4 Nun werden die anderen Teile in dieser Reihenfolge gebügelt: Schulterpartie, Vorderseite mit Knopflöchern, Rückseite, Vorderseite mit Knöpfen, Knopfleiste. Die Begrenzungen bilden jeweils die Nähte. Dabei wird das Hemd stets so auf die Unterlage – idealerweise ein Bügelbrett – gelegt, dass nie zwei Stofflagen aufeinanderliegen. Die Rückseite des Hemdes kann man natürlich nicht auf einmal glatt auf dem Bügelbrett ausbreiten. Also muss man immer wieder absetzen und sich den Stoff vorsichtig neu zurechtlegen, bis alles makellos glatt ist.

Waschmaschine bedienen

Wahrscheinlich kennen Sie den gängigen Spott: Männer können alle Maschinen bedienen, nur beim Anblick einer Waschmaschine mutieren sie plötzlich zu hilflosen Idioten. Das sollten Sie nicht auf sich sitzen lassen!

1 Die erste Regel lautet: keine Panik! Es gibt zwar komplizierte Ausnahmen, aber beim Waschen von normaler Alltagswäsche kann man eigentlich nichts falsch machen.

2 Manche Frauen machen aus dem Sortieren der Wäsche eine Wissenschaft, aber das muss nicht sein. Bei 30°C oder 40°C können Sie nahezu alles waschen außer empfindlichen Gardinen, Seidenstoffen, Wollpullovern und Dingen, die überhaupt nicht in die Maschine gehören. Im Zweifelsfall hilft ein Blick aufs Etikett. Bei 60°C werden vor allem Unterwäsche und weiße T-Shirts gewaschen, da Farben bei diesen Temperaturen mit der Zeit ausbleichen. Bei bunten Handtüchern empfiehlt sich wieder ein Blick aufs Etikett. Doch es ist nicht schlimm, 60°C-Wäsche gelegentlich bei nur 30°C mitschwimmen zu lassen. Vergessen Sie nicht, die Taschen bei Hosen und Jacken zu leeren, bevor sie gewaschen werden.

3 Normale Waschmaschinen sind auf fünf Kilo Wäsche ausgelegt. Aber das muss man nicht abwiegen. Einfach locker füllen, aber auf keinen Fall stopfen.

4 Nun kommt das Waschmittel. Die Dosierung ist auf der Packung angegeben. Wenn man nicht weiß, welche Wasserhärte man hat, empfiehlt es sich, von einem mittleren Wert auszugehen. Für 60°C nimmt man am besten Vollwaschmittel, für 30°C oder 40°C – falls vorhanden – farbschonendes Colorwaschmittel. Aber keine Angst: Weder Fein- noch Woll- noch sonst ein Waschmittel schaden normaler Wäsche. Weiße Wäsche, die aus Versehen mit Colorwaschmittel gewaschen

wird, wird auch nicht bunt, da diese Waschmittel nicht farbverstärkend, sondern farbschonend wirken. Dieses Waschmittel kommt in das Hauptfach der Waschmaschine, kann aber auch in einem Baumwollsäckchen oder Strumpf direkt in die Maschine gegeben werden. Weichspüler kann bei modernen Waschmaschinen weggelassen werden. Wer aber nicht auf den typischen „Frische-Wäsche-Duft" verzichten will, dosiert ihn nach Packungsanweisung in das Nebenfach der Maschine.

5 Nun geht's ans Einschalten. Die meisten Maschinen sind sehr unübersichtlich, viele Programme braucht man kaum einmal. Wichtig sind nur Buntwäsche 30°C (bzw. 40°C) und Kochwäsche 60°C (ohne Vorwäsche). Diese gilt es zu suchen. Bei manchen muss man die Temperatur mit einem Extraschalter einstellen, bei anderen nicht. Manche Maschinen starten direkt nach der Einstellung des richtigen Programms, manche haben einen separaten Startknopf. Bei einigen muss man auch noch das Schleudern speziell einstellen (800 bis 1000 Umdrehungen oder mehr). All das lässt sich mit einem kurzen Studium der Bedienkonsole leicht herausfinden. Falsch machen kann man nichts. Hat man falsch gewählt, dreht man einfach weiter, bis man wieder beim richtigen Programm angelangt ist.

6 Die Starttaste ist gedrückt und es tut sich nichts? Dann sollte man den Wasserhahn hinter/neben der Maschine überprüfen. Vorsichtige Menschen drehen ihn nach jedem Waschen zu, damit es keine Überschwemmung gibt, falls mal ein Schlauch platzen sollte.

GRUNDWISSEN: WÄSCHESYMBOLE

Wie ein Wäschestück gepflegt wird, verrät das Etikett.
Doch das muss man zu lesen wissen:

- **Waschen:** wird durch einen stilisierten Waschbottich angezeigt. Die Höchsttemperatur wird entweder durch Gradangaben oder bis zu drei Punkte (40, 60, 90°C) angezeigt. Balken unter dem Bottich zeigen an, dass die Wäsche nur sehr schonend gewaschen werden darf. Eine Hand steht für Handwäsche, ein durchgestrichener Bottich heißt: „Nicht waschen, sondern reinigen lassen."

- **Trocknen:** Ein Quadrat, eventuell mit eingeschriebenem Kreis, zeigt, dass Wäsche maschinengetrocknet werden darf.

- **Bügeln:** Bis zu drei Punkte auf dem Bügeleisen zeigen an, ob lau, warm oder heiß gebügelt werden darf. Ein durchgestrichenes Eisen kennzeichnet Wäsche, die man überhaupt nicht bügeln sollte.

- **Kreis** und **Dreieck** sind nur für Reinigungen relevant.

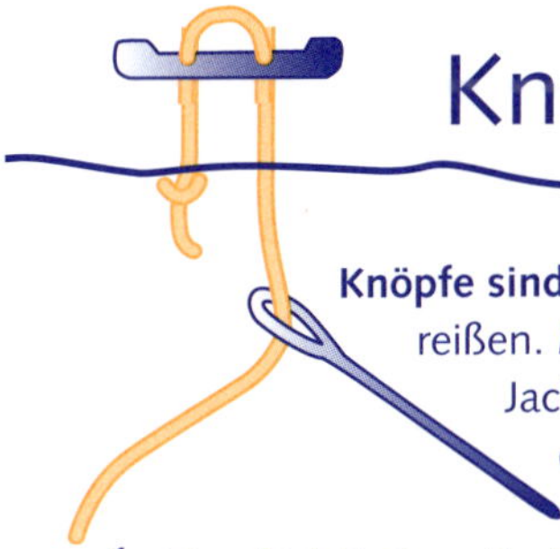

Knopf annähen

Knöpfe sind besonderer Beanspruchung ausgesetzt und ihre Fäden können jederzeit reißen. Meistens im ganz falschen Moment. Und dann kann man das gesamte Jackett nicht mehr tragen. Dabei ist es weder zeitraubend noch schwer, einen Knopf wieder anzunähen.

1 Man fädelt einen Faden passender Farbe ein, macht einen Knoten an das Ende und sticht die Nadel dann von innen genau an der Stelle durch den Stoff, wo der alte Knopf gesessen hat. Dann zieht man den Faden durch die Öse oder die beiden Löcher des Knopfes, sticht dann wieder in den Stoff und beginnt von Neuem. Das wiederholt man etwa sechs- bis achtmal, bis genügend Fäden Knopf und Stoff verbinden.

2 Bei Knöpfen mit vier Löchern näht man nacheinander alle vier Verbindungen zwischen den Löchern. Erst zwei, die parallel liegen, dann die beiden anderen. Man kann dabei nach der Hälfte den Faden vernähen und mit einem neuen anfangen.

3 Am Ende sticht man die Nadel nur durch das Loch im Knopf und schlingt den Faden zwischen Knopfunterseite und Stoff mehrmals fest um die Fäden, mit denen man den Knopf angenäht hat. Dann sticht man wieder durch den Stoff und vernäht den Faden an der Unterseite, indem man ihn mehrmals kreuz und quer durch die dort befindlichen Stiche führt. Der Rest wird abgeschnitten.

GRUNDWISSEN: FADEN EINFÄDELN

Für viele geht die Schwierigkeit beim Nähen schon mit dem richtigen Einfädeln des Fadens in die Nadel los. Das ist tatsächlich nicht ganz einfach. Vor allem wenn man dünne Nadeln verwendet. Doch es ist auch keine Lösung, empfindliches Gewebe mit einer dicken Stopfnadel zu nähen, nur um den verflixten Faden in die Öse zu kriegen. Am besten behilft man sich mit einem Einfädler. Das ist ein kleines Aluminiumstück mit einer rautenförmigen Drahtschlinge, das sich in vielen Nähsets findet. Man zieht die Öse der Nadel über den steifen Draht, was recht einfach geht, schiebt den Faden durch die große Drahtschlinge und zieht die Nadel dann einfach wieder vom Draht ab. Dabei wird der Faden durch die Öse gezogen. Ist so ein Einfädler nicht zur Hand, dann hilft es auf jeden Fall, das Fadenende frisch abzuschneiden und anzufeuchten, um es besser durch die Öse zu bekommen.

Die zweite Schwierigkeit ist, in das Ende des Fadens einen Knoten zu machen, der dick genug ist, um nicht durch den Stoff gezogen zu werden. Wer da versucht, in den dünnen Faden Knoten zu binden wie in einen Schnürsenkel, kommt nicht weit. Man nimmt ein gutes Stück vom Fadenende zwischen Daumen und Zeigefinger, verzwirbelt es und zieht das Gekräusel mit dem Daumennagel fest. Dabei entsteht oft, aber nicht immer, ein haltbarer Knoten. Klappt es beim ersten Mal nicht, dann muss man es eben wieder versuchen.

Rad am Auto wechseln

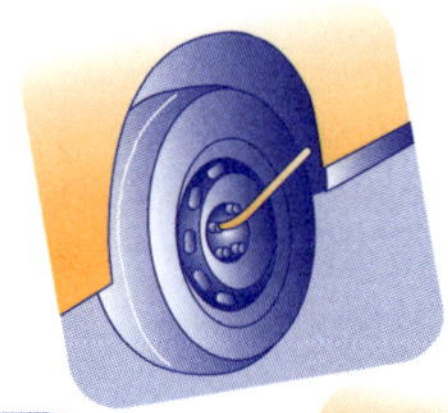

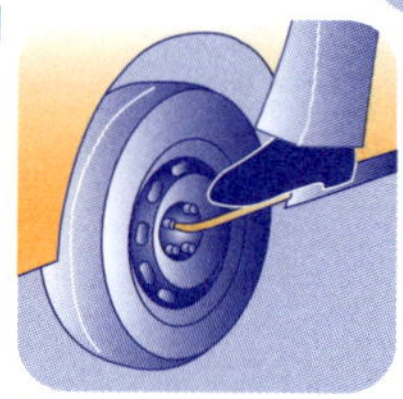

Schon mal mit einem Platten unterwegs liegen geblieben? Zum Glück passiert das nicht oft. Aber im Falle eines Falles will man natürlich nicht allzu unsicher wirkend am Straßenrand herumstehen.

1 Auto möglichst weit weg vom fließenden Verkehr abstellen, Warnblinklicht einschalten, Handbremse anziehen, ersten Gang einlegen, Motor abstellen, Warndreieck aufstellen, gegebenenfalls Leuchtjacke überziehen.
2 Radkappe mit Schraubenzieher abhebeln.
3 Radmuttern mithilfe vom Radkreuz kreuzweise lockern. Dazu kann unter Umständen ein kräftiges Treten gegen das Radkreuz nötig sein. Deshalb ist gutes, stabiles Werkzeug wichtig. Bei manchen Felgen sind die Muttern unterschiedlich groß. Beim Kauf erhält man deshalb Adapter, die natürlich griffbereit sein sollten.
4 Den Schlitz im Wagenheber am unteren Ende der Karosserie nahe dem kaputten Rad ansetzen und kurbeln, bis das Rad frei in der Luft hängt. Bei manchen Fahrzeugtypen gibt es eine Markierung, wo angesetzt werden sollte. Auch im Handbuch sollte stehen, welche Stelle zum Ansetzen empfohlen wird.
5 Muttern ganz entfernen.
6 Rad abziehen und neues aufsetzen.
7 Muttern festschrauben.
8 Wagen wieder senken und Wagenheber entfernen.
9 Muttern über Kreuz gut festziehen und Radkappe wieder aufsetzen.
10 Werkstatt aufsuchen, Muttern überprüfen lassen und neues Reserverad kaufen. Falls man nur ein Notrad als Reserverad hat, darf man nicht mehr als 80 Stundenkilometer fahren.

TIPP

Tauschen Sie Sommer- und Winterräder selbst aus. Dann sind Sie in Übung und sparen auch noch Geld. Am besten gemeinsam mit Ihrer Partnerin. Denn wenn nicht gerade die Muttern festgerostet sind, können auch Frauen Räder wechseln.

WISSENSWERT

Rad- und Reifenwechsel werden oft verwechselt. Beim Reifenwechsel wird jedoch nur der Gummireifen um die Felge gewechselt. Wenn Sie also keine zwei Sätze Felgen und damit komplett andere Räder für Sommer- und Winterreifen haben, sondern wirklich nur die Reifen tauschen, werden Sie wohl doch eine Werkstatt aufsuchen müssen.

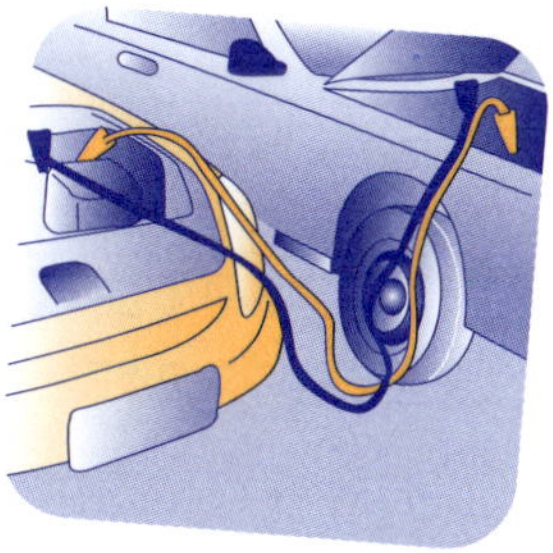

Starthilfe geben

Es ist schnell mal passiert. Man braucht bloß zu vergessen, das Licht auszuschalten – gerade am Tag –, und das Auto springt nicht mehr an, weil die Batterie leer ist. Deshalb gehört ein Starthilfekabel zur Grundausstattung. Hat man dann auch noch einen „Spender" gefunden, werden die beiden Autos mit den Motorhauben zueinander postiert, sollten sich aber nicht berühren. Bevor man loslegt, überprüft man, ob beide Batterien die gleiche Spannung haben. Außerdem sollte die Spenderbatterie nicht wesentlich kleiner als die Empfängerbatterie sein und die Hubraumgrenze des Kabels darf nicht überschritten werden. Dann Starthilfekabel unbedingt in folgender Reihenfolge verklemmen:

1 Rote Klemme an den Pluspol der Empfängerbatterie.
2 Zweite rote Klemme an den Pluspol der Spenderbatterie.
3 Schwarze Klemme an den Minuspol der Spenderbatterie.
4 Zweite schwarze Klemme an den Motorblock oder ein mit ihm verbundenes Metallteil beim Empfänger.

Nun startet man das Spenderfahrzeug und lässt es etwa fünf Minuten laufen. Dann kann versucht werden, das Empfängerfahrzeug zu starten. Nach weiteren fünf Minuten startet man Radio, Scheibenheizung und andere elektronische Geräte, um eine eventuelle Überspannung abzubauen. Dann löst man als Erstes die schwarze Klemme am Metall, anschließend die übrigen.

TIPP
Nach einer erfolgreichen Starthilfe sollten Sie mindestens 30, besser 60 Minuten fahren, um die Batterie wieder aufzuladen.

Spritsparend fahren

1 Kein unnötiges Gewicht und keine nicht gebrauchten Dachträger spazieren fahren.
2 Reifen maximal aufpumpen. Keine Winterreifen nach Beendigung der Frostperiode fahren.
3 Leichtlauföl und Leichtlaufreifen benutzen.
4 Motoreneinstellung, Luftfilter, Zündkerzen usw. regelmäßig überprüfen lassen.
5 Fahrten unter vier Kilometern möglichst vermeiden.
6 Heizung maßvoll einsetzen, auf Klimaanlage möglichst verzichten.
7 So früh wie möglich in einen höheren Gang schalten und so spät wie möglich herunterschalten.
8 Zügig Gas geben, um möglichst schnell auf die gewünschte Geschwindigkeit zu kommen.
9 Eine möglichst konstante Geschwindigkeit fahren.
10 Vorausschauend fahren. Möglichst viel ausrollen lassen, anstatt zu bremsen.
11 Nicht rasen. Bei über 100 Stundenkilometern steigt der Spritverbrauch rapide.
12 Motor nicht im Stand laufen lassen. Das Ausschalten lohnt sich ab 20 Sekunden Wartezeit. Nur auf den ersten vier Kilometern, wenn der Motor noch nicht warm ist, sollte man das vermeiden.

Steak grillen

Grillen ist meistens Männersache. Aber wenn man diesen Job an sich reißt, sollte man ihn auch beherrschen. Bei Würstchen oder saftigen Nackensteaks vom Schwein ist das keine Kunst. Rindersteaks sind jedoch eine knifflige Angelegenheit.

1 Bei Steaks mit Fettrand diesen im Abstand von ein bis zwei Zentimetern einschneiden, da er sich durch den Fettverlust beim Grillen zusammenzieht und sich dabei das ganze Steak wölben kann.

2 Grill gut vorheizen. Vor allem Steaks, die innen noch blutig sein sollen, brauchen große Hitze und werden am besten ganz nah an der Glut gebraten.

3 Steak auf den Grill legen. Nach einer Minute um 90 Grad drehen, damit das typische Rautenmuster entsteht (natürlich nur Angeberei). Nach dem Wenden genauso verfahren.

4 Steaks mit der Zange wenden, nicht mit der Gabel einstechen.

5 Die meisten Gäste werden ihre Steaks medium wünschen, also innen nicht mehr blutig, aber noch rosa. Dazu muss es auf jeder Seite etwa 1,5 Minuten pro Zentimeter Fleischdicke bei mittelstarker Hitze gegrillt werden. Es ist fertig, wenn es auf Druck noch leicht federt, aber nicht mehr weich nachgibt. Wenn man das Ganze mit einem Bratenthermometer prüfen will, sind 60°C Kerntemperatur richtig. Steaks, die noch blutig sein sollen, brät man etwa eine Minute pro Zentimeter Dicke auf jeder Seite bei starker Hitze. Das Fleisch muss von außen knusprig sein, aber auf Druck in der Mitte weich nachgeben und eine Kerntemperatur von 50°C haben. Durchgebratene Steaks haben eine Temperatur von 70°C und geben nicht mehr nach.

6 Viele Experten schwören darauf, dass das Steak erst jetzt gesalzen werden darf. Andere halten es dagegen für unbedenklich, schon kurz vor dem Grillen zu salzen. Auf keinen Fall aber sollte man gesalzenes, rohes Fleisch länger herumliegen lassen, da es auslaugt.

TIPP

Als Steaks werden die verschiedensten Fleischstücke bezeichnet, die zum Kurzbraten geeignet sind. Besonders mager sind Filetsteaks oder Rib-Eye-Steaks aus dem Kern des Rippenstrangs. Viele Kenner bevorzugen jedoch fettere Steaks, weil sie saftiger werden. Klassiker sind Hüftsteak, Rumpsteak und das dickere Entrecôte. Porterhouse- und T-Bone-Steak werden wesentlich größer und dicker als andere Steaks zugeschnitten. Sie haben deshalb auch Knochen und sowohl Filetanteile wie fetteres Fleisch.

FÜR FORTGESCHRITTENE

Steaks lassen sich wunderbar marinieren. Es ist ganz einfach, wenn Sie ein paar Regeln beachten:

- Marinaden nie salzen!
- Öl in die Marinade geben, aber nicht zu viel. Zwei Esslöffel reichen für vier Steaks.
- Das Fleisch muss nicht in Marinade schwimmen. Manche Rezepte enthalten viel Flüssigkeit, bei anderen wird das Fleisch gewürzt und dann nur mit etwas Öl getränkt.
- Mindestens eine Stunde marinieren lassen. Aber auch ein oder zwei Tage im Kühlschrank schaden nicht.

Kreieren Sie Ihre eigene Marinade. Einige Beispiele zur Anregung:

- Sojasoße, Balsamico, Öl.
- Rotwein, Öl, geriebener Knoblauch und Mittelmeerkräuter.
- Dunkles Bier, Öl, Worcestersoße, geriebener Knoblauch, etwas Zucker und zerstoßene Pfefferkörner.
- Sojasoße, Sherry, Honig, geriebener Knoblauch und Ingwer, Sesamöl.
- Tomatenmark, gehackte Zwiebeln, geriebener Knoblauch, Öl, Worcestersoße, Essig, Honig, Chilipulver.

Fisch ausnehmen

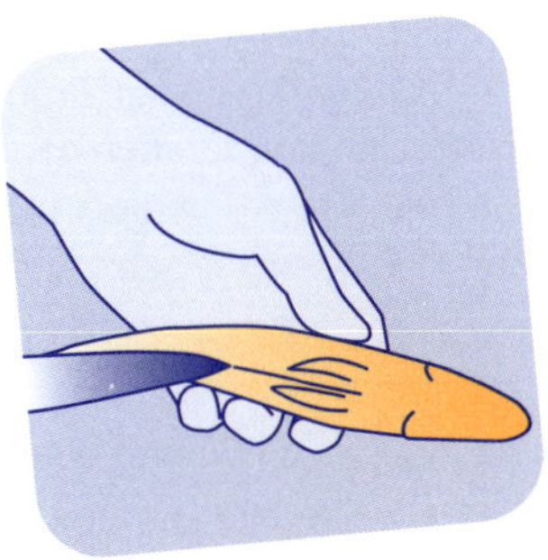

In der Regel wird Fisch küchenfertig verkauft. Aber was tun, wenn man es doch einmal mit einem „intakten" Flossentier zu tun bekommt?

1 Den Fisch zunächst schuppen. Dabei hält man ihn an der Schwanzflosse und fährt mit der Klinge eines Messers Richtung Kopf über die Haut. Da die Schuppen dabei teilweise recht weit abspringen, macht man das am besten im Freien oder in der Spüle.

2 Zum Ausnehmen den Fisch mit einem scharfen Messer (oder eventuell einer Schere) von der Afteröffnung bis zum Kopf aufschlitzen. Dabei möglichst flach schneiden, um die Eingeweide nicht zu verletzen.

WISSENSWERT

Wenn im Fischgeschäft hinter einem Angebot „rund" steht, dann hat der Fisch noch all seine Eingeweide im Bauch, ist also noch nicht ausgenommen.

3 Am After den Darm lösen und dann mit allen daranhängenden Eingeweiden Richtung Kopf herausziehen. Dort ebenfalls mit den Fingern lösen. Unbedingt darauf achten, dass die braune oder grüne Gallenblase nicht verletzt wird. Passiert dies doch, den Fisch sofort unter fließendem Wasser ausspülen, denn die bittere Galle kann das ganze Fleisch verderben.

4 Jetzt ist in der Regel noch ein schlauchförmiges dunkelrotes Gebilde direkt an der Wirbelsäule im Fischkörper zu finden. Dabei handelt es sich um die Niere. Diese schabt man mit den Fingern heraus. Die Bauchhöhle spült man erst aus, wenn man den Fisch

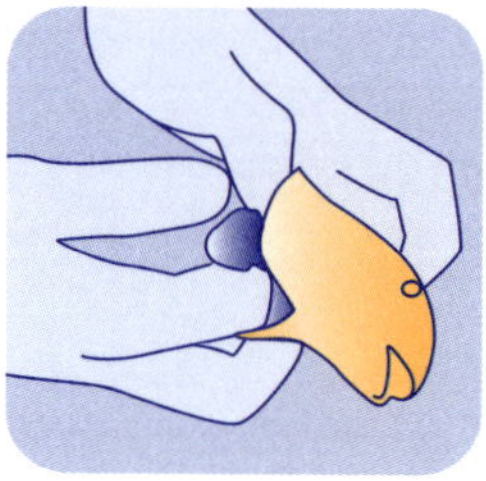

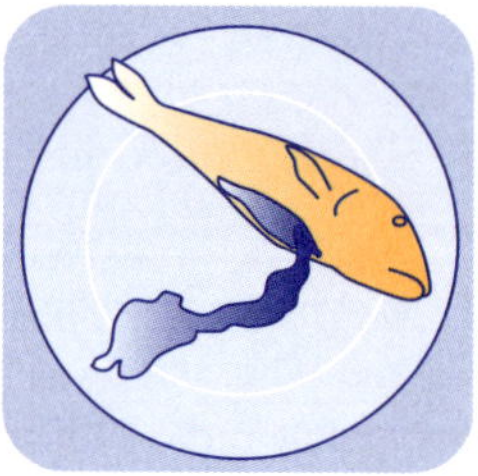

auch wirklich zubereitet, noch nicht, wenn er noch lagert.

5 Am besten schneidet man noch die halbrunden Kiemen heraus, da sie Bitterstoffe enthalten, die beim Kochen (weniger beim Braten) den Geschmack beeinträchtigen können.

FÜR FORTGESCHRITTENE

Und wenn der Fisch noch lebt? In Deutschland darf nur angeln, wer einen Angelschein hat und damit das „waidgerechte" Töten von Fischen gelernt hat. In manchen Urlaubsländern sieht das etwas anders aus. Falls Ihnen tatsächlich etwas an die Angel oder ins Netz gegangen ist, wird der Fisch zunächst mit einem kräftigen Schlag auf den Hinterkopf betäubt. Dann sticht man ihm mit einem spitzen, scharfen Messer unterhalb des Kopfes zwischen den Brustflossen ins Herz. Alternativ kann man einen Querschnitt von Kieme zu Kieme durchführen. Übrigens: Profis schneiden den Fisch zum Ausnehmen nur bis zu diesem Herzstich auf und trennen dann zusätzlich die Haut am Unterkiefer durch. Dann greifen sie mit zwei Fingern in diese beiden Öffnungen und reißen mit einem kräftigen Ruck die gesamten Eingeweide samt Kiemen und Schlund Richtung After aus dem Fisch.

VARIANTE: CALAMARES AUSNEHMEN

1. Fangarme so vom Körper trennen, dass sie noch zusammenhängen.
2. Schnabelförmigen Mund aus dem Körper drücken.
3. Schulp (durchsichtiges Plättchen aus Chitin) aus dem Körper ziehen.
4. Kopf abschneiden.
5. Innereien aus dem Körper räumen. Dabei den Tintenbeutel direkt hinter dem Kopf nicht verletzen.
6. Haut vom Körper abziehen.

Verwendet werden der Körper und die Fangarme, jedoch nicht der Kopf. Wenn man will, kann man die Tinte zum Färben und Würzen von Reis oder Nudeln benutzen.

„Papa-Essen" kochen

Viele Männer kochen inzwischen gut und gerne. Aber so mancher Vater fühlt sich eher nicht dazu berufen und hat dann ein Problem, wenn die Partnerin mal auswärts ist. Pizzaservice finden die meisten Kinder natürlich cool, ist aber – pädagogisch gesehen – auf die Dauer keine Lösung. Anstatt vergeblich den Kochkünsten der Mutter nachzueifern, empfiehlt es sich für die Väter, sich lieber ein oder zwei einfache Gerichte anzueignen, die es nur bei Papa gibt. Zum Beispiel eine „Pide-Pizza". Kaufen Sie türkisches Fladenbrot und schneiden Sie es in der Mitte auseinander. Dann bestreichen Sie die Hälften mit Tomatenmark oder geben Pizzatomaten darauf. Danach können Sie es mit Ihren Kindern nach Lust und Laune belegen wie jede normale Pizza, z. B. mit Champignons, Salami und Käse.

Statt Pide können Sie auch Aufback-Ciabattas belegen und überbacken. Da die aber schmaler und etwas kipplig sind, sollten Sie sie wirklich mit Tomatenmark (oder Tomaten-Brotaufstrich aus dem Bioladen) bestreichen und keine Pizzatomaten mit flüssiger Soße benutzen.

VARIANTE: STRAMMER MAX DE LUXE

Toasten Sie für jeden eine Brotscheibe (kein Toastbrot, ruhig gesundes Vollkornbrot). Dann erhitzen Sie etwas Öl in der Pfanne und legen für jeden eine Scheibe Schinken hinein. Auf den Schinken kommt eine Scheibe Käse. Braten, bis der Schinken knusprig ist und der Käse zu zerlaufen beginnt. Dann auf die Brote verteilen. Zuletzt (oder parallel in einer zweiten Pfanne) für jeden ein Spiegelei braten und die Brote damit krönen.

Tochter frisieren

Viele Väter kommen prima mit ihren Kindern und dem Haushalt klar, wenn die Partnerin einmal ein paar Tage nicht da ist. Bloß die langen Haare der Tochter sorgen für ein allmorgendliches Drama. Papa kann noch so vorsichtig sein, sie jammert ständig, dass es ziept. Da helfen ein paar Tipps:

- Gekämmt wird mit dem richtigen „Werkzeug". Das ist ein grobzinkiger Kamm. Feine Kämme sollte man als ungeeignet zurückweisen.
- Lange Haare kämmt man nicht von oben nach unten durch, da Verknotungen sonst nach unten geschoben und dabei noch schlimmer gemacht werden. Deshalb zunächst nur das

untere Drittel durchkämmen, dann das zweite und erst dann vom Haaransatz aus.
- Zum Kämmen einen kräftigen Strang Haare in die Hand nehmen (je dünner der Strang, desto mehr schmerzt ein Ziehen) und gut festhalten, damit sich ein Steckenbleiben des Kamms nicht auf die Kopfhaut überträgt.
- Bleibt der Kamm hängen, dann muss man die Verknotung per Hand lösen. Auch hierbei die Haare kurz oberhalb des Knotens festhalten und dann mit der anderen Hand den Knoten herausziehen.
- Das durchgekämmte Haar kann man dann noch glatt bürsten.
- Beim Durchziehen der Haare durch ein Zopfgummi kann es leicht passieren, dass einzelne dünne Strähnen hängen bleiben, was dann auch zum gefürchteten Ziepen führt. Die Alternative: Töchterchen eine Spange schenken. Die lässt sich einfacher befestigen.

FÜR FORTGESCHRITTENE

Viele Männer halten das Flechten von Haaren für ungeheuer kompliziert und verweigern sich dem kategorisch. Doch diese Hemmungen sind unbegründet.

1 Für einen geflochtenen Zopf wird das gut durchgekämmte Haar in drei etwa gleich starke Stränge geteilt.

2 Diese Stränge muss man beim Flechten straff zwischen den Fingern halten, sonst wird die Frisur zu locker.

3 Nun nimmt man einen der Seitenstränge und legt ihn über den Mittelstrang.

4 Dann den anderen Seitenstrang ebenfalls über den Mittelstrang legen (das ist nicht der ursprüngliche Mittelstrang, sondern der, der unter Punkt 3 noch außen war).

5 Auf diese Weise wechselt man immer zwischen rechtem und linkem Seitenstrang ab. In den Händen hält man immer die beiden Seitenstränge. Es wird also nach jeder Flechtbewegung umgegriffen.

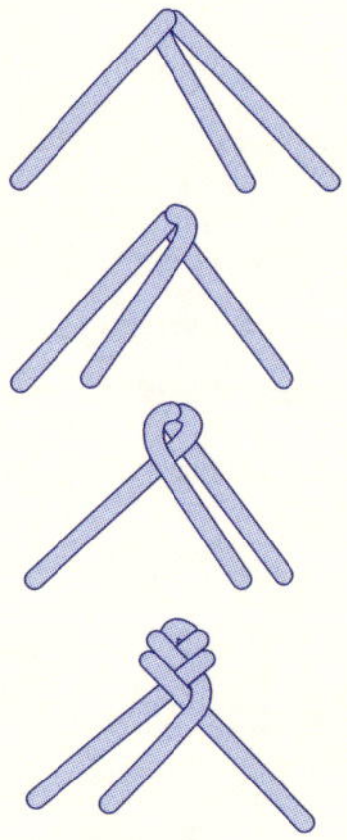

Martini mixen

Geschüttelt oder gerührt? Auch wenn James Bond und sein „Vater" Ian Fleming es anders sahen: Die meisten Kenner bevorzugen ihren Martini gerührt. Man gibt dazu Eiswürfel in ein Rührglas. Dann kommen 55 Milliliter Gin und 15 Milliliter Dry Vermouth dazu. Das Ganze wird mit einem Barlöffel umgerührt und dann mit einem Sieb in ein Martiniglas mit hohem Stil und dreieckiger Silhouette gesiebt.
Die klassische Dekoration ist eine ungefüllte (nicht in Öl eingelegte) grüne Olive an einem Partysticker, die im Drink versenkt wird.

GRUNDWISSEN: COCKTAILS SHAKEN

Um stilecht aufzutreten, brauchen Sie natürlich einen Cocktailshaker. Privat können Sie auch in einer gut schließenden Milchflasche oder einem sauberen Schraubglas Cocktails schütteln. Was unabdingbar ist, sind dagegen Eiswürfel und ein Messbecher, um alle Zutaten korrekt abzumessen. Die Zutaten kommen mit Eis in den Behälter. Der wird verschlossen, umgedreht und mindestens zehn Sekunden lang kräftig hin und her geschüttelt. Dabei können Sie ihn auch mehrmals drehen. Zum Abgießen wird dann ein Sieb benötigt, um die Eiswürfel zurückzuhalten. Vor allem Cocktails mit Fruchtsaft werden fast immer geschüttelt und nicht gerührt.

Bevor ein neuer Cocktail geschüttelt wird, schwenkt man den Shaker mit Wasser aus. Für sahnehaltige Cocktails empfiehlt sich ein zweiter Shaker, da die Fettreste bei nicht sahnehaltigen Cocktails stören würden.

TIPP

Erfinden Sie doch mal einen neuen Cocktail für Ihre Partnerin und benennen Sie ihn nach ihr. Aber dann natürlich auch mit deren Lieblingszutaten und nicht mit Ihren.

Feuerzangenbowle machen

Der Film *Die Feuerzangenbowle* ist Kult, aber auch das Getränk selbst ist an langen Winterabenden etwas ganz Besonderes. Man braucht dazu 1,5 Liter Rotwein, zwei Zitronen, drei Gewürznelken, etwa 0,75 Liter 54-prozentigen Rum und einen Zuckerhut (ersatzweise gestapelte Zuckerwürfel). Der Wein wird nun mit dem Saft der ausgepressten Zitronen und den Nelken in einem geeigneten Topf erhitzt. Es gibt spezielle Feuerzangenbowle-Sets, aber auch ein Fonduetopf mit Stövchen ist geeignet. Am besten erhitzt man die Bowle auf dem normalen Kochherd und stellt den Topf erst auf das Stövchen, wenn die Bowle die richtige Temperatur erreicht hat. Dann wird der Zuckerhut auf einer Zuckerzange quer über den Topf gelegt. Wenn Sie keine Zuckerzange haben, finden Sie vielleicht ein anderes passendes Metallstück mit Öffnungen zum Abtropfen. Theoretisch würde das Ganze auch mit einem Gurkenhobel aus Metall funktionieren, aber natürlich reichlich komisch wirken. Der Zuckerhut wird nun mit etwas Rum getränkt und dann vorsichtig angezündet. Während er abbrennt und dabei langsam schmilzt, gießt man immer wieder Rum nach. Aber aus Sicherheitsgründen auf jeden Fall mit einem Schöpflöffel und nicht direkt aus der Flasche. Wenn der Zuckerhut ganz geschmolzen ist, schöpft man das süße und ziemlich starke Getränk in vorgewärmte Punschgläser.

VARIANTE: FLAMBIEREN

Zum Flambieren gießt man eine mindestens 38-prozentige, aromatische Spirituose wie Rum, Weinbrand oder Likör über ein Gericht und lässt den Alkohol ausbrennen. Das Ganze ist vor allem effektvoll, daneben bleiben das Aroma der Spirituose, aber nur ein kleiner Teil des Alkohols in der Speise. Das Gericht muss sich in einem feuerfesten Gefäß befinden und gut warm sein. Dann gießt man den Alkohol in eine Kelle, erwärmt auch ihn über einer Flamme und verteilt ihn auf dem Gericht. Dann mit einem langen Streichholz anzünden. Flambiert werden vor allem Süßspeisen, aber auch Steaks oder Wild.

Feuer entfachen

Um Feuer ohne Streichhölzer oder Feuerzeug zu entfachen, gibt es verschiedene alte Pfadfindertricks. Alle sind Übungssache. Außerdem braucht man wirklich trockenes und feines Zündmaterial.

- **Feuer schlagen:** Man schlägt mit der scharfen Kante eines Steines mit viel Wucht feine glühende Splitter entweder aus Schwefelkies (Pyrit oder Markasit) oder aus Stahl. Stahl muss allerdings einen hohen Kohlenstoffanteil haben. Man muss auch aufpassen, dass man sich nicht durch Stahl- oder Steinsplitter verletzt.

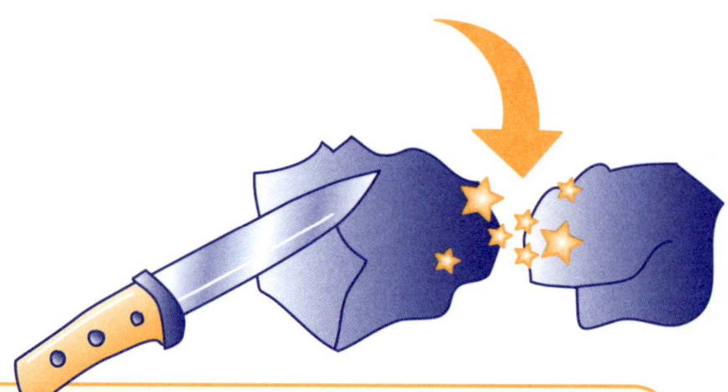

WISSENSWERT

Zum Feuerschlagen eignet sich Feuerstein. Aber nur, weil er hart und scharfkantig ist. Man kann genauso gut Quarz nehmen. Schlägt man zwei Feuersteine gegeneinander, dann erhält man entgegen landläufiger Meinung keine Funken. Der eigentliche „Feuerstein", aus dem sich Funken schlagen lassen, ist der schwefelhaltige Pyrit (auch Katzengold genannt) bzw. die noch etwas härtere Variante Markasit.

- **Feuer bohren:** Für diesen alten Indianertrick muss man ein Nest aus ganz feinem, aber dicht gestopftem Zündmaterial formen. In dieses steckt man einen Stab hinein, den man zwischen den Handflächen hin- und herdreht, bis das Zündmaterial heiß wird und zu brennen beginnt. Professioneller ist ein Feuerbogen. Dazu baut man einen Bogen und wickelt die Sehne einmal um einen dicken Stab. Dann schlägt man aus einem Brett eine Kerbe heraus und legt Zündmaterial darunter. Nun setzt man die Spitze des Stabes am hinteren Ende der Kerbe an, drückt gleichzeitig von oben kräftig auf den Stab und versetzt ihn mit dem Bogen in Bewegung. Dadurch bohrt man feines Holzmehl aus dem Brett, das durch die Reibung erhitzt wird, durch die Kerbe auf den Zunder fällt und diesen entzündet.

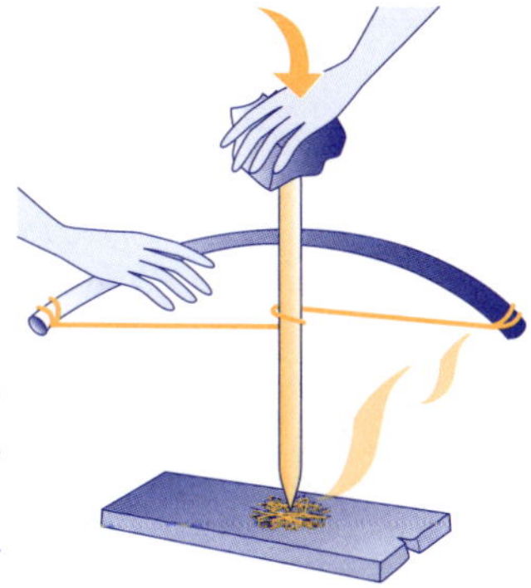

- **Mit dem Brennglas:** Wenn die Sonne scheint, kann man auch versuchen, Feuer mit einem gewölbten Brennglas (etwa Uhrendeckel, Brillenglas oder Linse des Feldstechers) zu entzünden. Dazu muss man die Sonnenstrahlen mithilfe des Brennglases so ablenken, dass sie sich am Zündmaterial bündeln.

Holz hacken

Für manch einen, der einen Kamin hat, ist das Holzhacken eine lästige Pflicht. Andere lieben es und ziehen es jedem Fitnesstraining vor. Und wenn man weiß, wie es geht, ist es auch ziemlich einfach und ungefährlich.
Man braucht eine Axt, einen Hackstock und Holz, das auf die richtige Länge gesägt wurde, da man es nur längs, nicht quer zur Faser hacken kann. Dann setzt man ein Holzstück hochkant auf den Hackklotz, hält es fest und schlägt aus ganz kurzer Entfernung mit wenig Wucht die Axt hinein. Nun die Axt, die in dem Holzstück steckt, heben und das Holz auf den Hackklotz schlagen. Der Aufprall bringt das Holzstück zum Zersplittern.

Baum pflanzen

Drei Dinge, heißt es, soll ein Mann in seinem Leben gemacht haben: einen Sohn gezeugt, ein Haus gebaut und einen Baum gepflanzt. Für die Zeugung eines Sohnes sollte man keinen Ratgeber brauchen, für den Hausbau genügend Experten zuziehen. Bleibt der Baum. Die beste Pflanzzeit für die meisten Arten ist der Herbst.

1 Passenden Standort wählen.

2 Pflanzloch graben, das mindestens zweimal so umfangreich wie der Wurzelballen ist.

3 Mit lockerem Erde-Kompost-Gemisch oder speziellem Nährsubstrat füllen, Stock einsetzen.

4 Wurzelballen von der Hülle befreien, verletzte Wurzeln abschneiden. Bei wurzelnackten Pflanzen ohne Ballen Wurzeln um die Hälfte kürzen. Äste etwa um ein Drittel kürzen.

5 Ballen neben dem Stock einsetzen.

6 Loch so mit Erde zuschütten, dass sich um den Stamm eine leichte Mulde bildet, die beim Gießen das Wasser gut aufnimmt. Erde kräftig festtreten, Baumscheibe mit Mulch bedecken. Gut wässern.

7 Baum mit elastischem Band (z. B. Nylonstrumpfhose) anbinden. Der Stock wird nach zwei bis drei Jahren entfernt.

TIPP

Vielerorts ist es Brauch, zu besonderen Gelegenheiten, etwa bei der Hochzeit oder anlässlich der Geburt eines Kindes, Bäume zu pflanzen. Kinder lieben natürlich Obstbäume besonders.

WISSENSWERT

Das Zitat von den drei Dingen wird meistens Martin Luther zugeschrieben. Aber es gibt keinerlei Beweis dafür, dass er dies tatsächlich gesagt hat. Auch viele andere angebliche Luthersprüche wurden dem Reformator erst in späteren Jahrhunderten angedichtet.

Verschiedene Knoten machen

Knoten sind Prestigesache. Wer die verschiedensten Varianten beherrscht, den umweht leicht der Hauch von Freiheit und Abenteuer – auch wenn er nicht klettern geht, kein Boot besitzt und nie Pfadfinder war. Wer sich dagegen ungeschickt anstellt, der gerät leicht in den Verdacht, bloß ein Bürotiger zu sein. Deswegen sollte man als Mann beim Thema Knoten einfach nie in Verlegenheit kommen. Nicht zuletzt kann man mit diesem Wissen auch gut Söhne beeindrucken.

Achterknoten für haltbare Schlaufen, in die man z. B. Karabiner einhaken kann:

1 Seilende doppelt nehmen (Länge hängt von der Dicke des Seils und der gewünschten Schlaufengröße ab).
2 Neues Ende nehmen, unter dem festen Teil durchführen, obenrum zurückführen und von hinten durch das Auge, das sich gebildet hat, ziehen.
3 Kräftig festziehen, bis der Knoten sitzt. Das durchgezogene doppelte Ende kann nun zur Schlaufe geöffnet werden.

Sicherheitsknoten zum Anbinden, sehr fest, aber mit einem Griff zu lösen:

1 Schlinge hinter den Anbindebalken legen oder durch den Anbindering ziehen.
2 Aus einem Ende der Schnur zweite Schlinge bilden, auf der anderen Seite um den Balken oder Ring herumführen und durch die erste Schlinge stecken.
3 Aus dem anderen Ende der Schnur dritte Schlinge bilden, durch die zweite stecken und festziehen.
4 Das angebundene Gewicht (Boot, Pferd etc.) muss dabei an dem Teil der Schnur hängen, aus dem die zweite Schlinge gebildet wurde. Wenn auf dieser Seite gezogen wird, hält der Knoten. Zieht man dagegen mit einem Ruck an dem Ende, aus dem die dritte Schlinge gebildet wurde, geht er sofort auf.

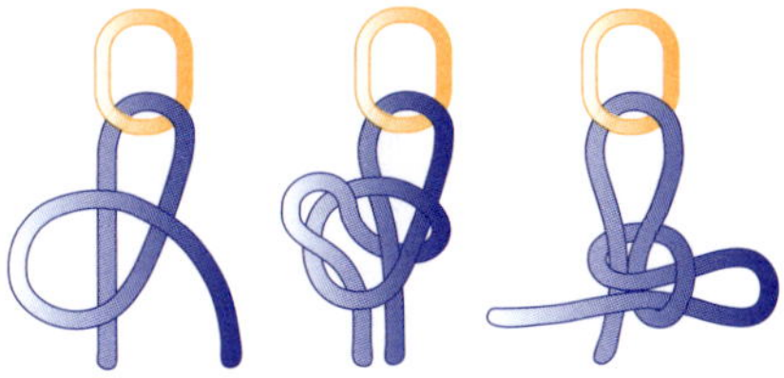

Buckelknoten für verschiebbare Knoten:

1 Schnur zu einer Schlaufe legen bzw. um den Gegenstand, an dem sie angebunden werden soll.
2 Ende zweimal um den festen Teil der Schnur wickeln, wobei die zweite Wickelung näher an der Schlaufe sitzt als die erste.
3 Dann noch einmal auf der anderen Seite der ersten Wickelung wickeln und das Seilende zwischen erster und dritter Wickelung festziehen.

Trossenstek zum Verbinden von zwei Seilen:

1 Das Ende von Seil A zu einer Schlaufe legen.
2 Das Ende von Seil B unter dem festen Teil von Seil A durchführen, über das lose Ende führen, von unten in die Schlaufe stecken, über das eigene feste Ende legen und dann wieder nach unten aus der Schlaufe von Seil B herausziehen.
3 Festziehen.

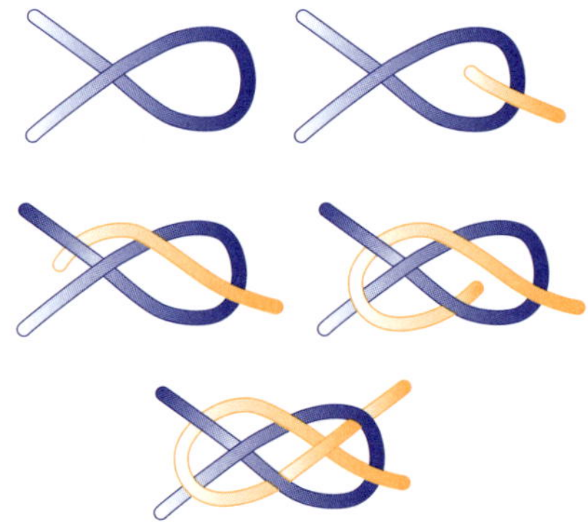

FÜR FORTGESCHRITTENE

Ein weiterer Knoten, den zu lernen sich lohnt, ist der **Palstek** (siehe Abbildung), der in der Seefahrt früher als „König der Knoten" bezeichnet wurde. Er ist jedoch weniger stabil als der Achterknoten. Besonders cool ist es natürlich, Lasso- und Henkersknoten zu können, obwohl die praktische Bedeutung hier und heute eher gering ist. Anleitungen findet man im Internet oder in der Fachliteratur.

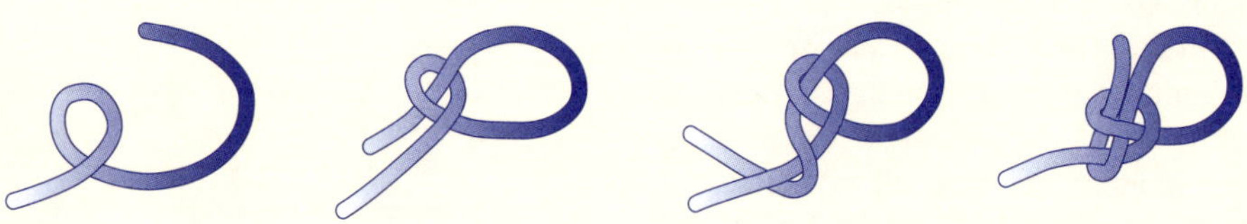

Ball kicken

Fußball ist nicht Ihr Sport? In Ordnung! Aber das ist kein Grund, sich gleich als Dilettant zu outen, wenn mal ein Ball auf einen zurollt. Der größte Anfängerfehler ist es, einen Ball mit der Fußspitze zu kicken. Meist springt er dann ziemlich wild in die Gegend zurück. Um einen Ball kontrolliert zu spielen, benutzen Sie die Innenseite des Fußes. Auf diese Weise können Sie Richtung und Stärke des Passes viel besser beeinflussen. Einen richtigen „Kracher" werden Sie so natürlich nicht erzielen können. Wenn Ihr Schuss hoch und weit gehen soll, dann müssen Sie schwungvoll ausholen und Ihren Spann unter den Ball bekommen.

VARIANTE: KÖPFEN

1 Augen auf! Den anfliegenden Ball anvisieren.
2 Gegebenenfalls Stellung korrigieren, in die Knie gehen oder zum Sprung fertig machen.
3 Mit der Stirn zum anfliegenden Ball gehen. Die Augen weiter auf den Ball gerichtet halten.

Meistens wird man versuchen, den Ball mit der Stirn leicht von unten zu treffen, um ihn im Bogen über die gegnerische Abwehr in das Tor zu heben. Je nach Situation kann es aber auch angebracht sein, dem Ball einen Drall von oben mitzugeben und ihn nach unten „einzunicken" oder ihn gerade zu treffen.
Eine besonders spektakuläre Variante ist der Flugkopfball. Dabei wirft man sich einem Ball entgegen, der eigentlich zum Köpfen zu niedrig geflogen kommt. Dabei muss man damit rechnen, dass gleichzeitig ein Gegenspieler mit dem Fuß zum Ball geht.

Fallrückzieher machen

1 Mit dem Rücken zum Tor stehen.
2 Nach hinten abspringen, dabei ein Bein und die Arme nach oben schwingen.
3 Körper in die Waagrechte bringen.
4 Ball mit dem Spann des Absprungbeins treffen.
5 Fall mit den Armen abfangen.

WISSENSWERT

Kennen Sie das „Tor des Jahrhunderts"? Die ARD kürte mit diesem Titel den legendären Fallrückzieher, den Klaus Fischer am 16. November 1977 im Stuttgarter Neckarstadion in einem Länderspiel zum Sieg gegen die Schweiz schoss. Ein anderer spektakulärer Fallrückzieher von Fischer (geb. 1949, TSV 1860 München, FC Schalke 04, 1. FC Köln, VfL Bochum) war das 3:3, das beim WM-Halbfinale 1982 in Sevilla gegen Frankreich zur Verlängerung führte. Deutschland gewann die dramatische „Nacht von Sevilla" schließlich im Elfmeterschießen. Das Spiel machte auch deswegen Schlagzeilen, weil Deutschlands Torhüter Harald Schumacher den Franzosen Patrick Battiston beim Herauslaufen schwer verletzte und sich hinterher unangemessen flapsig darüber äußerte.

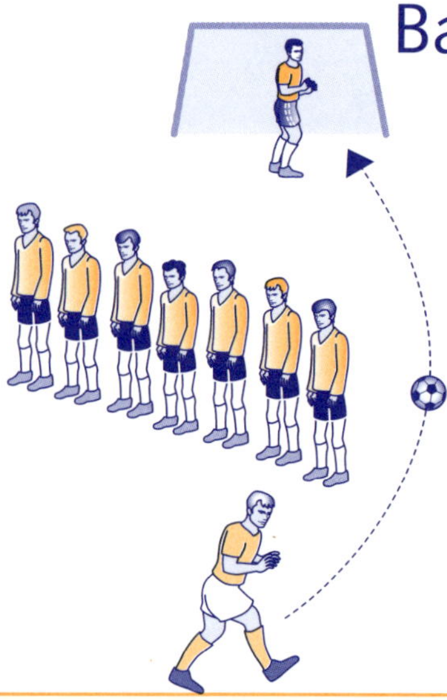

Bananenflanke schlagen

Um eine bananenförmige Flanke à la Manni Kaltz zu schlagen, die sich elegant um die gegnerische Mauer herum ins Tor krümmt, muss man den Ball mit Wucht etwa mit dem Knochen unterhalb des großen Zehs treffen und danach mit der Innenseite des Fußes ganz leicht am davonfliegenden Ball entlangfahren, um ihn in Rotation zu versetzen, aber nicht zu sehr zu bremsen. So weit die Theorie! In der Praxis ist es natürlich alles andere als einfach, den richtigen Bogen herauszukriegen, weshalb auch Topspieler nicht immer „Flankengötter" sind.

WISSENSWERT

Warum ist die Bananenflanke krumm? Dahinter steckt der sogenannte Magnuseffekt, den der deutsche Wissenschaftler Heinrich Gustav Magnus (1802–1870) entdeckte. Wenn der Ball gegen die Luftströmung geschossen wird und dabei rotiert, dann bewegt er sich auf einer Seite gegen die Strömung, auf der anderen Seite mit der Strömung. Auf dieser Seite wird die Luft dann auch schneller bewegt und es entsteht ein Unterdruck, der den Ball ablenkt. Soll eine Flanke sich also nach links krümmen, dann muss der Ball auch gegen den Uhrzeigersinn rotieren.

Tor verteidigen

Grundstellung auf der Torlinie einnehmen: breitbeinig, Knie gebeugt, Oberkörper nach vorne geneigt, Hände mit den Handflächen nach vorne nicht zu dicht neben dem Körper. Aus dieser Position heraus können Sie sich leicht und schnell zur Seite werfen, nach oben springen oder nach vorne schnellen, wenn der Ball geflogen kommt. Grundsätzlich sollte man versuchen, den Ball mit beiden Händen zu fangen. Nach dem Fangen den Ball an den Körper ziehen und mit beiden Handflächen bedecken, um ihn wirklich zu sichern. Wenn ein sicheres Fangen nicht möglich ist, faustet man den Ball lieber weg, als dass man ihn zwischen den Fingern hindurchrutschen lässt. Aber immer zur Seite, nie nach vorne fausten, damit der Ball nicht direkt vor den Füßen des Gegners landet.

Basketball im Korb versenken

1 An der Freiwurflinie locker Aufstellung nehmen.
2 In die Knie gehen.
3 Den Ball mit den Kuppen der ausgebreiteten Finger hinten unten greifen.
4 Arme nach vorn oben strecken, Handgelenke nach vorn knicken, mit den Fingern Ball über den Korb drücken.

Fastball werfen

Ein Fastball ist die Wurfvariante beim Baseball, mit der die schnellsten Würfe erzielt werden:

1 Der Ball wird zwischen Daumen, den abgebogenen Ringfinger und Mittel- und Zeigefinger geklemmt. Mittel- und Zeigefinger liegen dabei im Abstand von etwa 2,5 Zentimetern auf der Naht des Balles, während die anderen Finger auf dem glatten Leder liegen. Die Handfläche berührt den Ball nicht. Diesen Griff lässt man den Gegner tunlichst nicht sehen, damit er die Art des Wurfes nicht ahnen kann.
2 An der Wurflinie Aufstellung nehmen. Das Gewicht ruht auf dem hinteren Bein. Beide Hände werden hinter den Körper genommen.
3 Das vordere Bein heben und anwinkeln.
4 Körper und Bein nach hinten drehen, um Schwung zu holen, Arm mit Ball lang nach hinten ausstrecken.
5 Körper mit Schwung nach vorn drehen, mit dem Schwungbein großen Ausfallschritt nach vorn machen und Ball in Kopfhöhe werfen. Dabei den Ball über Zeige- und Mittelfinger rollen lassen, um ihm Effet zu verleihen.

WISSENSWERT

Gut geworfene Fastbälle im Profibaseball werden um die 150 Stundenkilometer schnell. Als magische Marke gelten 100 miles per hour, was 161 Stundenkilometern entspricht. Offiziell liegt der Rekord bei 167,3 Stundenkilometern, inoffiziell bei 173,6.

GRUNDWISSEN: BASEBALL

Baseball ist dieses Spiel, nach dem die US-Amerikaner verrückt sind, das aber für den normalen Deutschen eine Sache mit sieben Siegeln ist. Machen Sie sich schlau!

- Es spielen zwei Teams mit je neun Spielern.
- Das Spielfeld hat die Form eines Viertelkreises, in dessen Eckpunkt das quadratische Infield mit je 90 Fuß (rund 27 Metern) Kantenlänge liegt. Die Ecken stellen die Bases dar, wobei die Ecke in der Spitze des Gesamtfeldes die Homebase ist. In der Mitte des Infields befindet sich ein Hügel, der Pitcher's Mound.
- Ein Spiel besteht aus neun Innings, in der jede Mannschaft einmal Schlagrecht hat.
- Der Pitcher der verteidigenden Mannschaft versucht, den Ball zum Catcher seiner Mannschaft in der Homebase zu werfen. Vor dem Catcher steht jedoch der Batter der angreifenden Mannschaft, der versucht, den Ball mit dem Schläger zu treffen.
- Trifft der Batter dreimal den Ball nicht, ist er „out", wirft der Pitcher aber viermal neben die Schlagzone, dann darf der Batter sich an die erste Base begeben.
- Trifft der Batter jedoch, lässt er den Schläger fallen und läuft zur ersten Base. Unterdessen jagen die Feldspieler der verteidigenden Mannschaft dem geschlagenen Ball nach. Fangen sie ihn aus der Luft oder bringen sie ihn zur ersten Base, bevor der Batter sie erreicht hat, ist dieser „out". Kommt er vorher zur Base, ist er „safe". Je nach Situation kann er auch noch versuchen, die zweite und dritte Base zu erlaufen.
- Erreicht ein Spieler wieder die Homebase hat er einen „run" erzielt.
- Nun tritt ein weiteres Mitglied der angreifenden Mannschaft als Batter an. Trifft nun auch er den Ball, dann rennt nicht nur er zur ersten Base, sondern auch der vorherige Batter versucht, die nächste zu erreichen.
- Das Schlagrecht wechselt, wenn der dritte Batter einer Mannschaft „out" ist.
- Gewonnen hat die Mannschaft, die die meisten „runs" erzielt.

Golfball schlagen

1 Parallel zur Flugbahn stellen, die Füße schulterbreit auseinander, die Füße ganz leicht nach außen gedreht, die Knie leicht gebeugt.
2 Golfschläger mit beiden Händen fassen, den Oberkörper nach vorne beugen.
3 Die in Flugrichtung zeigende Schulter etwas heben.
4 Mit dem Schläger Pendelschwünge über den Ball machen.
5 Mit dem Schläger ausholen, dabei die Hüften drehen, die Augen auf den Ball gerichtet halten.
6 Ball schlagen. Dabei mit dem ganzen Körper mitgehen und nach dem Schlag nachschwingen.

Skat spielen

Zuzugeben, dass man nicht Karten spielen kann, ist unter Männern immer noch eine heikle Sache. Zumindest Skat sollte man beherrschen. Abgesehen davon muss man Skat nicht in der klassischen Männerrunde in einer verrauchten Kneipe spielen. Auch der Einsatz von Geld ist jedem selbst überlassen. Entgegen anderslautenden Gerüchten finden auch viele Frauen und vor allem ältere Kinder an dem Kartenspiel Gefallen. Ein Satz Skatkarten hat schon mancher Familie stundenlange Bahnfahrten oder Ähnliches überstehen geholfen.

- Gespielt wird immer zu dritt. Bei mehr Spielern setzen die Überzähligen jeweils für eine Runde aus.
- Benötigt wird ein Blatt mit 32 Karten.
- Das Geben der Karten wechselt bei jedem Spiel. Der Geber mischt, lässt abheben und gibt jedem Mitspieler im Uhrzeigersinn die Karten verdeckt aus: Erst drei, dann werden zwei Karten in die Mitte (Skat) gelegt, danach erhält jeder Spieler noch einmal vier und zum Schluss noch drei Karten.
- Nun beginnt der schwierigste Teil, das Reizen. Der Gewinner des Reizens spielt gegen die beiden anderen Spieler und bestimmt, welche Karten Trumpf sind, z. B. Herz. Das heißt, jetzt bilden alle Herzkarten die höchsten Karten im Spiel (neben den Buben). Der Alleinspieler darf auch die beiden Karten in der Mitte (Skat) aufnehmen und gegen zwei aus seinem Blatt austauschen.

- Mit dem Ausspielen der Karten beginnt der zweite Spieler (links vom Geber). Die beiden anderen müssen – falls sie haben – Karten derselben Spielfarbe ausspielen („bekennen"). Es gewinnt die ranghöchste Karte. Hat man die Farbe nicht („ist blank"), kann man den Stich mit Trumpf übernehmen, unliebsame Karten anderer Farbe „abschmeißen" oder dem Partner möglichst viele Punkte „buttern".
- Außer der Trumpffarbe gelten auch alle Buben als Trumpf und stehen über den übrigen Karten. Es folgen Ass, Zehn, König, Dame, Neun, Acht und Sieben.
- Am Ende hat die Partei gewonnen, die die meisten Punkte hat. Dabei zählen Asse elf Punkte, Zehner zehn Punkte, Könige vier, Damen drei und Buben zwei, der Rest nichts. Deshalb kommt es im Spiel darauf an, vor allem die Stiche mit den hohen Punktzahlen zu machen. Steht es 60:60, haben die zusammen spielenden Spieler gewonnen.

GRUNDWISSEN: REIZEN

Um beim Skat das Spiel zu machen, muss man das Reizen gewinnen. Dabei bestimmt jeder Spieler den Wert seiner Karten und versucht den anderen zu überbieten. Grundsätzlich hat jede Spielvariante ihren Höchstwert, bis zu dem gereizt werden kann. Kreuz als Trumpf hat den Wert zwölf, Pik elf, Herz zehn und Karo neun. Diese werden mit dem Wert der vorhandenen Buben multipliziert. Das ist kompliziert. Die Buben haben die Reihenfolge Kreuz, Pik, Herz, Karo. Ist der Kreuzbube vorhanden, spielt man „mit", ansonsten „ohne". Bei Spielen „mit" zählt man die Buben bis zur ersten Lücke hinunter. Fehlt der Pikbube, ergibt das den Wert zwei, egal, ob die beiden kleineren Buben vorhanden sind. Ist Pik vorhanden, aber Herz nicht, liegt der Wert bei drei. Alle vier Buben ergeben den Wert fünf. Bei „Ohne"-Spielen zählt entsprechend der Wert des ersten Buben, der vorhanden ist. Hat jemand also nur Herz (und eventuell Karo), dann multipliziert er den Wert 3 zur gewünschten Farbe. Sonderspiele sind der Grand, bei dem nur Buben Trumpf sind, mit dem festen Wert 48 und das Nullspiel, bei dem der Spieler keinen einzigen Stich machen darf, mit dem Wert 23. Wer so schlechte Karten hat, dass er gar nicht alleine spielen möchte, der muss sein Blatt aber nicht ausreizen, sondern kann jederzeit erklären, dass er „weg" ist. Wer besonders gute Karten hat, kann sein Blatt auch überreizen. Dann muss er jedoch seine Gegner entweder „Schneider" (unter 30 Punkte) oder „Schwarz" (gar keine Punkte) spielen. Bei „Schneider" erhöht sich der Punktwert seiner Bubenkarten um eins, bei „Schwarz" um zwei. Gelingt dies nicht, hat man auf jeden Fall verloren. Findet man im Skat (den zwei verdeckten Karten) Buben, dann zählt am Ende nicht das ursprüngliche Blatt, sondern das tatsächlich gespielte. Man muss jedoch nicht das ursprünglich anvisierte Spiel spielen, sondern kann nach Aufnehmen des Skats auch ein anderes spielen. Jedoch muss der Wert mindestens der Punktzahl, bis zu der man gereizt hat, entsprechen.

Poker verstehen

Poker boomt. Klassischerweise wird dabei um Geld gespielt, oft um sehr viel. Aber man kann natürlich auch in geselliger Runde um Plastikchips spielen. Grundsätzlich bekommt beim Poker jeder fünf Karten auf die Hand und muss dafür einen Mindesteinsatz zahlen. In jeder Runde muss sich nun jeder Spieler aufs Neue entscheiden, ob er wieder einen Einsatz zahlen will oder sich aus dem Spiel verabschiedet. Bei vielen Varianten kann einer der Spieler den Einsatz auch erhöhen und die anderen müssen mindestens gleichziehen, wenn sie im Spiel bleiben wollen. Am Ende hat derjenige gewonnen, der nach einer bestimmten Anzahl von Runden das beste Blatt hat.

- Die höchste Spielkarte ist das Ass, gefolgt vom König, der Dame etc.
- Die höchste Kombination ist der Royal Flush, der aus Zehn, Bube, Dame, König und Ass einer Farbe besteht.

- Es folgt der Straight Flush, der aus fünf anderen aufeinanderfolgenden Karten einer Farbe besteht.
- Dann folgt der Vierling aus vier Karten gleichen Wertes. Der höchste Vierling besteht aus vier Assen und einem König.
- Bei einer Straße kann das Ass auch als Eins gezählt werden.
- Halten mehrere Spieler ein Pokerblatt mit derselben Wertigkeit in den Händen, entscheiden die Farben über den Sieg. Folgende Reihenfolge gilt: Herz steht über Karo, Pik und Kreuz.

Treffen zwei völlig identische Blätter aufeinander, wird der Einsatz geteilt. Je nach Pokervariante hat der Spieler auch während des Spiels die Möglichkeit, einzelne Karten auszutauschen und so sein Blatt kontinuierlich zu verbessern.

WISSENSWERT

Es gibt über 200 Pokervarianten. Klassisch und aus alten Western bekannt ist **Draw Poker**, bei dem die Spieler alle fünf Karten verdeckt auf der Hand haben. Zwischen den Setzrunden gibt es die Möglichkeit, eine bestimmte Anzahl Karten verdeckt gegen neue auszutauschen. Heute ist **Stud Poker** beliebter. Dabei wird ein Teil der Karten offen vor den Spieler gelegt. Bei **Seven-Card-Stud** erhalten die Spieler insgesamt sieben Karten, bilden ihr Abschlussblatt aber nur aus fünf. Bei **Hold'em-Spielen** gibt es in der Mitte offen liegende Gemeinschaftskarten, die jeder Spieler seinen Karten zurechnen kann, um daraus eine möglichst hohe Fünferkombination zu bilden. Unterschiedlich sind auch die Strukturen, wie die Einsätze gesetzt werden. Bei No-Limit-Spielen dürfen die Spieler jederzeit all ihre Chips setzen. Bei allen Pokervarianten ist die Wertung der Karten jedoch immer gleich.

Karten richtig mischen

Es gibt verschiedene Methoden, aber als besonders gründlich gilt der **Riffle**. Dafür teilt man die Karten in zwei Päckchen, die man nebeneinanderlegt. Dann fasst man jeweils ein Päckchen mit den Spitzen von Daumen und Mittelfinger einer Hand, drückt sie mit dem Zeigefinger am Rücken durch und lässt mit den Daumen langsam los, sodass sich die Karten der beiden Päckchen verzahnen. Unter Profis gelten Karten jedoch erst nach sechs Riffles als gut durchmischt.

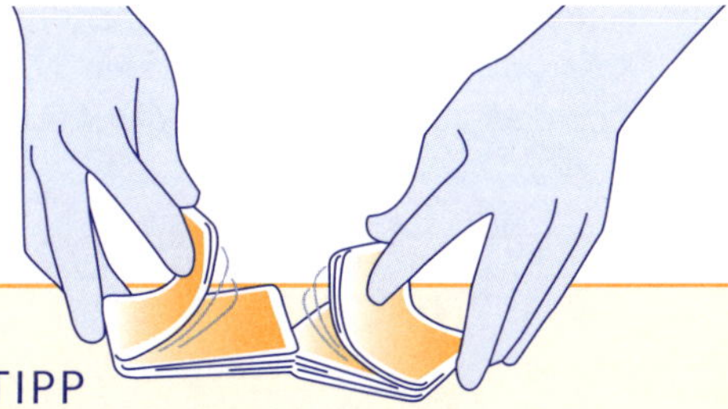

TIPP

Wie gut können Sie mischen? Probieren Sie es aus! Sortieren Sie ein Blatt nach Farben und Werten, mischen Sie nach Gutdünken und schauen Sie sich das Ergebnis an.

Auf der Rennbahn zocken

Auf der Pferderennbahn verliert man sein Geld wenigstens noch mit Stil. Und wenn man beim Zocken kühlen Kopf bewahrt, muss ein netter Nachmittag auch nicht allzu teuer werden.

- Der Mindesteinsatz pro Rennen beträgt auf den meisten Bahnen zwei Euro.
- In der Regel wettet man auf „Sieg" (selbsterklärend) oder „Platz". Bei Letzterem muss „Ihr" Pferd unter den ersten drei Gewinnern sein (bei weniger als sieben Startern Zweiter).
- Um das richtige Pferd zu finden, lohnt es sich, in ein Rennprogramm zu investieren. Sie finden darin ausführliche Informationen über die letzten Platzierungen der Starter. Wer will, kann sich auch schon vorher im Internet informieren und alle Konkurrenten genauestens unter die Lupe nehmen.
- Alle Pferde werden vor dem Rennen im Führring vorgestellt. Dabei überprüft man, ob das Pferd fit aussieht und wer der aktuelle Jockey ist. Sind Frau und Tochter mit auf der Rennbahn, muss man eventuell Überzeugungsarbeit leisten, nicht allzu viel Geld auf das schönste oder ein besonders „süßes" Pferd zu setzen.
- Die Gewinnquoten werden überall auf Bildschirmen angezeigt. Sie verändern sich bis zum Beginn des Rennens allerdings ständig, da sie sich danach richten, wie viel Geld auf das einzelne Pferd gesetzt wird. Sie werden auf zehn Euro berechnet. Ein Pferd mit Quote 49 bringt beim Sieg also 4,90 Euro pro gesetzten Euro.
- Beim Ausfüllen des Tippscheins lässt man sich beim ersten Mal am Besten am Infostand (nicht an der Kasse, da andere warten) beraten. Man kann seinen Tipp aber auch mündlich an der Kasse durchgeben.

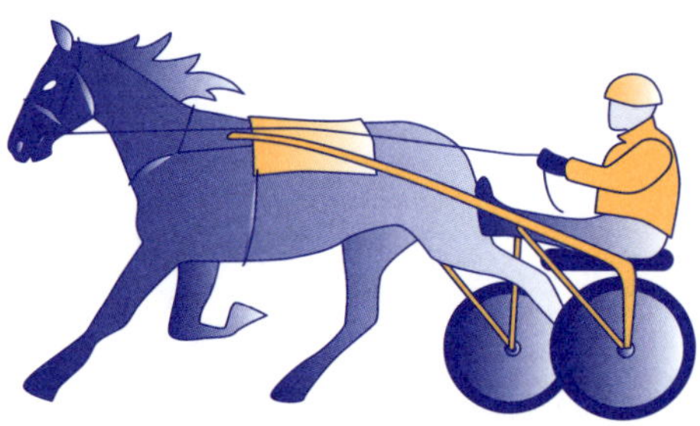

WISSENSWERT

Pferderennen werden auf Galopp- und Trabrennbahnen gelaufen. Galopper sind die Pferde mit den Reitern, Traber die mit den Wägelchen. Viele Zocker bevorzugen die Traber, da das Wetten dort weniger riskant ist. Es siegen öfters die Favoriten. Auf Galopprennbahnen dagegen gelingt es Außenseitern immer wieder, alle Prognosen durcheinanderzuwirbeln. Dafür sind die Rennen viel rasanter und ein gutes Galopperfinish wirklich ein Erlebnis.

FÜR FORTGESCHRITTENE

Besonders hohe Quoten werden auf richtige Zweier- und Dreier-Wetten bezahlt. Dabei sagt man die ersten zwei oder drei zu gewinnenden Pferde in richtiger Reihenfolge voraus. Da dies natürlich sehr schwer ist, wird hier meist nicht nur eine Wette abgegeben. So ist man etwa überzeugt, dass nur drei Pferde für die vorderen zwei Plätze infrage kommen. Wettet man nun alle möglichen Kombinationen, dann sind das sechs Wetten, was bei einem Mindesteinsatz von zwei Euro zwölf Euro macht. Die Chancen, dass ein Treffer dabei ist, sind natürlich gut. Es ist aber durchaus möglich, dass auch eine Zweier-Wette eine sehr niedrige Quote hat, wenn zwei absolute Favoriten vorne landen. Deshalb kann man auch mit einem Sieg Verlust machen, wenn man auf zu viele Möglichkeiten gewettet hat.

Kinnhaken schlagen

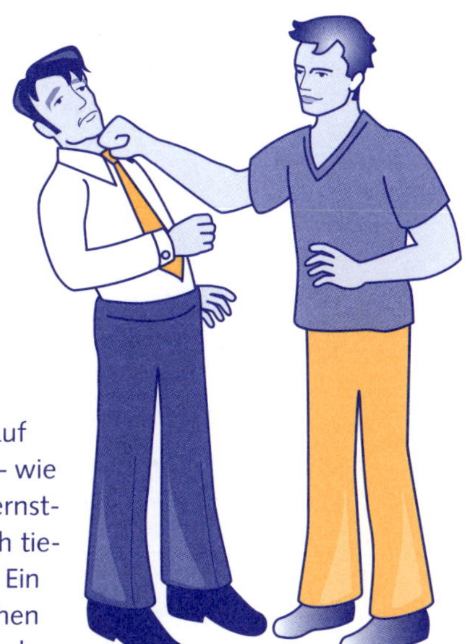

Natürlich! Man sollte Konflikte gewaltfrei lösen.
Aber für alle Fälle:

1 Möglichst nah am Gegner stehen.
2 Schlagarm anwinkeln und etwa auf der Höhe der eigenen Magengegend Faust ballen, mit dem anderen Arm Gegner abwehren und Schlagansatz möglichst verdecken.
3 Hakenförmig schräg nach oben schlagen. Am Besten genau auf die Kinnspitze.

Nur etwas für absolute Gefahrensituationen ist der Schlag auf den Solarplexus. Er funktioniert im Prinzip ähnlich, ist aber – wie jeder Schlag in den Bauch – nur erlaubt, wenn man selbst ernsthaft angegriffen wird. Der Schlag wird, wenn möglich, noch tiefer angesetzt und zielt auf die Region unterhalb der Rippen. Ein solcher Schlag kann zur Bewusstlosigkeit führen, bei Menschen mit einer Vorschädigung des vegetativen Nervensystems – oder wenn er danebengeht – aber auch tödlich sein.

Frauen verstehen

- **Gehen Sie davon aus,** dass die meisten Frauen nett, interessant und beruflich für ihre Position qualifiziert sind. Begegnen Sie Ihnen also positiv. Vorbehalte führen zu verkrampftem Auftreten und meist unweigerlich zu unnötigen Schwierigkeiten.
- Begegnen Sie Frauen offen. Seien Sie neugierig darauf, sie kennenzulernen. Hören Sie zu und stellen Sie Fragen. Schauen Sie ihr interessiert in die Augen. Verbannen Sie alle Gedanken daran, wie die Frau Sie wohl einschätzt, weit, weit weg. Sonst sind Sie sehr schnell mehr auf Ihre Eigenwahrnehmung konzentriert als auf die Signale, die die Dame aussendet. Auch in einer Partnerschaft sind Männer während eines Gesprächs oft mit vorausschauender Gesprächsstrategie oder anderen eigenen Gedanken beschäftigt und verpassen wichtige Informationen. So kommt es zu dem Vorwurf, dass Männer ignorant seien und „nie" zuhörten.
- Finden Sie heraus, wie Sie Frauen zum Lachen bringen. Die meisten Damen mögen Männer, mit denen sie lachen können.
- Machen Sie nie in Gegenwart einer Frau andere Frauen herunter. Damit können Sie vielleicht bei missgünstigen Exemplaren punkten, aber nicht bei den wirklich netten weiblichen Wesen.
- Natürlich sind Frauen widersprüchlich. Manche sind sogar sehr widersprüchlich. Aber machen Sie nicht den Fehler, sie deswegen pauschal abzuurteilen. Eine Frau kennenzulernen, heißt auch, herauszufinden, wo man sie ernst nehmen muss und wo nicht.

WISSENSWERT

Wenn Sie sich richtig gut mit einer Frau verstehen und das Zusammenleben gut funktioniert, dann werden Sie Ihrer Freundin früher oder später einen Heiratsantrag machen (auch wenn seit Anfang der 90er-Jahre die Zahl der standesamtlichen Trauungen abnimmt). Wie Sie Ihrer Auserwählten den Antrag stellen, ist Ihnen überlassen: Er sollte allerdings ehrlich und eindeutig sein und vor allem von Herzen kommen. Schließlich bestimmt er Ihre weitere Zukunft und eine Eheschließung beinhaltet auch eine längerfristige Verpflichtung. Heiraten Sie allerdings nie aus Gründen der Steuerersparnis. Denn sollte der Hochzeit eine Scheidung folgen, werden Sie das gesparte Geld ganz schnell durch Anwaltskosten wieder los.

FRAUENLIGA

Gekonntes Augen-Make-up

Die Verschönerung der Augenpartie gehört zu den echten kosmetischen Herausforderungen. Etwas zu viel Farbe, ein paar ungeschickte Kontraste – und die Augen sehen nicht mehr geheimnisvoll und attraktiv aus, sondern eher, als hätte man die Nacht durchgefeiert oder schlecht geschlafen.

1 Haut mit Kosmetiktuch entfetten.
2 Grundierung auftragen, damit die Farben Halt bekommen.
3 Abpudern.

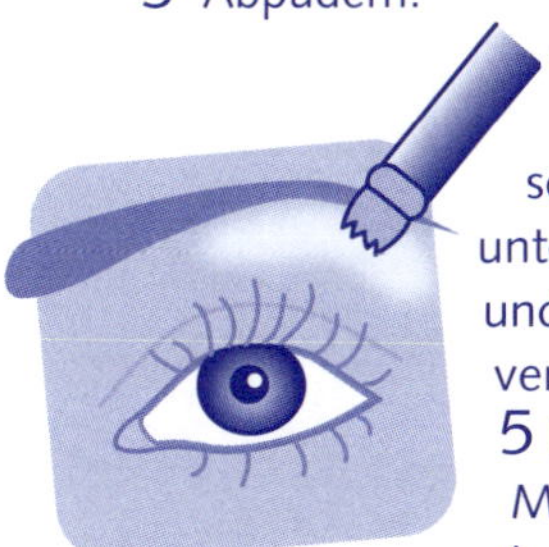

4 Falls zwei Farben benutzt werden: helleren Lidschatten mit einem Pinsel unterhalb des Brauenbogens und im Augeninnenwinkel verteilen.
5 Dunklere Farbe von der Mitte nach außen auf das bewegliche Lid streichen. Dabei immer nur winzige Portionen auf einmal nehmen. Nicht das ganze Lid gleichmäßig ausmalen, sondern zarte Übergänge schaffen. Mitte durch mehrmaliges Auftragen betonen, im Augeninnenwinkel nur wenig Farbe verwenden. Tagsüber sollte man nur Farben wählen, die einen weichen Kontrast zur natürlichen Hautfarbe bilden.
6 Farbränder gegeneinander verwischen.
7 Der Lidstrich am oberen Lidrand beginnt im Augeninnenwinkel als feine Linie, wird über dem Augapfel etwas dicker und läuft wieder fein aus. Am Unterlid empfiehlt es sich, nur eine ganz feine Linie zu zeichnen. Auch den Lidstrich sollte man im Alltag dezent gestalten. Am besten nimmt man kein Schwarz, sondern zum übrigen Make-up passende Braun- oder Grautöne und verwischt den Strich nach dem Auftragen leicht. Kajal und angefeuchteter dunkler Lidschatten sind die dezentere Alternative zu Eyelinern.
8 Eventuell noch einen dünnen Streifen Lidschatten über den Lidstrich unter dem Auge ziehen.

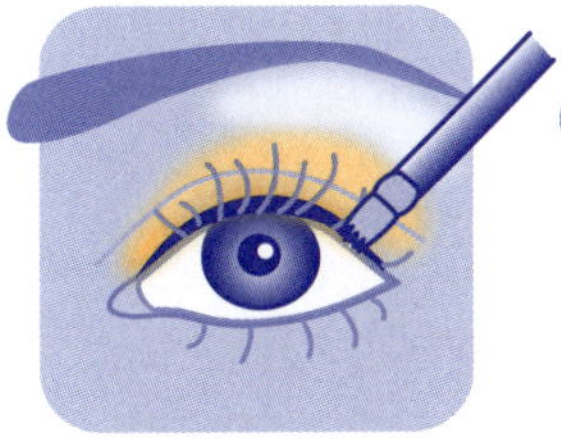
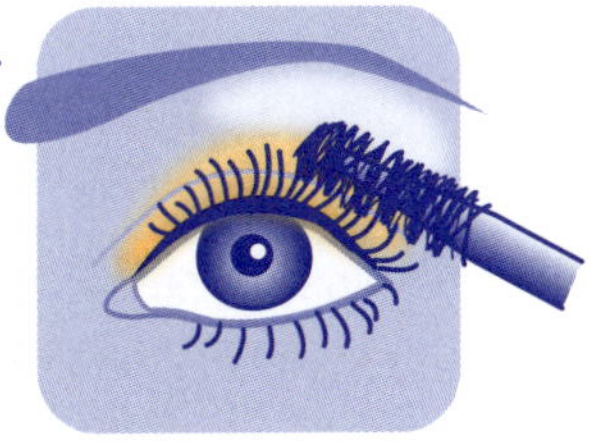

TIPP

Bei **Schlupflidern** schminkt man das bewegliche Lid nur ganz zart und trägt die auffallendste Farbe auf die überhängende Partie oberhalb der Augen auf. Dabei sind weiche Übergänge wichtig. Zusätzlich empfiehlt es sich, den unteren Lidstrich mit Lidschatten zu übermalen. Außerdem empfehlenswert: stark getuschte Wimpern.

VARIANTE: SMOKEY EYES

Am besten nimmt man Puderlidschatten, weil sich damit besonders plastische Schattierungen von zart bis kräftig erzielen lassen. Man stuft die Farbgebung dreifach ab. Die hellste Farbe direkt unter den Brauen auftragen, die mittlere auf das bewegliche Lid und mit der dunkelsten direkt über den Wimpern eine dicke Linie ziehen. Alles wird mit einem Wattestäbchen gegeneinander verwischt. Unter dem Auge eine dünne Linie mit der dunkelsten Farbe ziehen. Zuletzt das Ganze mit dunklem Kajal oder Eyeliner umranden. Es muss jedoch nicht immer Schwarz sein. Probieren Sie es doch mal mit Dunkelblau!

Wimpernstyling

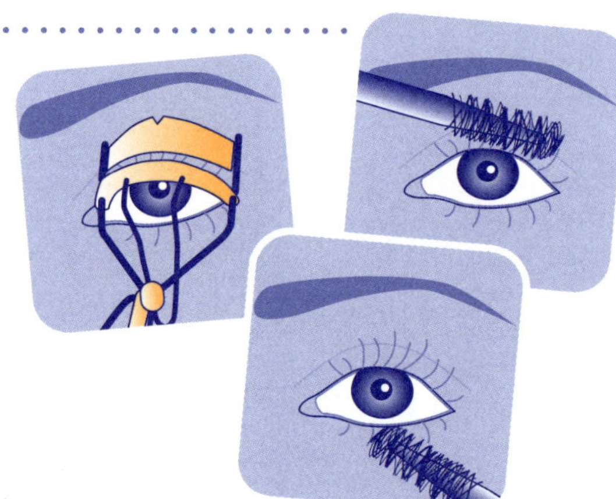

1 Wer seine eigenen Wimpern mit falschen ergänzen will, klebt diese als Erstes auf und behandelt sie dann zusammen mit den natürlichen.

2 Wimpern bei Bedarf mit einer Wimpernzange in Form biegen.

3 Dann geht es ans Tuschen: Die Wimpern des Oberlides färbt man mit waagrecht gelegtem Bürstchen vom Ansatz bis zur Spitze, und zwar sowohl von oben als auch von unten. Dabei das Oberlid leicht hochziehen, denn nur wenn die Wimpern direkt vom Ansatz an getuscht sind, ist der Effekt wirklich gut. Für noch mehr Volumen kann man mehrmals färben. Bei den Unterlidwimpern und den kurzen Wimpern im Augeninnenwinkel hält man das Bürstchen senkrecht.

4 Wichtig: Verklebte Wimpern immer sofort lösen, nicht erst, wenn die Farbe trocken ist. Wer will, kann auch zwei Farben verwenden. Etwa Schwarz an den Spitzen mit der Farbe der Augen kombinieren. Wichtig ist, dass Wimperntusche trotz allen Aufwandes abends immer entfernt wird, da sonst die Gefahr besteht, dass die Wimpern irgendwann brechen.

Perfekte Augenbrauen

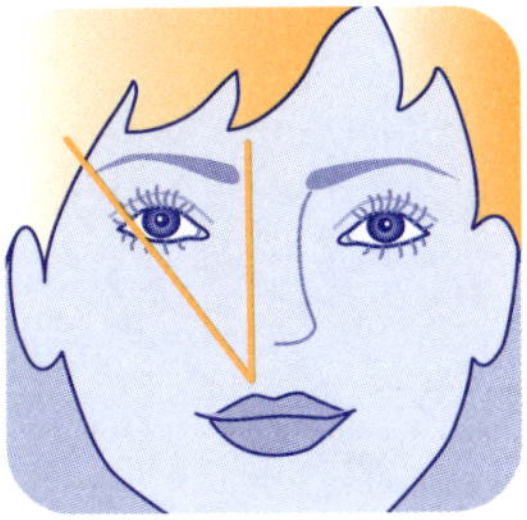

1 Die richtige Länge bestimmen: einen Stift an den Nasenflügel legen, einen zweiten vom Nasenflügel bis zum äußeren Augenwinkel. Die Augenbrauen sollten in etwa den Raum zwischen den beiden Stiftenden ausfüllen. Die Eckpunkte markieren.

2 Mit einer scharfen Pinzette alle Härchen, die über den markierten Bereich hinausreichen, auszupfen. Falls die Brauen zu dick sind, diese von der Unterkante her schmaler zupfen. Dabei die Haut zwischen den Fingern etwas nach oben wölben und in Wuchsrichtung zupfen.

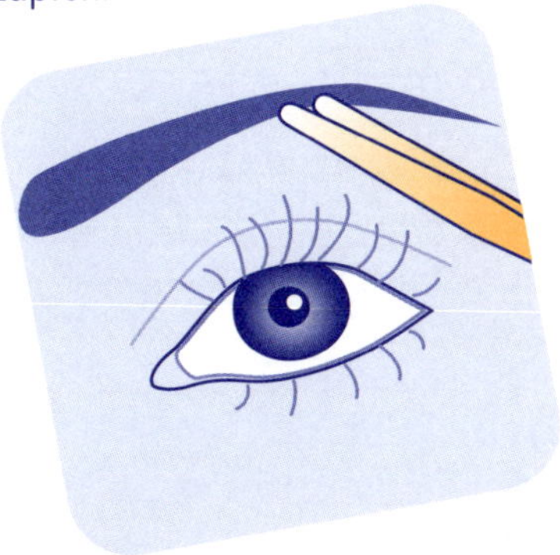

3 Die Augenbrauen dann mit einem kleinen Bürstchen kräftig nach unten bürsten.

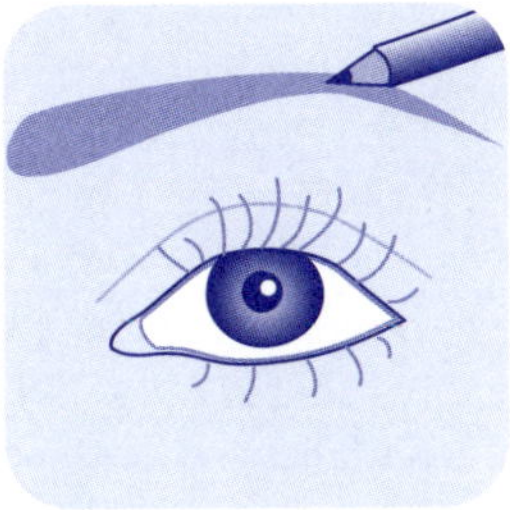

4 Nun mit einem frisch gespitzten Augenbrauenstift die Brauen von oben her nachstricheln. Vor allem sollte man Lücken auffüllen. Man kann die Brauen aber auch insgesamt voluminöser zeichnen oder ihnen einen interessanteren Schwung geben. Idealerweise liegt der höchste Punkt über der verlängerten Linie vom Nasenflügel zur Mitte der Pupille. Die Brauen – falls nötig – bis zum Ende des äußeren Augenwinkels verlängern.

5 Wer möchte, kann die Brauen nun auch noch färben, aber nur wenige Nuancen dunkler als die natürliche Haarfarbe. Dazu kann man Lidpuder oder Lidschatten mit einem feinen Pinsel auftragen, aber auch einen Hauch von Mascara benutzen (Bürstchen vor dem Stricheln mit einem Kosmetiktuch von überschüssiger Farbe befreien). Dabei sollten nach Möglichkeit wirklich nur die Haare, nicht die Haut gefärbt werden.

6 Wenn die Farbe trocken ist, Brauen in Form bürsten.

TIPP

Die natürlichen Augenbrauen ganz zu entfernen und sich dann mit kühnem Schwung interessantere Bögen ins Gesicht zu malen, ist meist keine gute Idee. Die Brauen folgen dem Verlauf des Schädelknochens, und wenn der dann nackt und bloß unter oder über den neu gemalten Brauen hervorschwillt, sieht das bei näherem Hinschauen meistens gar nicht gut aus.

Lippen schminken

1 Lippen mit Pflegebalsam geschmeidig machen.
2 Wenn ein blasser Lippenstift gewählt wird, Lippen leicht grundieren, damit die natürliche Farbe nicht durchscheint.
3 Konturen mit Lipliner nachzeichnen. Dabei im Amorbogen, der Einbuchtung an der Oberlippe, beginnen. Dann vom Mundwinkel zur Mitte hin zeichnen. Dabei die natürlichen Konturen nach Belieben leicht modellieren. Farbe mit dem Finger leicht nach innen verwischen.

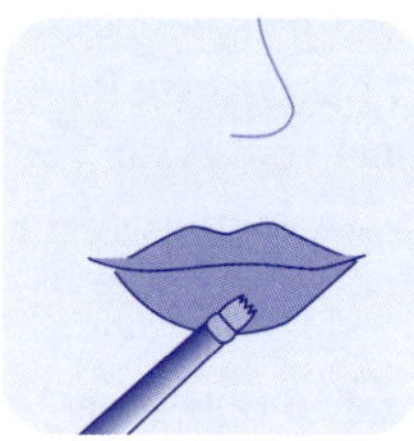

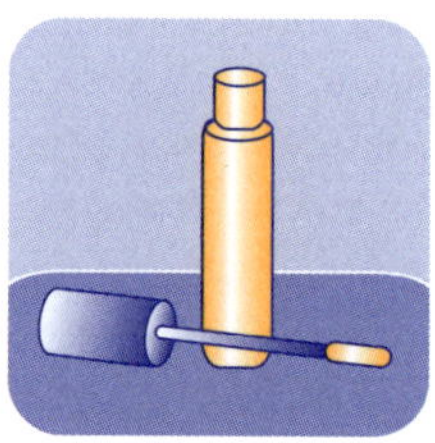

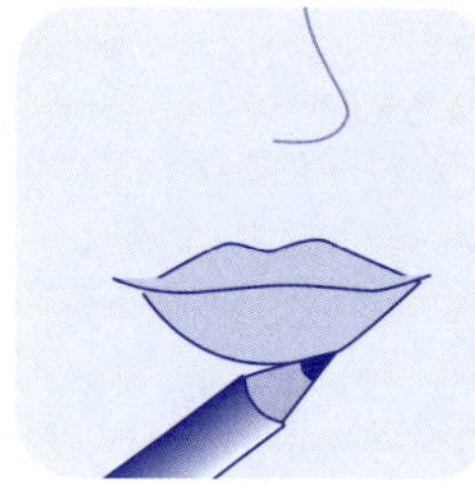

4 Lippen ausmalen. Farbe am besten mit einem Pinsel vom Lippenstift abnehmen und dann auftragen. Konturzeichnung mit überschminken.
5 Nach Belieben noch glänzendes Gloss über die Farbe geben, jedoch nicht zu viel. Vor allem bei vollen Lippen sollte man damit nur die mittlere Region betonen. Auch das Übermalen mit Transparent-Lippenstift bringt zusätzlichen Glanz.

TIPP
Wer sowieso schon volle Lippen hat, sollte lieber helle, dezente Farbtöne wählen? Falsch! Dunkler Lippenstift lässt die Lippen strenger und schmaler wirken, während helle Farben sie voller wirken lassen. Auch beim Lidschatten kommen große Lider besser mit dunklen, kleine mit hellen Farben zur Geltung.

Perfekter Teint

Je aufwendiger und auffallender Lippen und Augen geschminkt sind, desto wichtiger ist auch ein perfekter Teint, da sonst Unregelmäßigkeiten oder glänzende Hautpartien besonders auffallen.

1 Gesicht dünn mit Feuchtigkeitscreme eincremen, damit das Make-up besser hält.
2 Problemstellen wie Rötungen, Narben, Pigmentflecken oder Schatten unter den Augen mit Concealer abdecken.
3 Grundierung auftragen. Die Farbe sollte möglichst perfekt den eigenen Hautton treffen. Flüssige Make-ups decken in der Regel weniger und wirken besonders natürlich,

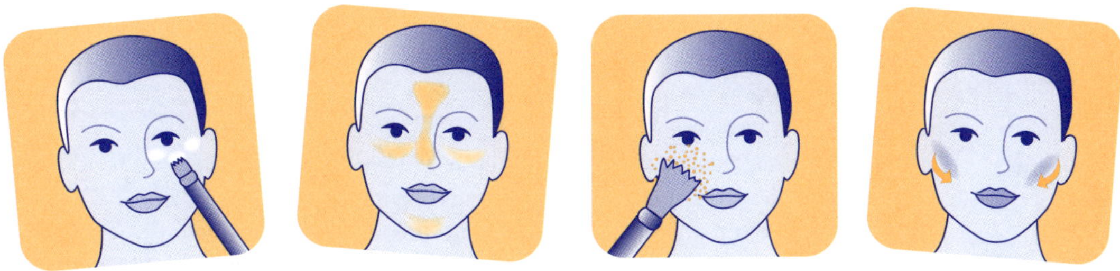

während Creme-Make-ups Unregelmäßigkeiten besser ausgleichen. Die Farbe wird in kleinen Portionen von oben nach unten aufgetragen. Man kann sie mit den Fingerspitzen einmassieren oder einklopfen, aber auch mit einem Schminkschwämmchen oder einem Make-up-Pinsel verstreichen. Dabei muss man darauf achten, dass keine erkennbaren Übergänge an Hals, Haaransatz und Ohren entstehen.

4 Mit einem großen Pinsel Puder (in der Farbe der Grundierung) auf das Gesicht stäuben und anschließend Überschuss wieder abnehmen. Vor allem tagsüber sparsam mit dem Puder umgehen.

5 Rouge auf die Wangen auftragen (bei gepudertem Teint immer Puderrouge). Beim Auftragen unbedingt lächeln. Von der Schläfe her schräg nach unten pinseln. Überschüsse mit einem Wattebausch abnehmen.

GRUNDWISSEN: TÄGLICHE KÖRPERPFLEGE

- Natürliche und synthetische **Seifenpräparate** müssen fettlösend sein, um die Haut von Talg und Schmutz zu befreien. Deshalb laugen leider auch die schonendsten Seifen die Haut aus, weshalb man sie so sparsam wie möglich benutzen sollte.
- Auch häufiges und heißes Duschen, Baden und Haarewaschen hat eine **auslaugende Wirkung** und kann zu Haut- und Haarproblemen führen.
- Zum **Rückfetten** der Haut dienen Öle und Cremes. Produkte, die versprechen, sowohl zu säubern als auch zu pflegen, sind für Haut und Haar ein fauler Kompromiss.
- Gesunde Haut kann sich jedoch weitgehend selbst weich und geschmeidig halten, weshalb man auch **mit Pflegeprodukten sparsam umgehen** sollte.
- Gerade die beliebten, wenig fettenden, schnell einziehenden Öl-in-Wasser-Emulsionen funktionieren nur mit vielen Zusatzstoffen. **Klassische Öle** oder Produkte, die auf **Wasser-in-Öl-Emulsionen** beruhen, sind meist besser für die Haut.
- Ob Aloe vera oder Orangenöl: Die verlockenden **Zusätze** sind nur in geringen Dosen enthalten. Viel wichtiger ist, ob die Grundsubstanzen der Kosmetika zum **Hauttyp** passen und frei von problematischen Inhaltsstoffen sind.
- **Warentests** kommen oft zu überraschenden Ergebnissen: Billige Kosmetika vom Discounter sind mitunter viel besser und verträglicher als exklusive Markenware. Das Studieren solcher Tests schont deshalb nicht nur den Geldbeutel, sondern auch die eigene Haut.
- **Make-up** muss **abends** grundsätzlich **entfernt** werden.

TIPP

Sowohl mit der Grundierung als auch mit Rouge lässt sich die **Gesichtsform modellieren**. Für ein schmaleres Gesicht trägt man unter den Wangenknochen und an den Stirnseiten etwas dunklere Grundierung auf. Auch Rouge an diesen Stellen lässt die Wangen und die Stirn weniger voll wirken. Hellere Grundierung dagegen lässt Vertiefungen weniger auffällig wirken. Eine zu lange Nase wird durch etwas dunklere Grundierung auf der Spitze weniger markant, ein spitzes Kinn durch einen Tupfer Rouge. Eine hohe, kantige Stirn mildert man durch dunkle Grundierung oder Puderrouge am Haaransatz ab.

Beine richtig rasieren

Am gründlichsten entfernt man lästiges Körperhaar mit heißem Wachs, das auf die entsprechenden Körperteile gestrichen und nach dem Erkalten samt Haaren abgerissen wird. Das aber ist schmerzhaft. Deshalb bevorzugen viele Menschen die Rasur, obwohl sich dabei schnell wieder neue, kleine Stoppel zeigen. Rasiert man jedoch ständig, kann es leicht zu anhaltenden, juckenden Hautirritationen kommen. Dem lässt sich jedoch vorbeugen:

- nach dem Duschen oder Baden rasieren, wenn Haut und Haare geschmeidig sind.
- hochwertige, wirklich scharfe Rasierklingen verwenden.
- in Wuchsrichtung der Haare rasieren. Das ist sanfter. Gründlicher jedoch ist das Rasieren gegen die Wuchsrichtung – wenn man es verträgt.
- trocken rasieren ist sanfter, nass rasieren jedoch gründlicher.
- Beim Rasieren nicht zu fest aufdrücken.

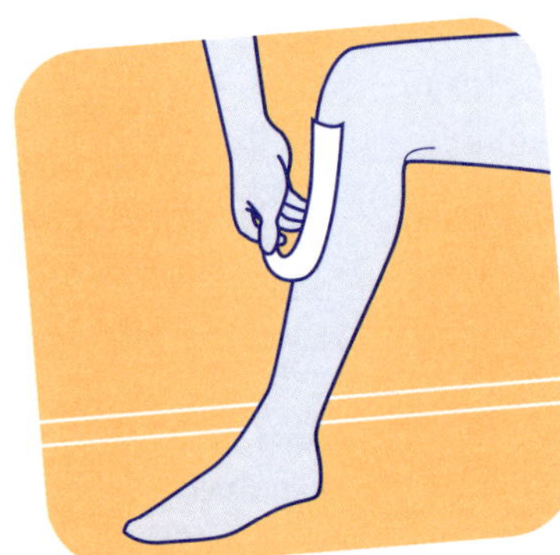

Maniküre

1 Zur perfekten Handpflege gehört ein etwa drei- bis fünfminütiges Bad in Seifenlauge.

2 Danach die Hände gut eincremen.

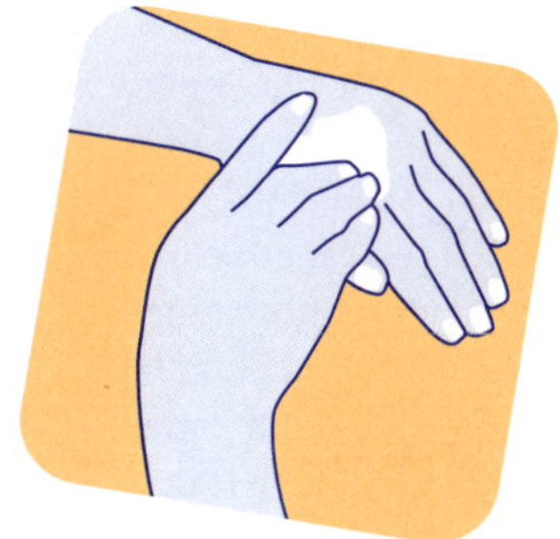

3 Die Form der Nägel ist Geschmackssache. Für manche sind mandelförmige Nägel das Nonplusultra, andere Kosmetiker raten eher, die Form den Fingerkuppen anzupassen. Sind die Nägel sehr lang geworden, greift man zur Nagelschere und feilt anschließend die Kanten zurecht. Dabei sollte man immer gerade und nur in eine Richtung feilen, anderes begünstigt brüchige Nägel. Experten empfehlen, die Nägel nur zu feilen, dies dafür regelmäßiger. Für stabile Fingernägel empfehlen sich mittelgrobe Feilen, für brüchige sollte man feinere benutzen. Glas- oder Keramikfeilen sind schonender als Metallfeilen.

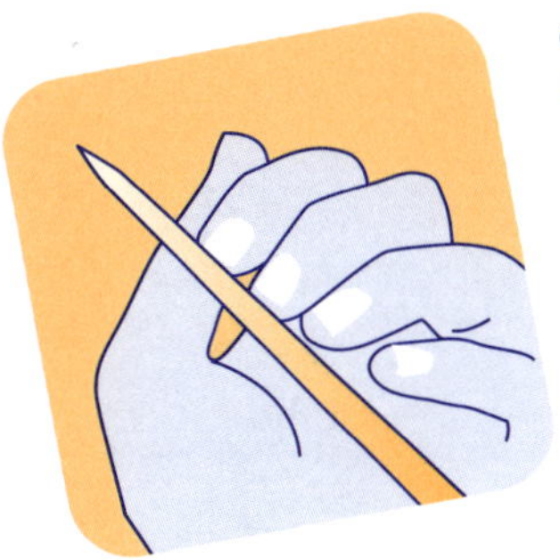

4 Danach kann man die Oberfläche der Nägel noch mit speziellen, weichen Feilen glatt polieren.

5 Der Nagelhaut, die den Ansatz der Fingernägel überzieht, sollte man nur zu Leibe rücken, wenn sie wirklich so weit über den Nagel wächst, dass es zum ästhetischen Problem wird. Die Nagelhaut ist nämlich sehr empfindlich und jede Behandlung regt das Wachstum an. Im Falle des Falles mit Öl einweichen und dann mit einem speziellen, weichen Rosenholzstäbchen vorsichtig zurückschieben. Auf keinen Fall schneiden.

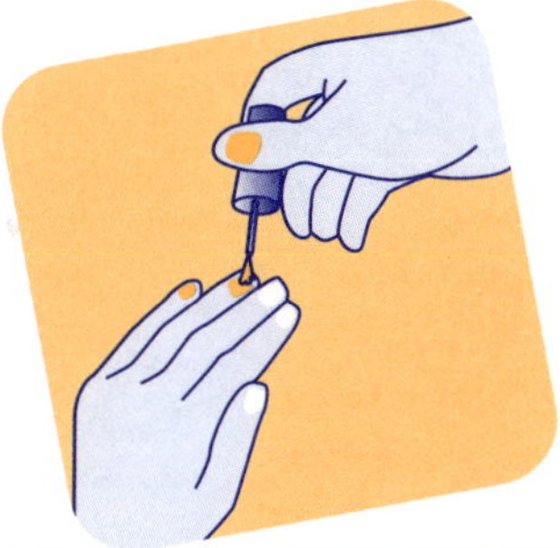

6 Sollen die Nägel lackiert werden, dann müssen sie zuerst gründlich gereinigt werden.

7 Dann empfiehlt es sich, erst einen farblosen Unterlack aufzutragen, der dafür sorgt, dass der eigentliche Lack nicht vorzeitig abblättert.

WISSENSWERT

Das Problematischste am Lackieren der Nägel ist das **Entfernen des alten Lacks**. Besonders wirksame Nagellackentferner enthalten auch ziemlich aggressive Substanzen, die nicht nur umweltschädlich sind, sondern auf Dauer die Nägel brüchig machen können. Das gilt besonders für Produkte mit Aceton. Deshalb lieber Nagellackentferner mit Alkohol benutzen, auch wenn diese etwas langsamer wirken.

VARIANTE: PEDIKÜRE

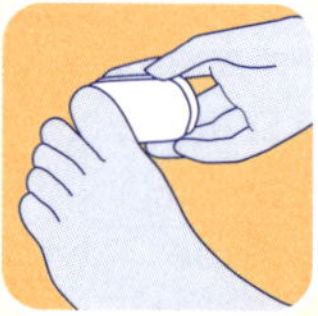

1 **Fußbad** nehmen, nach Belieben mit pflegenden Zusätzen.
2 Hornhaut mit einem **Bimsstein** entfernen.
3 Wenn die Füße wieder ganz trocken sind, noch mal bimsen.
4 Füße mit **Peeling** einreiben. Das kann man aus Öl und grobem Meersalz auch gut selbst herstellen. Grobe Partikel und überschüssiges Fett danach entfernen.
5 **Nägel** auf die richtige Länge schneiden, dann mit einer kleinen Feile nachbehandeln, bis es keinerlei Ecken und Kanten mehr gibt.
6 Schmutz und Hautrückstände aus dem Nagelfalz zwischen Nagel und Haut kratzen.
7 Eventuell **Nagelhaut** einölen und zurückschieben.
8 Nach Belieben mit einer großen, weichen Feile die **Oberfläche polieren**.

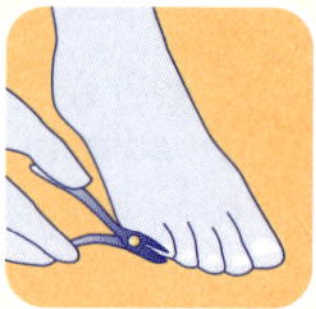

Mit High Heels laufen

Wer schön sein will, muss leiden. Das trifft gerade für das Gehen auf zehn Zentimeter hohen Absätzen zu. Es gibt hier drei potenzielle Quellen des Schmerzes: Erstens kann man, wenn man sich mit dieser Höhe nicht sicher fühlt, leicht umknicken. Zweitens holt man sich viel leichter Scheuerstellen als in flacheren Schuhen. Drittens wird mit der Zeit die unnatürliche Haltung zur Qual. Der dritte Punkt lässt sich nie ganz abstellen, fällt aber desto weniger ins Gewicht, je trainierter die Beinmuskeln sind. Gegen die ersten beiden Schmerzquellen hilft Training in der Wohnung. Neue Schuhe mit Socken einlaufen, um Druckstellen zu vermeiden, und dabei auch gleich den richtigen Gang üben. Sehr langsam und konzentriert beginnen. Bauchmuskeln anspannen, Rücken gerade halten und Knie leicht anwinkeln. Dann darauf konzentrieren, die Knöchel gerade und stabil zu halten, und langsam einen Fuß vor den anderen setzen. Um den passenden sexy Hüftschwung zu bekommen, muss man die Füße wirklich voreinander setzen, also **auf einer gedachten Linie laufen**, nicht auf zwei parallelen. Die Arme dabei locker neben dem Körper pendeln lassen und den Kopf immer gerade halten. Außerdem sollte man bei High Heels noch mehr als bei gewöhnlichen Schuhen darauf achten, dass sie perfekt sitzen. Wer noch wenig Erfahrung hat, sollte erst einmal mittelhohe Absätze mit großer Grundfläche und nicht gleich Pfennigabsätze wählen.

WISSENSWERT

Die hohen Absätze sollten eine Ausnahme für besondere Gelegenheiten bleiben, denn sie sind wirklich ungesund für die Füße. Auf Dauer werden sowohl das Fußskelett als auch Muskeln und Gefäße deformiert und geschädigt.

Im Minirock aus dem Auto steigen

Damit das elegant aussieht, heißt es vor allem: langsam und Schritt für Schritt vorgehen.

1 Auf dem Sitz zur Autotür drehen.
2 Das erste Bein auf den Boden stellen.
3 Das zweite Bein auf den Boden stellen.
4 Auf dem Sitz abstützen und aufstehen.

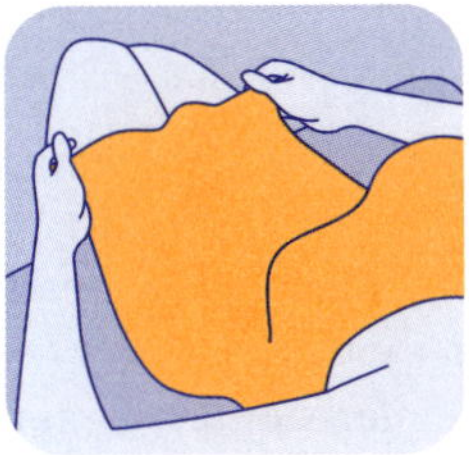

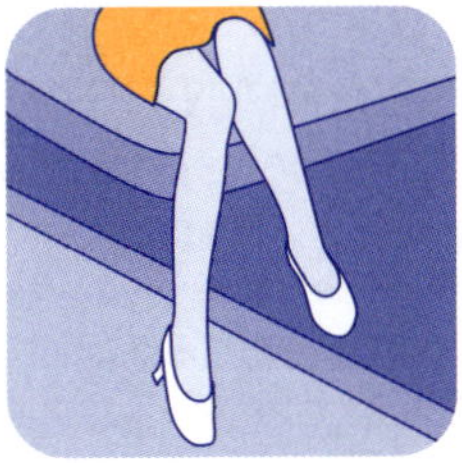

Hut tragen

Sie sind zum Pferderennen eingeladen? Oder finden die Idee, Hut zu tragen, einfach irgendwie chic? Dann trauen Sie sich! Früher gehörte ein Hut unabdingbar zur Ausgehkleidung einer Frau von Welt. Da gab es natürlich Regeln, wer was wann wie tragen konnte. Heute sind Hüte zu einer recht exotischen Kopfbedeckung geworden. Das heißt aber auch, dass man eigentlich nichts mehr falsch machen kann. Deshalb die wichtigste Regel: Tragen Sie, was Ihnen gefällt und Sie so richtig überzeugt. Lassen Sie sich beim Kauf fachkundig beraten. Das kann neue Welten eröffnen, wenn man bisher nie Hut getragen hat. Aber lassen Sie sich nichts aufschwatzen, woran Sie persönlich zweifeln. Auffallen werden Sie ohnehin – egal, ob das Modell klassisch oder extravagant ist. Deshalb auch die zweite wichtige Regel: Hüte trägt man mit erhobenem Kopf und sehr selbstbewusst.

TIPP

Viele Hüte sind dazu bestimmt, schräg getragen zu werden, und zwar nach rechts. Eine ganze Reihe von Modellen wirken auch nur mit der passenden **Frisur**. Experimentieren Sie, wie Ihr Hut wirklich perfekt zur Geltung kommt.

Französischen Zopf flechten

1 Man fasst die Haare am Hinterkopf oben in der Mitte zusammen und teilt sie in drei Strähnen.
2 Nun flicht man zweimal normal hin und her.
3 Dann nimmt man bei jeder Flechtbewegung einige Haare von der jeweiligen Seite hinzu. Auf diese Weise werden die gesamten Haare nach und nach in den Zopf integriert.
4 Anschließend wird im Nacken ganz normal zu Ende geflochten.

französischer Zopf

VARIANTEN

- Der **holländische Zopf** (siehe Abbildung rechts) geht im Prinzip genauso wie der französische. Allerdings werden die äußeren Stränge nicht über den mittleren gelegt, sondern unter ihn. Auf diese Weise entsteht ein Zopf, der auf dem Hinterkopf quasi „aufsitzt".
- Wenn man das lose hängende Teil eines französischen Zopfes **nach innen einschlägt** und mit Haarnadeln fixiert, wird aus dem mädchenhaften Zopf eine elegante Hochsteckfrisur.
- Natürlich können auch **zwei seitliche französische Zöpfe** geflochten werden, deren lose Enden im Nacken zu Schnecken aufgerollt werden können.
- Einen verspielten **Fantasylook** erzeugt man, wenn man einen dünnen französischen Zopf von einem Ohr über den Kopf zum anderen flicht. Dabei wird nur von der Stirnseite Haar zugenommen. Das Haar am Hinterkopf bleibt offen und das Zopfende hängt an einer Seite lose herunter.
- Besonders bei dunkelhäutigen Menschen sind derzeit **Cornrows** in Mode. Dicht am Kopf anliegende, extrem fest geflochtene Zöpfchen, zwischen denen die Kopfhaut durchschimmert. Sie werden ähnlich wie französische Zöpfe geflochten und funktionieren auch mit recht kurzen Haaren, da immer wieder neues Haar dazugenommen wird. Sie werden oft in kunstvollen Mustern über den Kopf geflochten. Für den gewünschten Effekt muss man allerdings sehr routiniert sein. Außerdem strapaziert es die Kopfhaut ziemlich.

holländischer Zopf

Cornrows

Elegante Hochsteckfrisur

Wie bekommt man eine elegante und gut sitzende Hochsteckfrisur hin? Damit die Haare mehr Halt haben, sollten sie auf keinen Fall ganz frisch gewaschen sein. Am besten wäscht man sie einen Tag vorher. Schaumfestiger sorgt für zusätzlichen Halt. Dann braucht man ausreichend Haarklammern und Haarnadeln. Deren Farbe sollte der eigenen Haarfarbe möglichst ähnlich sein, damit die Hilfsmittel nicht auffallen. Für den Anfang ist es am einfachsten, einen Pferdeschwanz abzubinden, entweder im Nacken oder am Oberkopf. Den Zopf dann eventuell noch flechten, anschließend um den Gummi winden, die Zopfenden nach innen stecken und das Ganze mit Haarklammern fixieren. Windet man einen ungeflochtenen Zopf um den Haargummi, teilt man ihn am besten in zwei Strähnen, die man separat aufdreht. Dies erfordert aber etwas Übung beim Aufstecken. Man kann die Haare auch ohne Gummi zu einer Kordel eindrehen bzw. die glatten Strähnen über die freie Hand winden und dann feststecken. Damit die Frisur hält, benötigt man schon etwas Erfahrung mit Steckfrisuren. Zuletzt empfiehlt es sich, das Ganze noch mit Festiger, Haarspray oder Haarwachs zu fixieren.

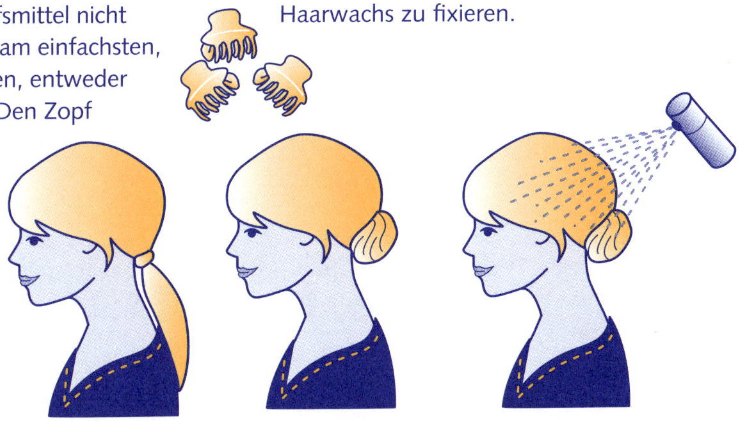

VARIANTEN

- **Banane:** Haare am Hinterkopf zu einer Seite bürsten, mit Haarklammern feststecken, dann über die Hand zur Mitte hin eindrehen, bis ein bananenförmiger Längswulst entsteht. Diesen mit Haarklammern feststecken und mit Festiger fixieren.

- **Chignon:** Das Haar zu einem Pferdeschwanz zusammenbinden. Den Zopf antoupieren und das Ende des Zopfes mit einem zweiten Haargummi binden. Den Zopf nach unten einschlagen und beide Haargummis mit einer Haarklemme zusammenstecken. Knoten vorsichtig auseinanderfächern und dezent mit Glanzspray fixieren.

- **Chinesischer Knoten:** Pferdeschwanz am Hinterkopf machen, langes Zierstäbchen waagrecht unter dem Gummiband durchstecken, Zopf in zwei Strähnen teilen, diese jeweils über die Enden des Stäbchens legen, darunter wieder zusammenführen und überkreuzen, Enden unter den Knoten schieben und feststecken.

Tastuntersuchung der Brust

Je früher Brustkrebs erkannt wird, desto besser sind die Heilungschancen. Deswegen wird allen Frauen empfohlen, ihre Brüste selbst jeden Monat auf Knoten und Veränderungen hin zu untersuchen. Der geeignete Zeitpunkt ist eine Woche nach Einsetzen der Monatsblutung, da das Brustgewebe an diesen Tagen besonders weich ist. Die regelmäßige Selbstuntersuchung kann Leben retten!

1 Die Brüste im Spiegel auf Veränderungen hin betrachten (Form, Größe, Lage, eingezogene Brustwarzen, Hautveränderungen).

2 Die Arme heben. Auf Auffälligkeiten bei der Bewegung der Brüste achten. Die Brüste von vorne und von der Seite auf Einziehungen und Wölbungen hin betrachten.

3 Brust mit einer Hand leicht von unten anheben, mit der anderen das gesamte Brustgewebe abtasten. Dabei Druck mit der flachen Hand ausüben. Ob man spiralförmig von außen nach innen vorgeht oder von rechts nach links oder ein Viertel nach dem anderen untersucht, ist egal. Wichtig ist, dass man methodisch vorgeht und wirklich die gesamte Brust untersucht. Danach die Brustwarze zwischen den Fingern drücken. Wenn sie Flüssigkeit absondert, kann das auch ein Alarmzeichen sein. Zum Schluss werden die Achselhöhlen abgetastet.

4 Auf den Rücken legen, einen Arm unter den Kopf schieben. Mit der anderen Hand die gegenüberliegende Brust abtasten. Dabei mit den vorderen Abschnitten der drei mittleren Finger in kreisenden Bewegungen und mit leichtem Druck über die Brust fahren. Danach mit mehr Druck den Bezirk um die Brustwarze untersuchen und zum Schluss die Achselhöhlen.

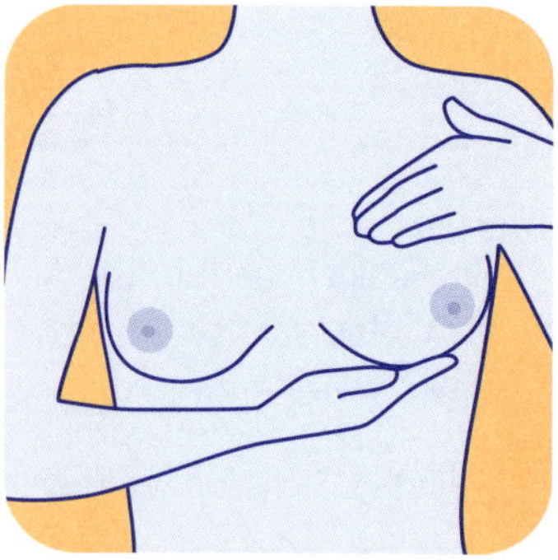

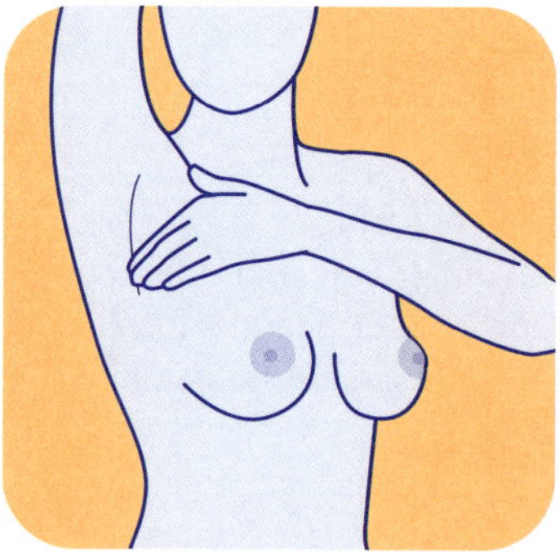

WISSENSWERT

Sollten Sie einen Knoten ertasten, ist das noch kein Grund, in Panik auszubrechen. Nur etwa jede zwölfte Veränderung, die von Frauen selbst ertastet wurde, erwies sich als bösartig. Umgekehrt kann auch nicht jede bösartige Veränderung allein durch Tasten bemerkt werden. Deswegen ersetzt die Selbstuntersuchung auf keinen Fall ärztliches Screening.

GRUNDWISSEN: REGELN BEIM FUßBALL

- **Freistoß** (siehe Abbildung): Bei einem Regelverstoß (Foulspiel, absichtliches Handspiel, strafbares Abseits, Behinderung des Gegners etc.) bekommt die gegnerische Mannschaft den Ball. Beim Freistoß müssen die gegnerischen Spieler mindestens 9,15 Meter vom Ball entfernt stehen. Besondere Brisanz bekommt ein Freistoß in Tornähe, weshalb hier meist eine aufwendige taktische Aufstellung von Freund und Feind vorausgeht.
- Geschieht ein Regelverstoß im 16-Meter-Raum, dann gibt es **Strafstoß**. Ein Spieler der gegnerischen Mannschaft schießt vom Elfmeterpunkt aus auf das Tor, das vom Torwart verteidigt wird. Andere Spieler dürfen nicht eingreifen.
- **Eckstoß:** Eine Ecke wird gegeben, wenn ein Spieler der verteidigenden Mannschaft, den Ball neben dem Tor aus dem Spielfeld spielt. Auch beim Eckstoß darf kein Spieler der gegnerischen Mannschaft näher als 9,15 Meter am Ball stehen. Spielt ein Fußballer der angreifenden Mannschaft den Ball ins Aus, dann bringt ihn der Torwart des gegnerischen Vereins wieder ins Spiel (Abstoß).
- Eine **Gelbe Karte** wird bei einem als gravierend erachteten Regelverstoß gezeigt. Dazu gehören grobe Fouls, wiederholtes Foulspiel, Kritik am Schiedsrichter, Vortäuschen eines Fouls des Gegners (Schwalbe) und andere Disziplinlosigkeiten.
- Eine **Rote Karte** gibt es, wenn ein Spieler ein zweites Mal einen Regelverstoß, der eine Gelbe Karte nach sich gezogen hätte, oder einen noch schwereren Verstoß begeht. Direkt rotwürdig etwa ist es, wenn Spieler so hart zur Sache gehen, dass sie eine Verletzung des Gegners riskieren, wenn sie eine klare Torchance mittels „Notbremse" vereiteln, aber auch alle groben körperlichen und verbalen Attacken gegen Schiedsrichter und Gegner, die nichts mit dem Kampf um den Ball zu tun haben, wie Spucken, Kopfstoß, Nachtreten etc.
- **Handspiel:** Fußball heißt Fußball, weil der Ball in der Regel mit dem Fuß gespielt wird. Erlaubt sind aber auch alle anderen Körperteile mit Ausnahme der Arme – von der Schulter bis zu den Fingerspitzen. Nicht strafbar ist ein unabsichtliches Handspiel, wenn ein Spieler am Arm angeschossen wird.

Wann Handlungen unfair oder absichtlich sind, ist natürlich Auslegungssache, weshalb sie oft endlose Diskussionen heraufbeschwören, wenn mehr als eine halbwegs sachkundige Person vor dem Fernseher sitzt. Manchem ein Gräuel, für andere mindestens das halbe Vergnügen beim Fußball.

Abseitsregel verstehen

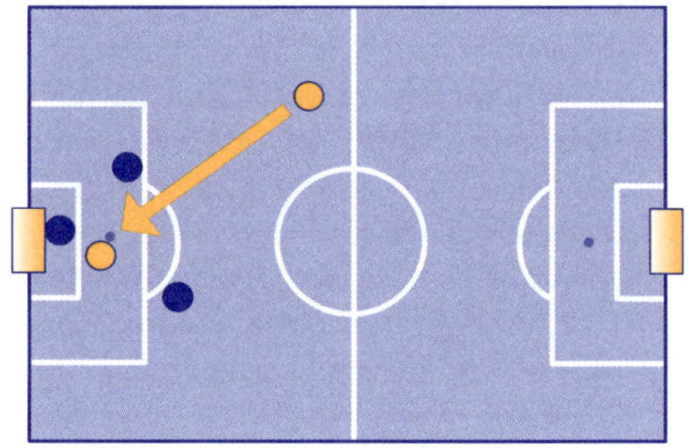

Ob jemand etwas von Fußball versteht oder nicht, machen selbst ernannte Fußballexperten gerne am Beherrschen der Abseitsregel fest. Gerade Frauen, die die Abseitsregel nicht (oder nicht vollständig) verstanden haben, gelten oft pauschal als Beweis, dass Frauen eben nichts von Fußball verstehen. Dabei ist die Sache gar nicht so kompliziert!

1 Grundsätzlich: Ein Spieler darf im Abseits stehen. Strafbar ist nur, wenn er aus dieser Position einen Vorteil zieht, das heißt in der Regel, wenn er den Ball spielt. Nicht strafbares Abseits wird meistens als passives Abseits bezeichnet, was aber irreführend ist, denn ein Spieler kann zwar ganz passiv herumstehen, dadurch aber dem Torhüter der gegnerischen Mannschaft den Blick versperren oder ihn verwirren. Auch dann hat er einen Vorteil aus seiner Situation gezogen und die Sache ist strafbar. Das kommt in der Praxis allerdings selten vor.

2 Abseits kann sich nur ein Spieler der angreifenden Mannschaft befinden und auch nur dann, wenn er vor dem Ball ist – also näher am gegnerischen Tor als der Ball.

3 Entscheidend ist der Augenblick der Ballabgabe, also wenn der ballführende Spieler diesen abspielt, nicht, wenn der im Abseits befindliche Spieler ihn annimmt.

4 Abseits liegt nur vor, wenn sich weniger als zwei Gegner der verteidigenden Mannschaft vor dem fraglichen angreifenden Spieler befinden. Zwei? Wer jetzt aufschreit, vergisst den Torhüter. Sollte sich der Torhüter aus irgendeinem Grund hinter dem angreifenden Spieler befinden (in der Praxis sehr unwahrscheinlich!), müssen zwei gegnerische Feldspieler näher am Tor stehen, damit kein Abseits vorliegt.

Lampen abhängen

Viele Frauen betrachten alles, was mit Elektrizität zu tun hat, grundsätzlich als Männersache. Da Fehler lebensgefährliche Folgen haben können, sollte man im Bereich Elektrizität tatsächlich das meiste Fachleuten überlassen. Aber es gibt keinen Grund, warum frau Dinge, die sie männlichen Laien wie dem Partner oder einem guten Freund überträgt, nicht auch selbst machen kann. Dazu gehört z. B. das Abnehmen und Montieren einer Lampe beim Umzug.

1 Vorsichtshalber immer als Erstes die entsprechende **Sicherung ausschalten**! Zwar unterbindet auch das Ausschalten mittels eines ordentlich installierten Wandschalters die Stromzufuhr. Doch erstens weiß man nicht, ob der Schalter ordentlich installiert ist

(nämlich indem er die „Phase" unterbricht und nicht den „Nullleiter"), zweitens könnte mitten in der Arbeit ein Hausgenosse ins Zimmer stürmen und den Schalter betätigen, bevor man noch reagieren kann.

2 Je nach Lampentyp erst einmal die **Abdeckung** (falls vorhanden) **abnehmen,** um an die Befestigung und die elektrischen Klemmverbindungen heranzukommen. Manche Lampen besitzen auch ein extra Gehäuse für den Elektroanschluss, das man aufschrauben muss. Es kann (z. B. bei Strahlerleisten) auch erforderlich sein, die ganze Lampe abzuschrauben, um an die Klemme heranzukommen. Vorsicht! In diesem Fall hängt die Lampe nur noch an Elektrokabeln. Gegebenenfalls muss man auch die Klemme noch hervorziehen, um sie von den Kabeln lösen zu können. Keine Angst vorm Berühren! Erstens ist die Sicherung draußen, zweitens sitzen alle metallischen – und damit gefährlichen – Teile in diesen Klemmen so tief, dass man normalerweise nicht damit in Kontakt kommt.

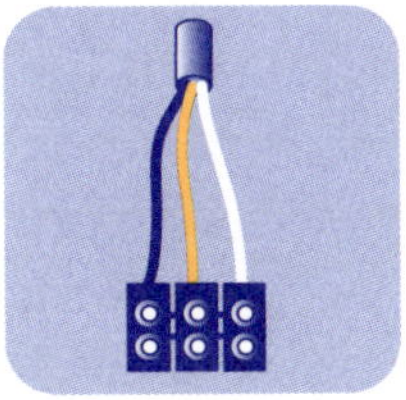

3 Bei den gängigen Lüsterklemmen muss man die kleinen, **tief sitzenden Schräubchen lösen,** um die Kabel herausziehen zu können. Bei Federklemmen wird die Feder mit dem Schraubenzieher niedergedrückt. Dazu sollte man unbedingt einen Phasenprüfer-Schraubenzieher – keinen gewöhnlichen – benutzen und durch Berühren des Plättchens am oberen Ende des Prüfers testen, ob tatsächlich kein Strom mehr fließt. Leuchtet der Prüfer nämlich auf, haben Sie die falsche Sicherung erwischt. Normalerweise entfernt man die Kabel, die zur Lampe gehen, und lässt die Klemme an den Kabeln, die aus der Decke bzw. der Wand kommen. Es ist unhöflich, diesen Pfennigartikel auch noch abzuschrauben und dem Nachfolger dadurch offene (und damit potenziell gefährliche) Kabel zu hinterlassen. Behindert die Klemme allerdings die Demontage der Lampe, muss sie ab. Sobald man die Lampe ganz abgenommen hat, sollte die Lüsterklemme dann freundlicherweise wieder auf die wandseitigen Kabel geschraubt werden. Gehört die Klemme zur Lampe, sollte man dem Nachfolger eine neue spendieren.

Lampen aufhängen

1 Vor dem Aufhängen der Lampe sollte man feststellen, auf welchem Kabel der Strom wirklich geliefert wird. Normalerweise ist das Kabel mit der „Phase" schwarz, braun oder rot, der „Nullleiter" dagegen blau oder grau und die „Erde" grüngelb ummantelt. Es ist aber gänzlich unangebracht, sich auf die Heimwerkerqualitäten der Vorgänger zu verlassen. Also tippt man mit dem Phasenprüfer – bei eingeschalteter Sicherung – auf die Schrauben oder Federn über den jeweiligen Kabeln in der Klemme. Leuchtet der Prüfer auf, hat man die Phase gefunden. Hat keines der Kabel Strom, betätigt man den dazugehörigen Lichtschalter. Jetzt sollte es klappen.

2 Nun die zugehörige Sicherung herausnehmen! Anschließend noch einmal mit dem Phasenprüfer testen, ob man wirklich die richtige ausgeschaltet hat. Dann kann die Lampe ohne Gefahr montiert werden, und zwar in umgekehrter Reihenfolge, wie man sie abgehängt hat. Sobald die Kabel in die Lüsterklemme geschraubt sind, zur Sicherheit noch einmal daran ziehen, ob sie auch wirklich fest sitzen.

3 Trotzdem darf die Lampe mit ihrem Gewicht nie dauerhaft nur an den Elektrokabeln hängen, sondern muss mit Schrauben befestigt werden oder mittels einer ordentlichen Zugentlastung an einem Deckenhaken aufgehängt werden.

4 Bevor man zum Abschluss die Abdeckung anbringt, sollte man die Sicherung einschalten und die Lampe testen. Falls das Licht nicht angehen sollte, Elektriker rufen.

VARIANTE: LAMPEN AUFHÄNGEN BEI NACKTEN KABELN

Was aber ist, wenn an den Kabeln die Lüsterklemme fehlt? Findet man nackte Kabel vor, fasst man diese auf gar keinen Fall an! Das ist lebensgefährlich – egal, ob der dazugehörige Schalter auf „aus" oder „an" steht!

- Am besten gleich die Sicherung ausschalten, mit dem Phasenprüfer vorsichtig an den Kabelenden testen, ob sicher kein Strom fließt, und eine Lüsterklemme montieren.
- Dann kann man die Sicherung einschalten und durch Berühren der Schräubchen in der Klemme mit dem Phasenprüfer herausfinden, welches Kabel die Strom führende Phase ist.
- Zum weiteren Montieren der Lampe die Sicherung dann wieder herausnehmen!

GRUNDWISSEN: PHASENPRÜFER

Ein Phasenprüfer ist ein kleiner Schraubenzieher mit Glimmlampe im Schaft, mit dem man überprüfen kann, welches der Kabel einer Stromleitung dasjenige ist, über das elektrische Energie („Phase") geliefert wird.

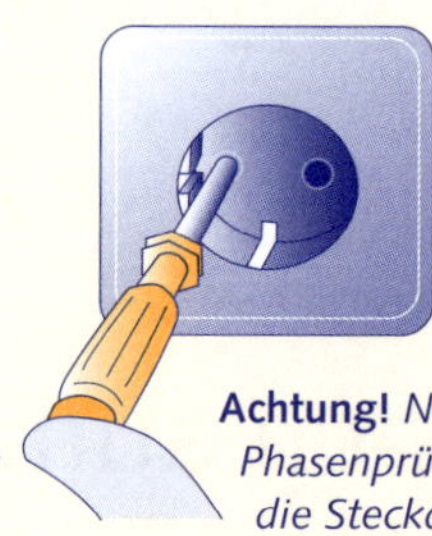

Achtung! *Nur Phasenprüfer in die Steckdose stecken, keine anderen Schraubenzieher!*

- Man hält den Phasenprüfer am Kunststoffgriff und berührt mit einem Finger das Plättchen am oberen Ende des Griffes.
- Dann berührt man mit der Metallspitze die Schraube der Lüsterklemme bzw. das offene Kabelende. Wenn das Lämpchen rötlich glüht, hat man das Strom führende Kabel entdeckt.
- Doch bevor man den Phasenprüfer benutzt, sollte man ihn immer testen. Dazu die Spitze nacheinander in die beiden Löcher einer Steckdose stecken, von der man weiß, dass sie funktioniert. Glimmt das Lämpchen bei einem der Löcher, dann funktioniert der Phasenprüfer. Die Metallspitze des Prüfers darf man bei dieser Prüfung natürlich nie berühren, da sie dann unter Strom steht. Aber sie ist so kurz, dass das eigentlich auch kaum möglich ist.

WISSENSWERT

Wenn Sie eine Lampe aufhängen, dann kann es notwendig sein, dass Sie in der Nähe des Kabels ein oder mehrere **Dübel** setzen müssen, um die Lampe mit Schrauben an Wand oder Decke befestigen zu können. Nehmen Sie unbedingt vorher die **Sicherung** heraus. Denn wenn Sie mit dem Bohrer eine Stromleitung treffen, kann das lebensgefährlich werden. Wenn Sie ganz sichergehen wollen, besorgen Sie sich im Baumarkt ein günstiges **Detektiergerät**. Damit können Sie orten, an welcher Stelle in Wand und Decke die Stromleitungen verlaufen. Grundsätzlich gilt: Man bohrt nicht in die obersten und untersten 45 Zentimeter einer Wand, nicht senkrecht über Lichtschaltern und nicht waagrecht oder senkrecht zu Steckdosen. Woanders sollten bei einer halbwegs ordentlichen Installation keine Leitungen liegen.

Sicherung wieder einsetzen

Es hat einen Kurzschluss gegeben und die Sicherung ist herausgeflogen! Und nun stehen Sie ohne Strom da, bis der Partner heimkommt, weil Sie sich nicht mit dem Sicherungskasten auskennen? In diese Situation sollte sich wirklich keine Frau bringen!

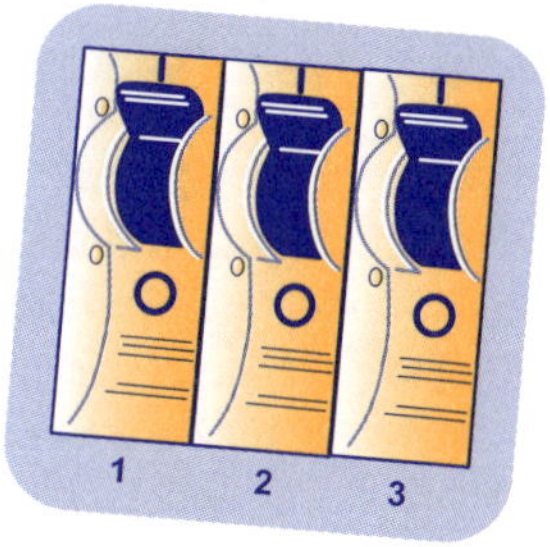

1 Im Vorfeld: Informieren Sie sich, wo der Sicherungskasten ist und für welche Stromkreise darin eine Sicherung vorhanden ist. Auch sollten Sie für den Fall der Fälle immer eine Taschenlampe in greifbarer Nähe haben, damit Sie im Dunkeln agieren können.

2 Wenn die Sicherung herausgesprungen ist: Schalten Sie alle Geräte ab, die für das Problem verantwortlich sein könnten – am besten gleich ganz ausstecken. Meist weiß man ziemlich genau, ob man gerade den Staubsauger oder den Föhn eingeschaltet hat oder der Kühlschrank angesprungen ist, bevor der Strom ausfiel.

3 Öffnen Sie den Sicherungskasten und suchen Sie die betroffene Sicherung: Entweder ist der Kippschalter von „1" auf „0" gesprungen oder das bunte Pünktchen im Glasfeld einer Keramiksicherung beim Durchbrennen dunkel geworden. Drücken Sie nun den Kippschalter wieder auf „1" oder schrauben die Keramiksicherung auf, nehmen Sie den Innenteil heraus und tauschen ihn gegen einen neuen mit gleicher Amperezahl aus (10 A, 16 A oder 32 A). Wer Keramiksicherungen hat, sollte immer Reserven im Haus haben.

4 Wenn die Sicherung wieder herausfliegt oder durchbrennt, obwohl Sie alle daran

hängenden Verbraucher ausgeschaltet bzw. ausgesteckt haben, dann rufen Sie einen Elektriker für die Fehlersuche. Es liegt dann vermutlich nicht an Ihren Geräten.

5 Wenn die Sicherung zunächst hält, können Sie selbst nach der Ursache suchen. Sehen Sie sich das Gerät, das Sie im Verdacht haben, erst einmal in Ruhe an, ob etwas von dem Kurzschluss zu sehen (Brandspuren) oder zu riechen ist. Ist das nicht der Fall, stecken Sie es wieder an und schalten es ein. Springt die Sicherung erneut heraus, was durchaus mit einigem zeitlichen Abstand passieren kann, dann haben Sie den Schuldigen gefunden. Es ist aber auch gut möglich, dass erst einmal gar nichts passiert und Sie auf den nächsten Ausfall warten müssen. Wenn dieselbe Sicherung aber nach kurzer Zeit wieder durchbrennt, sollten Sie doch lieber einen Elektriker rufen, der der Ursache auf den Grund geht.

GRUNDWISSEN: SICHERUNGSKASTEN

Grundsätzlich gibt es mehrere Sicherungskästen im Haus: zum einen den **Hausanschlusskasten**, in dem sich neben den Hauptsicherungen auch die Stromzähler befinden. Er liegt an zentraler Stelle und ist teilweise verplombt. Dieser Teil darf nur von Fachkräften geöffnet werden, aber Störungen im unverplombten Teil sind Sache des Eigentümers oder Hauswartes. Daneben gibt es **dezentrale Sicherungskästen** in den einzelnen Wohnungen. Hier sollte sich jeder erwachsene Bewohner auskennen.

In diesen zugänglichen Kästen befinden sich mehrere Sicherungen, die man abschalten sollte, wenn im dazugehörigen Stromkreis ein Kurzschluss oder eine Überlastung auftritt. Dies sind heutzutage in der Regel schmale Geräte mit einem **Kippschalter**. Es können aber auch runde **Keramiksicherungen** vorhanden sein, die auf- und zugeschraubt werden müssen. Falls Kraftstrom vorhanden ist, ist dieser mit drei Sicherungen pro Anschluss abgesichert, z. B. für Herd oder Durchlauferhitzer. In den meisten Fällen gibt es auch noch einen **Fehlerstromschutzschalter**. Dieser ist den Sicherungen vorgeschaltet, weil er bei Kurzschlüssen empfindlicher und schneller reagiert. Er schaltet das gesamte Stromnetz der Wohnung ab. Im Prinzip geht man mit ihm wie mit einer normalen Kippsicherung um. Die Fehlersuche gestaltet sich aber unter Umständen schwieriger, da viele Stromkreise mit ihren Geräten und Schaltern daran hängen.

TIPP

Es empfiehlt sich, auszutesten, welche Schalter und Geräte zu welchem Stromkreis gehören. Unter jedem Schalter kann man ein Klebeetikett mit den dazugehörenden Verbrauchern anbringen bzw. einen kleinen Plan machen und in den Sicherungskasten hängen. Das hilft nicht nur bei einer Fehlersuche, sondern auch, wenn man selbst den Strom abschalten muss.

Bohrmaschine bedienen

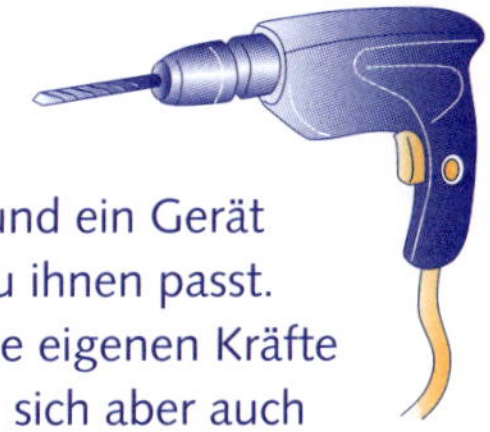

Wenn frau selbst zum Werkzeug greift, kommt schnell der Wunsch auf, der Männerwelt richtig zu imponieren und auch schweres Gerät souverän zu beherrschen. Dieser Punkt ist jedoch etwas heikel. Denn schweres Gerät heißt schweres Gerät, weil es schwer ist. Um es sachgerecht und sicher zu bedienen, braucht man kräftige Arme und Hände. Natürlich kann jede Frau lernen, einen Akkuschrauber zu bedienen, aber damit kann man eben keine Küchenschränke an die Wand dübeln. Doch es gibt auch andere (halbwegs) leichte Geräte, mit denen man eine ganze Menge anfangen kann. Deshalb sollten sich Frauen, die selbst zur Bohrmaschine (oder anderem schweren Werkzeug) greifen wollen, in einem guten Fachgeschäft beraten lassen und ein Gerät wählen, das wirklich zu ihnen passt. Dabei ist es wichtig, die eigenen Kräfte nicht zu überschätzen, sich aber auch nichts Billiges andrehen zu lassen, das bei der ersten größeren Aufgabe versagt. Dazu ist eine gründliche Einweisung in die richtige Handhabung angesagt. Die fällt umso leichter, je besser die Qualität des Werkzeugs ist. Deshalb ist es für Frauen noch wichtiger als für Männer, nur wirklich hochwertige, scharfe Bohrer zu verwenden, denn stumpfes Werkzeug fordert einfach einen erheblichen Mehraufwand an Kraft. Außerdem gibt es Tricks, sich die Arbeit zu erleichtern – etwa dicke Löcher erst dünner vorzubohren.

FÜR FORTGESCHRITTENE

Über die Bedienung einer Bohrmaschine können Sie nur müde lächeln? Sie wollen es den Herren der Schöpfung so richtig zeigen? Dann wagen Sie sich an die **Motorsäge**. Aber die Handhabung dieser schweren und gefährlichen Geräte sollte weder Frau noch Mann nach dem Try-and-Error-Verfahren oder mithilfe eines Buches erlernen. In einigen Bundesländern ist sogar ein Motorsägenführerschein Vorschrift, wenn man auf heimischem Grund etwa einen Baum fällen will. Und auch wo diese Vorschrift nicht existiert, macht ein solcher Führerschein Sinn. Einfach beim regionalen Forstamt fragen, wann mal wieder ein Wochenendkurs angeboten wird.

WISSENSWERT

Manche Frauen kommen gar nicht dazu, selbst ein Werkzeug in die Hand zu nehmen, weil es in ihrem Umfeld genügend Männer gibt, die ganz scharf auf jede Gelegenheit sind, ihr Heimwerkertalent unter Beweis zu stellen. Doch auch beim Einsatz solcher Helfer gilt es, vorsichtig zu sein. Ein Hobbybastler ist nämlich **30 Jahre** lang für die Folgen seiner Taten **haftbar**. Und an Gas- und Elektroinstallationen darf er sich rechtlich gar nicht vergreifen. Wenn da jemand ein Rohr und eine Leitung unorthodox verlegt und jemand anderes Jahrzehnte später an dieser Stelle bohrt, kann das die schlimmsten Folgen haben. Wer den Elan seiner Bekannten nicht bremsen kann, sichert sich am besten ab, indem er die Arbeit anschließend von einem Fachmann abnehmen lässt.

TIPP

Viele Männer verfügen eher über zu viel als zu wenig Werkzeug. Bei Frauen fehlt dagegen oft das Nötigste. Was aber gehört in jedem Haushalt zur Grundausstattung?

- Mindestens drei **Schraubenzieher** verschiedener Größen (Schlitz und Kreuz).
- **Universalzange**.
- **Wasserpumpenzange bzw. Schraubschlüssel** in den gängigen Größen zwischen acht und 17 (diese greifen besser als die verstellbare Zange und erleichtern die Arbeit, was gerade Frauen zugutekommt).
- **Hammer** (auch hier als Frau auf eine angenehme Größe achten – es hat keinen Sinn, einen Hammer zu benutzen, der so schwer ist, dass die Handhabung unsicher wird).
- **Phasenprüfer.**
- Ein Satz **Innensechskantschlüssel** (vor allem für Fahrradreparaturen und das Montieren von Möbeln).
- **Metermaß.**

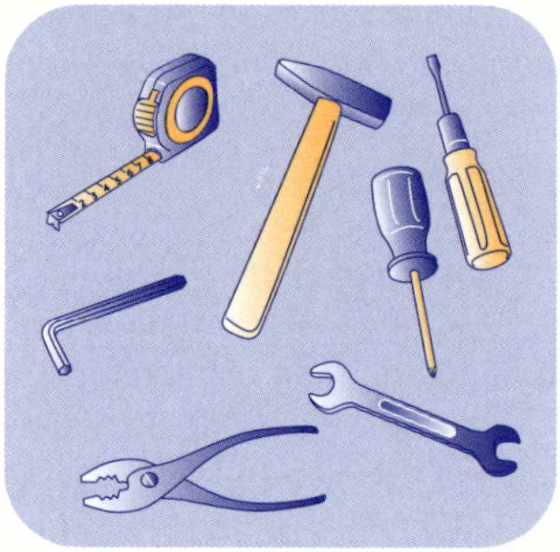

Rückwärts einparken

Warum können Frauen nicht rückwärts einparken? Die meisten können es natürlich. Doch dabei ist räumliches Vorstellungsvermögen gefragt, und damit haben manche Menschen Probleme – und zwar mehr Frauen als Männer. Wenn man davon betroffen ist, ist es umso wichtiger, die Sache theoretisch verstanden zu haben und nicht erst am Steuer. Womöglich noch in Zeitnot und mit einem wenig hilfreichen Beifahrer …

1 Spiegel richtig einstellen: Im rechten Spiegel sollte man seinen Hinterreifen erkennen können.

2 Ganz gerade neben das Auto vor der Parklücke stellen. Blinker setzen.

3 Vergewissern, dass hinten frei ist. Rückwärtsfahren, bis man das Ende des stehenden Autos am Ende des Beifahrerfensters sieht.

4 Und jetzt kommt das Problem: Obwohl man nach links in die Fahrlücke will, dreht man das Lenkrad ganz nach rechts.

5 Nun ganz langsam rückwärtsfahren und dabei im Blick behalten, ob der rechte Kotflügel des eigenen Autos genügend Abstand zum Heck des parkenden hat.

6 Wenn man einen Winkel von etwa 45 Grad sowohl zum parkenden Auto als auch zum Bordstein erreicht hat, dreht man das Lenkrad ganz nach links. Dann fährt man lang-

sam und mit Gefühl weiter rückwärts und sollte so richtig in die Parklücke kommen. Der richtige Zeitpunkt zum Gegensteuern ist jedoch Erfahrungssache. Bei kleinen Parklücken muss der Winkel flacher als 45 Grad sein. Andere Anzeichen: Der Anfang der Lücke ist auf Höhe des rechten Vorderfensters bzw. das Heck etwa einen halben Meter vom Bordstein entfernt.

Kühlwasser nachfüllen

Geht die Temperaturanzeige für den Motor auf dem Armaturenbrett plötzlich drastisch nach oben, dann kann das daran liegen, dass Kühlwasser fehlt. Dieses Problem kann auch eine technisch völlig unbegabte Frau ohne männliche Hilfe lösen.

- Einfach die Motorhaube öffnen und den Kühlwasserbehälter (aus weißem oder transparentem Kunststoff mit „min"- und „max"-Markierungen und druckfestem Deckel) suchen. Liegt der Stand bei warmem Motor unter der „min"-Marke, muss nachgefüllt werden.
- Da das System aber unter Druck steht, darf man den Deckel erst abschrauben, wenn der Motor abgekühlt ist. Sonst besteht die Gefahr, sich zu verbrühen. Strahlt der Motor nur noch wenig Wärme ab, öffnet man den Deckel und gießt Kühlflüssigkeit bis zur „max"-Markierung nach. Das kann reines Wasser sein, besser aber ist – falls vorhanden – spezielle Kühlflüssigkeit von der Tankstelle mit Zusätzen gegen Frost und Schäden am System.
- Dann startet man den Motor und lässt ihn einige Minuten laufen, bis er wieder auf Betriebstemperatur kommt und den Hauptkühlkreislauf öffnet. Sinkt der Flüssigkeitspegel dann nicht unter die „min"-Marke, kann man den Deckel wieder aufschrauben und weiterfahren. Ansonsten gießt man noch einmal Flüssigkeit nach.

VARIANTE: SCHEIBENWISCHERWASSER AUFFÜLLEN

Die Scheibenwischer des Autos dienen nicht nur zum Beseitigen von Regen und Schnee, sondern auch zum Säubern der Scheibe während der Fahrt. Vor allem in feuchter, schmutziger Winterluft kann dies dringend notwendig werden. Deshalb muss die Scheibenwischerflüssigkeit immer sofort aufgefüllt werden, wenn sie leer geworden ist. Man benutzt dazu entweder eine vorgemischte Flüssigkeit oder mischt sie aus destilliertem Wasser und Scheibenwischerkonzentrat selbst an. Falls das Konzentrat kein Frostschutzmittel enthält, muss dieses extra zugegeben werden. Das Mischungsverhältnis (etwa 1:100) ist auf der Packung angegeben. Dann sucht man im Motorraum einen gelben oder blauen Plastikdeckel (auf dem Behälter befindet sich meist auch ein passendes Symbol), öffnet ihn und füllt den Behälter bis zur Markierung auf.

GRUNDWISSEN: MOTORHAUBE ÖFFNEN

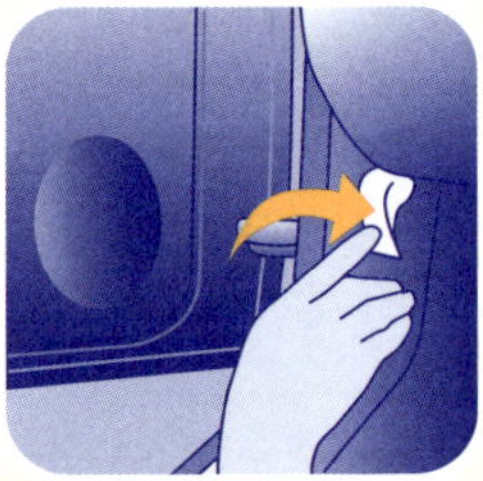

Die Motorhaube ist mehrfach verriegelt. Zuerst zieht man einen Hebel, der sich bei den meisten Autos links unter dem Lenkrad befindet, bei manchen allerdings auch direkt auf oder rechts unter dem Lenkrad oder am Fahrersitz. Ist die Motorhaube dann mit einem leichten Klacken etwas aufgesprungen, muss man in dem Spalt einen Hebel suchen, den man zum Entriegeln nach oben drückt. Meist ist er vorne rechts, teils auch mittig. Den geöffneten Deckel sichert man gegen Herunterfallen, indem man die dafür vorgesehene Metallstange einhakt.

Reifendruck überprüfen

Experten empfehlen, den Reifendruck mindestens bei jedem vierten Tanken zu überprüfen. Denn erstens haben falsch aufgepumpte Reifen zu wenig Bodenhaftung, was bei Regen oder in der Kurve gefährlich werden kann, zweitens nutzen sie sich schneller ab. Und drittens ist der Benzinverbrauch dann höher. Die Überprüfung sollte jedoch nicht nach längerem Fahren stattfinden, da sich die Luft im Reifen sonst schon erwärmt und ausgedehnt hat, was das Messergebnis verfälscht. Ein Prüfgerät finden Sie an jeder ordentlichen Tankstelle. Schrauben Sie den Deckel am Ventil (innen an der Felge) ab und setzen Sie den Schlauch des Prüfgerätes auf. Bei manchen Modellen muss ein kleiner Hebel umgelegt werden, um es zu arretieren. Nun können Sie den Druck im Reifen an der äußeren Skala des Messgerätes ablesen. Den Sollwert für Ihre Reifen finden Sie in der Betriebsanleitung Ihres Autos. Ist der Wert zu niedrig, füllen Sie den Reifen durch Drücken der Plustaste am Messgerät nach. Liegt er zu hoch, benutzen Sie die Minustaste. Danach lösen Sie den Schlauch, schrauben den Deckel wieder aufs Ventil und kontrollieren auch die anderen Reifen (und ab und zu auch das Reserverad).

Platten am Fahrrad reparieren

Natürlich ist es toll, eine gute Fahrradwerkstatt zu haben oder einen netten Mann, der sich um den Drahtesel kümmert. Aber einen Platten sollte notfalls jeder, der Fahrrad fährt, selbst flicken können.

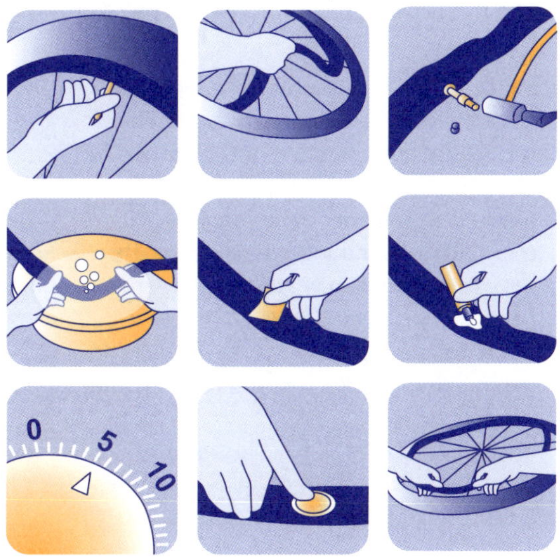

1 Rad ausbauen.
2 Ventil herausschrauben.
3 Mantel abziehen. Dazu klemmt man alle drei Abzieher nebeneinander unter den Mantel und hakt sie in den Speichen ein. Dann löst man den mittleren Abzieher und setzt ihn seitlich wieder an. So lange fortfahren, bis man mit einem Abzieher am Rande der Felge entlangfahren und den Mantel ganz lösen kann.
4 Schlauch herausnehmen.
5 Ventil einsetzen und Schlauch aufpumpen.
6 Loch suchen. Am besten geht das, wenn man den Schlauch ins Wasser legt. Ist das nicht möglich, muss man den feinen Strahl austretender Luft akustisch orten oder ertasten. Eventuell auf den Schlauch spucken, um genau zu sehen, wo die Luft austritt.
7 Schlauch trocken reiben und um das Loch herum eine Partie, die etwas größer ist als der Flicken, mit Sandpapier aufrauen.
8 Kleber auf die aufgeraute Stelle geben. Dann fünf Minuten warten – keinesfalls weniger.
9 Alufolie vom Flicken abziehen, aufkleben, dann mit dem Ende eines Abziehers darüberrubbeln, bis sich auch die Folie an der Oberfläche löst.
10 Aufpumpen und prüfen, ob die Stelle nun wieder dicht ist.
11 Mantel und Felge absuchen, ob die Ursache des Lochs noch zu finden ist.
12 Rad wieder einbauen. Dabei Mantelrand unter die Felge drücken. Das letzte Stück mit dem Abzieher an Ort und Stelle hebeln.

TIPP

Normalerweise stellt man das Fahrrad auf den Kopf, löst die Schrauben an der Nabe und nimmt den Reifen heraus. Aber das ist nicht unbedingt nötig. Muss der Mantel nicht mit ausgewechselt werden, kann man das Fahrrad auch einfach auf die Seite legen. Die Handhabung des Schlauchs ist natürlich etwas umständlicher, dafür muss man keine eventuell sehr fest sitzenden Muttern lösen oder beim Hinterrad die Gangschaltung auseinanderbauen.

Fahrradlicht reparieren

Wenn das Licht am Fahrrad nicht mehr geht, dann ist meist nur ein Birnchen durchgebrannt. Also Gehäuse aufschrauben und Birne auswechseln.

- Liegt es nicht an der Birne, dann wahrscheinlich an den Kontakten. Überprüfen und lose Drähtchen wieder befestigen. Dabei kann es notwendig sein, ein kleines Stück von der Kabelisolierung zu entfernen, damit genug Draht zum Anschließen vorhanden ist.
- Sind die Kontakte angeschlossen, kann es sein, dass das Kabel irgendwo unterbrochen oder beschädigt ist, sodass es zum Kurzschluss kommt. Neues Kabel einziehen bzw. altes Kabel kleben oder beide Enden eines gerissenen Kabels abisolieren, Drähte verbinden und Verbindungsstelle verkleben.
- Schließlich können die Kontakte auch korrodiert sein. Drähte abschrauben und Belag vom Draht und der Kontaktstelle abkratzen. Oder korrodierten Draht abknipsen und Kabel ein Stück weit abisolieren, um an den unbeschädigten Draht zu kommen.
- Hilft all das nicht, dann kann man es noch mit einem Austausch des Dynamos versuchen. Oder das Rad doch in die Werkstatt bringen.

Marmelade kochen

Sind Sie auch manchmal neidisch auf die Frauen, die stets mit selbst gekochter Marmelade ankommen? Das wirkt so tüchtig. Man sieht sie unwillkürlich Berge von Obst in ihrer Küche bewältigen. Doch das ist Quatsch. Um Marmelade zu kochen, braucht man weder einen Garten noch muss man kiloweise Obst auf einmal verwerten. Auch ein Kilo Erdbeeren und ein Kilo Rhabarber aus dem Supermarkt ergeben ohne viel Mühe eine größere Menge wunderbar fruchtiger Marmelade. Und der Fantasie ist in der eigenen Küche sowieso keine Grenze gesetzt: Von Blue-Curaçao-Kiwi-Guave bis Sanddorn-Vanille oder Bratapfel ist alles drin.

Wichtig ist nur, dass Sie geschmackvolles Obst von guter Qualität wählen.

1 Obst vorbereiten. Je nach Sorte also schälen, klein schneiden und entkernen.
2 Wiegen.
3 Gelierzucker unterrühren. Je nach Zuckersorte ein Kilo Zucker auf ein Kilo Obst oder entsprechend weniger (1:2, 1:3). Mit etwas Zitronensaft aufkochen. Je saurer das Obst ist, desto vorsichtiger sollte man mit dem Zitronensaft sein.
4 Nach Belieben mit Aromen (z. B. Vanille oder Zimt) und Spirituosen würzen. Wiegen Sie die Sprituosen ab, denn sie müssen zum Obstteil dazugerechnet werden.
5 Drei Minuten sprudelnd kochen lassen.
6 Nach Belieben mit dem Passierstab pürieren.
7 In absolut saubere Schraubgläser füllen.
8 Gläser sofort zuschrauben und umgedreht für circa fünf Minuten auf ein feuchtes Handtuch stellen.

VARIANTE: EINKOCHEN

Um Kompott oder Apfelmus einzukochen, brauchen Sie nicht unbedingt einen Einkochtopf. Auch mit speziellen Einmachgläsern müssen Sie sich nicht befassen. Behelfen Sie sich einfach folgendermaßen:

1 Einkochgut waschen, eventuell schälen, klein schneiden und entkernen.
2 In absolut saubere Schraubgläser füllen.
3 Mit kochend heißem Zuckerwasser übergießen (Gemüse mit kochendem Essigsud). Dabei können nach Belieben Gewürze zugefügt werden.
4 Gläser randvoll machen.
5 Rand abwischen, Deckel aufsetzen und zuschrauben.
6 Gläser in einen großen Topf stellen und vollständig mit Wasser bedecken.
7 Wasser zum Kochen bringen und etwa 15 Minuten sieden lassen.

Fest sitzende Deckel mit Schraubverschluss öffnen

Manche Verschlüsse an Marmeladen- oder Gurkengläsern sitzen wirklich verdammt fest. Man kann sie natürlich an den nächstbesten Mann weiterreichen. Doch das muss nicht sein. Mit dem richtigen Kniff ist es mitunter sogar möglich, Männern zu helfen, die sich auf bloße Kraft verlassen. Schuld an dem fest sitzenden Deckel ist meist der Unterdruck. Den kann man beseitigen, indem man etwa mit einem Teelöffel (das Werkzeug muss schmal genug sein, um unter den Rand zu passen, und hart genug, um nicht zu verbiegen) zwischen Deckel und Glasrand fährt und eine leichte Hebelbewegung ausführt. Ein leises Zischen zeigt an, dass Luft in das Glas strömt. Andere Möglichkeit: Gefäß umdrehen und kräftig auf den Boden schlagen bzw. mit dem Deckel des Gefäßes auf die Unterlage. Dabei gerät meist etwas Flüssigkeit in das Gewinde, worauf es sich auch leichter aufdrehen lässt.

Bei Gefäßen mit klebrigem Inhalt, etwa selbst eingekochter Marmelade oder bereits angebrochenen Sirupflaschen, kann es aber auch sein, dass gar kein Unterdruck den Deckel festhält, sondern dieser schlicht festgeklebt ist. Dann stellt man das Gefäß für einige Zeit kopfüber in heißes Wasser. Gehen Sie langsam dabei vor, da sonst das Glas springen kann.

Servietten falten

Was wäre eine festliche Tafel ohne hübsch gefaltete Servietten auf den Tellern! Aber wie kriegt man die hin? Das folgende Beispiel heißt „Doppelter Tafelspitz“ und ist ebenso einfach wie effektvoll. Allerdings sollte man Servietten aus dickerem Papier oder Stoffservietten nehmen, damit das Gebilde stabil ist und wirklich gut aussieht.

1 Serviette einmal auffalten, sodass sie aus einer doppelten Lage Papier oder Stoff besteht. Die Öffnung zeigt nach unten.

2 Nun an jeder Seite die obere äußere Ecke nach unten zur Mitte falten, jedoch nicht einfach umklappen, sondern so, dass auf jeder Seite der Kante ein Dreieck entsteht. Diese beiden Dreiecke dann aufeinanderlegen, aber Kanten nicht nachstreichen.

3 An der Mittelkante ohne viel Druck falten. Das entstehende Dreieck stellt man nun auf, wobei sich die vier Lagen leicht auffalten.

VARIANTE: KNOSPE FALTEN

1 Serviette komplett auffalten, nicht bedruckte Seite nach oben legen.
2 Eine obere Ecke diagonal zur gegenüberliegenden unteren falten.
3 Die beiden äußeren Ecken zur dritten (offenen) klappen, sodass ein Quadrat entsteht.
4 Wieder diagonal zum Dreieck klappen. Dabei muss der Spalt, der bei 3 entstanden ist, außen sein und quer über das Dreieck laufen.
5 Dreieck so halten, dass die Spitze mit den lose aufgeklappten Enden vorne oben ist. Die beiden anderen Spitzen nach hinten biegen und ineinanderstecken, sodass sich ein Ring bildet.
6 Serviette aufstellen und lose Spitzen zur Seite biegen.

Hosen kürzen

- Um wirklich die passende Länge herauszufinden, sollte man eine neu gekaufte Hose erst einmal waschen und sie dann mit den Schuhen anprobieren, zu denen man sie für gewöhnlich zu tragen gedenkt.
- Mit Stecknadeln oder Schneiderkreide die richtige Länge markieren.
- Saum auftrennen, Saumzugabe ausmessen.
- Überschüssigen Stoff abschneiden.
- Saumkante mit Zickzackstich einfassen (falls vorhanden mit der Maschine).
- Saum nach innen umschlagen.
- Nun kommt die Feinarbeit: Damit die Naht von außen nicht zu sehen ist, näht man den Saum innen per Hand an. Immer in die umgeschlagene Saumkante stechen und dann vorsichtig ein paar Fäden des Hosenbeins mit aufnehmen.

VARIANTE: JEANS KÜRZEN

Bei Jeans und anderen Hosen, bei denen am Saum von außen eine Naht zu sehen ist, ist das Kürzen einfacher. Sie schlagen den überschüssigen Teil nach innen um und nähen ihn dann mit einer geraden Naht fest. Diese sollte in etwa so weit von der Kante entfernt sein wie die ursprüngliche Naht.

TIPP

Wer nicht nähen will oder kann, kann es auch noch einfacher versuchen: Hosenbeine (oder Ärmel) nach innen umschlagen, Kante scharf bügeln und überschüssigen Stoff innen mit Stoffkleber oder Heißluftpistole ankleben. Das hält aber nicht in jedem Fall. Oft lösen sich die Klebeverbindungen nach ein- oder mehrmaligem Waschen.

Ausgeleierte Gummibänder ersetzen

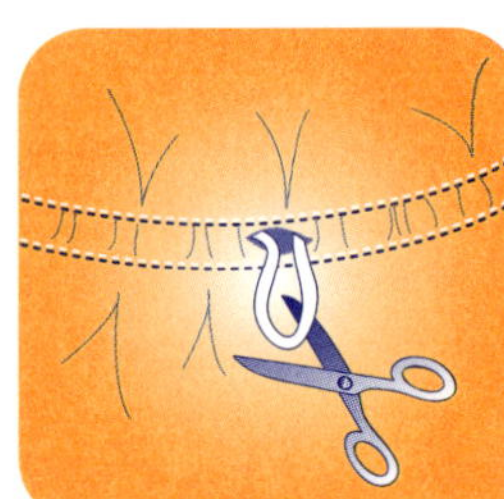

Gummibänder altern oft schnell. Deswegen kann es passieren, dass manches Kleidungsstück noch gut tragbar, das Gummi im Bund aber ausgeleiert ist. Doch das Ersetzen ist kein Problem. Meistens finden Sie innen am Bund eine kleine offene Stelle. Durch diese können Sie das Gummi mit einer Nadel zu sich herausziehen. Schneiden Sie es nun durch und pinnen Sie an einer Seite mit einer Sicherheitsnadel das neue Gummi an. Dann ziehen Sie am anderen Ende. So ziehen Sie auf einen Streich das alte

Gummi heraus und das neue hinein. Sicherheitshalber sollten Sie das Ende des neuen Gummis mit einer Sicherheitsnadel am Kleidungsstück befestigen, damit es nicht mit in den Bund rutscht. Anschließend vernähen Sie die Enden des neuen Gummis. Ist kein Loch vorhanden, müssen Sie die Naht des Bundes an einer Stelle vorsichtig mit einer Nagelschere auftrennen. Nähen Sie die Stelle nach dem Austausch wieder zu oder vernähen Sie die losen Enden an beiden Seiten, sodass Sie einen Zugang für einen erneuten Austausch haben.

GRUNDWISSEN: GUMMIBAND EINZIEHEN

Wenn man kein altes Gummi hat, um das neue einzuziehen, dann pinnt man das vordere Ende an eine möglichst dicke Sicherheitsnadel. Diese schiebt man nun mit der Öffnung nach vorn von außen durch den Saum. Sie sollten aber aufpassen, dass die Nadel nicht zu dick oder verbogen ist, sonst kann sie unterwegs leicht aufgehen und hängen bleiben. Wenn das passiert, müssen Sie alles rückwärts am Gummi wieder herausziehen und von vorn beginnen. Manchmal gelingt es auch, die Nadel nur ein kleines Stück zurückzuschieben und dann von außen zu drücken.

Löcher stopfen

Früher war Kleidung kostbar und jedes Loch wurde gewissenhaft gestopft. Heute werden etwa durchgelaufene Socken oder Strümpfe in der Regel ausrangiert anstatt mühsam geflickt. Doch in manchen Fällen lohnt sich das Stopfen immer noch.

1 Stopfgarn in eine Stopfnadel mit dickem Öhr einfädeln und am Ende einen Knoten machen.
2 Beschädigtes Gewebe über ein Stopfei/einen Stopfpilz oder eine andere gerundete Form ziehen (nicht unbedingt nötig, erleichtert die Sache aber).
3 Am Rand des Lochs einstechen und dicht nebeneinanderliegende, parallele Fäden über das gesamte Loch spannen. Dabei die Ränder des Lochs etwas zusammenziehen.

4 Nun im rechten Winkel dazu Schussfäden ziehen: jeden Faden abwechselnd über und unter den bereits gespannten Kettfäden durchweben. Auch hierbei die Ränder des Lochs etwas zusammenziehen.
5 Wenn das Loch von einem neuen Gewebe aus rechtwinklig verwobenen Fäden bedeckt ist, Faden vernähen.

VARIANTE: LAUFMASCHEN REPARIEREN

Laufmaschen gibt es nicht nur bei Nylonstrumpfhosen, sondern sie können bei allen aus Maschen hergestellten Textilien vorkommen. Ein kleines Loch bewirkt, dass sich die Maschen auf einer kerzengeraden Bahn lösen. Mit einer Häkelnadel lässt sich der Schaden jedoch reparieren. Man sucht unten am Ende die gefallene Masche, hakt eine Häkelnadel ein und häkelt sie an den Querfäden wieder nach oben. Wenn man beim ursprünglichen Loch angelangt ist, stopft man das Loch und fixiert dabei die Masche. Früher reparierte man auch die kostbaren Nylons auf diese Weise, was wegen der feinen Maschen natürlich extrem mühsam war.

Konfektionsgrößen ermitteln

Die eigene Größe kennt man meist. Aber wie ist das bei Geschenken für andere? Die Konfektionsgrößen für Erwachsene berechnen sich wie folgt: Bei Männern misst man den Brustumfang und teilt ihn durch zwei. Bei Frauen teilt man ebenfalls durch zwei, zieht dann aber noch einmal sechs Zentimeter ab. Eine Frau mit 90 Zentimeter Brustumfang hätte also Konfektionsgröße 39. Da es jedoch nur Zweierschritte gibt, wird sie 40 probieren. Das Ganze ist in der Realität jedoch nur eine grobe Einschätzung und kann je nach Marke recht unterschiedlich ausfallen. Bei Kindern entspricht die Konfektionsgröße in etwa der Körpergröße.

VARIANTE: BH-GRÖSSEN

Wissen Sie nur ungefähr, welche BH-Größe Ihnen am besten passt, oder haben Sie es schon einmal genau ermittelt? Dazu müssen Sie den Brustumfang sowie den Körperumfang direkt unterhalb der Brüste messen. Die Zahlenangabe entspricht dem Unterbrustumfang. Ein 90er-BH etwa ist für Frauen mit einem Unterbrustumfang von 87,5 bis 92,5 Zentimetern gedacht. Die Körbchengröße ergibt sich aus der Differenz zwischen Brust- und Unterbrustumfang. Beträgt sie zwölf bis 14 Zentimeter, ist Körbchen A richtig, bei 14 bis 16 Zentimetern Körbchen B usw.

Selbstverteidigung

– Dahin treten, wo's wehtut: auf den Fuß, gegen das Schienbein, das Knie, zwischen die Beine ... Allerdings auf das eigene Gleichgewicht achten: lieber das hochgezogene Knie in die männliche Schamgegend rammen als den Fuß.
– Auf dem Boden liegend: den Angreifer möglichst mit Tritten abwehren. Die Beine sind stärker als die Arme.
– Bei einer Umklammerung von hinten empfehlen sich Tritte auf die Füße und gegen das Schienbein. Zum Befreien: in die Knie gehen, Arme ausstrecken und schnell gegen die Arme des Angreifers rammen. Wenn sich der Griff lockert, Hände verschränken, einen Ellenbogen mit Wucht in den Magen des Angreifers rammen und weglaufen.
– Bei einem Griff von vorn gegen den Hals: gegenüberliegenden Arm heben, Ellenbogen anwinkeln und mit Wucht auf den Arm des Angreifers schlagen, eventuell Hände verschränken und Ellenbogen gegen den Angreifer rammen, am besten genau auf Kinn oder Nase, und weglaufen.

TIPP

Die beste Selbstverteidigung ist, gar nicht erst in Situationen zu kommen, in denen man gezwungen ist, sich körperlich gegen einen stärkeren Gegner verteidigen zu müssen. Deshalb raten Experten:

– die Nähe zu möglichst vielen **anderen Personen** suchen.
– sich **selbstbewusst und zielstrebig** bewegen. Angreifer fühlen sich in der Regel eher durch unsichere Ausstrahlung als durch Minirock und High Heels angezogen.
– klar und deutlich **„Nein" sagen**, laut werden, sich nicht scheuen, schnell zu schreien.
– sich rechtzeitig um Hilfe bemühen, wenn eine Situation unangenehm wird: **laut schreien** oder **gezielt Dritte ansprechen**.

WISSENSWERT

Stachelt Gegenwehr den Täter nicht erst recht noch an? Polizeistatistiken haben ergeben: Je massiver sich Frauen zur Wehr setzten, desto öfter brachen Angreifer die Tat ab. Und zwar auch dann, wenn die Frauen keine effektive Selbstverteidigung einsetzen konnten, sondern sich mit Dingen wie Treten, Schlagen, Beißen, Schreien und Ziehen an den Haaren wehrten. Abgeraten wird jedoch davon, Waffen wie Reizgas oder gar Elektroschocker in petto zu haben, da diese zu leicht vom Gegner entwendet und gegen das Opfer selbst eingesetzt werden können. Eine Trillerpfeife oder ein anderes Signalgerät kann dagegen gute Dienste leisten (im Übrigen auch gegen Telefonterror).

Mädelsabend planen

Grundsätzlich gibt es zwei Möglichkeiten, wenn man sich mit den besten Freundinnen, den liebsten Kolleginnen, der Clique von früher usw. trifft: weggehen oder zu Hause bleiben. Beim Weggehen muss man seine Stadt kennen und die richtigen Lokalitäten wählen. Soll das Ganze im Wohnzimmer stattfinden, so empfehlen sich folgende Zutaten:

- wirklich nur Frauen einladen, die miteinander können.
- irgendetwas vorbereiten, worüber man sich gemeinsam totlachen kann: alte Bilder, eine verrückte Modenschau, ein schräges Spiel …
- Musik, die man in Gegenwart von Männern nicht hören würde (etwas von früher oder richtigen Kitsch).
- Alkohol, aber solcher, der wirklich lustig macht (Cocktails, Bowle etc.).
- Unkompliziertes Essen, denn vor den besten Freundinnen renommiert man nicht mit hausfraulichen Fertigkeiten. Am besten bringt jede etwas mit. Noch besser, wenn es überhaupt nicht zusammenpasst.
- Absolut sturmfreie Bude, keine Kinder oder Männer im Haus – egal, wie spät es wird.

Männer verstehen

- Männer denken anders als Frauen. Das liegt daran, dass ihre Gehirnhälften weniger stark verbunden sind. Gedankengänge, die Frauen völlig logisch erscheinen, können auf Männer exotisch wirken. Solch unterschiedliche Ansichten kann man klären, Aufregung lohnt sich nicht. Weder die eine noch die andere Seite denkt „falsch" oder unzureichend.
- Frauen denken gerne über ihre Beziehung nach – auch wenn es keine konkreten Probleme gibt. Den meisten Männern liegt das völlig fern. Konkrete Dinge, wie etwa ihr wartungsbedürftiges Auto oder die Suche nach einem besseren Handytarif, beschäftigen sie viel mehr. Doch das bedeutet keineswegs, dass ihnen das Auto oder der Handytarif wichtiger sind als die Beziehung.
- Frauen sehen es als essenziell an, über persönliche Probleme zu reden. Viele Männer stehen dem eher misstrauisch gegenüber und zweifeln daran, dass sich Probleme auf diese Weise lösen lassen. Sie lassen sich daher eher zögerlich auf Gespräche ein, reagieren teilweise mit langem Schweigen oder antworten nur umständlich. Je mehr die Frau dann drängt, umso mehr fühlen sie sich in ihren Zweifeln bestätigt und desto stärker werden die „Symptome". Deshalb ist von weiblicher Seite Geduld angesagt. Außerdem ist es – so wichtig Gespräche sind – immer empfehlenswert, diese vorsichtig anzugehen und den richtigen Zeitpunkt zu finden. Schlecht verlaufende Unterredungen verschärfen Probleme. „Darüber geredet zu haben" allein ist noch keine Lösung.

- Ihre Skepsis gegenüber Problembewältigung mittels Sprache lässt viele Männer vermehrt auf nonverbale Kommunikation setzen. Frau sollte diese Bemühungen bemerken und nicht gering schätzen.
- Vergessen Sie Sätze wie „Männer haben Angst vor klugen Frauen". Wirklich selbstbewusste Männer werden mit klugen Frauen keine Probleme haben. Im Gegenteil. Schließlich suchen sie eine gleichwertige Partnerin. Übrigens: Die meisten Männer sind viel unsicherer, als frau denkt.

KINDER-ABTEILUNG

Baby halten

Ihre Freunde haben ein Baby bekommen und Sie machen einen Antrittsbesuch? Irgendwann kommt bestimmt das unvermeidliche Angebot: „Willst du es mal halten?“ Wer nun versucht, sich mit einem „lieber nicht“ aus der Affäre zu ziehen, der riskiert leicht, die stolzen Jungeltern zu beleidigen. Selbst wenn er eigentlich das Wohl des Kindes im Auge hatte. Man will das kostbare Bündel ja nicht falsch behandeln …

Doch ein Baby richtig zu halten, ist eigentlich gar nicht schwer. Man muss nur daran denken, dass der Kopf eines Babys noch zu schwer für seinen Hals ist. Deshalb muss er immer abgestützt werden und darf auf keinen Fall nach hinten fallen. Das ist vor allem bei der Übergabe etwas mühsam, da der Kopf nie unabgestützt sein darf.

– **Wenn das Baby im Bett liegt:** eine Hand unter den Po schieben, die andere unter Schultern und Hinterkopf. Dann aufnehmen. Finger ausspreizen und das Baby mit der ganzen Handfläche und auch der Beuge des Handgelenks umfassen, damit es sicher liegt. Säuglinge strecken manchmal ganz plötzlich ihren ganzen Körper durch, was zu überraschenden Gewichtsverlagerungen führen kann. Alternative für Menschen mit großen Händen: die Handflächen unter die Schultern schieben, mit den Daumen unter den Achseln durchgreifen und den Kopf mit den ausgestreckten Fingern abstützen.
– **Wenn das Baby übergeben wird:** Derjenige, der das Baby übernimmt, legt seine Hand unter die Hand, die den Po hält. Der Übergebende zieht seine dann langsam und vorsichtig weg. Dann folgt der Handwechsel unter dem Nacken.

- Oder: Sie lassen sich das Baby einfach auf den Arm legen. Der Kopf ruht dabei in der Ellenbeuge. Mit der freien Hand sollten Sie das Baby seitlich festhalten, wenn der Übergebende seine Hände wegzieht.
- **Alternative Haltung:** Anstatt auf dem Arm können Sie das Baby auch an der Schulter halten. Einfach an den Oberkörper legen, mit einer Hand unter dem Po halten, mit der anderen den Rücken stützen. Wenn der Kopf dabei auf der Schulter etwas nach vorne kippt, ist das unproblematisch, nur nach hinten darf er nicht fallen. Sehr empfehlenswert ist ein Spucktuch auf der Schulter!

TIPP

Etwas ältere Babys mögen es auch, wenn Fremde sie mit dem Rücken an ihren Oberkörper nehmen. Dann können sie nämlich ihre Eltern sehen und überhaupt den Geschehnissen im Raum folgen. Greifen Sie dabei mit einer Hand unter den Achseln um den Oberkörper des Kindes und stützen Sie es durch einen zweiten Griff durch die Beine auf dem Bauch ab.

WISSENSWERT

Die Halswirbelsäule ist auch bei Kleinkindern, die ihren Kopf eigentlich schon selbst tragen können, ein Schwachpunkt. Immer wieder hört man von Babys, die von ihren Eltern zu Tode geschüttelt wurden. Manche schütteln aus Zorn, andere glauben, dass sie ein schreiendes Baby auf diese Weise beruhigen können. Beim Schütteln kann jedoch die Hirnflüssigkeit übertreten und es kann zu schweren Hirnblutungen kommen, die sogar zum Tod des Kindes führen können. Deshalb niemals ein Baby oder Kleinkind schütteln! Das ist absolut tabu! Wenn Kinder einen solchen Schreianfall bekommen, dass sie blau anlaufen und kaum noch Luft bekommen, dann kann man versuchen, den Krampf zu lösen, indem man ihnen ins Gesicht pustet oder sie mit etwas Wasser bespritzt.

Babykleidung verschenken

Sie wollen dem neu angekommenen Erdenbürger zur Geburt etwas Hübsches zum Anziehen schenken? Aber welche Größe ist richtig? Nun, es ist sehr einfach. Bei Babykleidung entspricht die Größe immer der Körperlänge des Babys. Und die ist normalerweise auf der Geburtsanzeige vermerkt. Es gibt jedoch nicht alle Größen. Ab 50 Zentimeter geht es in 6-cm-Schritten aufwärts. Für ein Baby mit 52 Zentimeter Länge wäre also ein Strampler Größe 56 richtig.

Baby zum Lachen bringen

Babys können meist erst ab dem dritten Monat lächeln. Vorher können Sie sich die Mühe sparen. Dann versuchen Sie es durch:
- Anlachen.
- Kitzeln.
- Anpusten.
- Mit einem Gegenstand rasseln.
- Guck-guck spielen.

TIPP
Sehr lustig finden kleine Kinder Handpuppen mit einem großen Maul. Am besten, wenn diese Puppen auch noch komisch sprechen. Oder so tun, als würden sie das Kind fressen wollen. Ebenfalls großen Erfolg hat man mit sogenannten Tütenpuppen, die man mithilfe eines Stabes ganz schnell in einem trichterförmigen Tütchen verschwinden oder wieder herausschnellen lassen kann.

Baby wickeln

Viele kinderlose Erwachsene beschäftigen sich zwar gerne mit dem Nachwuchs ihrer Verwandten und Freunde. Doch sobald die lieben Kleinen die Hose voll haben, werden sie meist an die Eltern „zurückgegeben". Seien Sie kein Feigling und stellen Sie sich auch dieser Herausforderung!

1 Meist ist ein Wickeltisch vorhanden, aber man kann ein Kind auch gut auf dem Boden wickeln, wenn man eine entsprechende Unterlage hat bzw. aus einer Decke und einer abwischbaren Auflage eine improvisiert. Das hat den Vorteil, dass das Kind nicht herunterfallen kann. Wenn man einen Wickeltisch benutzt, sollte man immer eine Hand am Kind lassen. Auch Winzlinge sind schon zu überraschenden Bewegungen fähig.

2 Nun wird das Kind untenherum entkleidet. Zum Anheben des Hinterns greift man am besten unter einem Bein durch, fast am anderen Oberschenkel an und zieht etwas nach vorne oben.

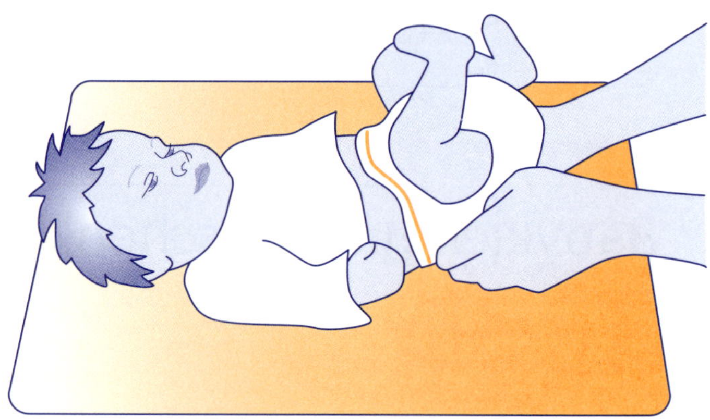

3 Bei Einwegwindeln löst man die Klebestreifen und klappt die Windel auf. Bevor man sie wegzieht, zusammenklappt und entsorgt, sollte man etwas warten. Denn viele Kinder pinkeln gerade beim Öffnen der Windel noch mal. Mehrfachwindeln sind heutzutage meist ähnlich wie Einwegwindeln geformt und über Klettverschlüsse genauso leicht zu lösen.

4 Nun muss der Bereich des Hinterns sorgfältig gesäubert werden. Dabei sollte man keine falsche Scheu zeigen und auch die Genitalien sorgfältig reinigen. Bei Mädchen muss man immer Richtung Darmausgang wischen. Verwenden kann man Öl- oder Feuchttücher, aber auch einen gewöhnlichen angefeuchteten Waschlappen. Danach wird das Ganze ebenso sorgfältig getrocknet. Wenn möglich, ist lufttrocknen am Besten. Anschließendes Cremen ist eigentlich nur nötig, wenn die Gefahr des Wundwerdens besteht. Bei fremden Babys sollte man sich aber auf jeden Fall an die Methoden der Eltern halten.

5 Nun wird eine neue Windel bis zur Hüfte untergeschoben, zugeklappt und dann genauso geschlossen, wie die alte geöffnet wurde.

6 Zum Schluss kontrolliert man, dass die Windel gut sitzt, das gilt vor allem für die Fältelung an den Beinöffnungen, die nach außen zeigen muss, damit sich das Kind nicht daran wund scheuern kann.

7 Wieder anziehen und fertig!

TIPP

Manche Eltern verwenden auch komplizierte Windelsysteme (z. B. aus Baumwolle), die aus mehreren Lagen bestehen und bei denen man die Windeln noch selbst falten muss. So etwas sollten Sie sich auf jeden Fall genau zeigen lassen, bevor Sie sich daran wagen.

Baby baden

Um Babys zu baden, braucht man vor allem ein Thermometer, denn ganz kleine Kinder sind in dieser Hinsicht sehr empfindlich. 36 °C ist die richtige Temperatur. Auch die Lufttemperatur im Badezimmer sollte bei mindestens 22 °C liegen. Auf irgendwelche Badezusätze oder Seifen verzichtet man anfangs besser, da sie die zarte Babyhaut nur belasten. Vor dem Baden ist der Po sehr sorgfältig zu reinigen, damit keine Darmkeime ins Wasser kommen. Außerdem wird ein Lappen bereitgelegt, der mit sauberem, warmem Wasser getränkt ist. Beim Baden liegen Kopf und Nacken des Kindes auf dem Unterarm des „Bademeisters". Die Hand greift um den gegenüberliegenden Oberarm, um das Kind im Wasser sicher festzuhalten. Nun kann man es mit dem bereitliegenden Lappen abwaschen. Hinterkopf und Haare bezieht man erst ab dem dritten Monat gelegentlich ein.

Das ganze Bad sollte nicht mehr als ein paar Minuten dauern, da das Wasser schnell zu kalt für das Kind wird. Nach dem Baden muss das Baby sofort in ein Handtuch gewickelt und abgetrocknet werden. Dabei ist es besonders wichtig, auch in den Hautfalten alle Nässe zu entfernen. Eincremen ist nicht nötig, wenn es keine Hautprobleme gibt.

WISSENSWERT

Viele Eltern föhnen ihre Kinder nach dem Bad trocken, was die Babys oft ausgesprochen lustig finden. Allerdings trocknet das die Haut aus, weshalb man es nicht zu oft machen sollte. Man muss auch darauf gefasst sein, dass gerade die schöne Wärme die Kinder zum Pinkeln anregt. Kleinen Jungs sollte man deswegen den Unterleib abdecken, damit kein kühner Urinstrahl aus Versehen den Föhn trifft.

Fläschchen geben

Fläschchen geben ist an sich nicht schwer. Man hält das Baby in der Armbeuge und setzt die Flasche etwa im 45-Grad-Winkel an. Den Rest sollte das kleine Wesen selber besorgen. Es sind jedoch ein paar Dinge zu beachten:

- Alles Zubehör muss absolut sauber sein (auskochen!).
- Milch muss immer frisch zubereitet werden. Wasser und Pulver genau abmessen. Abgepumpte Muttermilch wird erwärmt.
- Temperatur kontrollieren. Dazu zum Beispiel einen Milchtropfen aufs Handgelenk fallen lassen. Ist er nicht zu heiß, ist es auch für das Baby okay. Nie selbst an der Flasche saugen, um keine Bakterien zu übertragen.
- Setzen Sie sich bequem hin, eventuell dickes Kissen unterlegen.
- Flasche vor dem Füttern auf den Kopf drehen, damit der Schnuller vollläuft, ohne dass sich Luftblasen bilden.

- Kontrollieren Sie, wie viel Milliliter das Baby trinkt, um die Tagesgesamtmenge im Auge zu behalten.
- Nehmen Sie das Baby nach dem Füttern hoch, um es „Bäuerchen" machen zu lassen. Dazu leicht auf den Rücken klopfen. Tuch unterlegen, da das Aufstoßen oft mit Sabbern oder Spucken verbunden ist. Wenn das Kind beim Nuckeln viel Luft schluckt, auch zwischendurch mal aufnehmen und aufstoßen lassen. Manchmal wartet man aber auch vergeblich auf das „Bäuerchen", da das Kind kaum Luft geschluckt hat. Hat sich nach gut fünf Minuten nichts getan, kann man das Kind wieder hinlegen. Am besten in Seitenlage, falls es doch noch aufstößt.

WISSENSWERT

Nicht nur der Nuckel der Trinkflasche ist für Erwachsene tabu. Probieren Sie auch nicht vom Löffelchen Ihres Kindes oder essen abwechselnd mit ihm vom selben Löffel, um es zu animieren. Und glauben Sie nicht, Sie würden den heruntergefallenen Schnuller „säubern", wenn Sie ihn mal kurz in den Mund nehmen. Durch solche Unsitten übertragen Sie nur Bakterien, die es in der kindlichen Mundflora noch nicht gibt.

Baby füttern

Etwa ab dem fünften Monat wird das Füttern richtig lustig. Dann geht die große Breischmiererei los. Binden Sie dem Kind also ein möglichst umfangreiches Lätzchen um und kleiden Sie sich selbst auch strapazierfähig, bevor Sie mit dem Füttern beginnen. Halten Sie außerdem ein Tuch bereit, mit dem Sie Essen, das aus dem Mund läuft, abwischen können. Benutzen Sie einen Plastiklöffel, der keine scharfen Kanten hat! Stellen Sie bei einem Kind, das noch mit dem Löffel gefüttert wird, die Breischüssel nicht in dessen Reichweite. Gefüttert werden Gläschen oder auch selbst gemachter Brei, der aber fein püriert und ungesalzen sein muss. Die richtige Wärme kann man auch hier mit einem Klecks auf dem Handgelenk testen. Etwa ab acht Lebensmonaten entwickeln Kinder ein Interesse daran, selber zu essen. Dann kann man ihnen Obststücke oder ungezuckertes Backwerk in die Hand geben.

Blähungen lindern

Viele Babys leiden unter Blähungen. Das führt dann oft zu Dauergeschrei. Eltern sind hier meist hilflos. Alle Maßnahmen können nur Linderung bieten. Versuchen kann man:

- den Bauch massieren. Dazu fährt man mit kreisenden Bewegungen sanft im Uhrzeigersinn über den Bauch des Babys. Der Uhrzeigersinn ist wichtig, denn nur so massiert man die Gase Richtung Darmausgang. Ergänzend kann man mit den Beinen des Babys kreisen und es an den Beinen von einer Seite auf die andere bewegen. Oder den Rücken massieren. Mit beiden Händen gleichzeitig rechts und links der Wirbelsäule kreisende Bewegungen nach oben und unten machen.
- eine nicht zu heiße Wärmflasche oder wärmende Kompressen auflegen.
- Kümmel-Anis-Fenchel-Tee zu trinken geben.
- die angenehmste Lage finden. Viele Babys liegen bei Blähungen lieber auf dem Bauch. Man kann die Kinder mit dem Bauch auf den Unterarm legen und so herumtragen oder sie bäuchlings auf einen Gymnastikball legen und sanft darauf kreisen.

Achtung: Babys mit Blähungen bzw. überhaupt schreiende Babys neigen dazu, sich sehr heftig und mit all ihrer Kraft zu winden. Deshalb immer gut festhalten und nicht die Nerven verlieren.

Schreiende Babys beruhigen

Erfahrene Eltern setzen jetzt wahrscheinlich ein resigniertes Grinsen auf und erinnern sich, welche angeblich wirksamen Tricks alle schon in der Praxis durchgefallen sind. Tatsache ist, dass kleine Babys manchmal stundenlang aus Leibeskräften schreien, ohne dass irgendein Gegenmittel hilft. Aber einfach im Bettchen liegen und brüllen lassen ist auch keine gute Lösung. Als Erstes wird man natürlich untersuchen, ob das Kind Hunger, Durst oder die Windel voll hat. Ist das nicht der Fall und gibt es auch keine Anzeichen, dass es krank ist, dann kann man mit allgemeinen Beruhigungsmaßnahmen anfangen.

- Das Anti-Bläh-Programm kann auch hier helfen.
- Herumtragen in unterschiedlichen Positionen.
- Mit dem Kind auf einen Gymnastikball setzen und wippen.
- Aus einem großen Tuch eine Hängematte machen und schaukeln.
- Schnuller geben, da die meisten Kinder beim Saugen entspannen.

– Beruhigend auf das Kind einreden bzw. ihm leise etwas vorsingen.
– Im Kinderwagen spazieren fahren.
– Im Auto umherfahren.
– Pucken (siehe unten).

Babys unter sechs Monaten kann man noch nicht durch übergroße Fürsorge verwöhnen. Bei älteren Kindern jedoch sollte Fürsorge auf keinen Fall in „Bespaßung" ausarten, denn sie gewöhnen sich daran und fordern das künftig mit noch mehr Geschrei ein. Schreien Kinder extrem viel, sollte man mit dem Arzt abklären, ob es nicht körperliche Ursachen dafür gibt. Ein Grund können z. B. Fehlstellungen der Wirbelsäule sein, die sich mit Krankengymnastik bekämpfen lassen.

GRUNDWISSEN: PUCKEN

Früher wurden Säuglinge in sogenannte Steckkissen gesteckt. Auch in vielen anderen Kulturen wickelte man die Kleinen möglichst eng ein. Das ist heute out. Schließlich soll sich ein Kind frei entfalten und seinen Bewegungsdrang möglichst ungehindert ausleben. Doch die praktische Erfahrung zeigt, dass gerade Kinder in den ersten drei Lebensmonaten sich in einer engen, warmen Hülle, wie sie auch der Mutterleib gewesen war, sehr wohlfühlen.

1 Ein Eck einer quadratischen Wolldecke oder eines großen Moltontuchs wird etwas eingeschlagen.
2 Nun legt man das – nicht zu warm bekleidete – Baby entweder mit dem Kopf oder mit den Schultern auf die eingeschlagene Ecke. Je nachdem ob der Kopf mit eingepackt werden soll oder nicht. Eventuell kann man auch ein flaches Kissen unterlegen.
3 Das untere Ende nach oben klappen und den Zipfel unter einer Schulter festklemmen.
4 Eine Seite der Decke um das Baby schlagen.
5 Die zweite Seite um das Bündel wickeln.
6 Im Winter oder über Nacht eine Mütze aufsetzen, da Babys vor allem über dem Kopf auskühlen.

Beim Einschlagen darauf achten, dass die Decke glatt eingeschlagen wird und sich keine Falten bilden, die das Baby drücken könnten.

Wiege bauen

Schaukeln beruhigt kleine Kinder ungemein. Deshalb wurden sie früher immer in Wiegen gelegt. Die Eltern mussten nur einen Fuß auf der Kufe haben, um die Kleinen in den Schlaf zu wiegen, konnten sich aber ansonsten anderen Dingen widmen. Heute scheuen viele Eltern diese Anschaffung, da die Babys aus der Wiege schnell herauswachsen. Ihre Vorteile hat die Wiege trotzdem nicht verloren. Wer gerne mit Holz arbeitet, kann eine Wiege auch selbst bauen. Das ist auch ein tolles Geschenk!

- Am einfachsten geht es, wenn Sie die Wiege aus lauter Holzplatten zusammensetzen, die Sie sich in der Schreinerei zurechtsägen lassen. Sie brauchen eine Bodenplatte, die etwas größer als die gewählte Matratze ist, und passende Seitenplatten von 35 bis 40 Zentimeter Höhe. Auch die Stirnseiten können Sie aus jeweils einer durchgehenden Platte gestalten, die unten in Kufenform zurechtgesägt ist. Das Ganze wird mit Holznägeln und Holzleim verbunden. Dann noch die Oberfläche lasieren, nach Wunsch fantasievoll bemalen und fertig! Achten Sie aber darauf, dass es keine scharfen Ecken und Kanten gibt und verwenden Sie nur absolut ungiftige Lasuren und Farben.
- Kleine Kinder werden sehr schnell neugierig und wollen etwas sehen. Deshalb wird ihnen in einer geschlossenen Wiege schnell langweilig. Besser, aber auch erheblich aufwendiger ist es deshalb, statt Seitenwänden einzelne Gitterstäbe einzusetzen. Die Stäbe sollten nicht mehr als sieben Zentimeter Abstand zueinander haben, damit sich das Kind den Kopf nicht einklemmen kann.
- Eine Wiege muss nicht auf Kufen gestellt werden, sondern kann auch an starken Seilen baumeln.

TIPP

Eine schöne Wiege wird gerne weitergegeben. Brennen Sie doch die Namen aller Kinder ein, die darin gelegen haben. Dann haben Sie ein echtes Erbstück geschaffen.

Kind schlafen legen

In vielen Familien ein Grund zu ständigen Dramen. Die Kinder haben Angst, etwas zu verpassen, und wehren sich gegen das „schlafen gehen müssen" mit Händen und Füßen wie gegen eine Niederlage. Aber was kann man tun?

- Ab etwa einem halben Jahr sollte man mit einem festen Einschlafritual beginnen. Anfangs etwa durch das Singen eines Schlafliedes oder das Abspielen einer Spieluhr, später mit einer Geschichte, in religiösen Familien auch mit einem Abendgebet. Für ältere

Kinder kann das auch die Gelegenheit sein, Dinge anzusprechen, die sie bedrücken. Dieser schöne Teil des Schlafengehens kann zur Verhandlungsmasse werden. Etwa, dass es keine Geschichte gibt, das Kind dafür aber länger aufbleiben darf, bzw. die Geschichte gestrichen wird, wenn es Krach und Theater beim Bettgehen gibt.

- Das Schlafengehen von Anfang an nie als etwas Negatives darstellen. Nie sagen, dass das Kind jetzt schlafen gehen „muss“, sondern dass jetzt Schlafenszeit ist.
- Den Abend so gestalten, dass das Kind nicht aus etwas Spannendem herausgerissen wird, wenn Schlafenszeit ist. Versuchen Sie den Abend also schon vorher langsam ausklingen zu lassen.

Als Babysitter sollte man sich genau erkundigen, wie die Eltern beim „Abendprogramm“ vorgehen, und sich daran halten.

Nächtliche Angst vertreiben

Haben unter Ihrem Bett auch Gespenster gesessen? Und Ungeheuer im Kleiderschrank gelauert? Die meisten Kinder machen eine solche Phase durch. Diese **Gespensterangst** sollte man nicht als lächerlich abtun, aber man kann sie durchaus von der lustigen Seite nehmen. Als Erstes erklärt man natürlich, dass es keine Gespenster gibt. Das stellt man am besten unter Beweis, indem man gemeinsam mit dem Kind nachschaut. Aber obwohl es keine Gespenster gibt, kann man ihnen natürlich ein – ungefährliches – Gesicht geben. Etwa indem man lustige Geschichten über nette Gespenster vorliest wie *Das kleine Gespenst* von Otfried Preußler. Oder selbst Gespenst spielt. Oft hilft auch ein kleines Nachtlicht oder das Offenlassen der Tür gegen die Angst im Dunkeln.

Etwas ganz anderes als diese diffusen Ängste sind **Albträume**. Da hilft nur beruhigen und die wiederholte Versicherung, dass alles nur ein Traum war und dieser Traum nun fertig geträumt und vorbei ist. Eventuell beruhigt ein kurzes Aufstehen das Kind oder vielleicht ein Schluck Wasser. Schreit ein Kind im Schlaf, wacht aber nicht richtig auf, dann sollte man es auch nicht wecken. Denn in der Regel erinnert man sich nur an Albträume, wenn man mittendrin aufwacht.

TIPP

Mitten in der Nacht erscheint es oft verlockender, das verstörte Kind mit ins eigene Bett zu nehmen, als an seinem Bett zu bleiben, bis es wieder eingeschlafen ist. Doch viele Kinder wird man dann nicht mehr los. Sie kommen ständig und wegen der kleinsten Vorwände nachts ins Elternbett. Das kann sich zu familiären Dramen auswachsen. Deshalb ist es besser, Kindern diese Möglichkeit gar nicht erst anzubieten. Erklären Sie Ihrem Kind, dass jeder im eigenen Bett schläft, weil man leicht aufwacht, wenn der andere sich umdreht oder wenn man gestoßen wird.

Tragetuch binden

Vor etwa zehn bis 15 Jahren waren Tragetücher für Babys total in. Das hat sich wieder etwas geändert. Die meisten Eltern wollen den Kinderwagen nicht missen. Tatsache aber ist, dass viele Babys im Tragetuch, eng an den Körper der Eltern gekuschelt, ruhiger sind und der „Träger“ trotzdem beide Hände frei hat, um andere Arbeiten zu verrichten. Aber wie bindet man die verflixten Dinger nur? Es gibt viele Möglichkeiten. Die „Wiege“ eignet sich auch schon für Säuglinge.

- Tuch schmal über eine Schulter legen.
- An der gegenüberliegenden Hüfte zwei Knoten schlingen.
- Knoten in den Rücken ziehen.
- Baby an die freie Schulter legen.
- Das Tuch zu einer Tasche auseinanderziehen und das Baby hineinlegen. Der Kopf liegt dabei auf der Seite der freien Schulter.

VARIANTE: SITZHALTUNG

Drehen Sie das umgebundene Tuch einmal um sich selbst und setzen Sie das Baby dann mit dem Gesicht zu Ihrem Oberkörper in die entstandene Schlaufe. Ziehen Sie anschließend das Tuch möglichst hoch über den Rücken des Babys.

Nägel schneiden

Manchen Neugeborenen wachsen die Nägel erstaunlich schnell. Sie ziehen sich dann die schönsten Kratzspuren über das Gesicht und bei den Eltern bricht oft Panik aus. Eigentlich müssten sie Ihrem Kind nun die Nägel schneiden. Aber ist es nicht viel zu gefährlich, sich so einem zarten Wesen mit einer Schere zu nähern? Was ist, wenn das Kind plötzlich heftige Bewegungen macht? Doch, wenn man das Nägelschneiden richtig macht, besteht keine

Gefahr. Warten Sie allerdings die ersten Wochen nach der Geburt ab, da das Nagelbett noch nicht richtig ausgereift ist. Zum Schutz des Babys können Sie ihm die Ärmel über die zu langen Fingernägel ziehen.

- Eine spezielle Nagelschere für Babys benutzen.
- Anfangs dem Kind die Nägel im Schlaf schneiden, später nur dann, wenn es ruhig und entspannt ist.
- Baby zum Schneiden nicht auf den Schoß nehmen, sondern hinlegen. Eigenes Handgelenk immer fest auflegen und Arm oder Bein des Babys von ihm weg gerade ausstrecken. Wenn das Kind nun strampelt, lässt man es allenfalls los, es kommt aber nicht in den Bereich der Schere.
- Auf das Wegkratzen eventueller Trauerränder verzichten. Die Gefahr, das Nagelbett zu verletzen, ist bei Babys noch zu groß.

Ohren putzen

Schließlich sollen die lieben Kleinen von Anfang an hören, was man ihnen zu sagen hat. Aber Spaß beiseite! Babyohren können ziemlich dreckig werden, wenn Sabber hineinläuft. Aber man kann beim Reinigen Entscheidendes falsch machen. Es gibt Produkte, die Ohrenstäbchen genannt werden und dazu verführen, sie zum Säubern der Ohren zu benutzen. Doch sie haben dort nichts verloren. Jedenfalls nicht im Gehörgang. Weder bei Kindern noch bei Erwachsenen. Allenfalls darf man sie benutzen, um die Kurven der Ohrmuschel zu reinigen, aber bei Babys sind sie auch dafür zu groß und zu hart.

Nehmen Sie deshalb lieber den Zipfel eines Waschlappens. Den Gehörgang von Babys sollte man – abgesehen von etwas einfließendem warmem Wasser beim Waschen oder Baden – überhaupt nicht säubern. Er ist viel zu empfindlich. Übrigens: Auch in Babynasen haben diese Wattestäbchen nichts verloren, da sie Verletzungen anrichten können.

VARIANTE: OHRENSCHMALZ BEI ERWACHSENEN ENTFERNEN

Auch ausgewachsene Menschen sollten sich nicht mit Ohrenstäbchen im Gehörgang „herumbohren". Auch dann nicht, wenn sie das Gefühl haben, über zu viel Ohrenschmalz zu verfügen. Erstens braucht das Ohr Ohrenschmalz, um Gehörgang und Trommelfell zu schützen. Zweitens schieben diese Stäbchen den Großteil des Schmalzes nur vor dem Trommelfell zusammen, wo er bald einen harten Pfropfen bilden wird. Die einzige Reinigung der Ohren, die man selbst durchführen sollte, ist deshalb – wie bei Babys –, warmes Wasser hineinlaufen zu lassen. Es gibt allerdings Menschen, bei denen sich Schmalzpfröpfe bilden, die sogar zu Schwerhörigkeit führen. In einem solchen Fall ist professionelles Entfernen durch einen Arzt das Mittel der Wahl.

Richtig husten oder niesen

Fragen Sie sich, was das soll? Dafür braucht man doch wirklich keine Anleitung? Vielleicht doch. Denn vielen von uns ist noch die schöne Regel „Hand vor den Mund" eingetrichtert worden. Und manch einer gibt sie auch heute noch an sein Kind weiter. Doch die taugt nichts. Natürlich sollte man auch niemanden anhusten, aber die warme Innenfläche einer Hand ist eine ideale Brutstätte für Bakterien. Wer nach dem Niesen auch nur eine Türklinke anfasst, bevor er sich die Hände wäscht, gibt die Krankheitserreger außerdem nahezu so sicher weiter, als hätte er jemanden direkt angehustet. Denn an der Klinke überleben die Erreger bis zu drei Stunden. Deshalb sollte man Kindern beizeiten beibringen, sich lieber ein Taschentuch, den Unterarm oder den Handrücken vors Gesicht zu halten, wenn sie der Husten- oder Niesreiz überkommt. Und sich selbst auch daran halten!

Bei Durchfall helfen

Bei einem richtigen Magen-Darm-Virus mit Durchfall und Erbrechen hilft eigentlich nur, das Kind ins Bett zu packen, eine Schüssel daneben zu stellen und den Weg zum Klo stets frei zu halten. Kleine Kinder sollte man in diesem Zustand jedoch auch nachts nicht alleine lassen. Ein Baby könnte z. B. an seinem Erbrochenen ersticken. Ein Problem, das aber gerade Kinder betrifft, ist der Verlust von Flüssigkeit, Glukose, Salzen und Mineralstoffen. Dem entgegenzuwirken ist schwierig, wenn alles gleich wieder oben oder unten herauskommt. Ein gängiges Rezept sind Salzstangen und Cola. Das ist an sich nicht schlecht, weil diese Diät Flüssigkeit, Salz und Zucker liefert, aber es gibt bessere Varianten: Tees mit Traubenzucker, Gemüsebrühen, Fruchtsäfte und auch Elektrolytlösungen aus der Apotheke. Aber besser, das Kind trinkt Cola oder Limo (natürlich nicht die Diät-Variante mit Süßstoff), als dass es gar keine Getränke zu sich nimmt. Essen ist weniger wichtig als Trinken. Gute Mineralstofflieferanten sind z. B. Bananen oder Käse. Auch geriebener Apfel oder geriebene Möhre sind eine geeignete Kost, die zudem noch leicht stopfend gegen den Durchfall wirkt. Der Effekt ist jedoch nicht so stark, dass man seinem Kind die Rohkost aufnötigen muss, wenn es selbst nicht mag. Es wird wieder normal essen, wenn es Appetit bekommt.

Kaugummi aus dem Haar entfernen

1 Haar so sortieren, dass man wirklich nur die verklebte Strähne in der Hand hat.
2 Eiswürfel auf den Kaugummi legen, bis er hart und spröde wird.
3 Kaugummi stückweise herausbrechen. Notfalls noch mal eisen.
4 Letzte Reste abrubbeln/herauskämmen.
5 Haare waschen.

Der Vereisungstrick eignet sich nicht nur für Haare, sondern generell, um Kaugummi zu entfernen.

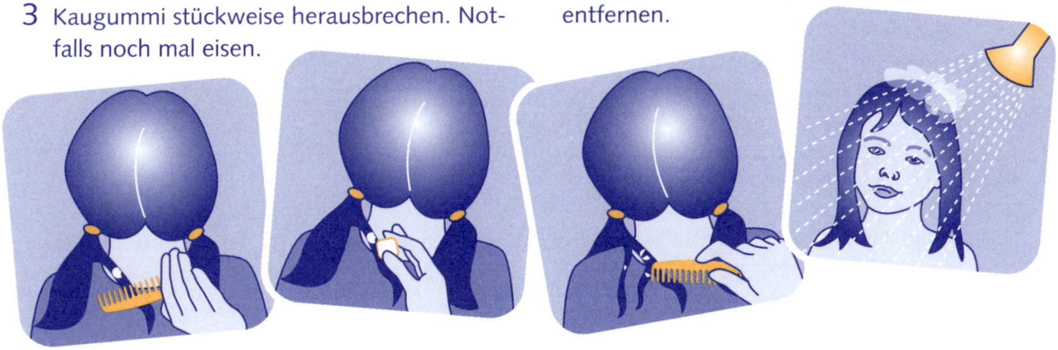

Richtiger Umgang mit dem Fernseher

Ist Ihnen das Schlagwort Medienerziehung schon mal begegnet? Der Umgang mit Informationsmedien, darüber ist man sich inzwischen klar geworden, muss gelernt werden. Fernsehen lernen ist also genauso Erziehungssache wie Lesen lernen oder die Schuhe selbst binden.

- Kinder unter drei Jahren sollten am besten überhaupt noch nicht wissen, was ein Fernseher ist.
- Im Teenageralter mag ein eigener Fernseher okay sein. Im Kinderzimmer hat er aber noch nichts zu suchen.
- Eltern sollten ein bestimmtes Wochenpensum festsetzen, dass nur in Ausnahmefällen (Olympische Spiele, Krankheit) überschritten werden darf.
- Erst die Sendung auswählen, dann den Fernseher einschalten. Nie einfach schauen, „was so kommt“, oder zappen.
- Eltern (oder andere Erwachsene) sollten möglichst oft mit den Kindern gemeinsam Fernsehen schauen und mit ihnen über die Sendung sprechen. Einerseits erkennen sie so, wenn das Kind durch Inhalte geängstigt oder verstört wird, andererseits bietet auch die Unterhaltung über eine harmlose, witzige Sendung einen sozialen Mehrwert. Das Kind lernt Fernsehen dann nicht als ein isolierendes Medium kennen.
- Tagesgestaltung nicht nach dem Fernsehen richten. Lieber Videos oder aufgezeichnete Sendungen zu geeigneten Zeiten anschalten.

TIPP

Die Sendung mit der Maus kennen Sie bestimmt noch aus Ihrer Kindheit. Aber wie ist es mit der Kindernachrichtensendung *Logo!* oder der Experimente-Show *Kopfball*? Gerade die öffentlich-rechtlichen Programme bieten so einige Sendungen, bei denen nicht nur Kinder, sondern auch Erwachsene noch etwas lernen können.

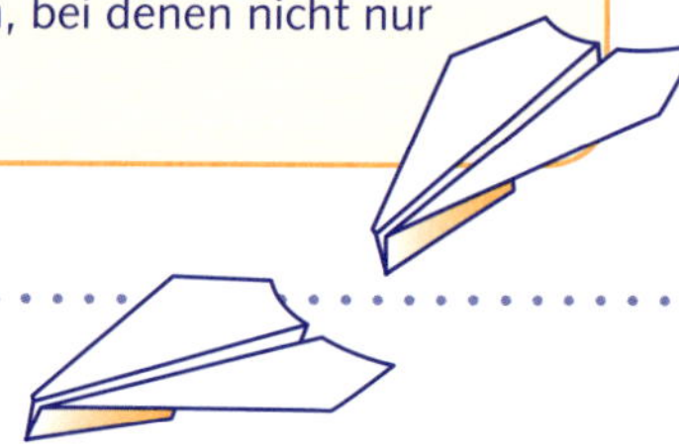

Papierflieger basteln

Der klassische Papierflieger ist der „Pfeil", der sehr einfach zu falten ist, aber sehr schnell abstürzt, weil er keine Tragflächen hat. Wer Kindern imponieren will, der sollte ein ordentliches Modell beherrschen. Das folgende ist einfach, aber hat trotzdem gute Flugeigenschaften.

1 Ein DIN-A4-Blatt wird längs zur Mitte gefaltet und wieder entfaltet.

2 Die beiden Ecken werden zur Mitte gefaltet.

3 Nun faltet man die so entstandene Spitze nach unten.

4 Die beiden Ecken werden wieder zur Mitte gefaltet, allerdings nicht so, dass eine Spitze entsteht, sondern eine stumpfe Oberkante von etwa vier Zentimeter Länge.

5 Dann klappt man das kleine Dreieck, das von der unter Punkt 3 nach unten gefalteten Spitze übrig geblieben ist, wieder nach oben.

6 Jetzt wird das Blatt längs der unter Punkt 1 entstandenen Mittelnaht zusammengefaltet. Die glatte Fläche ist innen, die mit den Faltungen außen.

7 Nun klappt man entlang einer schrägen Linie, die von der Spitze bis etwa zur Mitte der Hinterkante führt, beidseitig die obere Hälfte als Flügel nach außen.

Beim Falten ist es wichtig, auf exakte, scharfe Kanten zu achten, damit der Flieger ohne viel Widerstand durch die Luft „schneiden" kann.

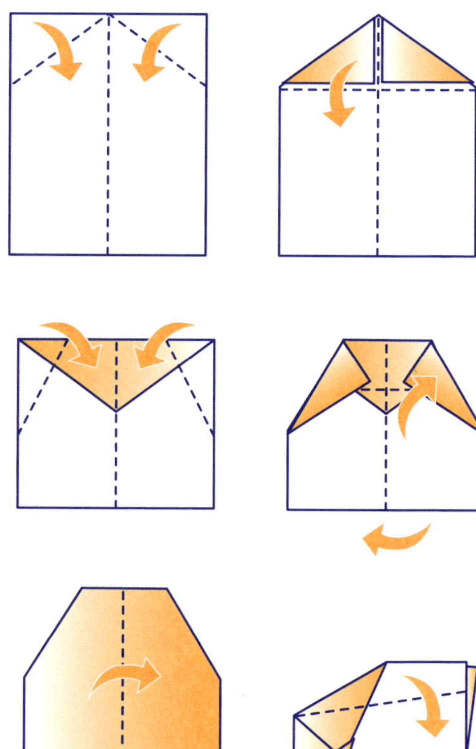

FÜR FORTGESCHRITTENE

Es gibt natürlich eine Unzahl von Papierfliegern, darunter auch viel raffiniertere als das hier gezeigte Modell. Origami-Experten können sogar die futuristischen Modelle aus Star Trek nachbilden. Die sind natürlich weniger für reale Flugversuche geeignet, werden aber allein dank der unglaublichen Falttechniken höchste Bewunderung hervorrufen. Wer sich weiterbilden will, findet im Internet viele Seiten mit konkreten Bastelanleitungen, wenn er nach „Papierflieger“, „Papierfliegerei“ oder „Origami“ sucht. Aber es gibt natürlich auch konventionelle Literatur zum Thema.

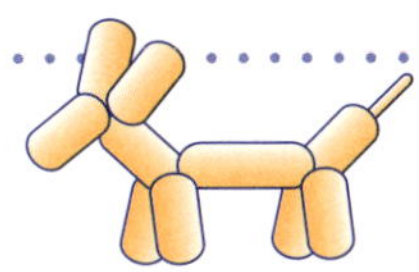

Ballonhund drehen

Für Ballontiere braucht man spezielle lange, dünne Luftballons. Diese werden mit Hilfsmitteln aufgeblasen und dann durch Drehen abgebunden und zu kunstvollen Figuren geformt. Beim Drehen nimmt man den Ballon in beide Hände und dreht mit jeder Hand in eine andere Richtung. Die beliebteste Figur ist der Hund:

1 An dem zugeknoteten Ende drei kleine Abschnitte drehen. Zwei davon zurückbiegen und dann den ersten und den dritten miteinander verdrehen.

2 Drei weitere Abschnitte drehen und nochmals den ersten und den dritten miteinander verdrehen.

3 Nun am entgegengesetzten Ende des Ballons ebenfalls drei kleine Abschnitte drehen und wieder den ersten und den dritten Abschnitt miteinander verdrehen. In der Mitte zwischen diesem Dreierknoten und den beiden ersten sollte ein längerer Abschnitt bleiben, der den Leib des Hundes markiert. Die Spitze des Luftballons steht als Schwanz lustig in die Höhe.

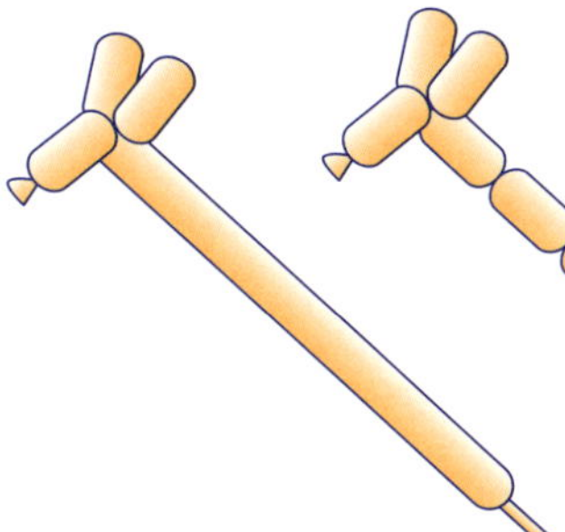

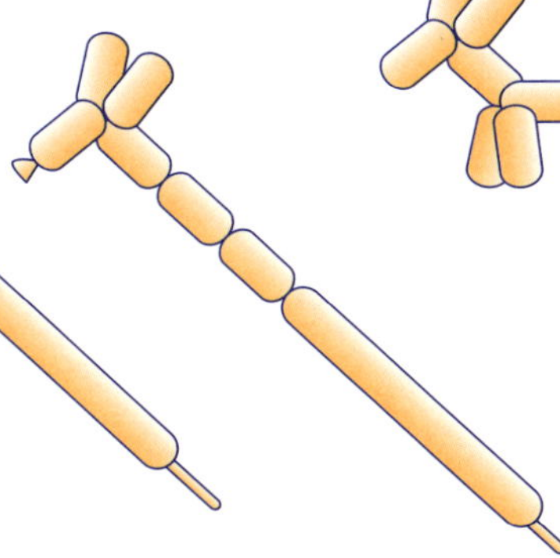

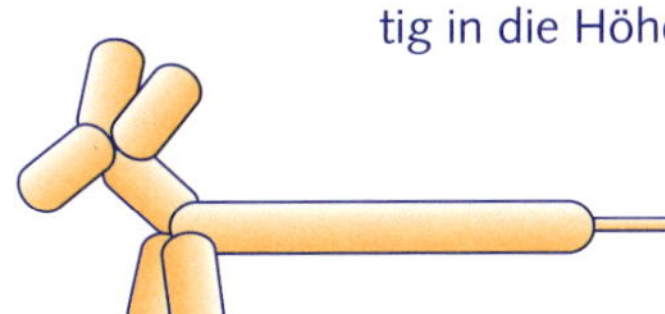

Freundschaftsbändchen knüpfen

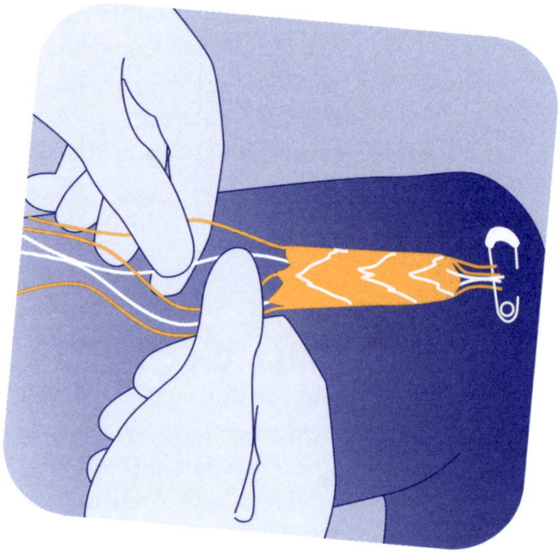

Die sogenannten Freundschaftsbändchen kommen immer wieder in Mode. Da sollte man gerüstet sein, wenn die Tochter wissen will: „Wie macht man das?" Das Einsteigermodell besteht aus verschiedenfarbigen Querstreifen.

1 Das beste Material ist Perlgarn, Stärke fünf. Aber auch anderes Baumwollgarn eignet sich hierfür. Für ein Bändchen braucht man etwa acht Fäden von 90 bis 95 Zentimeter Länge in verschiedenen Farben. Es müssen aber nicht acht unterschiedliche Farben sein.

2 Diese Bänder werden so miteinander verknotet, dass auf der kürzeren Seite zwölf Zentimeter bleiben. Diesen Knoten steckt man mit einer Sicherheitsnadel fest, klassischerweise an der Jeans, die man gerade trägt, oberhalb des Knies, alternativ an einem Tuch, das man sich um den Oberschenkel bindet oder einem Kissen oder Ähnliches das zwischen die Oberschenkel geklemmt wird.

3 Zum Flechten breitet man die Bänder nebeneinander aus. Dann nimmt man das linke Band und knotet es zweimal um das danebenliegende Band. Danach folgen zwei Knoten um das nächste, bis man am Ende angelangt ist. Dann macht man mit dem Band weiter, das nun links außen liegt.

4 Das Band ist fertig geknüpft, wenn es etwa zwei Zentimeter kürzer ist, als der Umfang des Handgelenks des Beschenkten. Die Fäden werden nun in drei Stränge geteilt und zu einem normalen Zopf geflochten. Nach zehn Zentimetern macht man einen Knoten und schneidet den Rest ab. Dann wird der obere Knoten gelöst und ein zweiter Zopf geflochten.

FÜR FORTGESCHRITTENE

Natürlich lassen sich noch viel kompliziertere Muster knüpfen. Profis können den Namen des Beschenkten auf das Band zaubern, das Emblem seiner Lieblings-Fußballmannschaft, kompliziert verschlungene Mäanderbänder herstellen und vieles mehr. Auch Perlen lassen sich einflechten. Anleitungen findet man im Internet, wenn man nach „Freundschaftsbänder" sucht. Es gibt aber auch zahlreiche Bücher zum Thema.

Blumenkranz binden

Der klassische Blumenkranz besteht aus Gänseblümchen, da er spontan auf der grünen Wiese ohne jedes Werkzeug hergestellt werden kann. Er wird allerdings nicht gebunden. Wer die nachgiebigen Blütenstiele verknoten will, wird sich schwertun. Stattdessen macht man mit dem Fingernagel oder einem Werkzeug ein Loch in den Stängel der ersten Blüte und steckt den Stängel der nächsten hindurch.

Für einen „richtigen" Blumenkranz braucht man dicken Draht. Mit diesem nimmt man Maß und formt dann einen Ring aus doppeltem Draht. Dann werden die Stängel der Blumen auf etwa fünf Zentimeter gekürzt. Benutzen Sie aber nicht nur Blüten, sondern auch „Füllmaterial", wie etwa Schleierkraut oder filigranes Grünzeug. Fassen Sie nun Blüten und Füllmaterial zu kleinen Sträußen zusammen, legen Sie sie an den dicken Draht und winden Sie dünnen Draht um die Stängel. Arrangieren Sie die Blüten so, dass keine Löcher entstehen und sich Blüten und Füllmaterial harmonisch ergänzen. Der dünne Draht zum Befestigen wird dabei einfach immer weiter gewunden, bis der Kranz geschlossen ist.

VARIANTE: ADVENTSKRANZ

Da ein Adventskranz in der Regel etwas voluminöser werden soll als ein Blumenkränzchen auf dem Kopf, nimmt man am besten auch einen dickeren Grundkörper, etwa einen Holzring oder gebundenen Strohkranz aus dem Bastelgeschäft. Aber im Grunde eignet sich jeder Reifen von passender Größe, da man beim fertigen Kranz das Material nicht mehr sieht. Dann werden das Tannengrün und eventuelles Dekormaterial wie Äste mit roten Beeren oder Ähnliches auf etwa gleiche Länge zurechtgeschnitten und genauso mit Draht um den Reifen gewickelt wie beim Blumenkranz. Sie können dann auch noch ein rotes Band um den Kranz winden, doch das dient nur zur Zierde, nicht zur Befestigung.

Riesenseifenblasen machen

Seifenblasen machen Kindern einen Riesenspaß. Am besten, wenn sie auch riesig sind. Damit das gelingt, sind aber einige Tricks zu beachten.

- Auch für selbst gemachte Riesenseifenblasen kann man die Flüssigkeit aus den kleinen Röhrchen benutzen, die es zu kaufen gibt. Lediglich Wasser mit Spülmittel, wie es oft empfohlen wird, ist keine befriedigende Alternative, da die Blasen meist wenig farbig sind und sehr leicht platzen. Wer Seifenblasen selber machen will, sollte deshalb noch ein Verdickungsmittel wie Glycerin (das in Apotheken erhältlich ist) oder gekochten Zuckersirup zugeben. Auf zwei Liter Wasser (am besten destilliertes) kommen etwa 50 Milliliter Spülmittel und ein Esslöffel Glycerin.
- Ringe zum Herstellen von Riesenseifenblasen kann man aus Blumendraht formen. Damit das Seifenwasser besser haftet, wickelt man um den Draht Bindfaden, Wolle oder Mullbinden.
- Pusten kann man durch solch große Ringe natürlich nicht. Damit Seifenblasen entstehen, muss man mit diesen Ringen rennen, nachdem man sie in die Seifenlösung getaucht hat.

Faschingsgesicht schminken

Schminken ist bei Kindern total in und auf immer mehr Festen bieten professionelle „Kinderschminker“ ihre Dienste an. Doch es ist auch nicht allzu schwer, den Nachwuchs selbst in Prinzessin Lillifee, Batman oder einen Tiger zu verwandeln. Damit die Schminke einerseits gut hält, andererseits auch leicht wieder zu entfernen ist und die zarte Kinderhaut nicht strapaziert, sollte man auf jeden Fall in wasserlösliche Theaterschminke oder spezielle Kinderschminke investieren. Außerdem braucht man Schwämmchen, Pinsel verschiedenster Stärken und Malvorlagen. Wenn man keine Vorlage verwenden möchte, dann sollte man die eigenen Ideen vorher aufmalen. Am besten entwirft man sie mit den Kindern zusammen.

1 Haare mit Haarband oder Klammern aus dem Gesicht nehmen.

2 Gesicht mit einem Schwämmchen in der Grundfarbe grundieren (nicht bei allen Vorlagen nötig).

3 Dann mit verschieden feinen Pinseln die Vorlage ausführen.
4 Erst die hellen Farben auftragen, dann die dunklen.
5 Fehler schnell mit Kosmetiktüchern abwischen, solange die Farben noch feucht sind.
6 Farben verwischen, solange sie noch feucht sind, falls dieser Effekt gewünscht wird.
7 Zuletzt (falls gewünscht) Glitter auf die noch feuchten Farben tupfen.
8 Spiegel bereithalten und das Ergebnis mit dem Kind absprechen, solange noch Korrekturen möglich sind.

Mit Kindern backen

Backen ist toll! Vor allem natürlich, weil man dabei rohen Teig naschen kann und – noch besser – von der Schokolade und dem Zuckerzeug der Verzierungen. Wenn Sie mit Kindern backen, dann sollten Sie dieses Naschen tolerieren. Sonst ist Ärger vorprogrammiert. Aber es gilt natürlich, einen vernünftigen Umfang zu wahren. Etwa, dass nur eine bestimmte Menge Schokolade zum Verzieren zur Verfügung steht – verbunden mit dem Hinweis, dass die Plätzchen, auf die das Kind natürlich auch stolz ist, nicht mehr schön aussehen, wenn zu wenig Schokolade darauf landet. Oder dass die Cremeschüssel ausgeschleckt werden darf, jedoch nicht in die Creme selbst gefasst werden soll. Oder dass erst nach dem zweiten Ausrollen und Ausstechen vom Plätzchenteig genascht werden darf.

Dann sollte jedes Kind beim Backen genug zu tun haben. In erster Linie bietet sich natürlich das Ausstechen und Verzieren von Plätzchen oder Keksen an. Doch machen Sie es sich zum Ziel, den Kindern im Laufe der Zeit immer mehr Aufgaben zu übertragen. Das steigert sich etwa von „Gib mir bitte das Mehl" über „Wiege bitte 300 Gramm Mehl ab" zu „Für diesen Kuchen musst du einen Mürbteig aus 300 Gramm Mehl, 150 Gramm Zucker, 150 Gramm Margarine und einem Ei machen." Irgendwann ist der Nachwuchs dann so weit, dass Sie nicht mehr dabei sein müssen, wenn er sich etwa in den Kopf setzt, zu Halloween unbedingt „Blutkuchen" mit flüssiger, roter Füllung produzieren zu müssen. Vorsicht nur mit dem heißen Ofen!

TIPP

Leicht zu backen und von Kindern sehr schnell alleine zu bewältigen sind **Muffins**. Teig zusammenrühren, in die Muffinformen füllen, in den Ofen und fertig! Nach Belieben kann man die kleinen Kuchen auch noch aufschneiden und füllen bzw. verzieren. Dabei sind unendliche Varianten möglich.

Ein **Grundrezept** für zwölf Muffins lautet:

- 1 Ei
- mit 140 Gramm Zucker verquirlen
- 60 Gramm Margarine
- 1/4 Liter Milch oder Buttermilch zugeben
- 250 Gramm Mehl und
- 2 Teelöffel Backpulver (oder Natron) unterheben.

Diesen Grundteig kann man mit den verschiedensten Beeren, klein geschnittenen Äpfeln, Birnen, Pflaumen oder Trockenfrüchten, zerquetschten Bananen, Rosinen, geriebenen Nüssen oder Kokosflocken, Fertigmüsli, Schokosplits, Kakaopulver und Zimt oder anderen passenden Gewürzen aufpeppen. Besonders einfach geht das Backen, wenn Sie Muffinformen aus blauem Silikon haben, die nicht einmal eingefettet werden müssen.

Marzipanrosen formen

Was wäre ein Geburtstagskuchen für eine kleine Prinzessin ohne rosa Rosen? Dazu braucht man lediglich Marzipanrohmasse, Puderzucker, Lebensmittelfarbe und etwas Geschick.

Zunächst wird die Rohmasse mit Puderzucker verknetet. Um eine gut formbare Maße zu erhalten, braucht man etwa 100 Gramm Puderzucker für 200 Gramm Rohmarzipan. Dann färbt man den größten Teil der Masse – sehr vorsichtig! – mit roter Farbe rosa, den Rest, ebenso vorsichtig, zartgrün. Nun wird das Marzipan zu Kugeln von etwa 1,5 Zentimeter Durchmesser geformt. Die rosa Kugeln rollt man dann – am besten zwischen Frischhaltefolien – zu Plättchen aus. Je dünner sie sind, desto filigraner wird die Rose. Das erste Plättchen wird zum Herz der Blüte zusammengerollt. Dann legt man, leicht überlappend, immer weitere

Plättchen um dieses Herz. Unten klebt man sie fest an die entstehende Blüte, in der Mitte liegen sie nur locker an und der obere Rand wird blütenblattförmig nach außen gebogen. So fährt man fort, bis die Blüte den gewünschten Umfang hat.

Die Kugeln für die Blätter rollt man etwas länglicher aus, drückt oder schneidet sie dann spitz zurecht und ritzt ein Muster von Blattadern ein. Drei Blätter am unteren Rand der Rose festkleben und dann leicht umbiegen. Fertig!

VARIANTE: MARZIPANUNGEHEUER

Mit buntem Marzipan kann man genauso fantasievoll Figuren formen wie mit Knete. Aber dazu schmeckt es auch noch lecker! Natürlich kann man davon akkurate rosa Glücksschweinchen herstellen. Aber ermuntern Sie Ihre Kinder doch mal, ihrer Fantasie völlig freien Lauf zu lassen! Um Tränen zu vermeiden, sollten Sie allerdings jedem Kind eine bestimmte Portion Marzipan zuteilen. Wer viel nascht, der hat hinterher weniger Figuren, die er verschenken oder irgendwann später verspeisen kann.

Lecker mit Gemüse kochen

Spätestens, wenn sie in den Kindergarten kommen, werden die meisten Kinder von der geheimnisvollen Überzeugung ergriffen, Gemüse sei Kindergift. Selbst Sprösslinge, die als Kleinkinder bereitwillig Grünzeug verzehrten, setzen ihren Eltern plötzlich großen Widerstand entgegen, wenn es gilt, ihnen Vitaminhaltiges unterzujubeln. Da heißt es in die Trickkiste greifen:

- Ein Passierstab ist unverzichtbar. Eine pürierte Lauchcremesuppe findet bei Kindern viel leichter Anklang als eine Suppe, in der erkennbar faserige Lauchstücke schwimmen.
- Gemüse nicht extra servieren, sondern etwa in Form von Aufläufen oder Quiches.
- Gemüse mit Lieblingsessen kombinieren, etwa eine Pizza mit viel Gemüse oder eine Lasagne mit Gemüsefüllung. Übrigens: Auch Tomatensoße ist als Gemüse zu bewerten, nicht jedoch Ketchup.
- Etwas Zucker sorgt bei den meisten Gemüsegerichten für einen lieblicheren, vollmundigeren Geschmack.
- dafür sorgen, dass Gemüse nicht pauschal verurteilt wird. Die meisten Kinder mögen leicht bitteres Gemüse oder auch die Schärfe von Rettich oder Zwiebeln nicht. Deswegen sollte jedes Kind gewisse Dinge wirklich nicht essen müssen. Doch dies zwar bei teurem Spargel zu akzeptieren, aber nicht bei billigem Kohl ist unpädagogisch. Die Auswahl sollte das Kind treffen dürfen. Wie groß der Toleranzrahmen ist, ist Sache der Eltern.
- Ausgleich schaffen. Etwa: Wenn mittags genügend Gemüse gegessen wurde, gibt es zum Nachtisch oder am Nachmittag Eis, sonst nur Obst.

Pausenbrote machen

Pausenbrote sind ein weiterer Dauerbrenner im Kampf von Eltern und Kindern um gesunde Ernährung. Es gibt stapelweise Literatur, wie man dem Nachwuchs mit Fantasie und liebevoller Bereitung das Schulfrühstück schmackhaft machen kann. Aber oft sind Kompromisse hier besser.

- Morgens brauchen Kinder vor allem Kohlenhydrate, wie sie in Brot und Müsli zu finden sind. Kinder, die wenig frühstücken und auch während der Pause nichts essen, lernen deutlich schlechter. Machen Sie deshalb Zugeständnisse beim Belag: Wenn Ihr Kind ein ordentliches Vollkornbrot nur mit Nutella isst, dann gönnen Sie ihm die braune Nussschmiere. Außerdem: Beim Lernen hat Süßes sogar einen gewissen Wert, da es das Gehirn schnell mit Zucker versorgt. Abends dagegen ist es nur ungesund.
- Bestehen Sie nicht auf geschmierten Broten. Viele Kinder essen etwa einen Kornspitz oder eine Brezel ohne alles oder nur mit Butter lieber.
- Wenn Ihr Kind Obst oder Gemüseschnitze isst, ist das gesünder als alles, was man aufs Brot schmieren könnte.
- Auch Rosinen oder Nüsse zum Knabbern oder ein Joghurt können das Pausenbrot gut ergänzen.
- Ein frisches Salatblatt macht das Pausenbrot knackig und lecker.
- Gehen Sie so weit wie möglich auf die Wünsche des Kindes ein.
- Probieren Sie immer wieder Neues aus, wie etwa Tomaten-Basilikum-Pasten oder vegetarisches Apfelschmalz aus dem Bioladen.
- Bringen Sie Ihrem Kind bei, dass man Essen nicht wegwirft. Wer lästige Reste selbst leichterhand im Müll entsorgt, braucht sich nicht zu wundern, wenn das Kind mit dem Schulbrot genauso verfährt – und Sie nie erfahren, dass es nicht ordentlich isst.

TIPP

Machen Sie Ernährung doch zum Glücksspiel! Damit können Sie Ihrem Kind das Gefühl nehmen, in Bezug auf den Speiseplan ganz Ihrer Autorität ausgeliefert zu sein. Auch wenn Ihr Kind sich nicht entscheiden kann, taugt diese Art der Hilfestellung. Sie müssen dazu nur bestimmte Essensvarianten mit Würfelaugen beziffern: eins für das Schokoladenbrot, zwei für Marmelade, drei für Wurst, vier für Kräuterquark …

Schultüte füllen

Schummeln gilt nicht! Wer die Schultüte seiner Kinder unten mit Papier ausstopft, der ist selber schuld, wenn der erste Schultag als Drama endet. Aber natürlich ist es auch unpädagogisch, die ganze Tüte mit Süßigkeiten vollzustopfen. Und für zu viel Spielzeug ist der Schulanfang auch nicht der richtige Moment. Eine Möglichkeit, die Schultüte zu füllen, sind die neuen Schulsachen. Wenn das Kind Mäppchen, Malkasten und Stifte noch nicht gesehen hat, dann kann man sie gut in die Schultüte stecken. Wenn das Kind jedoch beim Auspacken der Tüte lauter schon Bekanntes entdeckt, dann wird es wieder enttäuscht sein. Ebenso wenn die Eltern gleich fünf Tüten Popcorn hineingesteckt haben, weil die so schön viel Volumen haben.

Wie wäre es, zum Schulstart ein paar neue Kleidungsstücke zu schenken? Ein bedrucktes T-Shirt, ein Paar Socken mit witzigen Motiven, ein Baseballkäppi, Reflektoren für den Schulweg, etwas Schulmaterial, eine Kleinigkeit zum Spielen und ein paar Süßigkeiten und Nüsse ergeben zusammen einen bunten Mix, der die Tüte füllt und dem ABC-Schützen bestimmt gefällt.

FÜR FORTGESCHRITTENE

Hat Ihr Kind vielleicht Lust, seine Schultüte selbst zu basteln? Sie brauchen dazu eine biegsame, aber nicht zu dünne Pappe, die 70 bis 85 Zentimeter im Quadrat messen sollte.

1 Aus einem Faden, einem Stift und einer Pinnnadel einen Zirkel bauen.
2 Die Nadel in eine Ecke des Kartons pinnen und ein Segment mit einem Innenwinkel von etwa 80 Grad und einem Radius von 70 bis 85 Zentimetern auf den Karton zeichnen.
3 Ausschneiden.
4 Zu einer Tüte zusammenrollen, wobei sich die beiden Längsseiten knapp zwei Zentimeter überlappen sollen.
5 Mit doppelseitigem Klebeband zusammenkleben. Alternativ kann man flüssigen Alleskleber nehmen und die Naht von innen noch einmal mit normalem Klebestreifen festkleben.
6 Die Tüte bekleben. Falls der Karton selbst noch nicht bunt ist, überzieht man ihn erst einmal mit farbigem Geschenkpapier. Ansonsten sind der Fantasie keine Grenzen gesetzt.
7 Buntes Krepppapier (Umfang der Öffnung x 40 Zentimeter in der Höhe) zurechtschneiden und den Rand innen an der Schultüte festkleben.
8 Eventuell den Rand von außen mit einer Borte schmücken.
9 Tüte füllen und Krepppapier mit Geschenkband zusammenbinden.

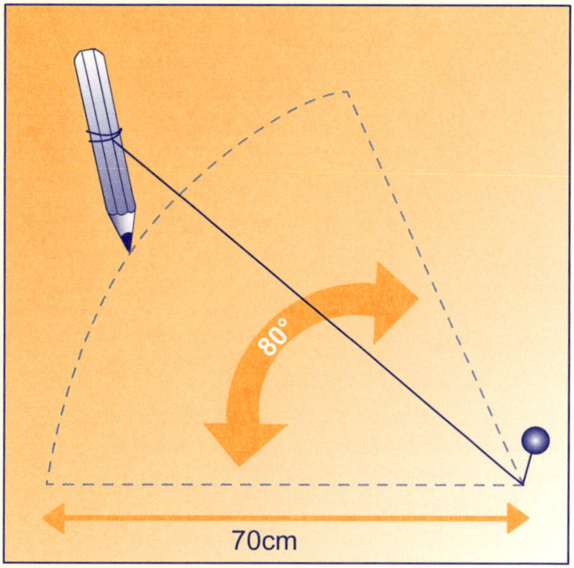

Steine flitschen

51 Mal: Da liegt inzwischen der Weltrekord im Steineflitschen. Die meisten Eltern werden nicht annähernd Ähnliches vorweisen können, aber ein gewisses Grundwissen ist schon gefragt. Denn wer gar nicht fähig ist, einen Stein so über das Wasser zu werfen, dass er wieder aufspringt, der gilt bei den lieben Kleinen leicht als Versager. Oder noch schlimmer. Dem Kind droht dieses Schicksal bei den Gleichaltrigen, wenn ihm die Eltern diese Kunst nicht vermitteln konnten. Also:

1. Einen möglichst flachen, glatten, annähernd runden, aber nicht zu kleinen und leichten Stein suchen.
2. Locker auf Zeige- und Mittelfinger legen und mit dem Daumen halten. Stein ganz leicht vorne (an den Fingerspitzen) nach oben kippen.
3. Oberkörper tief nach unten beugen.
4. Den Arm zum Körper hindrehen.
5. Den Arm mit möglichst viel Schwung in die Gerade bringen, dabei Handgelenk drehen, um den Stein zum Rotieren zu bringen, und loslassen.
6. Üben, üben, üben!

WISSENSWERT

Damit er die Wasserfläche nicht durchschneidet und untergeht, muss der Stein mit der Hinterkante zuerst auf dem Wasser auftreffen. Deswegen die leichte Neigung nach oben. Aber er muss auch sehr flach aufkommen, um nicht zu viel Gewicht auf einen Punkt zu bringen. Ein französischer Wissenschaftler hat errechnet, dass ein Winkel von 20 Grad ideal ist. Außerdem muss er sehr schnell aufkommen, sodass das Wasser gar keine Zeit hat zurückzuweichen, sondern dem Stein Widerstand entgegensetzt.

Fische fangen

Kinder lieben es, Tiere zu fangen und aus der Nähe zu betrachten. Dagegen ist auch nichts einzuwenden, solange den Tieren kein Leid angetan wird. Kleine Fischchen kann man mit zwei PET-Plastikflaschen einfangen. Man schneidet bei einer Flasche den Boden weg, bei der anderen trennt man das obere Viertel ab. Dieses schraubt man auf und steckt es dann mit der Schrauböffnung voran in die Flasche ohne Boden. Nun bohrt man an der Unterkante noch ein kleines Loch hinein, durch das man eine Schnur zieht. An dieser Schnur zieht man die Falle durchs Wasser, wenn sich Fische zeigen. Sind Fische in die Falle gegangen, anschauen, beobachten und dann wieder freilassen. Dazu zieht man einfach den festgeklemmten unteren Teil der Falle heraus und steckt ihn danach wieder ein.

Himmel und Hölle spielen

Wer weiß noch sicher, wie „Himmel und Hölle“ ging? Von dem Spiel, das auch „Hickelkästchen“ oder einfach „Hopse“ genannt wird, gibt es diverse Varianten.

1 Grundsätzlich hüpft man auf einem Bein über neun Zahlenfelder von der Erde in den Himmel und auf dem anderen Bein wieder zurück. Die Hölle, das Feld vor dem Himmel, muss grundsätzlich übersprungen werden. Bei manchen Varianten muss auch die Erde am Anfang übersprungen werden. Oder man überspringt am Anfang gleich die Hölle und hüpft dann über neun Felder in den Himmel.

2 Wer auf eine Linie tritt, auf beiden Beinen landet oder gar in der Hölle, der scheidet aus.

3 Jeder darf hüpfen, bis er einen Fehler macht, dann kommt der Nächste dran. In der folgenden Runde macht man an der Klippe weiter, bei der man vorher gescheitert ist.

4 Man kann in den Parcours Felder einbauen, die nebeneinanderliegen. Dann springt man mit dem linken Fuß in das linke Feld, mit dem rechten in das rechte. Danach geht es wieder einbeinig weiter.

5 Meistens wird mit einem Stein gespielt. In der ersten Runde muss man den Stein in das Feld mit der Eins werfen, bevor man zu hüpfen beginnt, in der zweiten Runde in das mit der Zwei usw., bis man bei der Neun angelangt ist. Wer das Feld nicht trifft, scheidet auch aus. Gewonnen hat derjenige, der als Erster alle neun Durchgänge geschafft hat.

6 Eine Erschwernis: Man muss auch das Feld mit dem Stein überspringen. Das bedeutet: Zum Schluss muss man über die Neun und die Hölle gleichzeitig springen, um in den Himmel zu kommen.

7 Noch schwerer: Während des Hüpfens muss ein weiterer Stein auf dem Oberschenkel des freien Beins balanciert werden und darf nicht herunterfallen. Zweibeinige Felder gibt es hier natürlich nicht.

8 Eine witzige Zusatzregel: Im Himmel gibt es ein oder mehrere Pstfelder. Wer auf denen landet, der darf für den gesamten Rest des Spieles nicht mehr reden oder lachen, sonst scheidet auch er aus.

VARIANTE: WÖRTER HÜPFEN

1 Es wird ein großes Quadrat aufgemalt, das in 25 kleinere Kästchen unterteilt ist.
2 In jedes Feld wird in beliebiger Reihenfolge ein Buchstabe geschrieben: Einige häufige Buchstaben wie E, I, N, R und S sollten doppelt vorkommen, dafür lässt man seltene wie J, Q, V, X und Y weg.
3 Nun hüpft jeder der Reihe nach ein Wort. Für jeden Buchstaben gibt es einen Punkt. Wer auf eine Linie tritt oder sich verhüpft, scheidet für diese Runde aus.
4 Wer dran ist, aber kein neues Wort mehr findet, muss passen.
5 Das Spiel ist zu Ende, wenn niemand mehr ein neues Wort findet. Gewonnen hat der Spieler mit den meisten Punkten.
6 Wer anfängt, ist natürlich im Vorteil. Deswegen am besten losen, wer beginnen darf. Und beim nächsten Spiel abwechseln.

Gummitwist

Für Gummitwist braucht man ein drei bis vier Meter langes, verknotetes Stück Gummilitze, wie es sie überall gibt, wo Nähwaren verkauft werden, und mindestens drei Mitspieler. Im Notfall kann ein Mitspieler auch durch einen Stuhl ersetzt werden. Wie es geht, wird jeder schon einmal gesehen haben. Zwei Mitspieler halten das Gummiband gestrafft, ein dritter springt. Aber wie gehen die korrekten Figuren? Das ist im Grunde völlig egal. Die einfachste Variante von Gummitwist lautet: Einer springt eine Figur vor, die anderen machen es nach. Wer einen Fehler macht, ist draußen. Haben mehrere Spieler die Figur geschafft, wird das Gummi in vereinbarten Schritten immer höhergeschoben, bis nur noch ein Spieler übrig ist. Dann führt der nächste eine Figur vor und es geht wieder von vorn los. Mögliche Elemente sind:

- seitlich zum Gummi stehend mit einem oder zwei Beinen einspringen und wieder ausspringen.
- mit dem Gesicht zum Gummi mit beiden Beinen einspringen und wieder ausspringen.
- beide Gummis gleichzeitig überspringen.

– mit einem oder beiden Beinen längs oder quer bewusst auf das Gummi springen bzw. mit jeweils einem Fuß auf ein Gummi.
– **Hexensprung:** beide Gummis zwischen den Füßen einklemmen, Drehsprung um 180 Grad, wobei das Gummi mitgedreht wird, und hoher Befreiungssprung auf eine Seite.
– **Alphasprung:** parallel zum Gummi stehen. Vorderes Gummi mit dem Fußrist mitnehmen, während man über das hintere Gummi springt. Danach drehen und wieder ausspringen. Beim Springen 180-Grad-Drehung absolvieren und in Ausgangslage landen.
– **Variante:** seitlich zum Gummi stehen und das vordere Gummi mit dem Knöchel mitnehmen, während man über das hintere springt.
– **Kesselsprung:** mit Alphasprung (ohne Rücksprung) beginnen, dann Sprung mit Vierteldrehung in die Mitte, dabei Beine breit machen. Der Springer steht nun in einer Raute. Er macht einen hohen Sprung, während das verdrehte Gummi zurückschnallt. Die Landung hat sauber inmitten der beiden Gummibänder zu erfolgen, ohne dass noch eines berührt wird.
– Die Schwierigkeit der Sprünge kann variiert werden, indem die beiden „Halter“ entweder mit extrem breiten Beinen stehen oder im Gegenteil das Gummi sehr eng halten, etwa nur mit einem Bein.

Wichtig: vorher genau klären, was ein Fehler ist! Die Frage, ob und wann leichte Berührungen des Gummis schon zum Ausscheiden zwingen, sorgt bei diesem Spiel oft für lebhafte Diskussionen und reichlich Tränen.

VARIANTEN

– Sprungfiguren für einen **Abzählreim**, einen selbst erfundenen Spruch oder zu Musik kreieren.
– **Im Dreieck springen:** Bei mindestens sechs Mitspielern kann man das Gummi auch im Dreieck spannen. Der Gag dabei ist, dass dann auch drei Kinder gleichzeitig hüpfen können – ohne einander in die Quere zu kommen. Das stellt ganz neue Herausforderungen.
– Aber auch beim „normalen“ Gummitwist kann man **Figuren erfinden**, die von zwei Springern gleichzeitig gehüpft werden.
– **Habakuk:** Ein Springer springt zum Reim „Kuck-kuck-Ha-ba-kuk-fang-mich-ruck-zuck“ ein vorher beschlossenes Muster. Beim letzten Sprung läuft ein Fänger los. Der gejagte Springer muss nun irgendetwas umrunden und dann wieder in das Gummi springen, der Fänger versuchen, ihn vorher einzuholen.
– Ein anderes **Gummispiel für Viele:** Alle stehen im Kreis und halten das Gummi um ihre Beine gespannt. Einer erzählt eine Geschichte. Wenn ein bestimmtes Wort fällt, das vorher ausgemacht wurde, springen alle heraus. Wer am langsamsten reagiert, der hat am Ende das Gummiband um den Knöchel hängen. Er scheidet aus und muss die nächste Geschichte erzählen, bis am Ende der Sieger feststeht.

Murmeln spielen

Können Sie noch Murmeln spielen? Ihre Großeltern waren bestimmt Meister darin. Aber schon in der Kindheit der meisten heutigen Eltern war der Klassiker aus der Mode gekommen. Dabei lohnt sich ein Revival durchaus. Denn man kann mit Murmeln eine große Menge verschiedenster Spiele spielen. Da der Sieger die verwendeten Murmeln seiner Gegner behalten darf, bekommen die Spiele Wettkampfcharakter. Andererseits sind Murmeln sehr billig, sodass der Einsatz nicht über die kindliche Schmerzgrenze geht.

- **Kuhlemurmeln** oder **Lochklickern:** Mit dem Schuhabsatz wird eine Kuhle in den Boden getreten und dann geglättet (Alternativ einen Kreis aufmalen). Nun legt man fest, wie weit die Wurflinie entfernt ist, wie viele Murmeln jeder einsetzt und in welcher Reihenfolge geworfen wird. Der Abstand sollte groß genug sein, damit es schwer ist, die Kuhle zu treffen. Wenn alle Murmeln geworfen sind, darf derjenige, der am meisten Murmeln eingelocht hat (bzw. am nächsten an das Loch gekommen ist) anfangen, die außen liegenden Murmeln einzuschieben. Verfehlt er das Loch, ist der Nächste dran. Sieger (und Gewinner aller Murmeln) ist derjenige, der die letzte Murmel einlocht.

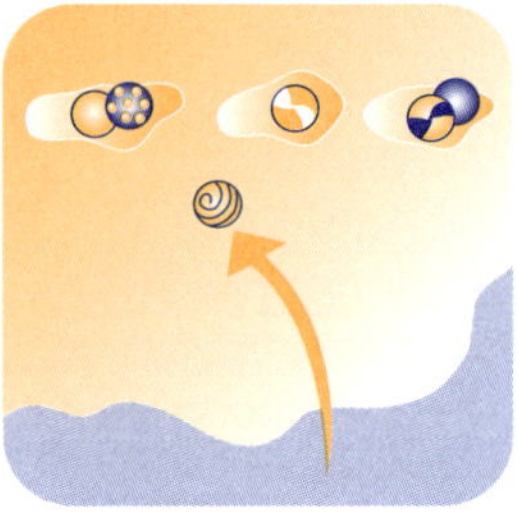

- **Tic-Tac-Toe:** ein Zweierspiel, bei dem ein Quadrat mit neun Kästchen auf den Boden gemalt wird. Die Spieler werfen abwechselnd ihre Murmeln in die Felder. Wer als Erster drei Murmeln in einer Reihe (längs, quer oder diagonal) getroffen hat, hat gewonnen. Dabei kann man natürlich auch versuchen, Murmeln des Gegners wieder aus einem Feld hinauszuschießen.
- **Afrikanisches Murmelwerfen:** Jeder Mitspieler setzt vier Murmeln ein. Einer nimmt alle Murmeln und wirft sie in die Höhe. Der erste Spieler wählt sich eine beliebige Murmel auf dem Spielfeld und versucht, diese gegen eine andere zu schnippen. Trifft er, darf er die getroffene Murmel einkassieren und weitermachen. Verfehlt er, ist der Nächste dran. Wer die letzte Murmel trifft, darf dann auch die Schussmurmel einkassieren.
- **Schlösschen:** Zwei Teams spielen in einem Abstand von etwa drei Metern gegeneinander. Jeder aus dem Team baut aus vier Murmeln eine kleine Pyramide. Die Teams versuchen nun abwechselnd, die Pyramiden der anderen Seite mit gerollten Murmeln zum Einsturz zu bringen. Gelingt das nicht, geht die Wurfmurmel an den Gegner. Wird eine Pyramide getroffen, gehen die Murmeln an den Angreifer (der auch seine Wurfmurmel zurückbekommt). Wenn eine Seite alle ihre Burgen verloren hat, ist das Spiel aus. Man kann vereinbaren, dass aus gewonnenen Murmeln neue Burgen gebaut werden dürfen oder auch dass ein Spieler, dessen Burg zerstört ist, einen Meter weiter hinten eine neue Burg bauen darf, aber auch selbst aus dieser Entfernung die gegnerischen Burgen treffen muss.

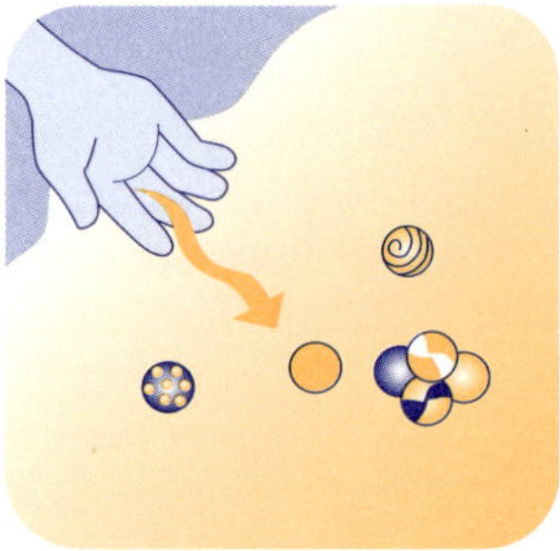

- **Hindernismurmeln:** Auf einem bewusst unebenen Untergrund wird eine größere Zielmurmel geworfen. Nun versuchen die Spieler, diese nacheinander zu treffen.

GRUNDWISSEN: TECHNIKEN

- **Werfen:** die Murmel zwischen Daumen und Zeigefinger halten und aus dem Handgelenk werfen.
- **Schieben:** die Murmel mit dem Zeigefinger anstoßen und nach vorn rollen.
- **Schnippen:** Zeige- oder Mittelfinger vom Daumen wegschnalzen und damit die Murmel anstoßen.
- **Tuppen:** die Murmel mit einem Finger von oben drücken. Dabei darf man natürlich nicht genau in der Mitte drücken, sondern hinter dem Mittelpunkt in der gewünschten Schussrichtung.
- **Daumenschuss:** gekrümmten Zeigefinger auf den Boden auflegen, die Murmel darauf platzieren und mit dem Daumen anstoßen.

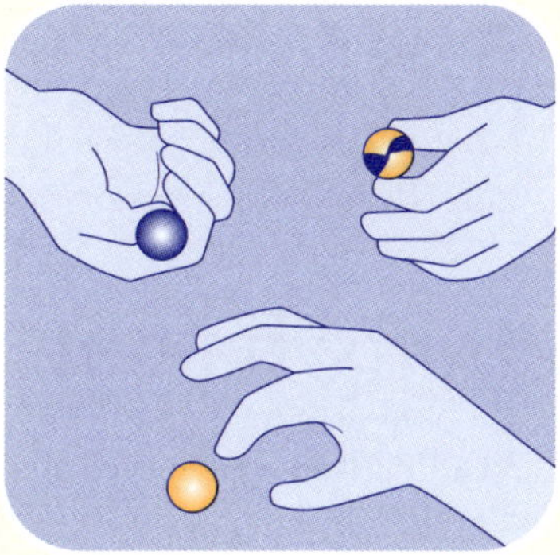

Mau-Mau spielen

1 Gespielt wird mit einem Skatblatt. Aber auch ein Bridgeblatt ist möglich.
2 Jeder Spieler bekommt fünf Karten, die er verdeckt auf der Hand hält. Eine Karte wird aufgedeckt, der Rest verdeckt auf einen Stapel (Talon) gelegt.
3 Wer an die Reihe kommt, legt eine Karte ab. Die muss entweder in der Farbe oder im Zahlenwert mit der zuvor abgelegten Karte übereinstimmen. Auf eine Pikneun muss also entweder eine Neun oder ein Pik abgelegt werden.
4 Wer keine passende Karte hat, muss eine ziehen. Passt sie, darf er sie gleich ablegen. Ansonsten muss er die Karte behalten und der Nächste ist dran.
5 Joker dürfen jederzeit abgelegt werden und der Spieler darf sich eine Farbe wünschen. Hat das Blatt keine Joker, übernehmen die Buben diese Funktion.
6 Wird eine Sieben abgelegt, muss der nächste Spieler zwei Karten ziehen oder ebenfalls eine Sieben ablegen. Die Strafkarten addieren sich auf. Liegen also z. B. drei Siebener übereinander und kann der Nächste keine weiteren ablegen, so muss er sechs Karten ziehen.
7 Bei einer Acht muss der nächste Spieler aussetzen.
8 Legt ein Spieler seine vorletzte Karte auf den Tisch, muss er die anderen durch ein Klopfen oder den Ausruf „Mau“ warnen. Vergisst er es, muss er noch eine Karte ziehen.
9 Gewonnen hat, wer als Erster alle Karten losbekommt. Er ruft „Mau-Mau“. Alle anderen bekommen so viele Minuspunkte, wie sie noch Karten auf der Hand haben.

INDOOR

Ordnung halten

Putzen und aufräumen wird auch deshalb als so lästig empfunden, weil es nie ein Ende findet. Binnen Kurzem ziehen zwangsläufig wieder Dreck und Chaos ein. Doch es gibt ein paar Regeln, die helfen, den Haushalt weitgehend im Griff zu behalten:

– **Jedes Ding hat seinen Platz:** Herrenlos „herumwandernde" Dinge, die immer irgendwie zur Seite gestellt werden, wo sie nach kürzester Zeit wieder stören, sind die Pest. Jeder Sache, die für längere Zeit in Ihrem Besitz ist, sollten Sie einen festen Platz zuweisen, an den sie jedes Familienmitglied ohne große Mühe zurückbringen kann. Auch für kurzfristigen Besitz, wie Zeitschriften oder unerledigte Rechnungen, sollte es eine feste Ablage geben. Eventuell kann man noch eine „Kramkiste" für Problemfälle einrichten. Quellen solche „Kurzfristablagen" über, müssen sie nach einiger Zeit unerbittlich ausgemistet werden.

– **Erledigen Sie alles, was nicht länger als 60 Sekunden dauert, sofort!** „Und dann müsste ich noch …", denkt man immer wieder. So viel mentaler Aufwand lohnt sich nicht für Dinge, die im Handumdrehen erledigt sind: etwas wegräumen, etwas aufwischen, den Erhalt einer E-Mail bestätigen, eine E-Mail in den richtigen Ordner schieben, Werbung überfliegen und gleich wegwerfen, Haare aus dem Duschsieb entfernen, die Toilettenbürste benutzen …

Kalkflecken entfernen

Auf allen Oberflächen, die häufig feucht sind, bilden sich zwangsläufig irgendwann Kalkflecken. Je nach Härte des Wassers in dem einen Haushalt mehr, im anderen weniger schnell. Doch der technische Fortschritt ist unaufhaltsam und die Mikrofasertücher, die es inzwischen überall zu kaufen gibt, sind ein wunderbares Mittel, Kalkflecken bereits in der Entstehung zu hindern. Obwohl die Tücher sich weich anfühlen, ist ihre Oberfläche so gestaltet, dass sie Wasserflecken und noch nicht verkrustete Kalkablagerungen ohne Zugabe irgendwelcher Putz- und Scheuermittel lösen kann. Vor allem Edelstahl lässt sich allein durch kurzes und schnelles Wischen mit dem leicht feuchten Tuch zum Blinken bringen.
Hat sich der Kalk jedoch schon festgesetzt, dann sind Zitronen- oder Essigreiniger das Mittel der Wahl. Allerdings löst sich nichts schnell, was sich monatelang gebildet hat. Deshalb empfiehlt es sich, ein Tuch, das mit säurehaltigem Reiniger getränkt ist, über Nacht auf die kalkigen Stellen zu legen und die Säure gründlich einwirken zu lassen.

Fenster putzen

Eine der ganz lästigen Tätigkeiten im Haushalt – vor allem, weil das Erfolgserlebnis sich oft nicht so recht einstellen will. Kaum betrachtet man das frisch geputzte Fenster aus einem anderen Blickwinkel, sind wieder hässliche Schmutzstreifen zu sehen. Und um die richtige Methode werden Glaubenskriege geführt: Fensterleder oder Zeitungspapier, Glasreiniger, Spiritus oder Wasser pur, bei Sonne oder gerade nicht bei Sonne. Haben Sie schon einmal einem professionellen Fensterreiniger zugeschaut? Jede Wette, dass der einen Wischer mit Gummilippe benutzt hat, wie sie sich auch an Tankstellen zum Reinigen der Windschutzscheiben finden.

- Besorgen Sie sich auch so einen Abzieher. Vielleicht haben Sie sogar ein Exemplar in Ihrem Auto?
- Dann verteilen Sie mit einem Schwamm oder einem Tuch viel Wasser auf der Scheibe.
- Putzen Sie nicht an einem heißen Tag, wo die Sonne das Wasser gleich verdampft, und benutzen Sie auch keinen Spiritus, der ebenfalls für schnelle Verdunstung sorgt.
- Mit einem gröberen Schwamm kann man beim Wässern schon feste Verunreinigungen wie Vogelschiss lösen.
- Dann ziehen Sie das Wasser mit dem Wischer ab.
- Zum Schluss entfernen Sie noch mit Fensterleder oder zerknüllter Zeitung in kreisförmigen Bewegungen die Feuchtigkeitsreste. Reinigungsmittel sind nur nötig, wenn sich auf Ihren Fenstern ein Belag findet, der nicht wasserlöslich ist.

Verstopfte Toilette säubern

Es gibt Chemikalien, mit denen sich verstopfte Rohre durchputzen lassen. Diese sind ätzend und sehr umweltschädlich. Verwenden Sie sie nur in äußersten Notfällen. Normalerweise lässt sich das Problem mechanisch beheben:

- Sie sollten dafür eine Haushaltssaugglocke besitzen. Drücken Sie diese in den Abfluss und ziehen Sie den Stiel dann hoch, sodass unter dem Gummistopfen ein Unterdruck entsteht.
- Pumpen Sie auf diese Weise etwa zehnmal und versuchen Sie dann erneut zu spülen. In den meisten Fällen ist das Problem gelöst.
- Wenn nicht, schöpfen Sie einen Gutteil des stehenden Wassers in der Toilette ab (damit es bei erneutem Spülen nicht überläuft) und probieren es noch einmal.
- Funktioniert es immer noch nicht, kann man mit einer Drahtspirale oder einem langen halbsteifen Schlauch in den Tiefen des Abflusses herumstochern. Manche Toiletten haben an der Hinterseite auch eine Reinigungsöffnung. Bevor man die aufschraubt, sollte man allerdings die Umgebung gut mit einer Folie abgedeckt haben.

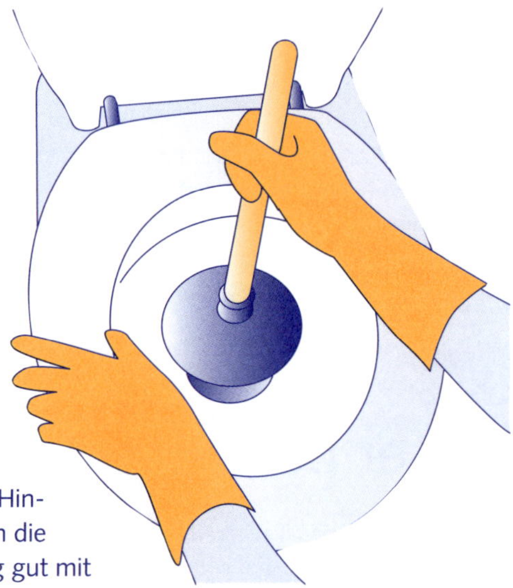

Ist all das erfolglos, muss man doch den Notfall ausrufen und zur Chemie greifen.

Urinstein im WC entfernen

Eigentlich hat Urin einen niedrigen pH-Wert. Doch wenn er von Bakterien zersetzt wird, erhöht sich der pH-Wert und es entsteht in Verbindung mit dem gelösten Kalk des Spülwassers Urinstein. Das wirksamste Mittel dagegen ist, die Toilette regelmäßig mit Essigreiniger zu putzen, sodass sich gar kein Urin darin zersetzt. Ist der Schaden aber erst mal geschehen, dann hilft ein bisschen Schrubben mit **Essigreiniger** nicht mehr. Am besten geht man wie folgt vor:

1 Man entfernt vor einem Wochenendausflug das stehende Wasser im Toilettenablauf (mit der Klobürste herausdrücken oder abschöpfen).
2 Dann spachtelt man die betroffenen Stellen mit einem Brei aus Natron und Essig (bzw. Essigessenz, Zitronensäure oder Cola) ein.
3 Einwirken lassen und erst nach dem Zurückkommen abspülen.

Toilettenspülung reparieren

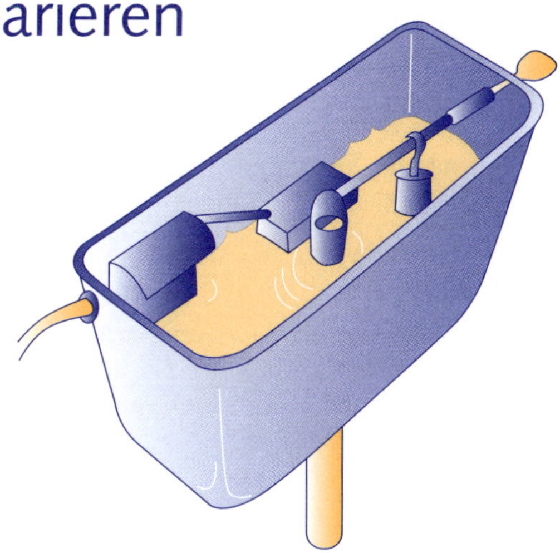

Wenn nach dem Spülen das Wasser in der Toilette nicht mehr zu laufen aufhört, dann müssen Sie dem Spülkasten zu Leibe rücken.

1 Den Deckel mit etwas Kraft abheben.

2 Im Kasten finden Sie einen Plastikzylinder, die Heberglocke, die mit dem Spülhebel verbunden ist. Am Boden ist er in einer Verankerung eingeklinkt oder eingeschraubt. Möglicherweise hat sich diese Verbindung gelöst. Überprüfen Sie das und drehen Sie den Zylinder gegebenenfalls wieder in seine Verankerung.

3 Wenn der Zylinder richtig sitzt, aber trotzdem Wasser läuft, dann kann es daran liegen, dass sein Dichtungsring porös geworden ist. Stellen Sie das Wasser ab, bauen Sie den Dichtungsring aus und besorgen Sie sich im Baumarkt einen neuen.

VARIANTE: NICHT LAUFENDE SPÜLUNG REPARIEREN

Wenn beim Drücken kein Wasser kommt, dann ist wahrscheinlich das Sieb in der Zulaufleitung verstopft. Auch hier gilt: Wasser abstellen, Sieb ausbauen, reinigen und wieder einbauen. Falls das Sieb in zu schlimmem Zustand ist, tauscht man es gegen ein neues aus.

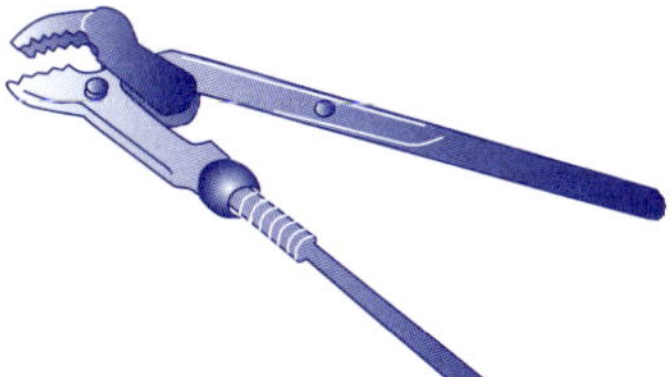

Verstopften Abfluss am Waschbecken säubern

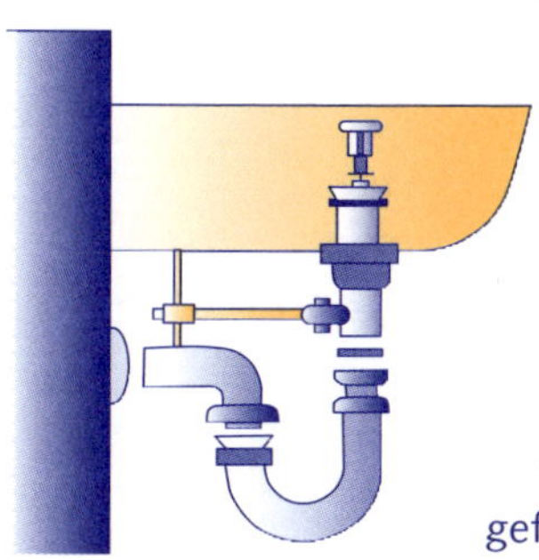

Das ist ziemlich einfach:

– Man stellt einen Eimer unter den halbkreisförmig gebogenen Siphon unter dem Becken und löst die Schraubverbindungen (Muffen) an beiden Seiten mit einer Wasserpumpenzange (je nach Region auch Schwedenzange, Franzose oder Engländer genannt). Dann nimmt man den Siphon ab, räumt allen Unrat heraus und schraubt ihn wieder ein. Auch Wertgegenstände, die versehentlich in den Ausguss gefallen sind, lassen sich so wiederfinden.

- Sind jedoch Haare im oberen Teil des Abflusses das Problem, dann löst man je nach Modell entweder die Schraube am Ablaufsieb oder nimmt den losen Einsatz heraus und zieht die Haare mit einem passenden Werkzeug – am besten lang und hakenförmig – heraus.
- Sitzt das Problem unerreichbar im Rohr, dann kann man die WC-Methode anwenden. Wasser ins Becken lassen, die Saugglocke auf den Abfluss setzen und pumpen. Dazu muss man jedoch den Überlaufschlitz im Becken mit einem nassen Lappen luftdicht verstopfen.

VARIANTE: ABFLUSS VON BADEWANNE ODER DUSCHE SÄUBERN

Um an den Siphon der Badewanne oder des Duschbeckens zu gelangen, suchen Sie eine metallumrandete Fliesengruppe und schrauben Sie diese ab. Dann gehen Sie genauso vor wie beim Waschbecken.

Tropfenden Wasserhahn reparieren

Wenn der Wasserhahn tropft, liegt das bei älteren Modellen meist daran, dass der Dichtgummi im Hahn porös geworden ist. Er muss dann gegen einen neuen ausgetauscht werden. Neuere Armaturen haben keine Gummis mehr, sondern langlebige Keramikdichtungen. Doch auch diese können undicht werden, wenn sich zu viel Schmutz und Kalk daran abgelagert haben. In der Regel lassen sie sich aber nach einer gründlichen Reinigung wieder verwenden.

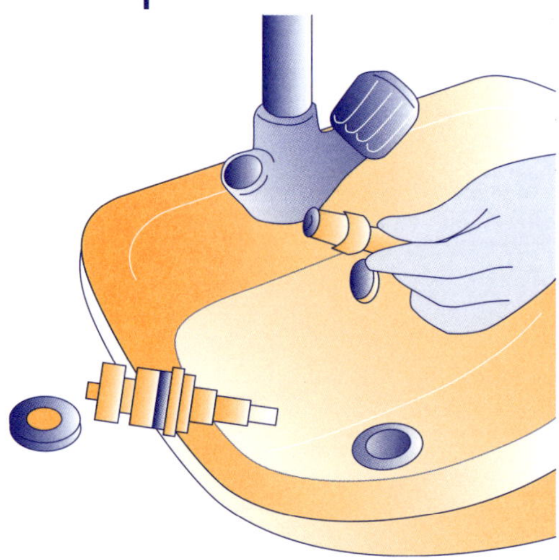

1 Bevor man sich der Schadensbehebung widmet, muss man auf jeden Fall die Zulaufventile unter dem Becken abdrehen. Das kann ziemlich schwierig sein, wenn die Ventile lange nicht bewegt wurden. Je nach Modell sind ein oder zwei Hähne zuzudrehen.

2 Dann zieht man die Griffe der Armatur ab oder öffnet und schraubt sie ab. Wenn dazu eine Zange nötig ist, verhindert ein Lappen zwischen Zange und Armatur Kratzer.

3 Unter den Griffen sitzt das Ventil, das nun mit einem passenden Schraubschlüssel (in der Regel ein 19er-Schlüssel) herausgeschraubt werden kann.

4 Unten am Ventil ist die Dichtung, die Hahnscheibe, zu finden. Sie ist mit einer Mutter gesichert. Diese löst man, nimmt die Dichtung ab, setzt die neue ein (bzw. säubert sie) und baut alles wieder zusammen.

TIPP
Wenn man den Hahn schon aufgeschraubt hat, dann sollte man auch gleich alle Kalkablagerungen und Verschmutzungen beseitigen. Am besten badet man die Teile über Nacht in Essig. Und beim Zusammenschrauben empfiehlt es sich, die Gewinde mit Hahnfett zu bestreichen.

WISSENSWERT
Ein ständig tropfender Hahn vergeudet etwa 6000 Liter Trinkwasser im Jahr. Wenn in der Toilette andauernd ein leichter Wasserstrom rieselt, kann es leicht das Sechsfache davon sein. Deswegen lohnt es sich, schnell aktiv zu werden.

Strahlregler auswechseln

Ein dicker harter Strahl aus dem Wasserhahn ist nicht nur unangenehm, sondern auch Wasserverschwendung. Deshalb sind auf die meisten Wasserhähne Strahlregler aufgeschraubt (je nach Modell auch als Perlatoren, Luftsprudler oder Durchflussbegrenzer bezeichnet), die einen weichen, nicht spritzenden Strahl erzeugen. Theoretisch sind diese sehr leicht auszuwechseln, wenn sie ihren Dienst nicht mehr zufriedenstellend tun oder man ein anderes Modell – etwa eines, das auch den Durchfluss begrenzt und auf diese Weise Wasser spart – einsetzen will.

1. Man schraubt den Metallring am Ende des Wasserhahns mit einer Zange ab, drückt den Regler aus dem Ring und nimmt auch den Dichtungsring ab.
2. Dann den neuen Regler einsetzen, den Dichtungsring aufsetzen und den Metallring wieder anschrauben.

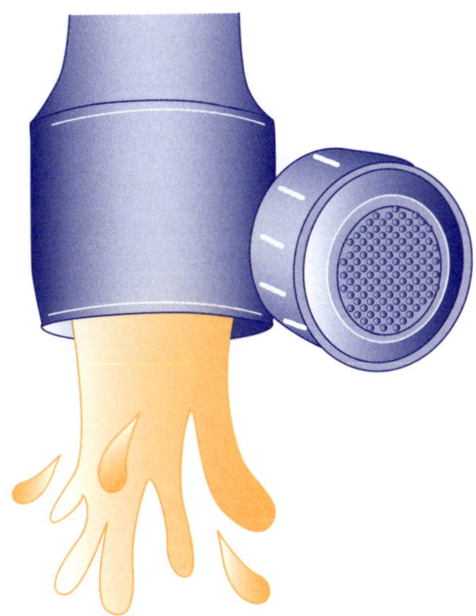

In der Praxis sind die Regler jedoch oft festgerottet, sodass das Aufschrauben einen beträchtlichen Kraftakt darstellen kann. Bei Duscharmaturen sitzt der Strahlregler zwischen Armatur und Schlauch. Um ihn auszutauschen, muss also zuerst der Schlauch abgeschraubt werden.

Heizung entlüften

Wenn ein Heizkörper nur noch teilweise warm wird, ist meistens zu viel Luft im Heizsystem. Das lässt sich beheben, indem man den betroffenen Heizkörper entlüftet. Das ist relativ einfach.

1 Man schließt den Thermostat und öffnet das Entlüftungsventil am Heizkörper mit einem Vierkantschlüssel.
2 Dann hält man ein Gefäß darunter und wartet, bis Wasser aus dem Ventil kommt.
3 Nun dreht man das Ventil wieder zu.

Wenn es beim Entlüften nicht zischt, ist zu wenig Wasser im System. Das Nachfüllen sollte aber jemand vornehmen, der sich gut mit der Heizung auskennt.

Gefriergeräte abtauen

Eisschichten im Kühl- oder Gefrierschrank mindern die Effizienz der Geräte und führen zu höherem Energieverbrauch. Bei modernen Geräten bilden sich solche Schichten meist nicht oder nur selten, da eine No-Frost-Technik die Luftfeuchtigkeit im Gerät reduziert. Es kann sich kein Wasser an den Wänden niederschlagen, das dann gefriert. Ältere Geräte jedoch müssen regelmäßig abgetaut werden.

- Da dies mehrere Stunden dauert, kann man Gefriergeräte eigentlich nur im Winter abtauen, wenn man den Inhalt im Freien frostsicher lagern kann.
- Man muss ausreichend Putzlumpen und Handtücher in das Gerät legen, die das geschmolzene Eis aufsaugen, da beim Abtauen beträchtliche Mengen an Wasser anfallen können.
- Den Vorgang kann man beschleunigen, wenn man ein Gefäß mit heißem Wasser in den Kühl- oder Gefrierschrank stellt. Oder Salz auf die Eisflächen streut. Allerdings fällt dann auch schnell sehr viel Schmelzwasser an. Mechanisch abbrechen sollte man das schmelzende Eis lieber nicht, um das Gerät nicht zu beschädigen.
- Vor dem Wiederanschalten mit Essig auswischen, um schädliche Keime abzutöten, und danach gut trocken wischen, damit sich nicht gleich neues Eis bildet.

TIPP

Tauen Sie Ihren Kühlschrank doch vor dem Urlaub ab und lassen Sie ihn dann ausgeschaltet. Damit sparen Sie Energie. Länger haltbare Kleinigkeiten wie angebrochene Senfgläser, Marmelade oder Tomatenmarktuben lassen sich auch in einem kühlen Raum (Keller oder in der kühleren Jahreszeit ungeheizte Küche) aufbewahren.

Bordüren malen

Im Fachhandel gibt es tolle Schablonen, mit denen man Muster und Bordüren auf die Wände der Wohnung malen kann. Doch wer einfach lospinselt, der wird wahrscheinlich nur Kleckserei produzieren und schwer enttäuscht sein. Mit etwas Sorgfalt bekommt man ein perfektes Ergebnis:

1. Die Farbe muss nicht gestrichen, sondern getupft werden. Deshalb benutzt man keinen Haar-, sondern einen Borstenpinsel.
2. Vorher heißt es üben! Die Schablone auf ein weißes Blatt Papier kleben und mit wenig Farbe die Muster austupfen. Am Anfang wird man wahrscheinlich zu viel Farbe nehmen, die dann hinter der Schablone verläuft und Kleckse produziert. Wenn sich dagegen noch winzige Spuren von Weiß im Muster zeigen, ist das nicht so schlimm. Das fällt an der Wand nicht auf.
3. Wenn man das richtige Gefühl für den Farbauftrag heraushat, kann man sich an die Wand wagen. Mit Wasserwaage und Bleistift eine waagrechte Linie anzeichnen. Schablone mit Kreppband ankleben und austupfen.
4. Für eine fortlaufende Bordüre muss man die Schablone immer neu ansetzen. Dabei darauf achten, dass sich auf der Hinterseite keine Farbe sammelt. Beim Ansetzen die Schablone über ein kleines Teil der bereits gemalten Bordüre kleben, um einen perfekten Anschluss zu gewährleisten.
5. Wenn das farbige Muster getrocknet ist, mit einem feinen Haarpinsel „Kosmetik“ betreiben. So können sowohl zu wenig kräftig geratene Teile im Muster mit Farbe nachgemalt werden aber auch kleine Kleckse und unsaubere Konturen mit weißer Wandfarbe übertüncht werden.

TIPP

Haben Sie zum Malern schon einmal feste Farbe benutzt? Sie ist teurer als normale Wandfarbe, aber sie spritzt und kleckst kaum. Der Maler ist hinterher nicht mit einem Regen feinster Farbsprenkel bedeckt und es muss auch nicht hermetisch alles im Raum abgedeckt werden, um nicht beschmutzt zu werden. Mit fester Farbe lassen sich auch problemlos kleine Flecken und unschön gewordene Stellen an einer weißen Wand retuschieren, ohne dass man gleich das ganze Zimmer streichen und alles ausräumen oder abdecken muss. Man braucht dazu allerdings eine Spezialrolle, die nicht mit Fell, sondern mit Schaumstoff überzogen ist. Einfach mit der Rolle Farbe auf die Problemstelle auftragen und dann mit weniger Farbe großzügig die Umgebung abrollern, sodass kein krasser Übergang zum Rest der Wand zu sehen ist. Wenn Sie dieselbe Farbe nehmen und Ihre Wände nicht schon sehr vergraut sind, wird niemand das „Flickwerk“ bemerken.

In Fliesen bohren

Löcher in Fliesen zu bohren, gehört auch für Leute, die sicher mit der Bohrmaschine umgehen können, zu den heiklen Dingen, da der Bohrer leicht auf der glatten Oberfläche abrutschen kann. Da ist es allemal besser, man bringt Spiegel und Handtuchhalter so an, dass die Löcher in den Fugen zwischen den Fliesen gebohrt werden können. Aber das ist nicht immer möglich.

- Muss doch einmal die Fliese dran glauben, klebt man auf die betreffende Stelle zwei Streifen Klebeband, die sich überkreuzen.
- Dann schlägt man mit einem Nagel eine kleine Mulde in die Glasur. Nun kann man den Bohrer ansetzen.
- Halten Sie die Bohrmaschine absolut gerade und bohren Sie zunächst mit niedriger Drehzahl und ohne Schlagwerk, bis Sie durch die harte Glasur durch sind. Als Bohrer eignet sich ein scharfer Steinbohrer.
- Noch besser: Sie verwenden für die ersten Millimeter einen Eisen- oder Glasbohrer und wechseln zum Steinbohrer, wenn Sie die Glasur geschafft haben.
- Beim Bohren nicht zu sehr gegen die Maschine lehnen, da hinter Fliesen Hohlräume sein können.

VARIANTE: KAPUTTE FLIESE ERSETZEN

1 Rundherum den Mörtel herauskratzen, am besten mit einem speziellen Fugenkratzer.
2 Fliesenmeißel an der Oberkante ansetzen und Fliese durch Schläge mit dem Hammer auf den Meißel abschlagen.
3 Alle Reste von Kleber und Fugenmörtel entfernen.
4 Dispersionskleber mit Zahnspachtel auftragen.
5 Neue Fliese aufkleben und 15 Minuten lang fixieren.
6 Am nächsten Tag Fugen mit Fugenmörtel füllen.

Was aber, wenn man keine Originalfliese mehr auftreiben kann? Das war früher ein Problem, ist es heute aber nicht mehr. Denn Farbakzente im Bad sind in. Vielleicht finden Sie eine bunt gemusterte Kachel, die einen reizvollen Hingucker bildet. Oder Sie bekleben die neue Kachel – und ein paar andere – mit speziellen Aufklebemotiven, sodass die aus der Reihe tanzende Grundfarbe nicht auffällt.

Schimmel beseitigen

Schimmel in der Wohnung gehört zu den ganz ärgerlichen Dingen. Denn er sieht nicht nur äußerst unschön aus. Er ist auch gesundheitsgefährdend. Die aggressiven Sporen lösen leicht eine Allergie aus, der im ungünstigsten Fall andere Allergien folgen. Deshalb sollte Schimmel an den Wänden (und unter Umständen auch an den Rückseiten betroffener Möbel) sofort beseitigt werden.

1 Atemmaske aufsetzen.
2 Wand mit dem Föhn trocknen.
3 Tapete an der befallenen Stelle abspachteln. Bei untapezierten Wänden Putz abkratzen.
4 Wand nochmals föhnen.
5 Betroffene Stellen mit Isopropanol aus der Apotheke einpinseln. Um die Wirkung zu verbessern, kann man auch noch drei bis fünf Prozent Salicylsäure beimischen lassen. Dann sollte man aber gut lüften, da die Säure die Schleimhäute reizen kann. Wer ganz sichergehen will, der verarbeitet auch die verdünnte Säure nur mit Atemmaske und Schutzbrille.
6 Am nächsten Tag wiederholen. Die Salicylsäure hinterlässt dabei einen leichten weißen Schleier, der nicht weggewischt werden sollte.
7 Nach einigen Tagen mit Feuchtraumfarbe streichen oder Tapete aufkleben, die für Feuchträume geeignet ist.
8 Nach den Ursachen der Schimmelbildung suchen. Denn wenn die nicht beseitigt werden, wird sich binnen Kurzem wieder Schimmel bilden, selbst wenn man aggressive Mittel benutzt.

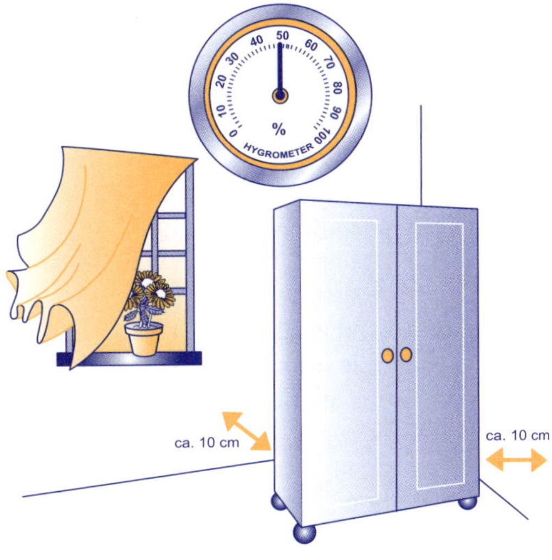

VARIANTE: SCHIMMEL VORBEUGEN

- Luftfeuchtigkeit messen. Bei über 70 Prozent besteht akute Schimmelgefahr. Zu trockene Luft ist aber auch ungesund. Ideal sind 40 bis 60 Prozent.
- Feuchtigkeit durch Lüften und Raumentfeuchter senken.
- Für gute Luftzirkulation sorgen. Große Möbelstücke mindestens zehn Zentimeter von kalten Wänden abrücken.
- Kältebrücken beseitigen. Zu viel Feuchtigkeit schlägt sich immer an den kältesten Punkten in einem Raum nieder. Wenn das die Fensterscheiben sind, ist das kein Problem, wenn es Teile der Wand sind, schon. Doch bauliche Veränderungen, die solche Kältepunkte beseitigen, können sehr aufwendig sein.
- Für Mieter kann deshalb ein Wohnungswechsel angesagt sein, wenn der Vermieter solche Schimmelquellen nicht beseitigt. Fangen Sie vielleicht vorher mit einer Mietminderung an.

Eier ausblasen

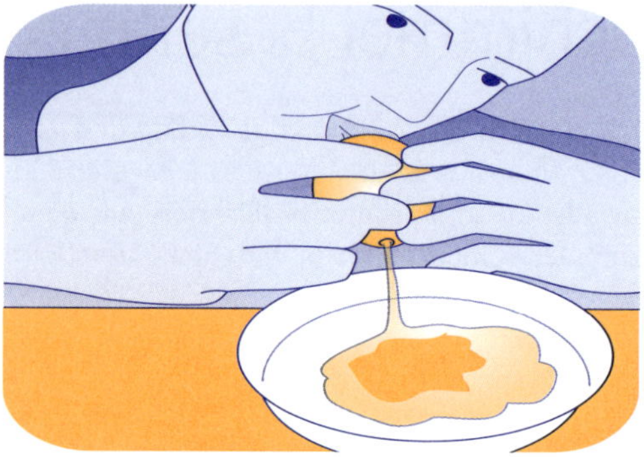

Klassischer Osterschmuck besteht aus ausgeblasenen, leeren Eihüllen, die kunstvoll verziert werden.

- Dafür sticht man Eier an beiden Seiten mit einer dicken Nadel an und bläst dann mit kräftigem Druck durch das Loch an der schmaleren Seite, bis der gesamte Inhalt zum unteren Loch herausgekommen ist. Je größer die Löcher sind, desto leichter tut man sich. Je kleiner die Löcher sind, desto weniger fallen sie später aber auf, weshalb es gilt, hier einen guten Kompromiss zu finden.
- Danach taucht man die Eier in warmes Seifenwasser, lässt sie volllaufen und pustet sie anschließend wieder aus.
- Nun können sie nach Belieben verziert werden. Dabei setzt man sie am besten in einen Eierbecher.
- Zum Aufhängen bricht man ein Stück Streichholz von knapp einem Zentimeter Länge zurecht und bindet einen dünnen Faden darum.
- Diese Konstruktion schiebt man dann senkrecht durch das Loch am schmalen Ende des Eies und schüttelt sie zurecht, bis das Hölzchen waagerecht im Ei sitzt.
- Nun kann das Osterei aufgehängt werden. Für den klassischen Osterstrauß schneidet man am Palmsonntag Palmkätzchen- und Forsythienzweige, die dann im warmen Zimmer bald zu blühen beginnen.

Granatapfel auslösen

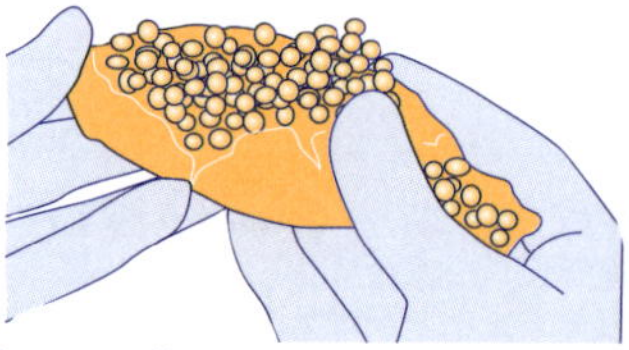

Granatäpfel enthalten eine Menge essbarer Kerne, die einzeln in durchsichtige Päckchen gepackt sind, die mit rotem Granatapfelsaft gefüllt sind. Verletzt man diese Päckchen, dann können sie entsetzlich spritzen. Deshalb muss man vorsichtig zu Werke gehen.

- Man öffnet den Granatapfel im Prinzip wie eine Orange. Vorsichtig schneidet man oben und unten einen Deckel ab, ohne wirklich in das Innere der Frucht zu dringen.

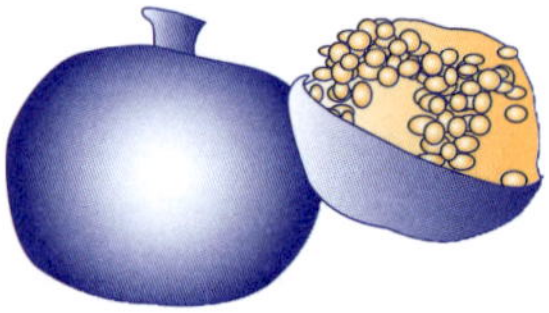

- Dann schneidet man Segmente in die Rinde.
- Nun bricht man die äußere Hülle auf und trennt die Kerne von den weißen Wänden, in die sie eingebettet sind.
- Da man aber wirklich sehr vorsichtig vorgehen muss, damit nichts spritzt, brechen manche den Granatapfel in einer mit Wasser gefüllten Schüssel auf und entkernen ihn auch vorsichtshalber unter Wasser.
- Etwas unorthodoxer: Man schickt jemandem mit bloßem Oberkörper ins Freie, um das Ganze zu erledigen.

Kokosnuss öffnen

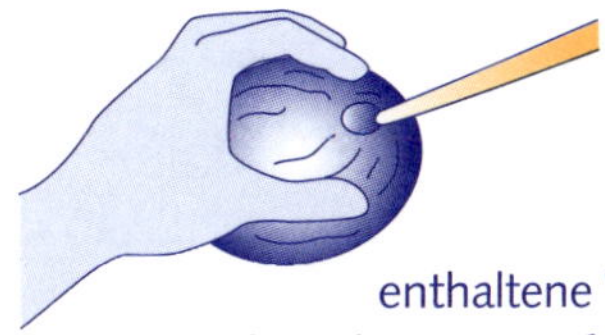

Um eine Kokosnuss zu öffnen, muss man zuerst das enthaltene Wasser ablassen. Dazu schlägt man mit einem dicken Nagel ein Loch in die Nuss. Oft wird empfohlen, dazu die drei Keimlöcher am Ende der Nuss zu benutzen. Daran sind schon viele gescheitert. Das Geheimnis: Von diesen drei Löchern sind immer zwei verhärtet und nur eines leicht zu öffnen. Um ein zweites Loch zum besseren Ablaufen der Flüssigkeit zu bohren, sollte man sich eine Stelle am anderen Ende der Nuss suchen. Dort ist die Schale zwar härter als im weichen Keimloch, aber weicher als in den zwei verhärteten. Wenn das Wasser abgelaufen ist, packt man die Nuss in ein Tuch und zerschlägt sie mit der spitzen Seite eines Hammers.

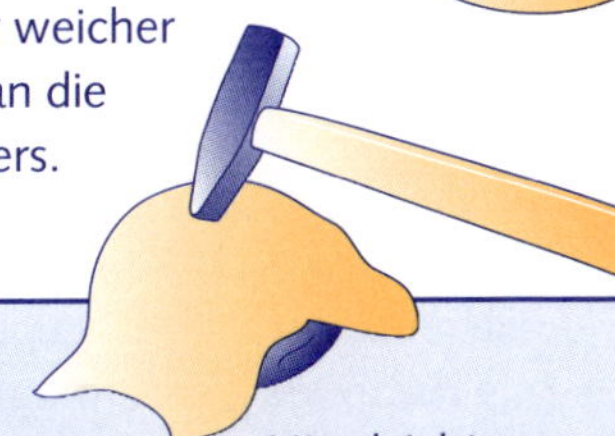

WISSENSWERT

Die Kokosnuss enthält keine **Kokosmilch**, sondern bis zu einem Liter leicht süßliches, relativ klares Wasser. Da es keimfrei ist, dient es in tropischen Ländern als Trinkwasserersatz und wird sogar in der Medizin verwendet. Für Kokosmilch vermischt man das pürierte Fleisch mit Wasser und presst es dann in einem Tuch aus.

Ananas schälen

1 Zuerst schneidet man den oberen und unteren Strunk ab.
2 Nun schneidet man die Ananas mit Schale in Scheiben.
3 Die einzelnen Scheiben lassen sich nun relativ leicht schälen.

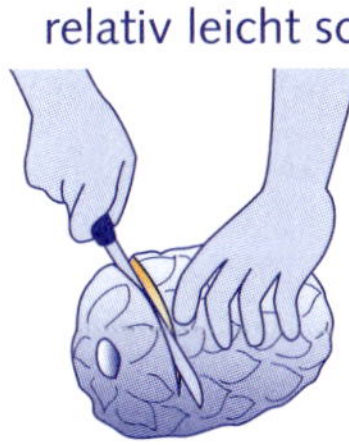

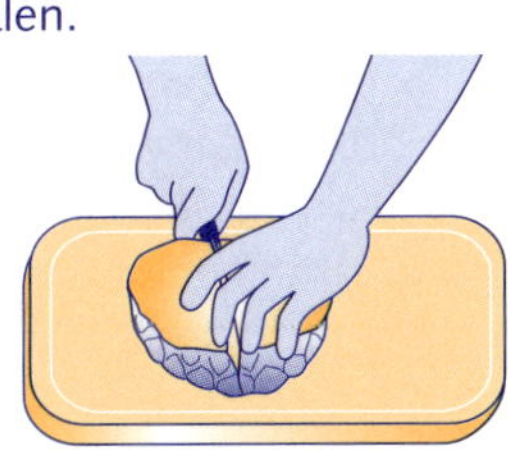

4 Den harten Strunk in der Mitte herausschneiden.

Weitere Variante: Ananas der Länge nach vierteln, Mittelstrunk abschneiden und dann nochmals zwischen Fruchtfleisch und Schale entlang schneiden.

TIPP

Eine reife Ananas erkennt man, indem man versucht, eines der grünen Blätter aus dem Strunk herauszuziehen. Geht das leicht, ist die Ananas reif. Außerdem verströmt sie einen aromatischen Duft, wenn man am unteren Ende schnuppert.

Mango würfeln

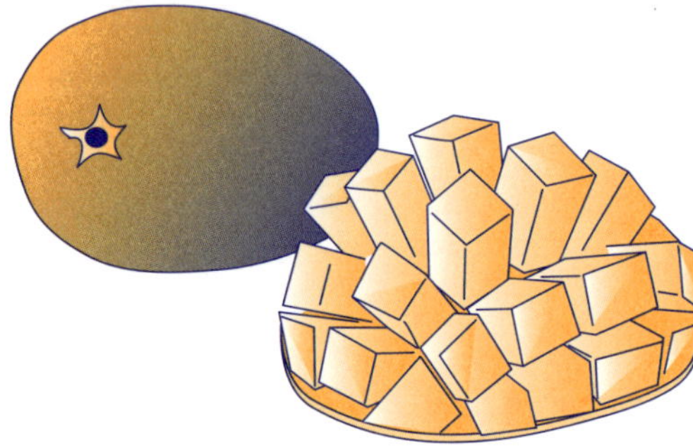

1 Um eine Mango in schöne, gleichmäßige Würfel zu schneiden, trennt man die Hälften rechts und links des Kerns ab.
2 Dann schneidet man das Fruchtfleisch in der Schale in Würfel.
3 Nun stülpt man die Schale um, sodass das geschnittene Fruchtfleisch nach außen zeigt, und löst es von der Schale.

TIPPS UND TRICKS RUND UM DIE MANGO

Hierzulande wirklich gute, reife Mangos zu bekommen, ist nicht einfach. Man erkennt sie daran, dass sie aromatisch duften und die Schale auf Druck leicht nachgibt. Kleine schwarze Punkte deuten auf Vollreife. Mangos, die noch nicht reif sind, kann man in Zeitungspapier wickeln und einige Tage bei Zimmertemperatur liegen lassen. Allerdings werden minderwertige Mangos leicht abrupt zu weich, sodass sie sich nicht mehr in Spalten oder Würfel schneiden, sondern nur noch zu Püree verarbeiten lassen. Kaufen Sie deshalb lieber bei einem Obsthändler, der wirklich gute Ware hat, als im Discounter. Meist wird das etwas teurer werden, aber es lohnt sich.

Geflügel tranchieren

Gerade bei einem feierlichen Essen wird das Fleisch heutzutage meist in handlichen Portionen auf dem Teller angerichtet serviert. Früher war das anders. Der Braten kam im Ganzen auf den Tisch und der Hausherr oder ein spezieller Gast hatte die Ehre des Tranchierens. Heute kann man dieser Herausforderung vor allem dann begegnen, wenn eine Weihnachtsgans serviert wird.

1 Zum Tranchieren braucht man ein spezielles Tranchierbesteck, das aus einer langen Gabel und einem Messer besteht, das scharf genug ist, Knorpel zu durchtrennen. Mit der Gabel sticht man möglichst nah am beabsichtigten Schnitt ein, um den Braten zu fixieren.
2 Bei Geflügel trennt man zuerst die Flügel ab.
3 Dann werden die Keulen abgeschnitten und anschließend noch einmal in Unter- und Oberkeule getrennt. Wer ungeübt ist, muss eventuell etwas suchen, bevor er die knorpelig verwachsenen Gelenkstellen findet, an denen er den Schnitt ansetzen kann.
4 Anschließend schneidet man das Brustfleisch parallel zum Knochen von außen her in etwa ein Zentimeter dicke Scheiben.

5 Die verwertbaren Fleischteile, die danach noch am Skelett bleiben, etwa das Rückenfleisch, werden nicht bei Tisch entfernt, sondern später in der Küche und gesondert verwertet.

6 Andere Braten werden einfach in Scheiben geschnitten. Bei einem Rückenteil setzt man erst rechts und links der Wirbelsäule einen Schnitt an und schneidet dann beide Seitenteile einzeln in Scheiben. Bei einer Keule schneidet man rechts und links des Knochens das Fleisch an einem Stück ab und teilt diese beiden Portionen dann in Scheiben.

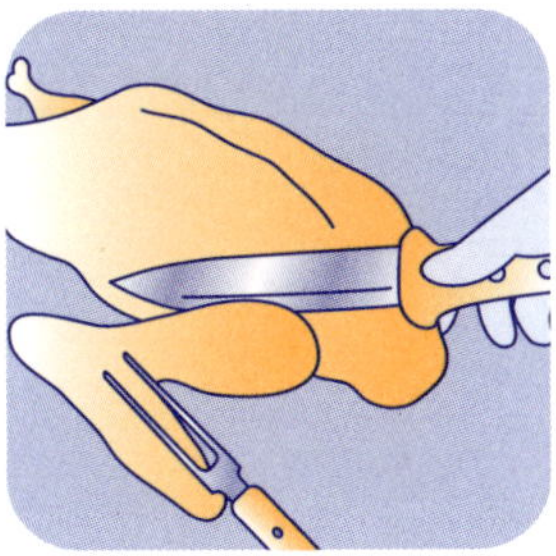

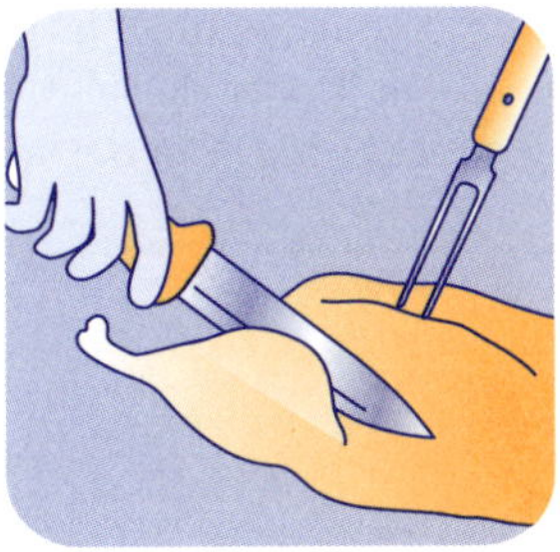

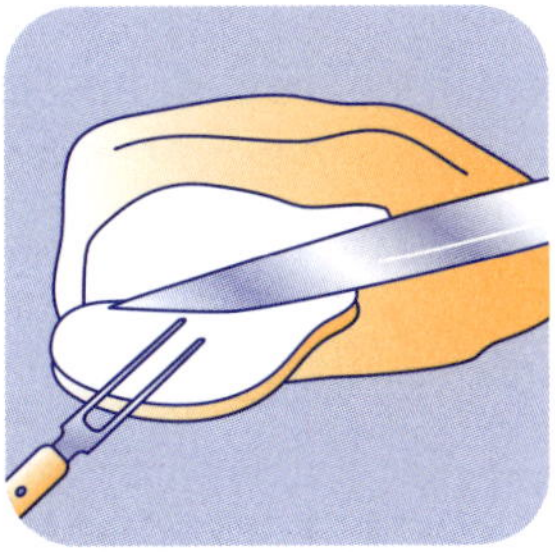

TIPP

Da rohes Geflügel oft Salmonellen enthält, sollte man damit immer sehr sorgfältig umgehen und Unterlage und Werkzeug nach dem Kontakt sofort spülen. Auch die Hände müssen gewaschen werden, bevor sie wieder in Kontakt mit anderen Dingen kommen. Gekochtes oder durchgebratenes Fleisch stellt keine Gefahr mehr dar.

Burritos rollen

Texmex-Küche ist in. Einer ihrer Klassiker sind die **Burritos**, Weizentortillas, die mit allen möglichen Füllungen serviert werden. Sie können gut aus der Hand serviert, aber auch frittiert oder mit Soße auf dem Teller angerichtet werden. Die Variante mit Maismehltortillas ist als **Enchiladas** bekannt. Obwohl **Tortillas** rund sind, wird die Füllung auf der heißen Tortilla in Form eines Rechtecks verteilt. An der Stirnseite reicht die Füllung aber auch an den Ecken nicht bis zum Tortillarand heran. Nun klappt man zuerst die Seitenteile um, dann das Kopfende. Dann beginnt man den Burrito aufzurollen. Da an der Stirnseite die Füllung nicht bis an den Rand reicht, liegt am Schluss des Wickelns Teig auf Teig. Serviert man den Burrito auf dem Teller, liegt diese Naht unten. Sehr populär geworden sind sogenannte Wraps: dünne, zu Rollen gewickelte Fladenbrote mit Füllung (siehe Abbildung). Ihr Ursprung liegt in der Texmex-Küche.

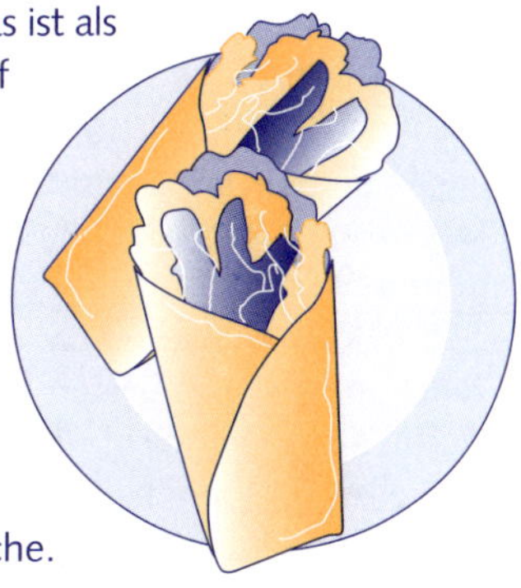

VARIANTE: STRUDEL, ROULADEN, FRÜHLINGSROLLEN

Alle gerollten und gefüllten Gerichte werden im Prinzip ähnlich zubereitet. Auch wenn der Träger der Füllung (annähernd) rechteckig ist, werden am Kopfende und an den Seitenteilen schmale Streifen freigelassen, die man vor dem Rollen umschlägt. An der Stirnseite bleibt mindestens ein Viertel ganz frei von Füllung. Nach dem Rollen kann man diese Seite z. B. bei Rouladen noch mit einem längs gesteckten Zahnstocher fixieren. Natürlich gibt es auch Rouladenklammern oder die Methode, Rouladen mit Kochschnur zuzubinden. Aber der Zahnstocher reicht in der Regel völlig aus.

Hefeteig machen

Wie oft hört man den Satz: „Hefeteig gelingt mir nie!" Dabei hat Hefeteig ganz zu Unrecht den Ruf, kompliziert zu sein. Für Könner ist er einer der einfachsten und vielseitigsten Backteige überhaupt. Doch Hefe will richtig behandelt werden und man braucht etwas Zeit und Geduld bei der Zubereitung. Hefekulturen brauchen Wärme, um ihre dynamische Wirkung zu entfalten und den Teig zum Aufgehen zu bringen, aber bei über 44° C sterben die Hefebakterien ab und es tut sich gar nichts mehr. Absolute Anfänger helfen sich mit einem Küchenthermometer.

1 In vielen Rezepten wird erst ein Vorteig aus wenig Mehl, Flüssigkeit und Hefe gemacht. Das ist im Grunde unnötig. Man kann auch gleich alle Zutaten zusammenrühren. Wichtig ist, dass Flüssigkeit und Fett wirklich lauwarm bzw. zerlassen in den Teig kommen. Am besten etwa 40° C warm, aber eben nicht über 44° C. Auch Zucker oder Honig hilft der Hefe bei der Entfaltung, weshalb es sich empfiehlt, auch in salzige Teige einen halben Teelöffel davon zu geben. Die Hefe sollte man zusätzlich nicht als ganzen Würfel hinzugeben, sondern mit bemehlten Händen aufbröseln.

2 Wenn man den Hefeteig ausrollen oder formen will, dann hat er die richtige Konsistenz, wenn er sich von selbst vom Rand der Schüssel löst und nicht mehr klebrig, aber auch nicht bröselig ist.

3 Zum Gehen reicht dann normale Zimmertemperatur. Ein besonders warmer Platz oder gar der auf niedrige Temperatur geschaltete Backofen sind völlig überflüssig, wenn man wirklich lauwarme Flüssigkeit zugegeben hat. Ein sehr kühler oder zugiger Ort ist aber nicht der richtige Platz. Es empfiehlt sich auch, den Teig mit einem Küchenhandtuch abzudecken. Wenn er etwa auf die doppelte Größe aufgegangen ist, kann er verarbeitet werden. Nach dem Formen lässt man ihn dann noch einmal etwa 15 Minuten gehen, bevor man ihn in den Backofen schiebt.

Eier kochen

Einer der absoluten Klassiker des unvergleichlichen Humoristen Loriot ist „Das Frühstücksei". Denn wer kennt Diskussionen um weich oder eben nicht weich gekochte Eier nicht aus eigener Erfahrung? Dagegen hilft nur Präzision anstelle von Gefühl.
Sie können Eier in viel oder wenig Wasser kochen, frisch aus dem Kühlschrank oder zimmerwarm. Aber nehmen Sie immer denselben Topf, immer ähnlich viel Wasser und immer gleich temperierte Eier. Stellen Sie den Küchenwecker auf die Zeit ein, die sich für Ihren Geschmack als ideal erwiesen hat. Außerdem sollten Sie – auch wenn Sie über noch so hübsche Eierhäubchen verfügen – Ihre weich gekochten Eier möglichst frisch essen und nicht erst Brötchen holen oder liebevolle Aufschnittplatten anrichten, wenn die Eier bereits fertig sind. Gegen Platzen hilft ein Anstechen des dickeren Endes mit einer Nadel und die Zugabe von Salz oder Essig im Kochwasser.

Eier trennen

Für viele Rezepte, etwa Biskuitteig, werden Eigelb und Eiweiß getrennt verarbeitet. Das Trennen beider Komponenten ist etwas knifflig, aber eigentlich nur eine Sache der Übung.

- Man schlägt das rohe Ei leicht an einer scharfen Kante an und zieht dann die beiden Hälften über einem Gefäß auseinander. Dabei muss man aufpassen, dass das Eigelb unverletzt in eine der beiden Hälften gleitet. Das funktioniert mit kühlschrankkalten Eiern besser, da hier die Eihaut um das Gelb stabiler ist.

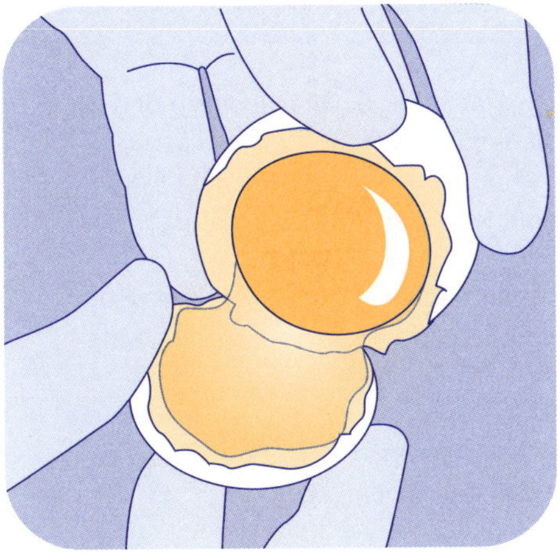

- Dann kippt man das Eigelb mehrmals vorsichtig zwischen den beiden Hälften hin und her und lässt dabei das Eiweiß – so weit möglich – in das Gefäß laufen.
- Es ist kein Problem, wenn etwas Eiweiß beim Eigelb bleibt, aber es darf auf keinen Fall Eigelb in das Eiweiß kommen, weil es sich sonst nicht mehr steif schlagen lässt. Passiert das trotzdem einmal, dann kann man versuchen, es mit einem Löffel wieder herauszufischen. Meist bleibt aber nichts anderes übrig, als aus dem Ganzen Rühreier oder Ähnliches zuzubereiten und für das aktuelle Rezept neue Eier zu trennen.
- Deshalb wird oft geraten, jedes Ei einzeln zu trennen, damit man nicht mit einem missglückten Versuch mehrere Eiweiß verdirbt. Anfänger sollten das auch beherzigen.

- Am besten übt man jedoch, indem man nicht nur Eier trennt, die wirklich getrennt verarbeitet werden müssen, sondern mit jedem aufgeschlagenen Ei, auch wenn Gelb und Weiß hinterher wieder zusammengerührt werden.

Im Übrigen misslingt das Steifschlagen von Eiweiß nicht nur, wenn es mit Eigelb in Verbindung kommt, sondern auch bei sonstigen Verunreinigungen. Deshalb muss man absolut sauberes Werkzeug verwenden und nicht etwa Schüsseln oder Rührhaken bzw. Schneebesen, mit denen kurz vorher schon ein fettiger oder eigelbhaltiger Teig geschlagen wurde.

Eier pochieren

„Verlorene" oder pochierte Eier sind etwas aus der Mode gekommen, schmecken mit würzigen Soßen – klassischerweise einer Senfsoße – aber sehr gut und sind eigentlich recht einfach zu machen. Man schlägt die Eier dafür einzeln in einen Schopflöffel oder eine Tasse und gibt sie dann vorsichtig in leicht kochendes, mit etwas Salz und Essig abgeschmecktes Wasser. Bis das Eiweiß fest wird – was sehr schnell geht –, hält man es mit dem Löffel möglichst nah am Eigelb. Das nächste Ei wird erst eingelegt, wenn das Wasser wieder leicht siedet. Sind alle Eier im Topf, nimmt man ihn vom Herd, lässt die Eier fünf Minuten lang gar ziehen und hebt sie dann einzeln aus dem Wasser.

TIPP

In vielen Supermärkten gibt es für den gleichen Preis Eier in Größe M (Medium) und L (Large). Schauen Sie nach dem L auf der Packung, wenn Sie große Eier wünschen.
Im Kühlschrank bleiben Eier gut und gerne vier Wochen frisch. Tauchen Sie alte Eier in ein Glas Wasser. Wenn sie auf den Grund sinken oder in der Mitte schweben, dann sind sie noch gut. Treiben die Eier an der Oberfläche, sind sie verdorben.
Rohe und hart gekochte Eier kann man durch Kreiseln unterscheiden. Gekochte Eier drehen sich gleichmäßig, rohe trudeln, weil der flüssige Inhalt hin und her schwappt.
Wenn der Kühlschrank überfüllt ist, kann man Eier auch bei Zimmertemperatur lagern, aber man sollte sie nicht erst kühlen und später warm stellen. Das fördert die Salmonellenbildung.
Da Eier Salmonellen enthalten können, müssen Speisen mit rohen Eiern zwischen Zubereitung und Servieren unbedingt kalt gestellt und noch am selben Tag verzehrt werden.

Mayonnaise rühren

Natürlich kann man Mayonnaise kaufen, aber selbst gemachte schmeckt besser. Damit sie gelingt, müssen alle Zutaten Raumtemperatur haben.

1 Zwei Eigelb mit einem Teelöffel Senf, etwas Zitronensaft, Salz, Zucker und Pfeffer in einem hohen Rührgefäß verrühren.
2 1/4 Liter Öl in ein Gefäß mit Ausguss, etwa ein Milchkännchen vom Kaffeeservice geben.
3 Das Öl nun anfangs tropfenweise, später etwas großzügiger unter fortwährendem Rühren mit dem Schneebesen oder dem elektrischen Rührgerät in die Eimasse geben. Damit sich eine gelblich-weißliche, cremige Emulsion bildet, darf man nicht zu schnell vorgehen und nicht zu viel Öl auf einmal zugeben.
4 Zwischendurch immer wieder etwas Essig (insgesamt etwa einen Esslöffel) zugeben, damit die Creme nicht zu dick wird.
5 Die Mayonnaise ist fertig, wenn alles Öl verrührt ist. Sie kann nun nach Belieben weiter gewürzt werden. Da rohes Eigelb enthalten ist, gehört die Mayonnaise bis zum Servieren in den Kühlschrank.

Schnelle Pastasoße zubereiten

Ganz schnell: Pesto aus dem Glas über die heißen Nudeln geben.
Fast genauso schnell: **alla carbonara**. Eier mit geriebenem Käse verrühren, mit Salz und Pfeffer würzen und über die heißen Nudeln geben. Gut umrühren, damit das Ei stockt. Dazu passen klein geschnittene Schinkenwürfel oder – etwas aufwendiger – knusprig gebratene Speckwürfel.
Dauert nicht viel länger:

– **aglio e olio:** reichlich Öl erhitzen, darin fein gehackte Knoblauchzehen anbraten, würzen (Salz, Pfeffer, wahlweise gehackte Peperoni, Sardellen und Petersilie) und über die Nudeln geben.
– **mit Erbsen:** Zwiebel würfeln und glasig braten (optional), Mehlschwitze machen, mit Sahne bzw. Milch-Sahne-Mischung aufgießen, Erbsen (tiefgefroren oder aus der Dose) dazugeben, eventuell klein gewürfelten, gekochten Schinken und/oder geschnittene Champignons (frisch oder Dose) zugeben, mit Salz und Pfeffer würzen. Statt Sahne kann man auch Sahne-Schmelzkäse benutzen.

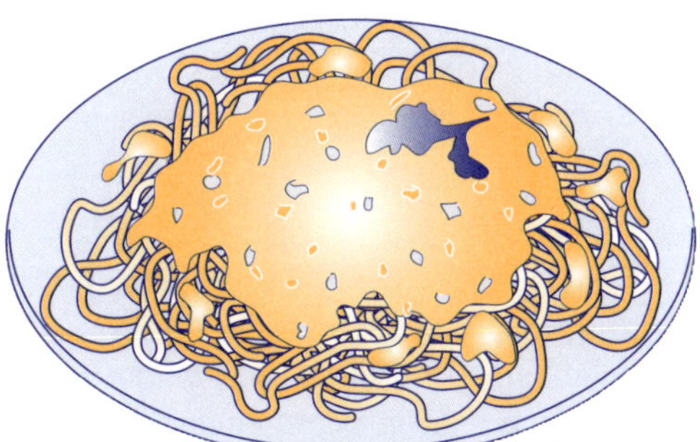

– **Tomatensoße:** Zwiebel würfeln und glasig braten (optional), mit passiertem Tomatenpüree aufgießen, mit Salz, Pfeffer, Zucker und mediterranen Kräutern würzen, nach Belieben mit Crème fraîche abschmecken, über die Nudeln geben und mit geriebenem Käse bestreuen.

TIPP

Wenn die Zubereitung noch schneller gehen soll, ersetzen Sie die Nudeln durch Instantcouscous. Pro Person 100 Gramm abwiegen, mit 120 Milliliter kochendem Salzwasser übergießen. Fünf Minuten quellen lassen, dann mit der Gabel lockern und nach Belieben etwas Butter oder Öl unterrühren.

- **mit Thunfisch:** wie Tomatensoße, aber eine Dose Thunfisch dazugeben, nach Belieben auch Knoblauch und Chiligewürz.
- **mit Fleisch:** Zwiebel würfeln und glasig braten, Hackfleisch mitbraten, Tomatenmark (aus der Tube oder der Dose) zugeben, mit Salz, Pfeffer und mediterranen Kräutern kochen, mit geriebenem Käse servieren.
- **mit Gorgonzola:** Mehlschwitze mit Milch oder Sahne (oder einem Gemisch) machen, klein gewürfelten Gorgonzola darin auflösen, mit Salz und Pfeffer würzen.

Béchamelsoße machen

1 Man schmilzt zwei Esslöffel Butter und rührt zwei Esslöffel Mehl ein.
2 Nach und nach mit 1/8 Liter Fleischbrühe aufgießen.
3 1/8 Liter Milch und 1/8 Liter Sahne zugeben und unter ständigem Rühren zehn Minuten kochen.
4 Mit Salz, Pfeffer und Muskatnuss würzen.

Béchamelsoße schmeckt über Kartoffeln und allen Kohlarten (vor allem Blumenkohl, Rosenkohl und Brokkoli).

GRUNDWISSEN: MEHLSCHWITZE

Zugegeben: Mehlschwitze klingt wenig appetitlich und auch der Alternativname „Einbrenn" ist nicht gerade verlockend. Auch sonst erfreuen sich die Mehlsoßen in der modernen Küche nicht gerade eines guten Rufes. Zu Unrecht! Denn zum Andicken von Soßen und Suppen ist diese Technik unverzichtbar.

- Da es gilt, schnell zu arbeiten, werden alle Zutaten – Fett, Mehl und Flüssigkeit – zum Aufgießen bereitgestellt.
- Nun wird das Fett bei nicht zu hohen Temperaturen geschmolzen. Mit dem Einrühren des Mehles kann man schon während des Schmelzens beginnen. Wichtig ist, dass eine glatte Masse entsteht.
- In diese wird nun erst teelöffelweise, später schneller die Flüssigkeit eingerührt. Gießt man zu viel Flüssigkeit auf einmal ein, bilden sich statt einer glatten Masse Klümpchen.
- Ist die ganze Flüssigkeit eingerührt, dann muss die Masse aufkochen, damit das Mehl bindet und die Soße oder Suppe dick wird.

TIPP
Soll eine bereits fertige Suppe angedickt werden oder ist die Mehlschwitze nicht dick genug geworden, verknetet man Mehl und Butter zu einem Bällchen und löst diesen dann in der heißen Flüssigkeit auf. Würde man Mehl pur einrühren, gäbe es Klumpen.

Milchschaum machen

Man kann sich natürlich eine teure, platzraubende Cappuccinomaschine anschaffen. Wer aber nur gelegentlich Kaffeegetränke mit Milchschaum genießen möchte, kann sich den Schaum auch per Hand zaubern. Hierzu erwärmt man Milch in einem kleinen Topf auf der Herdplatte. Diese wird nun entweder mit dem Schneebesen, einem speziellen kleinen Quirl oder dem Pürierstab mit Scheibeneinsatz kräftig geschlagen. Speziell den Pürierstab sollte man dabei leicht schräg halten, um die Milch nicht nur umzurühren, sondern auch wirklich Luft darunter zu ziehen.

TIPP
Den besten Milchschaum bekommt man, wenn man H-Milch mit einem Fettgehalt von 1,5 Prozent verwendet. Denn das Ultrahocherhitzen hat die Eiweiße in der Milch so verändert, dass sie sich besser mit dem Fett verbinden, was einen stabileren Schaum gibt. Außerdem ist die Balance zwischen Eiweiß und Fett optimal. Aber das Schäumen funktioniert auch mit anderen Milchsorten.

Apfel am Stück schälen

Dieses Kunststück ist eigentlich gar nicht so schwer. Sie brauchen einen Apfel mit ganz glatter Schale und einen guten Schäler. Und dann langsam und vorsichtig den Apfel von oben nach unten kreisförmig schälen. Wenn man einmal herum ist und auf die nächsttiefere Schälbahn „einbiegt“, darf die Spirale nicht dünner werden. Ganz wichtig ist auch, dass die abgeschälte Spirale auf der Ablage aufliegt. Denn wenn sie herunterhängt und immer länger wird, reißt sie irgendwann unter ihrem eigenen Gewicht.

Gefriergut auftauen

Je nachdem, ob Sie es eilig haben oder nicht, gibt es zwei gute Methoden. Wenn Sie vorausschauend planen, nehmen Sie das Gefriergut bereits ein bis zwei Tage, bevor Sie es brauchen, aus dem Gefrierer und legen es in den Kühlschrank. So taut es langsam und schonend auf und gibt die Kälte dort ab, wo sie sowieso zum Kühlen gebraucht wird. Das spart Energie. Wenn Sie es dagegen eilig haben, legen Sie die geschlossene Verpackung in eine Schüssel mit lauwarmem Wasser. Sie taut so wesentlich schneller auf als an der Luft. Das Wasser darf aber auf keinen Fall zu warm sein, sonst beginnt das Gefriergut an der Oberfläche schon zu garen, während es im Inneren noch eisig ist. Falls sich die Verpackung nicht zum Eintauchen eignet, gibt man das Ganze einfach in einen zusätzlichen, wasserdichten Beutel.

Zwiebeln schneiden ohne Tränen

Folgende Tricks können den Tränenfluss zumindest lindern:

- Scharfes Messer benutzen, denn je mehr die Zwiebeln beim Zerteilen gequetscht statt glatt durchgeschnitten werden, desto mehr der Tränen treibenden Inhaltsstoffe werden freigesetzt.
- Zwiebeln vor dem Schneiden zehn Minuten wässern. Das erleichtert auch das Schälen.
- Zwiebeln unter fließendem Wasser schälen.
- Mit nassen Händen, nassem Messer und nassem Schneidebrett schneiden. Auch ein Schluck Wasser (oder sogar Wein), der beim Schneiden im Mund behalten wird, soll helfen.
- Zwiebeln vor dem Schneiden mindestens zehn Minuten ins Tiefkühlfach legen. Oder längere Zeit in den Kühlschrank.
- Dunstabzugshaube einschalten und direkt darunter schneiden.
- Beim Schneiden Wäscheklammer auf die Nase setzen und durch den Mund atmen.
- Taucherbrille aufsetzen.

Knoblauchgeruch lindern

Entfernt man aus der Knoblauchzehe den innersten Strunk, bevor man die Zehe verarbeitet, dann werden die Knoblauchausdünstungen später geringer ausfallen. Der Geruch lässt sich auch lindern, indem man nachher stark chlorophyllhaltiges Grünzeug wie etwa Petersilie isst. Auch Milch, Joghurt und Schokolade zeigen einen gewissen Effekt.

Klumpen aus dem Pudding entfernen

Gerichte, die beim Binden unschöne Klumpen bekommen haben, sollte man durch ein feines Sieb streichen. Ist die Speise noch zu flüssig, dann noch einmal mit angerührtem Stärkemehl aufkochen. Und kräftig mit dem Schneebesen rühren, damit es diesmal keine Klumpen mehr gibt.

TIPP

Pudding ohne Haut bekommt man, wenn man den warmen Pudding sofort mit etwas Zucker bestreut. Oder einen Klecks Butter auf der Oberfläche schmilzt und die Butter dann unterrührt. Auch das ständige Rühren des erkaltenden Puddings hilft. Das ist allerdings die aufwendigste Methode.

Versalzene Suppe retten

Schön, wenn man verliebt ist. Oder seine Gedanken beim Kochen bei anderen angenehmen Dingen hat. Aber was soll man machen, wenn dabei tatsächlich zu viel Salz in ein Gericht geraten ist?

- Bei Suppen ist das relativ einfach. Entweder gibt man noch ein bisschen Flüssigkeit dazu, allerdings nicht unbedingt Wasser, um das Ganze nicht zu fade werden zu lassen, sondern je nach Rezept vielleicht Sahne, Milch, Tomatenpüree, auch Apfel- oder Orangensaft.
- Oder man kocht rohe Kartoffelstücke mit, die man hinterher (samt dem Salz, das sie aufgenommen haben) aus der Suppe entfernt. Alternativ kann man altes Brot oder Eiweiß hineingeben, das man später mit einem Schaumlöffel wieder abschöpft.
- Bei anderen Speisen sollte man versuchen, das Ganze durch Zugabe weiterer, ungesalzener Zutaten zu strecken.
- Versalzenes Gemüse ohne Soße kann man auch in ein Sieb geben, mit heißem, klarem Wasser spülen und danach in der Pfanne in Butter schwenken. In gewissem Umfang hilft auch die Zugabe von Zucker und/oder Essig. Dadurch wird der Salzgeschmack weniger dominant.

VARIANTE:
VERZUCKERTE ODER ZU SCHARFE GERICHTE RETTEN

Bei zu süß gewordenen Speisen gibt man am besten Zitronensaft oder auch etwas Essig dazu. Bei zu scharfen Gerichten hilft am besten Joghurt.

Angebranntes Essen retten

1 Nicht mehr umrühren!
2 Essen sofort in einen anderen Topf umfüllen. Dabei Bodensatz nicht lösen.
3 Reste des brenzligen Geschmacks mit Gewürzen überdecken. Gut hilft z. B. Curry.

Eingebrannte Töpfe säubern

Sie können natürlich kräftig schrubben. Und sich mit Ihrem Partner streiten, welches Werkzeug dafür tauglich ist. Denn, was wirksam gegen den Schmutz ist, das verursacht meist auch Kratzer im Topfboden, die in Zukunft die Gefahr eines Anbrennens noch vergrößern. Oder Sie benutzen einfach **Natron**.

– Geben Sie einen Esslöffel Natron und eine etwa drei Zentimeter hohe Schicht Wasser in den Topf und kochen Sie das Ganze auf. Das Natron löst die Kruste vom Topfboden.
– Um noch eine bessere Wirkung zu erzielen, können Sie den Topf mit dem Natron über Nacht stehen lassen und das Ganze erst am nächsten Morgen mit Wasser aufkochen.
– Ein bisschen Nachschrubben ist meist noch nötig. Aber das ist in der Regel eine sehr harmlose Angelegenheit.

FÜR FORTGESCHRITTENE

Nicht nur wegen Ihrer Töpfe sollten Sie Natron im Haus haben. Das Wundermittel eignet sich auch noch für eine Vielzahl anderer Dinge:

– Als **Ersatz für Backpulver**, besonders bei sehr milchhaltigen Teigen.
– Zum **Enthärten von Wasser**.
– **Hülsenfrüchte** werden mit Natron im Kochwasser schneller weich.
– **Kohlgerichte** werden mit etwas Natron besser verträglich.
– **Säuren** werden neutralisiert, etwa wenn sehr saures Obst verarbeitet wird.
– **Ameisenstraßen** können durch das Bestreuen mit Natron umgeleitet werden.
– **Üble Gerüche** werden gebunden. Man kann Natron ins Abwaschwasser geben, in den Mülleimer, in müffelnde Schuhe, den Tierkäfig oder das Katzenklo. Oder man stellt ein offenes, flaches Gefäß mit etwas Natron in den Kühlschrank.
– Mit einem Brei aus Natron und Wasser und einer alten Zahnbürste lassen sich schmutzige **Fliesenfugen schrubben**.
– Derselbe Brei lindert den Juckreiz nach **Insektenstichen** und **Sonnenbrand**.
– Ein **Fußbad** mit Natron wirkt belebend und ist gut für die Haut.
– Wasser mit etwas Natron hilft gegen **Magendrücken** und **Völlegefühl**.
– Gurgeln mit Natron hilft gegen **Mundgeruch** und neutralisiert die Säuren, die den Zahnschmelz angreifen.

Konservendosen ohne Dosenöffner öffnen

Konservendosen wurden 1810 erfunden, der Dosenöffner 45 Jahre später. Davor benutzte man Messer, um die Dosen aufzuschneiden. Man kann das in alten Kriegsfilmen gelegentlich noch sehen. Alternativ taugen auch die Geflügel- oder die Gartenschere, wenn mal ein Dosenöffner fehlen oder kaputtgegangen sein sollte. Aber für die Klingen der Schneidegeräte ist das natürlich Gift, deshalb sollte man nur im Notfall zu dieser Methode greifen.
Alternativen: An guten Taschenmessern ist ein Haken, mit dem sich – recht mühsam – Konservendosen aufhebeln lassen. Oder einen breiten Schraubenzieher ansetzen und in den Dosenrand schlagen. So lange, bis man ganz herum ist.

Messer schärfen

Stumpfe Küchenmesser können das Kochen zu einer ziemlich ärgerlichen Angelegenheit werden lassen. Doch gegen dieses Problem lässt sich sehr leicht Abhilfe schaffen. Sie brauchen dazu nur einen **Wetzstab**.

- Halten Sie den Wetzstab vom Körper weg und ziehen Sie die Schneide des stumpf gewordenen Messers langsam und ohne Druck in einem Winkel von etwa 20 Grad abwechselnd von beiden Seiten über den Stahl. Beim Ansetzen liegt das untere Ende der Klinge am Ende des Wetzstabes. Beim Wetzen bewegt man das messer in Schneidrichtung – so als wolle man mit der Klinge Späne vom Stab abschaben.
- Alternativ kann man den Stahl mit der Spitze leicht schräg auf einer Unterlage aufsetzen und dann das Messer daran entlangziehen. Auf diese Weise fällt es vielen Menschen leichter, den Winkel zu halten und wirklich ohne Druck zu arbeiten.
- Wenn kein Wetzstahl zur Hand ist, kann man auch einen Teller umdrehen und das Messer an dem unglasierten Keramikrand wetzen.

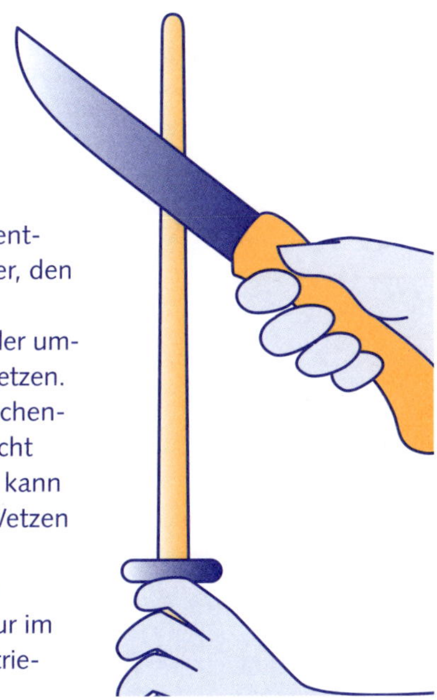

Messer sollte man relativ oft schärfen, nicht erst, wenn das Küchenwerkzeug schon wieder sehr stumpf geworden ist. Dafür braucht man nicht lange zu wetzen. Ein paar Striche reichen schon. So kann man die ursrüngliche Schärfe erhalten. Es wird jedoch durch Wetzen nicht schärfer.
Schonender und besser behandelt man sein Messer mit einem Wetzstab ohne Riefen aus poliertem Stahl, der jedoch meist nur im Fachhandel für Gastronomie und in Fleisch verarbeitenden Betrieben angeboten wird.

TIPP

Um die scharfen Kanten zu schonen, sollten gute Küchenmesser nicht mit anderen Messern oder sonstigem Besteck zusammen in eine Schublade oder in den Besteckkasten der Spülmaschine geworfen werden. Stattdessen immer mit der Hand spülen und im Messerblock aufbewahren. Und nur auf Kunststoff- und Holzbrettchen schneiden, nicht auf harten Glas- oder Marmorplatten.

FÜR FORTGESCHRITTENE

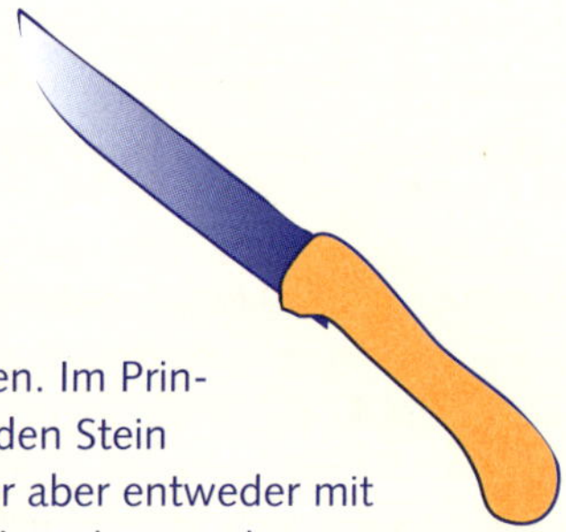

Das Wetzen mit dem Wetzstahl ist noch kein richtiges Schleifen. Viele besonders hochwertige Messer, vor allem die in Mode gekommenen japanischen, müssen auch regelmäßig mit einem **Schleifstein** behandelt werden, um ihre Qualität zu behalten. Wer ein solches Messer anschafft, der sollte sich deshalb gleich beim Kauf im Fachgeschäft den passenden Schleifstein empfehlen und den richtigen Gebrauch damit zeigen lassen. Im Prinzip wird auch hier die Klinge über den Stein gezogen. Die Steine müssen vorher aber entweder mit Wasser oder mit Öl behandelt werden, damit sich ein sogenannter Schleifschlamm bildet. Außerdem ist die richtige Körnung wichtig.

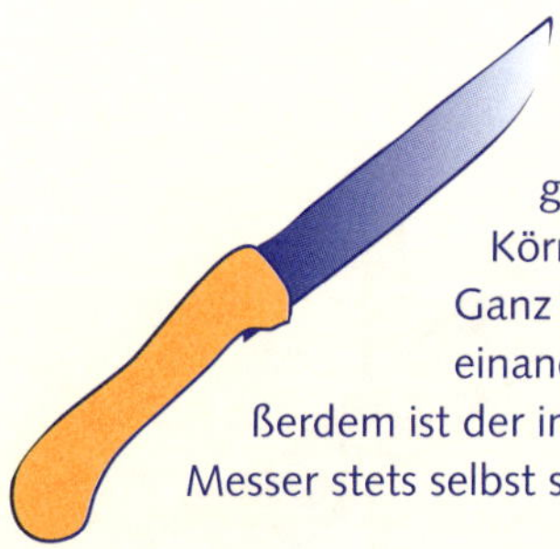

Ganz teure Messer werden sogar mit verschiedenen Steinen nacheinander behandelt, um den optimalen Schliff zu bekommen. Außerdem ist der immer exakt gleiche Winkel wichtig, weshalb jeder Profi seine Messer stets selbst schleift und diese Arbeit nicht delegiert.

Flecken entfernen

Grundsätzlich gilt: Je schneller man Flecken entfernt, desto besser die Chancen sie wegzubekommen. Da kommt es durchaus auf Minuten an.

1 **Eiweißhaltige Flecken** (Ei, Milchprodukte, Blut, Sperma) sollten schnell mit kaltem Wasser ausgewaschen werden, denn Hitze lässt das Eiweiß gerinnen und fixiert den Fleck. Unterstützend können Salz und Seife (auch Gallseife, Spülmittel, Waschmittel) zum Einsatz kommen. Auch kräftiges Rubbeln mit dem Seifenstück hilft.

2 **Fett** auf der Kleidung kann durch Waschbenzin, Alkohol oder Geschirrspülmittel entfernt werden. Bei eingetrocknetem Fett hilft es auch, dieses durch frisches (z. B. Butter) zu lösen und dann beides mit Spülmittel auszuwaschen.

3 Bei **natürlichen Farbstoffen** (Obst, Gemüse, Rotwein oder Bier) helfen Gallseife und Bleichmittel (auch in Form von Zitronensaft oder Essig). Die können allerdings auch empfindlichen Stoffen und Farben zusetzen. Oder: In Buttermilch einlegen und dann mit Seifenlauge nachwaschen.

4 **Synthetische Farben** (Malfarben, Buntstifte, Filzstifte, Tinte) können ebenfalls mit Bleich- oder Lösungsmitteln wie Waschbenzin und Terpentin behandelt werden. Doch auch hier ist Vorsicht geboten, um den Stoff nicht zu schädigen.

Darüber hinaus gibt es natürlich für alle Anwendungen auch spezielle Fleckentferner aus der Drogerie. Doch ein schnell angewandtes Hausmittel hilft mehr als eine spätere Behandlung mit dem Spezialmittel, das erst noch besorgt werden muss.

Motten vertreiben

Kleidermotten sind heute nicht mehr so ein großes Problem wie früher, da die Tierchen vor allem auf Wolle und Pelze scharf sind. Baumwolle und Kunstfaser knabbern sie zwar auch an, wenn sie darauf stoßen, aber besonders attraktiv finden sie diese Gewebe nicht. Außerdem lieben Motten vor allem getragene Kleidung. Da aber heutzutage, wo das Wäschewaschen sehr bequem geworden ist, niemand mehr ungewaschene Kleidung für längere Zeit zurück in den Schrank hängt, ist auch diese Gefahr gering geworden.
Trotzdem sollte man Vorsichtsmaßnahmen ergreifen, denn wenn sich erst einmal Motten eingenistet haben, können sie gewaltigen Schaden anrichten. Omas **Lavendelsäckchen** oder die klassischen **Mottenkugeln** helfen, doch ihr Geruch ist wirklich „von gestern". Heute benutzt man lieber kleine **Holzstücke von Zedern, Zirbelkiefer** oder dem **Niembaum**, die in Schubladen und Schränke gelegt werden. Damit sie wirksam bleiben, empfiehlt es sich, sie von Zeit zu Zeit mit einigen Tropfen ätherischen Öls von dem gleichen Baum zu tränken. Der leichte, würzige Holzgeruch verfliegt im Freien im Nu.

VARIANTE: BEFALLENE KLEIDUNG RETTEN

Wenn sich die Motten schon in Ihren Kleidern eingenistet haben, kochen Sie Ihre weiße Wäsche bei 95 °C und packen alles andere, was noch nicht unwiederbringlich zerfressen ist, für mindestens eine Woche in die Tiefkühltruhe.

Zimmerpflanzen umtopfen

Kümmert eine Pflanze dahin, kann das daran liegen, dass es ihr in ihrem Topf zu eng geworden ist. Das Gefäß ist ganz von Wurzelwerk ausgefüllt und es ist nicht mehr genug Platz für Nährsubstrat, um das Grünzeug ordentlich zu versorgen. Umtopfen ist aber normalerweise eine recht unproblematische Angelegenheit.

- Man nimmt einen Topf mit etwa vier Zentimetern mehr Durchmesser als der alte, legt unten etwas Drainagematerial wie Tonscherben und Kies hinein, damit sich kein Wasser stauen kann und füllt ihn dann so weit mit Erde auf, wie der Höhenunterschied zwischen altem und neuem Topf beträgt. Die Pflanze sollte nämlich nach dem Umtopfen nicht tiefer in der Erde sitzen oder höher hinausragen als vorher.
- Dann greift man mit der gespreizten Hand über die Oberseite des alten Topfes und hält die Pflanze zwischen zwei Fingern fest. Topf stürzen und Pflanze herauskippen, eventuell dabei auf den Topfboden klopfen oder Topf gegen eine Kante schlagen. Löst sich die Pflanze dann immer noch nicht, dreht man sie wieder um, fährt mit einem langen Messer zwischen Erde und Topfrand entlang und versucht es wieder.

- Die herausgelöste Pflanze wird dann in den neuen Topf gesetzt, mit Erde umgeben und gut angegossen. Zerfällt der Wurzelballen beim Herauslösen aus dem alten Topf, dann muss die Pflanze mit frischer Erde im neuen Topf so gesetzt werden, dass sie in der richtigen Höhe sitzt. Dabei sehr vorsichtig mit dem Wurzelwerk umgehen. Jeder Schaden daran schwächt die Pflanze.

WISSENSWERT

Besteht der Ballen der umzutopfenden Pflanze praktisch nur noch aus Wurzeln, dann darf man ausnahmsweise ziemlich rüde mit diesen umgehen. Am unteren Teil des Ballens ein bis zwei Zentimeter wegschneiden und den Wurzelfilz mit einem spitzen Gegenstand etwas lockern.

Zimmerpflanzen gießen

- Vor dem Gießen immer kontrollieren, ob die Pflanze es wirklich nötig hat. Je nach Vegetationsperiode und Temperatur im Zimmer ist der Verbrauch sehr unterschiedlich.
- Etwa 20 bis 60 Minuten nach dem Gießen sollte man durchgelaufenes Wasser aus dem Untersetzer oder Übertopf abgießen. Zu viel gießen hat meist schlimmere Folgen als zu wenig gießen.
- Die meisten Zimmerpflanzen stammen ursprünglich aus warmen Gegenden. Viele nehmen kaltes Wasser übel. Deshalb Gießkanne nach dem Gießen wieder auffüllen. So hat man immer zimmerwarmes Wasser bereitstehen.
- Manche Pflanzen wie Azaleen, Orchideen, Bromelien, Farne und Zitruspflanzen brauchen weiches Wasser, das vorher mit Filtern entkalkt wurde.
- Knollen- und Zwiebelgewächse sowie Sumpfpflanzen gießt man nicht von oben, sondern von unten.

TIPP

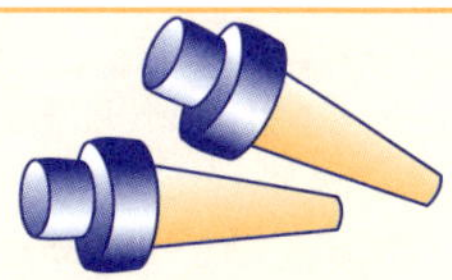

Wem das ständige Gießen seiner Pflanzen zu lästig ist, der kann sich auch ein **Bewässerungssystem** zulegen. Im Fachhandel gibt es z. B. Kegel aus Ton mit einem Wasserreservoir, die in die Töpfe gesteckt werden. Die Pflanze saugt über den Ton so viel Wasser, wie sie braucht. Andere Systeme haben im Topf oder Kasten unten ein Wasserreservoir, das mit dem Wurzelballen über einen Docht verbunden ist.

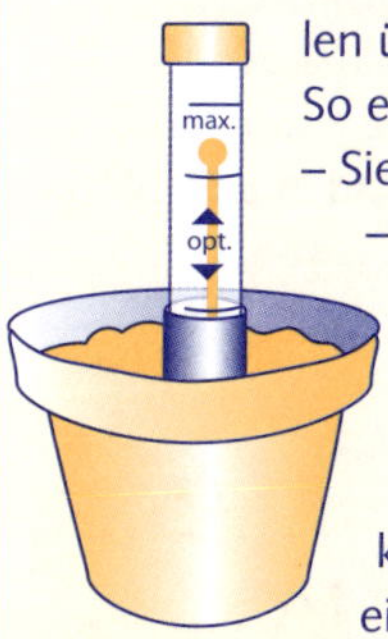

So etwas können Sie auch selbst bauen:

- Sie brauchen einen größeren Übertopf, den Sie mit Wasser füllen.
- Das eigentliche Pflanzgefäß muss auf einem wasserfesten Ständer in den Topf gestellt werden. Es darf sich auf keinen Fall Wasser stauen, da die Wurzeln sonst verfaulen. Die einzige Verbindung zwischen Erde und Wasser ist ein Docht, etwa ein dicker **Wollfaden**.
- Wenn Sie Ihre Pflanzen nur während des Urlaubs künstlich bewässern wollen, können Sie auch einfach eine große **Plastikschüssel** mit Wasser füllen. Stellen Sie die Plastikschüssel etwas erhöht auf einen Tisch und gruppieren Sie Ihre Pflanzen rundherum.
- Dann stecken Sie in alle Töpfe lange Wollfäden in die Erde, die bis auf den Grund der Schüssel reichen. So wird das Wasser über die Wollfäden in die Erde geleitet.
- Oder: Sie füllen eine **Flasche** mit Wasser, bohren ein Loch in die Erde im Blumenkasten, drehen die Flasche mit Daumen über der Öffnung schnell um und stecken sie so tief in die Erde, dass sie nicht mehr umfällt.

TIPP

Wenn Zimmerpflanzen einmal sehr ausgetrocknet sind, taucht man am besten den ganzen Topfballen in einen Eimer mit lauwarmem Wasser, bis er sich richtig vollgesogen hat. So kann die Pflanze sich schnell erholen.

Schädlinge an Zimmerpflanzen bekämpfen

- **Blattläuse:** Erde abdecken und Blattunterseiten mit Spritzmitteln einsprühen. Es gibt fertige Mittel im Handel. Benutzen Sie möglichst biologische Produkte, etwa Niembaumextrakt. Greifen Sie zu alten Hausmitteln wie Brennnessel- oder Knoblauchsud oder benutzen Sie eine Seifenlösung (entweder Waschnüsse auskochen oder 50 Gramm Schmierseife und 75 Milliliter Spiritus auf einen Liter Wasser geben). Falls Sie Raucher sind, können Sie den Tabak von ein paar Kippen mit Wasser aufkochen und die Pflanzen mit dem gefilterten Sud einsprühen.
- **Schildläuse:** Auch hier hilft ein Abspritzen mit Seifenlauge oder Pflanzenbrühen (Zwiebel, Knoblauch, Brennnessel, Rainfarn, Wermut, Rhabarber). Sie können den Topf auch in eine Plastiktüte stecken, am Stängel gut zubinden und die Pflanze dann für einige Zeit kopfüber in Seifenlauge baden. Da Schildläuse vor allem überdüngte Pflanzen, die zu warm und zu dunkel stehen, befallen, sollten Sie die Opfer in Zukunft heller und kühler platzieren und weniger düngen.
- **Woll- und Schmierläuse:** mit Rapsöl bestreichen.
- **Weiße Fliegen:** Auch hier handelt es sich entgegen dem Augenschein um Läuse, die ebenfalls gut mit einem Bad in Seifenlösung bekämpft werden können.

Weiße Fliege

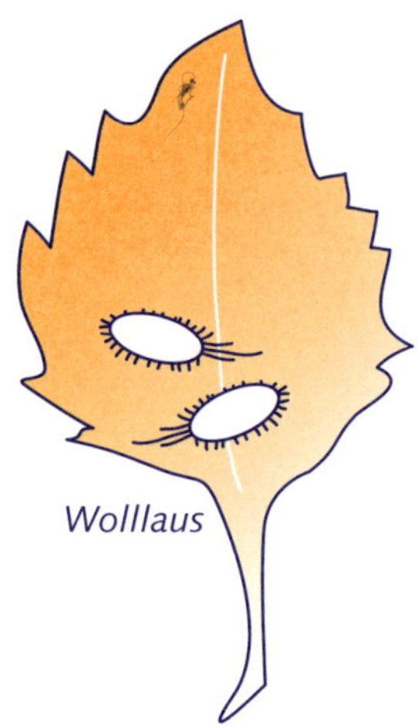

Wolllaus

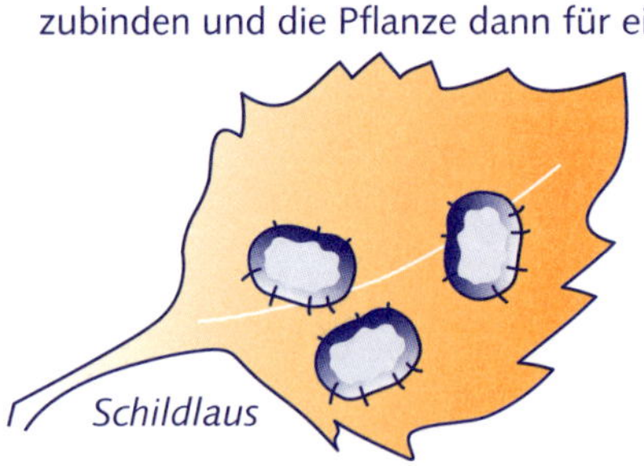

Schildlaus

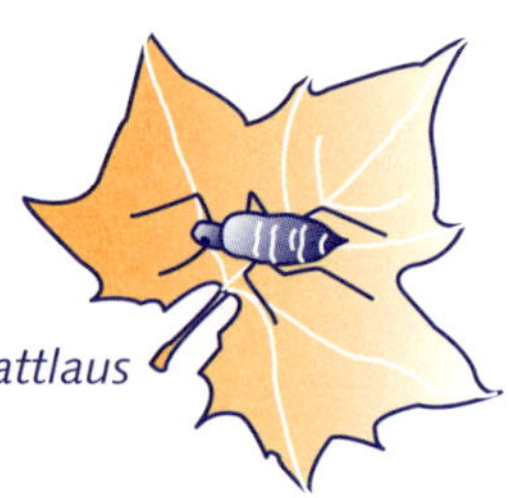

Blattlaus

- **Spinn- und Raubmilben:** Spinnmilben gedeihen nur in Räumen mit niedriger Luftfeuchtigkeit. Gießen Sie die Pflanzen deshalb sehr kräftig und packen Sie sie dann für einige Tage in geschlossene Kunststoffbeutel ein. Das darf natürlich nicht so lange dauern, dass die Pflanze Schaden nimmt. Aber in der Regel sind die Spinnmilben vorher tot. Alternativ kann mit Niembaumpräparaten, Zwiebel- oder Knoblauchsud und Schachtelhalmbrühe gespritzt werden. Spinnmilben werden jedoch schnell resistent.

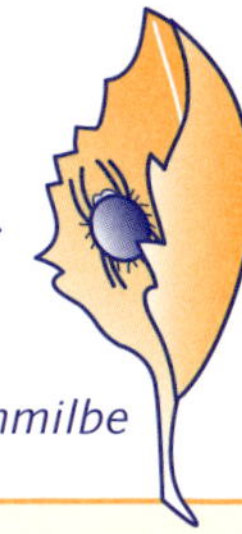

Spinnmilbe

VARIANTE: PILZKRANKHEITEN BEKÄMPFEN

Abgestorbene und mit komischen Flecken befallene Pflanzenteile sollten immer sofort entfernt werden, damit sich die Krankheiten nicht weiter ausbreiten. Oft hilft das schon. Ansonsten muss man die Krankheit mithilfe von Fachliteratur identifizieren und entsprechende Spritzmittel anwenden. In vielen Fällen helfen **Niempräparate** oder **Knoblauchsud**. Da Pilze aber vor allem überdüngte, übergossene und zu kühl stehende Pflanzen befallen, sollte man unbedingt auch die Lebensbedingungen verbessern. Pflanzen, deren Stängel vom Boden her faulen, sind von Bodenpilzen befallen. Diese muss man samt Erde vernichten.

Dörrobst- und Mehlmotten bekämpfen

Wenn sich in Ihren Lebensmittelvorräten feines Gespinst findet, Würmchen kriechen und beim Öffnen der Gefäße kleine Tierchen entflattern, dann ist ganz schnelles Handeln angesagt, denn diese Schädlinge können binnen kurzer Zeit Ihre gesamten Vorräte an Getreide, Nüssen, Dörrobst, aber auch Schokolade, Kakao, Marzipan, Nudeln usw. unbrauchbar machen.

- Kontrollieren Sie Ihre gesamten Vorräte (auch die noch nicht angebrochenen) und schmeißen Sie alles, was befallen ist, in die Mülltonne.
- Auch Schraubgläser sollten inspiziert werden, da deren Gewinde keine hundertprozentige Sperre darstellt.
- Wenn Sie Gefäße nicht wegwerfen wollen, töten Sie die Schädlinge mit kochendem Wasser ab, geben den Inhalt in die Mülltonne und kochen die Gefäße noch einmal gründlich aus.
- Wenn Sie bei der ganzen Aktion nur Raupen, jedoch noch keine verpuppten Tiere oder fliegende Motten zu Gesicht bekommen haben, dann war's das.
- Halten Sie aber die Augen offen, denn die Eier der Motten sind oft nicht sichtbar. Sind bereits Motten geschlüpft, können diese Ihnen auch die nächsten Vorräte zerstören.
- Besorgen Sie sich Duftfallen, die die Tiere anlocken und durch Klebstoff festhalten.
- Packen Sie Ihre Vorräte in fest verschlossene, luftdichte Gefäße.

Das richtige Haustier finden

Kinder, die mit Haustieren aufwachsen, so haben Studien herausgefunden, entwickeln mehr Teamgeist und haben weniger Aggressionen. Die haarigen oder gefiederten Hausgenossen stärken das Selbstvertrauen, denn sie lieben auch schüchterne Kinder, solche die schlechte Noten haben oder die sich auf dem Bolzplatz blöd anstellen.

Doch in vielen Familien wird das Haustier zur Last. Das liegt teilweise daran, dass die Kinder überfordert sind. Kinder können zwar bereits mit sechs Jahren Aufgaben bei der Betreuung des Tieres übernehmen, aber erst mit etwa zwölf sind sie alt und reif genug, um weitgehend allein Verantwortung zu tragen. Ganz wichtig ist auch, vorher zu wissen, wo das Tier im Urlaub untergebracht werden kann (Nachbarn, Freunde, Tierpension?).

Grundsätzlich ist ein Haustier nur dann für ein Kind geeignet, wenn die Eltern auch bereit sind, für das Tier zu sorgen.

- **Hund:** für Kinder ab etwa fünf Jahren geeignet. Braucht Auslauf, Erziehung und viel Zuwendung, Lebenserwartung über zehn Jahre, Aufwand rund zwei Stunden täglich. Kosten je nach Größe 70 bis 150 Euro pro Monat.
- **Katze:** für Kinder ab etwa fünf Jahren. Muss herumstreunen dürfen, Lebenserwartung bis zu 20 Jahre, Betreuungsaufwand nicht hoch, viele Katzen müssen bei Abwesenheit des Besitzers aber in der heimischen Wohnung gepflegt werden. Kosten rund 35 Euro im Monat.
- **Meerschweinchen:** für Kinder ab etwa drei Jahren. Braucht entweder großen Käfig oder Auslauf, Lebenserwartung rund sieben Jahre, Aufwand rund 15 Minuten täglich, Käfig sollte am besten täglich, mindestens alle drei Tage gereinigt werden. Kosten unter zehn Euro pro Monat.
- **Kaninchen:** ähnlich wie Meerschweinchen, brauchen aber noch mehr Auslauf und auch mehr menschliche Zuwendung.
- **Goldhamster:** recht anspruchslos, was Platz und Pflege betrifft, werden aber nur bei ausreichend menschlicher Zuwendung zahm, denn manche Hamster lieben es grundsätzlich nicht, gestreichelt zu werden, Lebenserwartung etwa drei Jahre, für Kinder problematisch, da nachtaktiv. Kosten unter zehn Euro pro Monat.
- **Vögel:** besonders für sehr schüchterne Kinder und Problemkinder geeignet, brauchen aber entweder viel Ansprache oder müssen zu zweit gehalten werden. Ansonsten Pflegeaufwand und Kosten niedrig.
- **Fische:** Das Beobachten gilt als ideales Mittel, um Stress abzubauen. Hoher Aufwand und Kosten beim Einrichten des Aquariums, dann billig und pflegeleicht. Tägliches Füttern und alle zwei Wochen eine Reinigung nötig.

TIPP

Testen Sie unbedingt vorher, ob jemand in der Familie gegen das ins Visier genommene Haustier allergisch ist. Stellt sich das erst hinterher heraus, dann kann die Trennung vom bereits lieb gewordenen Hausgenossen zum Drama werden. Vielleicht können Sie sich als Urlaubsvertretung für die Haustierversorgung in der Nachbarschaft anbieten? Dann sehen Sie auch gleich, wie ernst es Ihren Kindern mit dem Tierwunsch ist.

OUTDOOR

Fremde Hunde begrüßen

Grundsätzlich sollte man keinen fremden Hund einfach anfassen, sondern sich erst beim jeweiligen Besitzer erkundigen, ob das in Ordnung ist. Wenn ja, nähert man sich dem Hund langsam von vorn. Ruhig auf den Hund einreden und auf dessen Körpersignale achten. Bei gebleckten Zähnen, aufgestelltem Fell oder anderen Zeichen von Aggressivität keine weitere Annäherung unternehmen. Ansonsten hält man dem Hund erst einmal die Hand zum Schnüffeln hin. Die Kontaktaufnahme über die Nase ist für die Vierbeiner immens wichtig. Wenn die erste Neugier des Tieres befriedigt ist, kann man langsam anfangen, es unter dem Kinn zu streicheln.

TIPP

Hunde reagieren sehr sensibel auf den Tonfall, in dem Menschen zu ihnen sprechen. Wer einem Hund drohend oder hysterisch befiehlt herzukommen, der braucht sich nicht zu wundern, wenn das Tier vorsichtshalber in sicherer Entfernung bleibt. Der richtige Tonfall ist sehr ruhig und sehr bestimmt. Und natürlich loben, wenn das Tier gehorcht.

Katzen verstehen

Eine schnurrende Katze ist zufrieden, oder? Wenn sie dazu noch eine entspannte Körperhaltung hat und gar die Augen schließt, ja. Doch das Schnurren kann auch Angst oder sogar Schmerzen ausdrücken. Eine aggressive Katze dagegen wird ihre üble Laune in der Regel durch Knurren, Zischen, Schnattern und Fauchen anzeigen. Dann sollte man sie unbedingt in Ruhe lassen. Auch gesträubtes Fell, angelegte Ohren und ein tief gehaltener oder hin- und herpeitschender Schwanz sind ernste Warnsignale. Je steiler der Schwanz aufgerichtet ist, desto wohler fühlt sich die Mieze. Manchmal kann es irritierend sein, wenn eine Katze am Bein eines Menschen entlangstreicht und sich daran reibt, dann aber eher ungnädig auf Streicheln reagiert. Doch das Anschmiegen ist nicht immer ein Buhlen um Zuwendung, sondern kann – ebenso wie das Herumspazieren auf dem Schoß – auch schlichte Reviermarkierung sein, ein Signal an andere Katzen: „Das ist mein Mensch." In der Regel aber haben die meisten Katzen nichts gegen ausgiebiges Streicheln und Schmusen einzuwenden, wenn sie zu einem Menschen kommen.

VARIANTE: PFERDE VERSTEHEN

Was bei Katzen der Schwanz ist, sind bei Pferden die Ohren. Nach vorn gestellte Ohren signalisieren Aufmerksamkeit und Wohlwollen. Einem nervösen Zucken und Spielen mit den Ohren sollte man dagegen mit Vorsicht und großer Ruhe begegnen. Sind die Ohren nach hinten gedreht oder gar an den Kopf angelegt, dann heißt es Abstand halten. Das Tier ist so schlecht gelaunt, dass es im nächsten Augenblick zubeißen könnte – und es kann seinen Hals ziemlich langmachen. Wenn man bei einem Spaziergang auf einer Weide Pferde sieht, sollte man generell zurückhaltend sein. Selbst wenn die Tiere positiv auf ein Streicheln reagieren, kann es passieren, dass die Konkurrenz untereinander sie ganz plötzlich aggressiv werden lässt. Füttern fremder Pferde ist generell tabu. Genauso wenig streichelt man Pferde, wenn man zuvor andere, nicht mit ihnen zusammenlebende angefasst hat. Dabei können nämlich Krankheiten übertragen werden. Generell darf man sich auch bekannten Pferden nie von hinten nähern, da sie leicht erschrecken und dann im schlimmsten Fall ausschlagen könnten. „Leckerli" werden immer auf der flachen ausgestreckten Hand angeboten. Auch falls das kitzelt, sollte man nie die Finger krümmen, damit sie nicht aus Versehen zwischen die Zähne geraten. Als Beweis der Zuneigung mögen Pferde kräftiges Klopfen gegen den Hals oder Kraulen des Mähnenansatzes. Und angeblich – so behaupten einige „Pferdeflüsterer" – werden sie einem besonders gewogen, wenn man ihnen seine ausgestoßene Atemluft in die Nüstern bläst, denn so begrüßen sich Pferde untereinander.

Kaninchen zähmen

So ein kleiner Nager hat ja keine Chance. Er wird einfach aus dem Käfig und auf den Arm genommen und dann soll er das Schmusen und Streicheln natürlich schön finden. Tut er aber oft nicht. Ängstliche Kaninchen zappeln, knurren, reißen die Augen auf, zucken mit den Ohren … Wer dagegen ein Kaninchen wirklich handzahm machen will, der sollte das Tier von selbst kommen lassen. Zum Kaninchen auf den Boden kauern, ruhig reden, Hände ausstrecken, Futter anbieten … Irgendwann wird das Tier schon neugierig werden und sich vorsichtig nähern. Dann sollte man es ausgiebig schnuppern lassen und erst mit dem Streicheln beginnen, wenn es schon sichtbar Vertrauen gefasst hat. Da Kaninchen einen ausgeprägten Fluchtreflex haben, empfiehlt es sich auch, sie nach Möglichkeit nie zu jagen und zu fangen, um sie in ihren Käfig zurückzubringen. Stattdessen leckeres Futter anbieten und warten, bis das Langohr von selbst ankommt. Wenn man dazu immer in derselben Tonlage seinen Namen ruft, dann wird es vermutlich bald auf „Kommando" in den Stall kommen.

Igel durch den Winter bringen

Grundsätzlich sollte man das lieber den Igeln selbst überlassen. Denn die „armen Tiere" sind darauf sehr gut eingerichtet und fühlen sich in ihrem kuscheligen Bau in freier Wildbahn wohler als in menschlicher Pflege. Das sollten Sie auch Ihren Kindern klarmachen. Was viele nicht wissen: Es ist sogar gesetzlich verboten, nicht hilfsbedürftige Igel zu fangen und im Haus zu halten. Verletzte und kranke Igel und solche, die zu Beginn des Winters weniger als 300 Gramm wiegen, bilden jedoch eine Ausnahme. Mit so wenig Speck sind sie in akuter Gefahr, die kalte Jahreszeit ohne Hilfe nicht zu überleben.

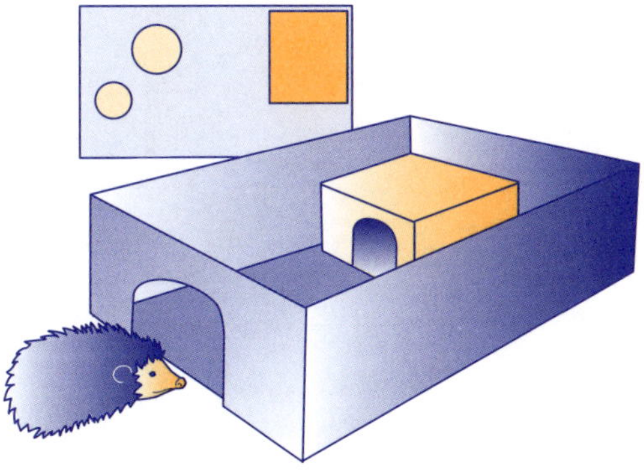

- Solange es draußen noch nicht ganztags friert, sollte man auch dünnen und kleinen Igeln nur Futter hinstellen. Möglicherweise schaffen sie es noch, sich bis zum Winterschlaf dick und rund genug zu futtern.
- Geeignetes Futter sind Katzen- und Hundefutter (trocken und aus der Büchse), spezielles Igelfutter aus dem Fachhandel, Fleisch (kein Schwein) oder Fisch (leicht angedünstet), gekochte Eier, milder Hartkäse, Obst (auch ungeschwefelte Rosinen), Nüsse und Samen. Dazu abgekochtes Wasser oder verdünnter Tee (schwarz oder Kräuter). Auf keinen Fall Milch!
- Nimmt man Igel in Pflege, dann sollte man sie unbedingt beim Tierarzt durchchecken

lassen. Viele Igel leiden unter Parasiten, was oft auch der Grund für ihren schlechten Zustand ist.
- Wenn man den Igel in einem Raum mit einer Temperatur von mindestens 16 °C überwintert, braucht er eine etwa 30 Zentimeter hohe, breite und tiefe Schlafbox, die mit Heu, Laub, Zeitungsschnipseln und anderem Nistmaterial ausgefüllt ist. Überwintert man ihn in kälteren Räumen oder im Freien, sollte die Box Seitenlängen von 50 Zentimetern haben, damit es der Igel während seines Winterschlafs warm genug hat.
- Da Igel nicht durchschlafen, sollte man ihnen immer Wasser und Trockenfutter bereitstellen. Außerdem brauchen sie eine Auslaufmöglichkeit von mindestens vier Quadratmetern, in der es auch etwas zu erkunden gibt.
- Wenn der Igel im Frühjahr erwacht, stellt man am besten seine Schlafkiste ins Freie und bietet ihm noch eine Weile Futter an, bis er sich von selbst davongemacht hat.

VARIANTE: SICH UM VERLETZTE VÖGEL KÜMMERN

Zum einen sollte man sich wirklich nur um verletzte Vögel kümmern, nicht um Jungvögel, die „irgendwie" klein und hilflos wirken. Um die werden sich in aller Regel irgendwann ihre Eltern kümmern – und zwar weit besser als jeder Mensch. Allenfalls kann man aus dem Nest gefallene Vögel wieder zurücksetzen oder „umsetzen", wenn man sie an einer gefährlichen Stelle findet. Angst, dass der menschliche Geruch die Eltern abschreckt, braucht man nicht zu haben. Verletzte Vögel jedoch sollte man zu einem Tierarzt oder einer Pflegestation bringen und keine rührenden Versuche unternehmen, etwa selbst ihre Flügel zu schienen. Kontakt zu Pflegestationen, die nicht nur Vögel, sondern auch andere verletzte Wildtiere aufnehmen, bekommen Sie über den Naturschutzbund Deutschland (NABU).

Vögel füttern

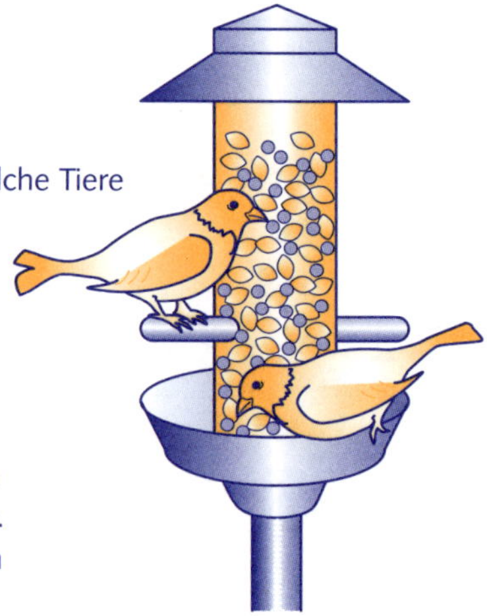

Sollte man Vögel füttern oder es lieber der Natur überlassen, welche Tiere den Winter überstehen? Vor allem sollte man, wenn man Vögel füttert, es richtig tun:
- erst bei Dauerfrost beginnen, dann aber regelmäßig füttern, sodass sich die Tiere darauf verlassen können.
- Futterspender benutzen statt Futterhäuschen, in denen die Tiere herumlaufen und das Futter mit Kot verschmutzen.
- Futterspender mindestens zwei Meter von allen Glasscheiben entfernt aufhängen, damit es nicht zu Anflugunfällen kommt.
- einen sehr übersichtlichen Platz wählen, wo sich keine Katzen anschleichen können.

WISSENSWERT

Nicht jeder Vogel frisst jedes Futter. Körnerfresser wie Spatzen oder Finken stehen auf die beliebten Sonnenblumenkerne und alle anderen Sämereien, etwa Hanf, Hirse oder Mohn. Meisen und Spechte fressen ebenfalls Sämereien, wissen es aber zu schätzen, wenn ihnen auch noch Weichfutter angeboten wird, wie es in den typischen Meisenknödeln enthalten ist. Aber nicht alle Weichfutterfresser können so geschickt an einem Knödel balancieren wie Meisen. Für Rotkehlchen, Zaunkönige etc. empfiehlt es sich, Haferflocken, Kleie, Rosinen oder ganz feine Sämereien in einen Futterspender zu füllen. Besonders wertvoll sind fettgetränkte Haferflocken. Die können Sie ganz leicht selbst herstellen, wenn Sie in einer Pfanne Rinder- oder Kokosfett warm werden lassen und dann die Haferflocken hineinrühren.

Nistkasten bauen

- Nistkästen baut man aus ungehobelten, unbehandelten Holzbrettern von etwa zwei Zentimeter Dicke. Verschrauben ist besser als Nageln. Eine Klappwand mit Scharnieren erleichtert das Öffnen und Säubern.
- Der Boden sollte mindestens 12 x 12 Zentimeter Fläche haben.
- Das Einflugloch sollte 0,4–0,5 Zentimeter groß sein.
- Das Einflugloch muss durch ein überstehendes Dach vor Regen geschützt werden.
- Nistkästen sollten mindestens in zwei Meter Höhe hängen.
- Das Einflugloch liegt idealerweise gegen Osten.
- Mehrere Kästen sollten mindestens in einem Abstand von zehn Metern aufgehängt werden.
- Nach der Brutsaison muss der Kasten geöffnet und gereinigt werden, damit sich keine Parasiten ausbreiten können. Altes Nest entfernen und Bretter gründlich abbürsten. Nicht mit Chemikalien behandeln.

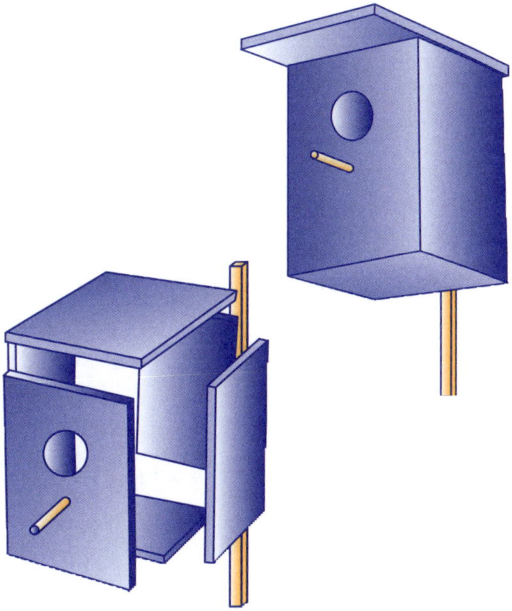

Bedenken Sie aber, dass sich auch im schönsten Kasten nur Vögel einnisten werden, wenn das Umfeld so naturnah gestaltet ist, dass die Tiere dort Nistmaterial und Nahrung finden.

TIPP

Stellen Sie in Ihrem Garten eine flache, große Schale mit Wasser als Vogelbad und -tränke auf. Sie werden viel Spaß beim Beobachten haben. Allerdings sollte das Ganze so frei stehen, dass sich keine Katzen unbemerkt anschleichen können, sonst könnte die schöne Badestelle leicht zum Ort eines Massakers werden.

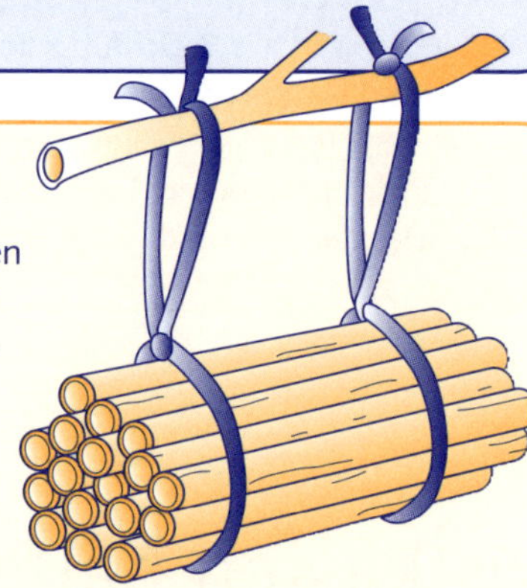

VARIANTE: NISTHILFEN FÜR INSEKTEN

Zugegeben: Vögel zu beobachten ist reizvoller, als Wildbienen zuzuschauen. Doch in Ihrem eigenen Interesse sollten Sie in Ihrem Garten auch Nisthilfen für nützliche Insekten aufhängen. Denn diese helfen, Schädlinge wie Läuse und Milben in Schach zu halten. Zum Nisten brauchen viele dieser Nützlinge lange Röhren von etwa drei bis sechs Millimeter Durchmesser. Es gibt solche Nisthilfen zu kaufen, Sie können sie aber auch selbst basteln. Sammeln Sie dazu markhaltige Pflanzenstängel (etwa Holunder) und lassen Sie sie über den Winter trocknen. Dann schneiden Sie sie in gleich lange (mindestens acht Zentimeter lange) Abschnitte und bohren das trockene Mark mit einem Bohrer heraus. Die Stängel werden nun waagerecht geschichtet und dann aufgehängt. Sie können sie einfach in eine Dose füllen, die Sie dann mit der Öffnung nach vorn aufhängen, aber auch ein hübsches Häuschen darum bauen. Oder Sie hängen die Nisthilfe unter ein Dach. Wichtig ist, dass die Niströhren nicht nass werden. Wenn die Röhren dann vorn verklebt sind, wissen Sie, dass sie bezogen wurden.

Auto gegen Marder schützen

Marderbisse im Motorraum des Autos können die unangenehmsten Folgen haben. Alle angebotenen Mittel dagegen wirken nur unzuverlässig. Ultraschall funktioniert nur, wenn sich für den Marder schmerzhafte Schallwellen aufbauen können, was im engen Motorraum kaum der Fall ist. Geruchsstoffe schrecken nicht wirklich ab und Geräte, die dem Marder einen elektrischen Schlag verpassen sollen, verursachen oft einen Kurzschluss und gefährden die Fahrzeugelektronik. Die beste Methode ist, über alle empfindlichen Schläuche eine zweite Hülle zu ziehen, denn dann wird die Ummantelung für Marderzähne zu dick. Entweder nimmt man dazu Wellschlauch oder man schlitzt nach einem Marderschaden den defekten Schlauch längs auf und zieht ihn dann über den neuen.

WISSENSWERT

Marder mögen keinen Gummi. Sie schlüpfen in den Motorraum des Autos, weil es dort schön warm ist und sie dort vor Hunden und Katzen sicher sind. Wenn Schläuche durchgebissen werden, kann das zwei Gründe haben. Entweder sind sie im Weg – oder es riecht im Auto nach einem anderen Marder. Dann werden die kleinen Raubtiere fuchsteufelswild, beißen wild um sich und erwischen dabei den ein oder anderen weichen Schlauch. Deswegen passieren die meisten Marderbisse auch nicht auf dem heimischen Parkplatz, sondern wenn der Wagen im Revier eines zweiten Marders parkt.

Obstbäume schneiden

Damit ein Obstbaum eine schöne Form entwickelt, gesund bleibt und gut trägt, muss er regelmäßig beschnitten werden. Vor allem in den ersten Jahren empfiehlt es sich, einen Experten hinzuzuziehen, denn der Baum braucht jährlich einen sogenannten „Erziehungsschnitt“, damit sich die Krone gut entwickelt. Bei jungen Bäumen sollte man nur drei oder vier starke Leittriebe stehen lassen, die sich zu den Hauptästen entwickeln. Sie werden jedes Jahr um etwa ein Drittel eingekürzt. Weitere größere Seitentriebe vom Stamm werden entfernt. Geschnitten wird immer leicht schräg über einer nach außen zeigenden Knospe. Später geht es vor allem darum, zu lang gewordene Triebe zu kürzen und den Baum auszulichten. Dabei entfernt man alle kleinen Äste, die sich mit anderen in die Quere kommen, sich kreuzen oder gar aneinander reiben. Außerdem entfernt man jährlich die tiefsten Zweige, die durch das Gewicht der Früchte noch weiter nach unten gezogen werden. Auch altes Holz wird ausgeschnitten, da vor allem die jüngeren, nur wenige Jahre alten Zweige Frucht bringen.

TIPP

Obstbäume kann man sowohl im Sommer als auch im Winter schneiden. Der Winterschnitt zur Zeit der Saftruhe regt das Wachstum an. Je stärker man zurückschneidet, desto kräftiger wird der Baum im nächsten Jahr wachsen. Im Sommer wird man in der Regel schneiden, wenn man das Wachstum bremsen will. Allerdings werden z. B. Pfirsichbäume nur während der Blüte geschnitten, Walnussbäume im Spätsommer und Sauerkirschen immer im Winter.

VARIANTE: OBSTSTRÄUCHER SCHNEIDEN

Bei Obststräuchern kommt es darauf an, zu wissen, welche Zweige Früchte tragen. Bei **Brombeeren** und **Himbeeren** sind das die einjährigen Triebe. Deshalb schneidet man nach der Ernte die Ruten knapp oberhalb des Bodens ab. Bei **Schwarzen Johannisbeeren** dagegen sitzen die meisten Früchte an den Zweigen, die im Vorjahr gewachsen sind. Man schneidet ab dem zweiten Jahr alle Zweige auf Bodenhöhe zurück, die gut getragen haben. **Rote Johannisbeeren** muss man in den ersten Jahren – ähnlich wie Obstbäume – so schneiden, dass sie einen gut geformten, lichten Busch bilden. Danach kürzt man in jedem Sommer die Leitäste auf die gewünschte Länge und die Seitenäste auf fünf Blätter ein. Außerdem nimmt man alle störenden und kranken Zweige heraus.

VARIANTE: ROSEN SCHNEIDEN

Rosen werden am besten im zeitigen Frühjahr geschnitten. Man kürzt die kräftigen Triebe auf drei bis vier Augen (Knospenansätze) ein, die schwächeren auf ein bis zwei Augen, wobei das jeweils oberste nach unten oder außen gerichtet sein sollte. Zudem werden alle störenden und kranken Zweige entfernt.

Obstbäume veredeln

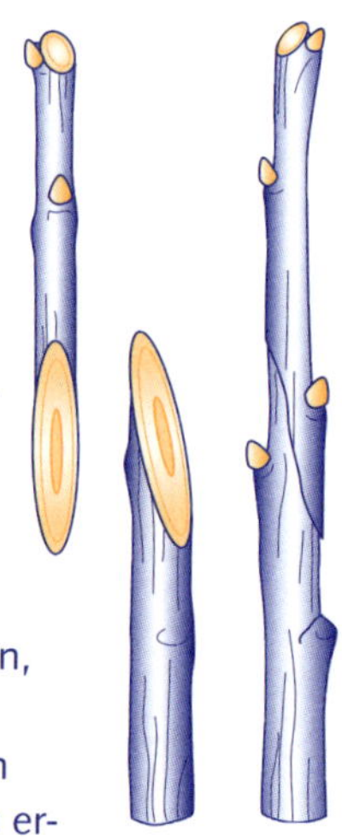

Sie haben einen wunderbaren alten Obstbaum, der jedoch nicht mehr lange leben wird? Wenn Sie nun aus dem Apfel- oder Kirschkern einen neuen Baum ziehen wollen, werden Sie wahrscheinlich nicht weit kommen. Die meisten Obstbäume sind veredelt. Das heißt, dass sie aus zwei Teilen bestehen: Die Fruchtsorte wurde auf den passenden Stamm einer ganz anderen Sorte aufgepfropft und ist dort festgewachsen. Das Gleiche können Sie jedoch mit Ihrem alten Obstbaum auch machen.

1 Mitte November bis Ende Dezember von dem alten Baum Edelreiser schneiden. Das sind mindestens bleistiftdicke, etwa 15 Zentimeter lange, unverzweigte Triebe aus dem laufenden oder dem vergangenen Jahr.

2 Im Keller in eine Kiste mit feuchtem Sand packen. Möglichst kühl und dunkel lagern, aber nicht unter dem Gefrierpunkt.

3 Die Reiser können entweder auf einen bereits existierenden Obstbaum im Garten (der dann zwei Sorten trägt) oder auf ein neu gekauftes Obstbäumchen mit dem erwünschten Wuchs gepfropft werden. Dazu sucht man sich im Spätwinter an dem Baum Äste, die genauso dick sind wie die Edelreiser. Diese schneidet man mit einem sehr scharfen Messer schräg an. Die Schnittfläche sollte mindestens viermal so lang sein wie der Durchmesser des Astes. Sie darf aber auch deutlich länger sein.

4 Nun schneidet man die Edelreiser ganz genauso an. Die Schnittflächen müssen gleich lang und absolut glatt sein.
5 Reiser und Ast werden nun sorgfältig zusammengefügt, sodass die jeweils gleichen Schichten (Rinde, Kambium, Kern) aufeinander sitzen. Dann mit Bast umwickeln und mit Baumwachs einstreichen.

TIPP

Eine andere Technik, die vor allem bei Rosen angewandt wird, ist die **Okulation**. Sie wird im Sommer durchgeführt. Dazu macht man mit einem scharfen Messer – am besten mit einem speziellen Okuliermesser – dort, wo die neue Sorte aufgepfropft werden soll, einen T-förmigen Einschnitt in die Rinde, etwa einen Zentimeter breit und drei Zentimeter lang. Dann schneidet man einen Trieb von der ausgewählten Sorte und anschließend ein Auge (Knospenansatz) heraus. Dazu setzt man etwa zwei Zentimeter oberhalb des Auges an und schält dann nur die Rinde bis zwei Zentimeter unterhalb des Auges ab. Dieses Scheibchen mit dem Auge schiebt man dann in den T-förmigen Schnitt, sodass die Knospe in der Mitte herausschaut. Danach mit Bast verbinden (die Knospe dabei aber freilassen). Beim nächsten Schnitt kappt man den Ast knapp oberhalb des angewachsenen Auges.

Baumhaus bauen

Ein Baumhaus ist der Traum aller Kinder. Doch damit nichts passiert, muss man sehr viel Sorgfalt beim Bau aufwenden. Außerdem findet man nicht so leicht einen Baum, dessen Äste so gewachsen sind, dass man ein stabiles Baumhaus hineinbauen kann. Alternativ lässt sich das Haus unter der Krone rings um einen hochgewachsenen Stamm anbringen.

1 In vier starke Bohlen rechteckige Kerben sägen. Diese müssen jeweils von der Mitte so weit entfernt sein, wie der Radius des Baumes misst, so breit wie die Bohlen und halb so dick sein.
2 Die ersten zwei Bohlen werden in etwa einem Meter Höhe von beiden Seiten waagrecht an den Baumstamm genagelt.
3 Nun setzt man die beiden anderen über Kreuz so ein, dass die Kerben ineinanderpassen. Dann ebenfalls am Baum festnageln.
4 Einen Rahmen darumbauen und die Plattform mit Latten abdecken.
5 An der unteren Seite der Plattform Querstreben anbringen, die die Ecken der Plattform im Winkel von 45 Grad mit dem Baumstamm verbinden und so die Plattform zusätzlich stützen.
6 Auf dieser Plattform können Sie nun nach Belieben Ihr Baumhaus konstruieren. Achten Sie aber darauf, dass die Plattform mit Ausnahme der Luke, wo die Leiter angelegt ist, rundum mit Wänden oder Geländer gesichert ist. Wenn viele Kinder auf der Plattform toben, kann es leicht zu einem Sturz kommen.

Erdbeeren vermehren

Die meisten Erdbeeren bilden reichlich Ableger. An diesen langen Trieben bilden sich Blättchen und – wenn sie auf dem Erdboden aufliegen – auch Wurzeln. Ist das neue Pflänzchen gut angewachsen, kann man die Verbindung zur Mutterpflanze kappen, die neue Erdbeere ausbuddeln und umpflanzen oder verschenken. Damit das einfacher geht, kann man dort, wo sich die neue Pflanze zu bilden beginnt, einen kleinen Plastikblumentopf in die Erde eingraben. Dann füllt man ihn mit Erde, legt den Ableger darauf und beschwert ihn knapp vor der Neupflanze mit einem kleinen Stein. So gegen die Erde gedrückt, wurzelt er besonders gut. Im Herbst gräbt man den Topf dann einfach aus und gibt ihn weiter. Wer es im Herbst versäumt hat, sich Ableger oder junge Erdbeerpflänzchen zu besorgen, kann auch noch im Frühjahr bis Anfang Mai welche setzen. Allerdings wird die Ernte dann in diesem Jahr nicht mehr so reichlich ausfallen.

TIPP

Wenn Sie keinen Garten haben, können Sie Erdbeeren auch in Kübeln, Töpfen oder Blumenkästen ziehen. Es gibt auch spezielle Hängeerdbeeren für Ampeln. Wählen Sie für den heimischen Garten Sorten aus, die besser schmecken als die Ware aus dem Supermarkt. Eine sehr beliebte Sorte ist Senga Sengana. Honeyone trägt besonders früh, Ostara mehrmals im Jahr und Mieze Schindler hat zwar nur kleine und ziemlich weiche Beeren, die dafür aber einen hocharomatischen, an Walderdbeeren erinnernden Geschmack haben. Hobbyzüchter und Spezialgärtnereien bieten aber auch Exoten wie weiße Erdbeeren, Moschus-, Zucker-, Blut- und Riesenerdbeeren an.

VARIANTE: STRÄUCHER ABSENKEN

Viele blühende Sträucher wie Rhododendren oder Azaleen kann man durch Absenker vermehren. Dazu nimmt man im zeitigen Frühjahr einen langen, nahe am Boden wachsenden Trieb und gräbt neben dem Strauch eine Rinne. In diese biegt man den Trieb herunter und fixiert ihn, etwa mit einem gegabelten Stöckchen oder einer Metallklammer. Die Spitze muss jedoch ein gutes Stück senkrecht aus der Erde schauen. Dann schüttet man die Rinne zu.

Stauden teilen

Ihre Freundin ist neidisch auf Ihren prächtigen Phlox und seufzt: „Wenn du mir davon etwas abgeben könntest ...". Kein Problem! Stauden lassen sich sehr leicht teilen, ohne dass sie darunter leiden. Es tut ihrem Wachstum sogar gut, wenn man sie ab und zu aus dem Boden nimmt, beschneidet und neu setzt, genauso wie bei Bäumen das Schneiden den Wuchs anregt. Graben Sie dazu den ganzen Pflanzenballen im Herbst mit einem Spaten aus und reißen Sie ihn mit der Hand oder einer Gartenschaufel vorsichtig auseinander. Große Ballen können Sie mit zwei Grabgabeln auseinanderziehen. Entfernen Sie dann die jungen Triebe an der Außenseite, schneiden Sie die Blätter etwa 2,5 Zentimeter über den Wurzeln ab und setzen Sie Ihren Teil umgehend wieder ein – vielleicht auch mal woanders?

Gemüse pflanzen

Selbst gezogenes Gemüse schmeckt unvergleichlich gut. Dazu braucht man nicht einmal einen Garten. Vieles gedeiht auch in Kübeln auf dem Balkon oder gar im Blumenkasten. Robustes Gemüse wie Möhren, Zwiebeln, manche Salate oder viele Kohlarten sät man im Frühjahr direkt ins Freie. Empfindlichere Arten wie Tomaten oder Zucchini muss man im Zimmer oder im Gewächshaus vorziehen bzw. fertige Pflänzchen kaufen, die Mitte Mai ins Freie gepflanzt werden.

- Die meisten Gemüsesorten mögen es sonnig. Achten Sie auf einen geeigneten Standort.
- Informieren Sie sich in der Fachliteratur oder im Internet über Mischkulturen. Manche Gemüsearten gedeihen umso besser, wenn sie nebeneinanderstehen, andere mögen sich nicht. Salat und Petersilie beispielsweise. Auch Erbsen sind Problemnachbarn.
- Akklimatisieren Sie die kleinen Pflanzen, indem Sie sie vor dem Einpflanzen einige Tage ins Freie stellen.
- Düngen Sie die Pflanzerde vorerst nicht. Die zarten Wurzeln junger Pflanzen vertragen geballte Nährstoffe und vor allem frischen Kompost nicht. Sind sie jedoch größer geworden und setzen Frucht an, sollte man sie mit ausreichend „Kraftfutter" versorgen.
- Pflanzen Sie nicht an einem heißen Tag. Für die meisten Pflänzchen ist das Umsetzen ein Schock, von dem sie sich erst einmal erholen müssen. Da sollte man ihnen nicht gleichzeitig besondere Hitze oder Kälte zumuten.
- Setzen Sie die Pflanzen vorsichtig und mit genügend Abstand ein und drücken Sie die Erde gut fest. Gleich wässern.

TIPP
Ihr wertvoller Platz im Garten und Ihre liebevolle Pflege sollten auch besonders tollem Gemüse zugutekommen. Suchen Sie deshalb ungewöhnliche Sorten aus. Zum Beispiel alte Tomatensorten, die es im Handel gar nicht oder nur zu astronomischen Preisen gibt – keine langweiligen Standardfrüchte. Vor allem übers Internet werden Sie problemlos Hobbyzüchter und spezialisierte Gärtnereien finden, die die tollsten Sachen, teils als Samen, teils aber auch als vorgezogene Pflänzchen, anbieten. Wie wäre es mit blauen Gurken, Black-Zebra-Tomaten oder megascharfen Apache-Chilis?

Hochbeet bauen

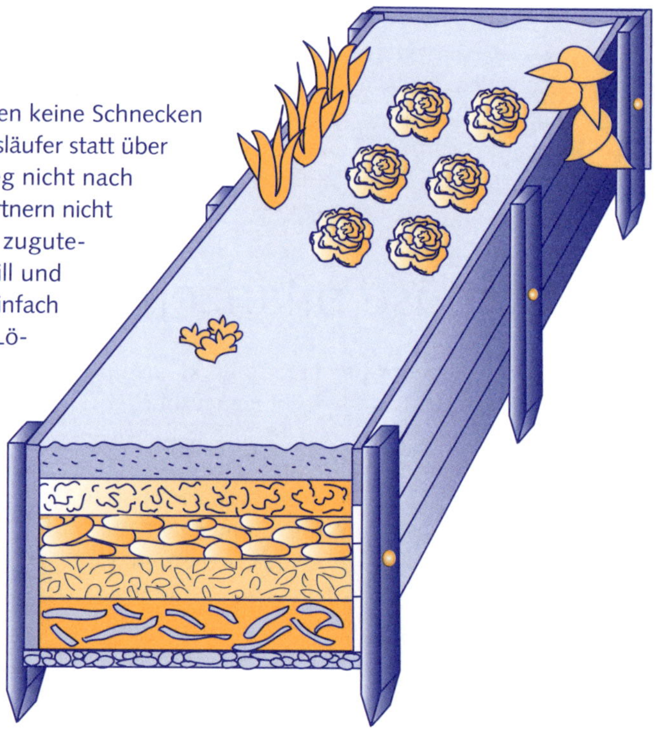

Hochbeete sind toll! Vor allen Dingen kommen keine Schnecken hinein. Auch Unkraut, das sich über Wurzelausläufer statt über fliegende Samen vermehrt, findet seinen Weg nicht nach oben. Und obendrein muss man sich beim Gärtnern nicht bücken, was gerade älteren Gartenfreunden zugutekommt. Wer es sich ganz einfach machen will und auf Ästhetik nicht zu großen Wert legt, stellt einfach eine alte Badewanne auf, die unten ein paar Löcher bekommt und mit einer Drainageschicht und Erde gefüllt wird. Ein richtig schönes Hochbeet macht etwas mehr Mühe, die sich aber lohnt:

1 Wie groß die Fläche Ihres Hochbeetes wird, hängt von Ihrem Garten ab. Die Höhe sollte jedoch etwa 70 bis 80 Zentimeter betragen. Falls das Beet nur von einer Seite aus zugänglich ist, ist natürlich wichtig, dass es nicht zu tief wird.
2 Boden etwa 20 Zentimeter tief ausheben, dann mit zerkleinertem Astmaterial füllen.
3 Wände aus Holzbohlen oder Holzbrettern bauen. Das Holz sollte gegen Nässe imprägniert sein, am besten mit einem umweltfreundlichen Mittel. Unten Maschendraht gegen Wühlmäuse hineinlegen.
4 Nun kann man die ausgehobenen Rasensoden einbringen, aber auch Stroh, Laub oder weitere holzige Abfälle – allerhand grobes, kompostierbares Material eben.
5 Darauf kommt eine dicke Schicht aus halb reifem Kompost. Die obersten 25 Zentimeter sollten aus reifen Kompost oder gekaufter Gartenerde bestehen.

WISSENSWERT
Pferdeäpfel sind eine beliebte Kraftnahrung für Gartenpflanzen. Vor allem Rosen sind dankbar für eine solche Gabe. Aber auch stark zehrende Gemüsepflanzen profitieren davon. Doch Vorsicht! Pferdemist enthält viel Energie und wird beim Verrotten heiß. Deshalb kann er die empfindlichen Wurzeln der Pflanzen „verbrennen". So manche Pflanze ist schon durch derartige Spezialdüngung eingegangen. Der Mist sollte deswegen auf keinen Fall frisch, sondern schon teilweise verrottet sein. Außerdem muss er sehr tief in den Boden gegraben werden.

Pflänzchen vorziehen

Um Gemüse- und Blumenpflänzchen im zeitigen Frühjahr vorzuziehen, brauchen Sie entweder ein Gewächshaus oder eine Saatschale mit durchsichtigem Deckel, die Sie auf die Fensterbank stellen. Sie können die Schale einfach mit nährstoffarmer Anzuchterde füllen, dann kann es jedoch passieren, dass die Wurzeln der einzelnen Pflänzchen durcheinandergeraten. Deshalb benutzen die meisten Menschen kleine Anzuchtballen aus Torf oder Torftöpfchen aus dem Fachhandel, die sie in die Schale stellen. Sie können aber auch das Pappgitter aus einer Schokokussschachtel in die Schale setzen und die einzelnen Kammern dann mit Erde füllen. Diese sollte auf jeden Fall gut mit lauwarmem Wasser durchfeuchtet sein, bevor Sie in jede Kammer oder auf jeden Ballen zwei Samen geben. Stellen Sie die Schale dann zugedeckt an einen hellen, warmen Platz und halten Sie sie immer gut feucht. Wenn die Pflänzchen etwas größer geworden sind, nimmt man tagsüber den Deckel ab, um ihnen mehr Licht zu geben. Dabei sollte man die Schale gelegentlich drehen, damit die Jungpflanzen nicht allzu krumm dem Licht entgegenwachsen. In den Kammern, in denen zwei Pflanzen gekeimt haben, entfernt man irgendwann die schwächere. Wenn die Pflanzen zu groß für den Kasten werden, in Töpfe umpflanzen. Anfang Mai kann man dann damit beginnen, die Töpfe erst tagsüber, dann auch nachts (falls es nicht zu kalt ist) ins Freie zu stellen, um die Pflanzen zu akklimatisieren. Auspflanzen sollte man sie aber erst, wenn kein Frost mehr zu erwarten ist.

WISSENSWERT
„Nach den Eisheiligen" lautet eine alte Gärtnerregel für das Auspflanzen. Konkret heißt das: nach dem 15. Mai. Denn an den Namenstagen dieser Heiligen – Pankratius (12. 5.), Servatius (13. 5.), Bonifatius (14. 5.) und Sophie (15. 5.) – wird es nachts oft noch mal richtig frostig. Doch das stammt aus der Zeit vor der gregorianischen Kalenderreform, bei der elf Tage gestrichen wurden. Tatsächlich wird es eher zwischen dem 20. und 23. Mai nachts noch einmal kalt. Auf jeden Fall sollte man die Eisheiligen nur als grobe Orientierung benutzen und sich ansonsten an der eigenen Erfahrung orientieren. Schließlich macht es einen Unterschied, ob man im milden Rheinland, auf der rauen Schwäbischen Alb oder im trockenen Osten lebt.

Gartenboden analysieren

In Ihrem Garten wächst nichts? Die Pflanzen kümmern dahin? Obwohl Sie so viel düngen? Dann kann das an der falschen Zusammensetzung der Gartenerde liegen. Düngung kann das Problem sogar noch verschärfen. Machen Sie also einen pH-Test. Dafür vermischen Sie in einem Probegefäß Gartenerde mit destilliertem Wasser. Dann messen Sie mithilfe von Lackmuspapier oder speziellen Testtabletten, die im Gartenfachhandel erhältlich sind, den pH-Wert. Für die meisten Pflanzen ist sieben der ideale Wert. Es gibt aber auch solche, die einen leicht sauren (niedrigerer pH-Wert) oder einen mehr alkalischen Boden (höherer Wert) bevorzugen. Saurer Boden lässt sich durch eine Kalkdüngung relativ leicht verbessern. Schwieriger ist es, den pH-Wert von alkalischem Boden mithilfe von reichlich Kompost und Mist zu senken. Sie sollten den Test auf jeden Fall an verschiedenen Stellen des Gartens machen. Ihr Rasen kann einen ganz anderen Wert haben als das Gemüsebeet oder die Blumenrabatte.

Kompost aufsetzen

- Am einfachsten kompostieren Sie in einem geschlossenen Behälter, z. B. einem Thermokomposter aus dem Baumarkt. Wichtig ist, dass der Behälter (nicht zu große) Luftschlitze hat.
- Der Komposter muss unten offen sein und auf Erdreich stehen, damit Würmer und anderes zur Kompostierung nötige Getier einwandern können. Zum Schutz gegen Mäuse und Ratten können Sie Maschendraht unterlegen.
- Die erste Füllung sollte aus einer möglichst großen Menge gut gemischten Kompostmaterials bestehen. Wichtig ist, dass ungefähr gleich viel frische, saftige Abfälle und trockenes Material (etwa klein gehäckselte Äste) verwendet werden.
- Etwas Kompost vom Nachbarn, Kompoststarter, Horn- oder Knochenmehl oder tierischen Mist hinzufügen. Zuletzt eine dünne Schicht Kalk darüberstreuen.
- Im Fachhandel oder über Internet kann man auch Kompostwürmer bestellen, die den Start ebenfalls beschleunigen.

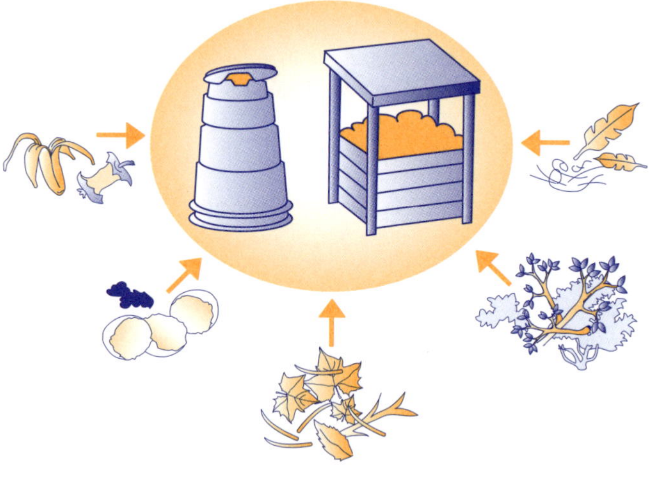

– Auch in der Folge sollte man darauf achten, feuchtes und trockenes Material immer in einem guten Mischungsverhältnis hinzuzugeben. Da „matschige“ Küchenabfälle ständig anfallen, Astschnitt aber nur selten, empfiehlt es sich, das trockene Kompostmaterial auf einem Extrahaufen zu sammeln.
– Darauf achten, dass der Kompost immer leicht feucht bleibt, aber nie nass wird. Im Sommer eventuell leicht gießen.

WISSENSWERT

Nicht in den Kompost gehören gekochte Essensreste, menschlicher und tierischer Kot, gespritzte Schalen von Südfrüchten und Unkräuter. Auch Rasenschnitt und Herbstlaub sollte man nur selten und mit anderen Zutaten gemischt in den Kompost geben. Rasenschnitt neigt dazu, zusammenzukleben und dann zu faulen und zu schimmeln. Laub macht den Boden sauer.

VARIANTE: WURMKISTE

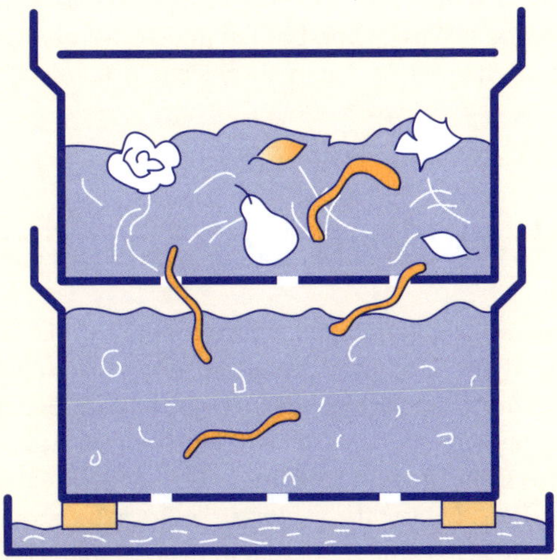

Wer keinen Garten hat, kann trotzdem seine Küchenabfälle in nährstoffreiche Komposterde für seine Zimmerpflanzen umwandeln. Man braucht dazu eine große Kiste aus unbehandeltem Holz mit Deckel. Diese Kiste wird in der Mitte durch ein Lochgitter geteilt. Nun beginnt man eine Hälfte mit Küchenabfällen und etwas fertigem Kompost als Starter zu füllen und gibt Kompostwürmer (aus dem Fachhandel oder von Nachbars Komposthaufen) hinzu. Da das Holz unbehandelt und offenporig ist, gelangt der nötige Sauerstoff in die Kiste. Der Inhalt rottet also und fault nicht (wie etwa in Plastikgefäßen). Deshalb stinkt die Kiste nicht und kann ruhig in der Küche stehen. Je trockener und wärmer der Standort ist, desto besser. Weniger als 10 °C und hohe Luftfeuchtigkeit sind ungeeignet. Wenn eine Seite voll ist, beginnt man die Abfälle in die andere Abteilung zu füllen. Da für die Würmer fertiger Kompost uninteressant ist, werden sie nach und nach abwandern und aus der ersten Hälfte kann der reife Kompost entnommen werden. Wichtig ist, dass man die Würmer kontinuierlich mit frischem Material füttert, weshalb auch diese Haustierchen während des Urlaubs einen Pfleger brauchen.

Pflanzenbrühe herstellen

Pflanzenbrühen sind im Biogarten unverzichtbar. Sie sind Dünger und Pflanzenschutzmittel in einem. Es gibt verschiedene Arten der Herstellung.

- **Jauche:** Man schneidet die Pflanzenteile klein, bedeckt sie mit Wasser und stellt das Ganze zum Gären in die Sonne. Gegen den Geruch gibt man etwas Steinmehl aus dem Fachhandel zu. Dann verdünnt man sie im Verhältnis 1:10 mit Wasser und gießt die Pflanzen damit. Brennnesseljauche etwa ist eine hervorragende Kraftnahrung für Pflanzen. Ebenso eine Jauche aus den harten äußeren Kohlblättern.
- **Tee:** klein geschnittene Pflanzenteile mit kochendem Wasser überbrühen und 15 Minuten ziehen lassen. Dann abseihen. Ein Tee aus Zwiebeln, Knoblauch oder Schachtelhalm hilft gegen Pilzerkrankungen. Man sprüht ihn direkt auf die Blätter. Ein Rhabarberblättertee vertreibt Läuse.
- **Kaltwasserauszug:** klein geschnittene Pflanzenteile drei bis 24 Stunden in kaltem Wasser einweichen. Dann Flüssigkeit abseihen. Ein Auszug aus Tomatenblättern schützt Kohl vor Kohlweißlingen.
- **Brühe:** klein geschnittene Pflanzenteile 24 Stunden in kaltem Wasser einweichen, dann aufkochen und eine halbe Stunde kochen lassen. Abseihen und abkühlen lassen. Mit einer Farnbrühe kann man im Frühjahr Obstbäume spritzen, um Schädlingsbefall vorzubeugen. Sie hilft auch gegen Läuse bei anderen Pflanzen.

Schnecken bekämpfen

Schwierig! Die gefräßigen Nacktschnecken sind der Albtraum eines jeden Gärtners. Und das hundertprozentig tolle Mittel zur Bekämpfung gibt es nicht. Auch folgende Tipps helfen nur bedingt weiter:

- Schnecken leben in dunklen, feuchten Rückzugsräumen. Empfindliches Gemüse oder gefährdete Blumen deshalb in möglichst sonnige, trockene Beete pflanzen und alle Rückzugsmöglichkeiten in der Nähe (etwa Büsche mit moderndem Laub darunter) beseitigen.
- empfindliche Pflanzen mit Schneckenzäunen sichern, deren überragende Ränder Schnecken nicht sollten überwinden können.
- Hochbeete anlegen.
- Bierfallen (mit Bier gefüllte, in den Boden gegrabene Becher) aufstellen. Die Schnecken ertrinken darin, wenn sie vom Bier naschen.
- scharfkantigen Häcksel, grobe Sägespäne, Kaffeesatz oder unverdünnte Gülle um die Pflanzungen streuen bzw. gießen.
- Schnecken bei Dämmerung und Feuchtigkeit einsammeln. Wenn Sie sie töten und nicht irgendwo aussetzen, dann überbrühen Sie sie mit

Schneckenzaun

Bierfalle

kochendem Wasser und geben dann das gesamte Behältnis in den Müll. Das ist immer noch schonender als Durchschneiden oder Einsalzen.
- Wollen Sie Schneckenkorn verwenden, dann bitte nur solches auf der Basis von Eisenphosphat. Es wirkt nur gegen Schnecken, nicht gegen andere Tiere – allerdings auch gegen nützliche Schnecken wie Weinbergschnecken, die Nacktschneckengelege fressen.

Schneckenbarriere

Kräuter trocknen

Wenn Ihre Küchenkräuter im Sommer stärker wuchern, als Sie es benötigen, dann ist das der richtige Moment, um sich einen Wintervorrat anzulegen. Der beste Zeitpunkt ist kurz vor der Blüte. Dazu schneidet man ganze Äste aus den Sträuchern heraus, bindet sie zu kleinen Sträußen und hängt sie dann an einem trockenen, luftigen und warmen Platz kopfüber auf. Wenn die Zweige durchgetrocknet sind, Blätter oder Nadeln abzupfen und in luftdichten Gewürzgläsern aufbewahren. Es eignen sich jedoch nicht alle Kräuter zum Trocknen. Basilikum etwa schmeckt nur frisch richtig gut. Sehr geeignet sind Zitronenmelisse (für Tee), Oregano, Majoran, Thymian, Salbei, Rosmarin und Bohnenkraut.

VARIANTE: KRÄUTER EINFRIEREN

Andere Kräuter wie Dill, Petersilie oder Schnittlauch friert man besser ein. Man wäscht sie, hackt sie klein und gibt sie noch nass in eine Gefrierdose. Bei Bedarf kann man dann die richtige Menge von der locker gefrorenen Masse abbrechen. Oder man stopft die Kräuter in einen Eiswürfelbereiter, gießt Wasser darauf und füllt dann die gefrorenen Würfel in ein geschlossenes Gefäß um. Übrigens: Nicht nur Gartenkräuter lassen sich gut einfrieren. Der Trick funktioniert auch, wenn Sie Kräuterbüschel gekauft haben und nicht sofort aufbrauchen, etwa bei Korianderkraut und Zitronengras aus dem Asialaden.

Spalier für Kletterpflanzen bauen

Rankhilfen sind natürlich ein unerschöpfliches Thema. Ein sehr einfaches und gleichzeitig dekoratives Spalier bekommen Sie so: an der Hauswand nicht zu dicke Querbalken andübeln. Darauf Scherengitter aus dem Baumarkt schrauben. Der Abstand der Latten richtet sich nach der Größe der Scherengitter.

Mosaiken gestalten

Mögen Sie Mosaiken? Dann zaubern Sie doch auch in Ihren Garten Bilder aus bunten Steinen. Sie können dazu bunte Glasdekosteine oder Fliesenscherben, aber auch einfach Kiesel in verschiedenen Farben benutzen. Wichtig ist ein stabiler Untergrund.

1 Muster entwerfen und mit Originalsteinen, die noch nicht fixiert werden, ausprobieren.
2 Boden 20 Zentimeter tief ausheben.
3 Zur Hälfte mit einer Drainage aus Schotter füllen.
4 Randsteine aufsetzen.
5 Beton anmischen. Fläche ausgießen und glätten.
6 Nun mit den bunten Steinen das Muster legen. Man hat etwa eine Stunde Zeit. Dann wird der Beton zu fest.
7 Überschüssigen Beton entfernen.
8 Beton hart werden lassen. Steine putzen.

Grill anzünden

Bis die Grillkohle gut durchgeglüht ist und die ersten Steaks aufgelegt werden können, vergeht geraume Zeit, die oft zum Geduldspiel wird. Deshalb hilft man gerne mit Brandbeschleunigern wie Spiritus oder einem Föhn, der das Feuer anfachen soll, nach. Vergessen Sie es! Unbedingt – auch wenn es schon 20 Jahre gut gegangen ist! Jedes Jahr gibt es in Deutschland rund 500 schwere Grillunfälle und mehrere Tausend nicht ganz so dramatische. Alle Brandbeschleuniger wie Benzin oder Alkohol können zu Stichflammen und Verpuffungen führen. Und da muss dann nur ein blöder Luftzug kommen oder ein Kind sich unberechenbar bewegen … im schlimmsten Fall explodiert einem die Flasche in den Händen. Auch Föhne und Blasebälge können für gefährlichen Funkenflug sorgen. Abgesehen davon verhelfen sie selten zu einer wirklich guten Glut.

– Um das Anzünden zu beschleunigen, können Sie zertifizierte Grillanzünder in Würfelform, aber auch Tannenzapfen oder Eierkartons unter die Grillkohle mischen. Diese lassen sich leicht entzünden und brennen dann lange genug, sodass die Glut auf die Kohlen übergreift. Benutzen Sie auf keinen Fall Kaminanzünder, da Ihr Grillgut sonst nach deren chemischen Inhaltsstoffen schmeckt.
– Alternativ lässt sich das Feuer mit einem elektrischen Grillanzünder, einem Lötkolben oder einem Heißluftgerät entzünden. Dabei sollte man aber Kinder auf sichere Distanz halten.
– Die Kohle glüht schneller durch, wenn man sie in einem Anzündkamin entzündet (siehe Abbildung). Dies ist ein oben und unten offener Zylinder aus Edelstahl. Diesen stellt man in den Grill und füllt ihn mit Kohle, versetzt mit Grillanzündern. Ist die Kohle gut durchgeglüht, zieht man den Zylinder weg und die Kohle verteilt sich im Grill.

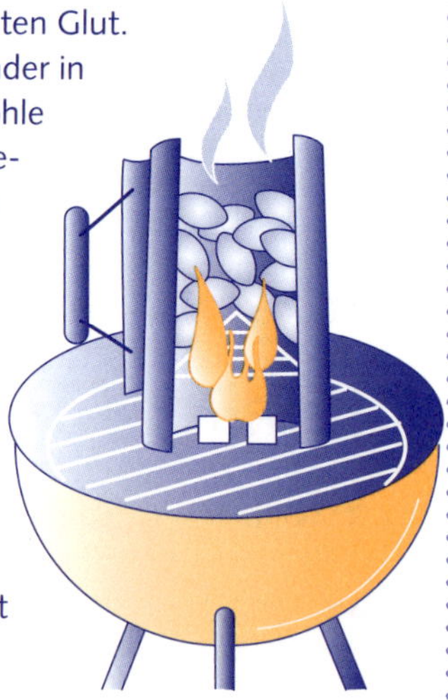

TIPP
Holzkohle glüht schneller durch als Grillbriketts. Die halten dafür die Hitze länger. Wenn Sie nur wenig Grillgut haben, ist Holzkohle also die bessere Wahl. Wenn der Grill über Stunden gebraucht werden wird, dann nehmen Sie Briketts.

WISSENSWERT
Wenn beim Grillen Fett in die Glut tropft, dann bilden sich Benzpyrene, die als krebserregend gelten. Diese schlagen sich mit dem Rauch auf dem Grillgut nieder. Wie gefährlich sie sind, ist umstritten. Wenn Sie aber auf Nummer sicher gehen wollen, legen Sie Ihr Grillgut auf Alufolie, in Grillschalen oder verwenden Sie einen Vertikalgrill, bei dem das Grillgut senkrecht neben einem Kohlekasten eingehängt wird.

Lagerfeuer entfachen

Klassischerweise baut man ein Lagerfeuer in Pyramidenform auf. Ganz nach innen kommt das feinste, am leichtesten entzündbare Material, nach außen immer schwerere, dickere Holzscheite, die nur langsam in Brand geraten, dafür aber lange und ausdauernd brennen. Je kontinuierlicher das Material nach außen an Stärke zunimmt, desto besser wird das Feuer in Gang kommen, denn zarter Zunder brennt sehr schnell ab und kann in dieser Zeit nur kleine Äste in Brand setzen. Da Feuer aber Sauerstoff braucht, muss der Stapel so aufgebaut werden, dass genügend Luft bis ins Innere der Pyramide gelangt.

1 Einen geeigneten Untergrund wählen. Am besten sind Steine oder Sand. Auf einer Wiese sollte man die Grasnarbe mit einem Spaten abheben und die Plaggen später wieder aufsetzen, denn auf einer trockenen Wiese oder in Heidegebieten kann sich das Feuer leicht unkontrolliert über die Grasnarbe ausbreiten.

2 Die Feuerstelle mit trockenen Steinen umgeben (nasse können in der Hitze explodieren).

3 In der Mitte feines, absolut trockenes Material wie zusammengeknülltes Papier, Moos, Laub, Rinde, feine Späne etc. sammeln.

4 Darüber feine, klein gebrochene, ebenfalls sehr trockene Äste geben. Auch alte, abgetrocknete Kiefernzapfen brennen sehr gut.
5 Nun aus nicht zu dicken Hölzern eine Pyramide um den Haufen errichten.
6 Diese Pyramide noch einmal mit dickeren Scheiten ummanteln. Richtige „Prügel" aber verwendet man erst zum Nachlegen.
7 Brennendes Streichholz ins Innere werfen.
8 Wenn die Pyramide zusammengefallen ist, neue Scheite nachlegen. Dazu sollte man Holz von Laubbäumen benutzen. Nadelbaumholz eignet sich zwar gut zum Entzünden von Feuer, aber nicht dazu, die Glut zu halten.
9 Feuer nie unbeobachtet lassen, am Schluss gründlich löschen.

VARIANTE: KOCHFEUER

Wer nur seinen Tee im Freien kochen will, der braucht kein ganzes Lagerfeuer zu entfachen. Man legt entweder zwei trockene Baumstämme etwa zehn bis 15 Zentimeter auseinander und sammelt dazwischen feines, leicht brennbares Material (Abbildung rechts). Dann wird der Topf auf die beiden Stämme über das Feuer gestellt. Eine Alternative ist das Sternfeuer (Abbildung links), bei dem man drei bis fünf Stämme oder Scheite mit den Enden sternförmig zueinander legt und in der Mitte das Feuer entfacht.

WISSENSWERT

So faszinierend offene Feuer sind, so gefährlich sind sie auch. Und deshalb gibt es strenge gesetzliche Beschränkungen. Im öffentlichen Raum darf man in Deutschland nur auf ausgewiesenen Feuer- oder Grillplätzen ohne spezielle Genehmigung Feuer entzünden. Auf Privatgrund bedarf es natürlich der Genehmigung des Eigentümers. Darüber hinaus ist mancherorts noch eine behördliche Genehmigung notwendig. Anderswo werden kleine Feuer von weniger als einem Quadratmeter Ausdehnung auf Privatgrund ohne spezielle Erlaubnis toleriert, wenn Sicherheitsregeln eingehalten werden (Sicherheitsabstände wahren und Sand oder Wasser als Löschmittel bereithalten) und die Nachbarn nicht durch Rauch oder Lärm belästigt werden. Außerdem dürfen kein Müll, kein behandeltes Holz und auch keine Gartenabfälle verbrannt werden. Verstöße können mitunter recht teuer werden. Deshalb sollte man sich vorher unbedingt im Bürgerbüro oder Rathaus über die örtliche Situation erkundigen.

TIPP
Eine Feuerstelle darf erst verlassen werden, wenn absolut keine Gefahr mehr besteht, dass sich die heiße Asche wieder entzündet. Dazu muss die Asche so weit abgekühlt sein, dass man sie mit der Hand anfassen kann.

Morsen lernen

Okay, heute verständigt man sich per Handy. Aber den Hauch von Abenteuer hat das nicht gerade. Geheime Blink- oder Klopfzeichen sind trotz allem viel aufregender. Und man könnte ja mal in einem Funkloch in Not geraten, aber zufällig eine Taschenlampe bei sich haben … Alle Morsezeichen sind aus kurzen (Punkt) und langen (Strich) Signalen zusammengesetzt:

E •	I ••	S •••	H ••••	
A •–	W •––	J •–––	U ••–	V •••–
R •–•	L •–••	P •––•	F ••–•	
T –	M ––	O –––		
N –•	D –••	B –•••		
G ––•	Z ––••			
K –•–	Y –•––	X –••–	C –•–•	Q ––•–

Richtiges Verhalten bei Gewitter

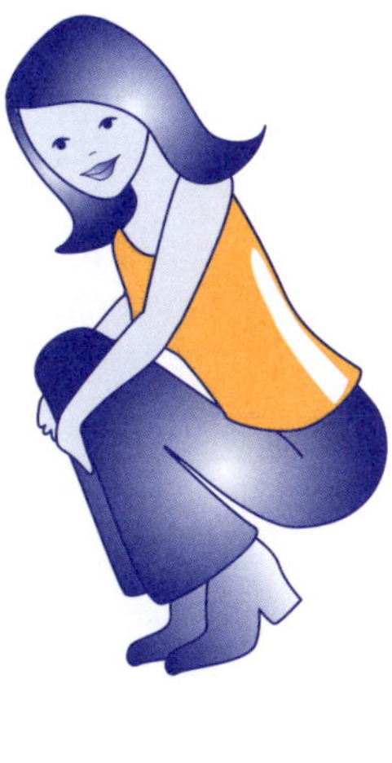

- Wenn möglich, im Auto bleiben, aber nicht fahren.
- Auf offenem Feld bei starkem Gewitter möglichst klein machen, und zwar mit möglichst wenig Bodenkontakt: Am besten kauert man sich mit geschlossenen Füßen in eine leichte Senke und zieht den Körper eng an die Knie.
- Wasser sofort verlassen.
- Kein Metall anfassen: Fahrräder loslassen, Gartentüre mit einem Stock öffnen, keine Schirme mit Metallspitze benutzen.
- Keinen Schutz unter Bäumen (egal ob Eichen oder Buchen oder sonst was), Masten, Türmen und in Höhleneingängen suchen, nicht anlehnen und drei Meter Abstand zu Metall (Zäune, Gitter) halten.
- Im Haus empfindliche Geräte wie Computer und Fernseher ausstecken (Antennenkabel und Stromzufuhr).

WISSENSWERT
Wenn Sie sich in irgendeiner Waldhütte oder einem anderen einfachen oder älteren Gebäude ohne Blitzschutzsystem befinden, dann können alle in das Haus führende Leitungen Gefahr bringen, wenn sie getroffen werden, da sie nicht geerdet sind. Ziehen Sie also alle Stecker. Fassen Sie keine Metallleitungen an, benutzen Sie keine elektrischen Geräte, drehen Sie das Wasser nicht auf und telefonieren Sie nicht über Festnetz.

Polarstern finden

Um den Polarstern zu finden, sollte man erst einmal nach dem Großen Wagen (alias Großer Bär) Ausschau halten. Der ist relativ leicht zu finden, stellt er doch das markanteste Sternbild am nördlichen Sternenhimmel dar. Er besteht aus vier im Rechteck zueinander stehenden Sternen, die den Wagenkasten bilden, sowie dreien, die eine leicht winklig geformte Deichsel markieren. Wenn man die Hinterwand des Wagenkastens etwa um das Fünffache nach oben verlängert, stößt man auf den Polarstern. Der wiederum ist der äußerste Stern an der Deichsel des Kleinen Wagens. Doch da beim Kleinen Wagen die Deichsel sehr lang und der Wagenkasten im Verhältnis dazu ziemlich klein ist, fällt er lange nicht so auf wie sein großer Bruder.

WISSENSWERT
Der Polarstern sei der hellste Stern am nördlichen Sternenhimmel, heißt es oft. Doch das ist falsch. Es gibt eine ganze Reihe von helleren. Der hellste ist der Sirius, der allerdings nicht ganzjährig zu sehen ist. Im Übrigen markiert der Polarstern nicht den nördlichen Himmelspol, sondern ist nur der Stern, der am nächsten zum Pol zu sehen ist. Auch er bewegt sich um den Pol, jedoch ist der Radius so klein, dass man das von der Erde aus nicht wahrnehmen kann. Da sich überhaupt das ganze Sternensystem in ständiger Bewegung befindet, hat der heutige Polarstern diese Funktion erst um das Jahr 500 eingenommen und wird sie um das Jahr 3000 an ziemlich unauffällige Sterne aus dem Kepheus verlieren. Wahrscheinlich erst um 14.000 wird es dann mit der Wega wieder einen auffälligen Polarstern geben. Wega ist der hellste Stern am Nordhimmel.

VARIANTE: STERNBILDER SUCHEN

Kassiopeia: Die fünf Hauptsterne der Kassiopeia formen ein flaches, unregelmäßiges W. Die mittlere Spitze des W zeigt in Richtung Polarstern.

Orion: Der Orion ist in unseren Breiten nur im Winter zu sehen. Am besten sucht man nach seinem Gürtel, drei sehr dicht nebeneinanderliegenden Sternen. Darunter kann man sich zwei Beine vorstellen, von denen eines im sehr hellen Stern Rigel endet, darüber einen eckigen Oberkörper, dessen Rigel entgegengesetzte Schulter durch den ebenfalls sehr hellen Stern Beteigueze gebildet wird.

Sirius: ein Bestandteil des Sternbildes Großer Hund, der ebenfalls nur am Winterhimmel zu sehen ist. Man findet ihn, wenn man den Gürtel des Orion etwa fünfmal nach schräg unten verlängert. Sirius und Rigel sind auch die beiden untersten Sterne des Wintersechsecks.

Sommerdreieck: nur im Sommer zu sehen und kein offizielles Sternbild. Es wird von den drei sehr hellen Sternen Wega (Leier), Deneb (Schwan) und Altair (Adler) gebildet. Wenn man nicht sicher ist, ob man die richtigen drei Sterne ausgemacht hat, sucht man erst den Großen, dann den Kleinen Wagen, überspringt das Sternbild Drache und landet beim kreuzförmigen Schwan, dessen „Kopf" der Deneb ist.

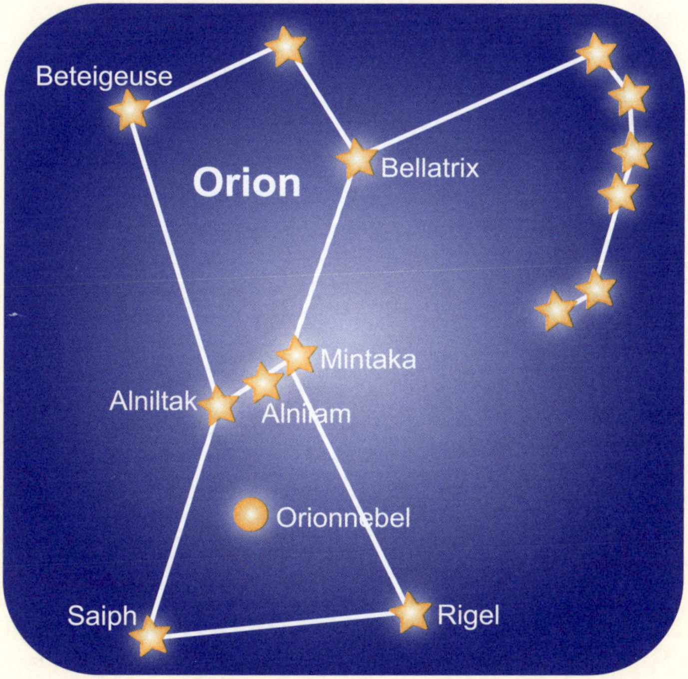

Pilze sammeln

Dass Pilze sammeln gefährlich ist, weiß jeder. Aber wenn sie bei einem herbstlichen Spaziergang gesichtet werden, juckt es doch viele in den Fingern. Könnte das nicht ein Steinpilz sein? Wenn Sie Pilze sammeln wollen, dann sollten Sie folgende Regeln ernst nehmen:

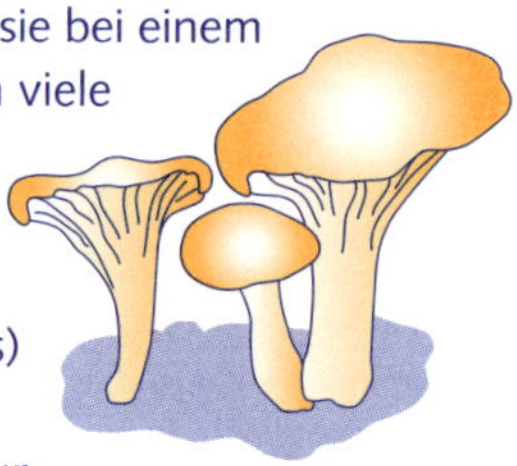

- Sammeln Sie wirklich nur Pilze, die Sie kennen! Bei Pfifferlingen (siehe rechts) können Sie nichts falsch machen. Auch Röhrenpilze mit ihrem schwammartigen Gewebe an der Hutunterseite sind eine recht sichere Sache. Es gibt nur einen giftigen Vertreter, den knolligen, rotstieligen Satansröhrling. Wenn man den zweifelsfrei erkennt, braucht man beim Rest keine Angst haben. Lassen Sie vor allem alles stehen, was nur entfernt nach Knollenblätterpilz aussieht! Auch wenn Sie noch so sicher sind, es müsse sich um Wiesenchampignons handeln. Der Knollenblätterpilz hat schon ganze Familien ausgerottet. Unterlassen Sie es auch, giftige oder unbekannte Pilze nur anzufassen.
- Sammeln Sie Pilze nur in luftdurchlässigen Behältnissen, am besten in Körben, keinesfalls in Plastiktüten.
- Pilze verderben sehr schnell. Bereiten Sie sie am besten noch am gleichen, spätestens am nächsten Tag zu.
- Vielerorts gibt es Pilzberater, die die Beute in Augenschein nehmen. Machen Sie davon Gebrauch, wenn Sie auch nur die geringsten Zweifel haben.
- Sammeln Sie keine Pilze im Ausland! Regeln, an denen Sie hier einen bestimmten Giftpilz erkennen, müssen für die dort vorkommende Variante nicht zutreffen.

Achtung! Giftiger Knollenblätterpilz!

Aufwärmen vor dem Sport

Das Aufwärmen der Muskeln vor dem Sport beugt Verletzungen vor. **Zehn Minuten** sollte man mindestens dafür einplanen. Ein klassisches Aufwärmprogramm beginnt mit einem leichten Traben. Dabei kann man zu Seitgalopp und Anfersen übergehen. Dann folgen Übungen wie der Hampelmann, Schulter-, Hüft- und Rumpfkreisen, anschließend leichtes Dehnen von Armen, Beinen, Rumpf und Schultern. Und schließlich ein paar Beschleunigungsläufe, die den Kreislauf auf Touren bringen. Das kann man so machen, muss aber nicht. Vor allem das Dehnen wird inzwischen kritisch gesehen. Manche Experten meinen, dass es überhaupt nichts bringt. Andere raten zumindest zu Zurückhaltung. Auf keinen Fall sollte man beim Aufwärmen maximal dehnen und einzelne Körperpartien zu oft strecken. Im Prinzip taugt jede leichte spielerische Bewegung zum Aufwärmen: Laufen, Hüpfen, Fangspiele. Im Grunde ist eigentlich nur wichtig, dass man den Körper langsam auf Touren bringt.

Nordic Walking

Was soll am Spazierengehen mit zwei Stöcken erklärungsbedürftig sein? Aber Nordic Walking ist eben kein Spaziergang und die Stöcke dienen nicht dazu, das Gleichgewicht zu halten. Nordic Walking ist eine Art Skilanglauf ohne Skier, bei dem fast alle Muskeln des Körpers beansprucht werden. Über die Stöcke üben auch die Muskeln des Oberkörpers Schub aus und ermöglichen so ein kraftvolleres und schnelleres Vorwärtskommen, als wenn nur die Beine „gehen".

1 Der Oberkörper wird leicht vorgebeugt, damit der Schwerpunkt möglichst weit über dem aufsetzenden Bein ist. Je sportlicher das Walken ausgeübt wird, desto größer ist die Vorlage.
2 Ein Bein macht einen Schritt nach vorne und setzt mit der Ferse auf. Der Stock auf dieser Seite verliert dadurch Bodenhaftung.
3 Der Stock auf der anderen Körperseite wird nun nicht vor dem Körper, sondern zwischen vorderem und hinterem Fuß schräg aufgesetzt.
4 Nun wird der Körper am Stock nach vorne gezogen. Dabei muss sich der Griff etwas lockern, damit die Hand einen Druck in Richtung Stockende ausübt.
5 Der Druck bleibt bestehen, bis Arm und Stock eine gestreckte Linie nach hinten bilden.
6 Währenddessen wird der lose Stock auf der anderen Seite nach vorne genommen.
7 Während der vordere Fuß flach aufsetzt und der hintere anfängt, sich über den Zehenballen abzurollen, drückt sich die Hand noch mal am hinteren Stock ab.
8 Nun wird mit dem hinteren Bein ein großer Schritt nach vorne gemacht und der vordere Stock hinter der Aufsatzstelle eingesetzt.

TIPP

Um richtig zu walken, ist die richtige Stocklänge wichtig. Generell werden zwei Drittel der Körpergröße empfohlen. Länger sollten die Stöcke auf keinen Fall sein. Es gibt auch spezielle Walkingschuhe.

Kubb spielen

Sind Ihnen auch schon in öffentlichen Grünanlagen Menschen aufgefallen, die mit Holzstöcken nach Holzklötzen werfen? Das aus Skandinavien stammende Kubb, auch Wikingerkegeln genannt, ist gerade dabei, Deutschland zu erobern.

1 Gespielt wird in zwei Teams, die je aus einem bis sechs Spielern bestehen.

2 Die Teams postieren sich an den Grundlinien eines Spielfeldes, das etwa acht Meter lang und fünf Meter breit ist. In der Mitte des Spielfeldes wird der König aufgestellt. An den beiden Grundlinien jeweils fünf kleinere Holzklötze, die Kubbs.

3 Team A versucht nun mit den Wurfhölzern (insgesamt 6 Würfe) die Kubbs von Team B umzuwerfen. Geworfen wird von unten nach vorne. Das Wurfholz muss gerade fliegen und darf nicht rotieren.

4 Während des ganzen Spiels darf der König nicht umfallen. Sonst hat die Mannschaft, die ihn gefällt hat, vorzeitig verloren.

5 Nach der ersten Runde nimmt Team B die umgefallenen Kubbs an sich und wirft sie in die Hälfte von Team A, wo sie aufgestellt werden.

6 Nun wirft Team B mit den Wurfhölzern nach den Kubbs im Feld von Team A. Erst wenn alle gefallen sind, dürfen auch Kubbs an der Grundlinie von Team A umgeworfen werden.

7 Nachdem alle sechs Hölzer geworfen sind, sammelt Team A alle umgeworfenen Kubbs und wirft sie ins Feld von Team B. Nun ist wieder Team A mit dem Umwerfen erst der Feld-, dann der Basiskubbs dran.

8 Gelingt es einer Mannschaft in einer Runde nicht, wenigstens alle Feldkubbs des Gegners abzuräumen, dann bekommt die gegnerische Mannschaft einen Vorteil: Anstelle von der Grundlinie aus zu werfen, darf sie zum Werfen bis zur Höhe ihres Feldkubbs vorgehen, der dem König am nächsten steht.

9 Wenn eine Mannschaft alle Feld- und Basiskubbs des Gegners umgeworfen hat, darf sie von der Grundlinie aus auf den König werfen. Fällt dieser, hat sie gewonnen. Fällt er nicht, ist wieder der Gegner an der Reihe.

FÜR FORTGESCHRITTENE

Traditionell kauft man das Spielmaterial für Kubb nicht, sondern baut es selber. Die zehn Kubbs sind 15 Zentimeter hohe Holzklötze, die eine Grundfläche von etwa 7 x 7 Zentimetern haben. Der König ist doppelt so hoch und etwas dicker. Wer etwas auf sich hält, der schnitzt eine Figur mit Krone. Die Wurfhölzer sind rund, haben einen Durchmesser von etwa 4,5 Zentimetern und eine Länge von 30 Zentimetern. Dann braucht man noch vier Stäbe oder Holzpflöcke, um die Ecken zu markieren.

VARIANTE: MÖLKKY

Ein weiteres Wurfspiel mit Hölzern, dessen Regeln jedoch ganz anders als beim Kubb sind, ist das finnische Mölkky. Dafür braucht man zwölf gleich große, runde Spielhölzer, auf denen die Zahlen eins bis zwölf geschrieben stehen. Diese stellt man wie abgebildet im Dreieck auf, wobei die Spitze zum Werfer zeigt. Nacheinander versuchen die Spieler nun, die Hölzer aus einem Abstand von etwa drei Metern mit einem Wurfholz umzuwerfen, egal mit welcher Technik. Gezählt werden nur die Punkte der vollständig umgeworfenen Hölzer, nicht diejenigen, die auf anderen Hölzern zu liegen kommen. Nach jedem Wurf werden die gefallenen Hölzer dort wieder aufgestellt, wo sie hingefallen sind. Gewonnen hat der Spieler, der zuerst genau 50 Punkte erzielt. Kommt er auf über 50 Punkte, wird er wieder auf 25 zurückgesetzt.

Pétanque spielen

Boccia war gestern. Heute spielt man Boule, genauer Pétanque. Es ist ähnlich, wird aber nicht mit bunten Plastikkugeln, sondern mit Metallkugeln gespielt. Die Kugeln dürfen sowohl gerollt wie geworfen werden.

1 Man braucht ein Feld von mindestens 12 x 3 Metern, das eben sein kann, aber nicht muss.
2 Es spielen Einzelspieler oder Mannschaften gegeneinander. Jeder Spieler hat drei (bei Mannschaften ab drei Spielern zwei) Kugeln.
3 Mannschaft A zieht einen Wurfkreis und wirft die Zielkugel hinein. Die Entfernung zwischen Wurflinie und Wurfkreis kann zwischen sechs und zehn Metern frei gewählt werden.
4 Dann wirft ein weiterer Spieler derselben Mannschaft eine Kugel Richtung Zielkugel.
5 Nun ist Mannschaft B dran. Ist ihre Kugel näher an der Zielkugel als die der Mannschaft A, ist wieder Mannschaft A an der Reihe. Ansonsten wirft Mannschaft B, bis sie eine Kugel näher an die Zielkugel als A gebracht hat oder keine Kugeln mehr hat.
6 Die Runde ist zu Ende, wenn beide Mannschaften keine Kugeln mehr haben.
7 Gewonnen hat die Mannschaft, deren Kugeln der Zielkugel am nächsten liegen. Sie bekommt einen Punkt für jede Kugel, die der Zielkugel näher ist als die nächste Kugel der Verlierermannschaft. Um Streit zu vermeiden, sollte man ein Maßband für kritische Fälle dabeihaben.
8 Dann beginnt Mannschaft B.
9 Es wird gespielt, bis eine Mannschaft 13 Punkte hat.

TIPP

Innerhalb einer Mannschaft gibt es meist Spieler, die besser Kugeln „legen“ können, also mit Gefühl in die Nähe der Zielkugel werfen, und solche, die auf das „Schießen“, das Wegschießen fremder Kugeln, spezialisiert sind. Das sollte man in die Spieltaktik mit einplanen.

WISSENSWERT

Ironischerweise wird Boccia meist wie Pétanque gespielt, nämlich auf einem beliebigen Gelände, vorzugsweise im Urlaub am Strand oder auf der Wiese, Pétanque aber wie Boccia, nämlich auf einer ebenen Bahn. Richtiges Boccia wird auf einer genau normierten Bahn mit mehreren Zonen gespielt und ist ungleich komplizierter als Pétanque. Zum Beispiel muss ein Spieler, der eine fremde Kugel wegschießen will, ansagen, welche Kugel er treffen will.

Richtig saunieren

Eigentlich ist es einfach: Man setzt sich entspannt in die warme Sauna, bis es einem zu viel wird, kühlt sich draußen ab und geht irgendwann wieder hinein. Doch damit das Saunieren wirklich seine volle gesunde Wirkung hat, gibt es ein paar Regeln.

1 Aus Hygienegründen zuerst duschen. Danach jedoch gut abtrocknen, da sonst das Schwitzen verzögert wird.

2 In der Sauna zwischen acht und 15 Minuten verweilen. Wer zu kurz bleibt, ist nicht richtig aufgewärmt und riskiert, sich draußen zu erkälten.

3 Wer sich in der Sauna hinlegt, sollte sich mindestens zwei Minuten vor dem Verlassen aufsetzen, sonst sackt das Blut unter Umständen zu schnell in die geweiteten Adern in den Füßen, was zu einer Ohnmacht führen kann. Aus Höflichkeitsgründen legt man sich auch nur ausgestreckt hin, wenn andere Gäste auf derselben Etage zumindest noch Sitzplätze finden.

4 Nach dem Saunagang möglichst schnell an die frische Luft gehen und Sauerstoff tanken.

5 Mit kaltem Wasser abkühlen und Schweiß abwaschen. Personen mit Herzproblemen dürfen allerdings nicht in eiskaltes Wasser oder ins Tauchbecken steigen.

6 Mindestens so lange ausruhen, wie der Saunagang gedauert hat.

7 Während der Ruhephase gar nicht oder nur gemächlich bewegen. Auf keinen Fall Gymnastik treiben oder in warmes Wasser (Außenbecken, Whirlpool) steigen, da das den Kreislauf belastet.

8 Wer fröstelt, geht ins Warme, zieht sich etwas über oder macht warme Fußbäder.

9 Optimal sind zwei bis drei Saunagänge. In der Regel werden der zweite und dritte etwas kürzer ausfallen, da der Körper nach dem ersten Mal schneller schwitzt.

10 Nach dem Saunieren viel trinken und am besten die Ruhe und Müdigkeit, die sich eingestellt haben, genießen.

WISSENSWERT

Deutsche Saunen haben meist einmal in der Woche Frauentag (oft montags), ansonsten wird gemischt sauniert. Das ist in den meisten anderen Ländern unüblich. Auch in Finnland, dem Mutterland der Sauna, wird in öffentlichen Bädern in der Regel getrennt sauniert. In südeuropäischen und außereuropäischen Ländern muss man sogar damit rechnen, dass textilfreies Saunieren nicht gestattet ist. Ebenfalls typisch deutsch ist die meditative Atmosphäre in der Sauna. Während es hierzulande unhöflich ist, sich (lauter) zu unterhalten, ist ein gemeinsamer Saunabesuch in Skandinavien ein gesellschaftliches Ereignis, das mit ausgiebiger Konversation einhergeht.

FÜR FORTGESCHRITTENE

Für viele Saunagänger ist der **Aufguss** der Höhepunkt des Saunierens. Bei einem Aufguss wird Wasser auf dem Saunaofen verdampft. Entgegen der allgemeinen Meinung steigt die Temperatur dadurch nicht, sondern sinkt. Da die Luftfeuchtigkeit erhöht wird, verdunstet der Schweiß auf der Haut aber nicht mehr, was direkt am Körper Verdunstungskälte erzeugen würde. Stattdessen kondensiert der Wasserdampf auf der Haut und setzt dabei noch Kondensationswärme frei. Durch das Wirbeln und Fächeln mit Tüchern sorgen die Saunameister zusätzlich dafür, dass die heiße Luft in besonderem Maße auf die Haut der Saunagäste gelenkt wird.

In vielen Saunen hat sich ein regelrechter Kult um möglichst heiße, möglichst lange Aufgüsse entwickelt, die nicht von allen Gästen als angenehm empfunden werden. Deshalb sollte man einen Aufguss vorsichtig testen: erst kurz vorher in die Sauna gehen und möglichst weit unten sitzen. Wenn es wirklich unerträglich wird, darf man natürlich fliehen. Im Allgemeinen ist es jedoch streng verpönt, während des Aufgusses die Sauna zu verlassen, da dies den Effekt für die anderen empfindlich stört. Am besten beobachtet man vorher, wie lange die Aufgüsse in einer Sauna dauern. Man kann sich auch beim Bademeister erkundigen, ob er eher sanfter oder härter vorgeht.

SCHREIBKRAM

Arbeitsplatz richtig einrichten

Gerade, wer lange am Schreibtisch sitzt, tut gut daran, ihn so zu gestalten, dass er in einer möglichst entspannten Körperhaltung arbeitet:

1 Den Schreibtischplatz so wählen, dass keine Blendeffekte durch Lichtquellen auftreten. Das gilt vor allem für den Monitor.

2 Dazu gehört ein bequemer Schreibtischstuhl, in dem man sich entspannt anlehnen kann. Am besten mit Armlehnen. Dann liegen die Unterarme nämlich auf den Lehnen und nicht auf der Tischkante. Das führt dazu, dass man – wenn die Höhe stimmt – mit flacher und nicht nach oben abgeknickter Hand tippen kann, was die Sehnen der Hände entlastet.

3 Entsprechend dazu den Schreibtisch und Stuhl in der richtigen Höhe einstellen. Die Hände befinden sich in der richtigen Arbeitsposition, wenn die Unterarme im Gegensatz zu den locker hängenden Oberarmen um 90 Grad abgewinkelt sind. Wenn die Oberarme nicht hängen können, sondern die Schultern stets leicht angezogen sind, führt das auf Dauer zu schweren Verspannungen. Wenn bei dieser Einstellung nun die Beine nicht mehr bequem auf dem Boden stehen, hilft eine Fußstütze.

4 Monitor so stellen, dass man den Kopf nicht verdrehen muss. Die oberste Textzeile darf nicht über Augenhöhe sein, tiefer ist okay. Der richtige Abstand zwischen Monitor und Augen sind 45 bis 60 Zentimeter.

5 Vorlagenhalter benutzen, wenn man häufiger etwas abtippen muss.

6 Lampe nicht auf den Bildschirm richten, aber auch nicht so daneben platzieren, dass man ins Licht schaut. Ideal ist keine Schreibtischlampe (die zudem Platz wegnimmt), sondern eine gute Ausleuchtung von der Decke her und/oder eine Stehlampe, die neben dem Schreibenden steht und von hinten oben einen Lichtkegel auf den Arbeitsbereich wirft.

TIPP

Können Sie eigentlich mit dem Zehnfingersystem tippen, ohne auf die Tastatur zu schauen? Früher lernte man das, wenn man häufiger an der Schreibmaschine saß. Heute aber, wo nahezu jeder am Computer eine Tastatur bedient, ist diese Kunst zu Unrecht in Vergessenheit geraten. Dabei lässt sie sich mit einem Selbsthilfekurs in Buchform sehr schnell erlernen. Das Ergebnis: Man tippt nicht nur wesentlich schneller, macht weniger Fehler und entlastet auf Dauer seine Augen, sondern man nimmt auch eine ergonomischere Grundhaltung ein.

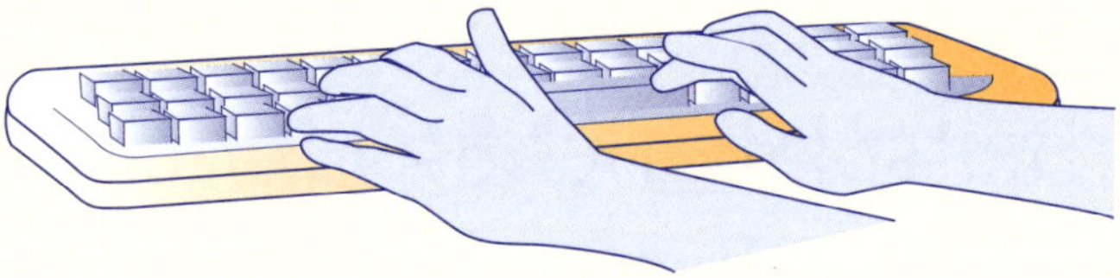

Ordnung halten

Reagieren Sie mit einem „Natürlich" oder mit einem „Oh Gott!" auf dieses Thema? Für viele Menschen ist es völlig selbstverständlich, dass sich ihr Papierkram in absoluter Ordnung befindet und sie alle wichtigen Dokumente mit einem Griff finden. Für andere ist das ein echtes Problem. Doch Ordnung bei den wirklich wichtigen Dingen erleichtert das Leben immens. Geben Sie sich also einen Ruck, wenn Sie zur zweiten Gruppe gehören!

1 Alle wichtigen Dokumente und offiziellen Schreiben gehören abgeheftet in Ordner.

2 Wichtig ist, sinnvolle Themenkomplexe anzulegen: Zeugnisse, Steuer, Versicherungen, Banken, Wohnung/Haus, Auto. Man braucht nicht unbedingt für jeden Komplex einen eigenen Ordner. Anfangs tun es auch Trennblätter. Wird der Ordner zu voll, nimmt man einen oder zwei Komplexe heraus, heftet sie in einem neuen Ordner ab und passt die Rückenetiketten der Ordner an.

3 Innerhalb der Komplexe kann man Unterordnungen anlegen. Bei begrenzten Papiermengen ist das aber nicht nötig. Neue Dokumente einfach sofort lochen oder in Klarsichtfolie stecken und in chronologischer Reihenfolge obenauf abheften. Wird ein Komplex jedoch zu unübersichtlich, muss man ihn in mehrere Kategorien aufteilen.

4 Um den Überblick zu behalten, niemals wichtige mit unwichtigen Dingen mischen. Zeugnisse haben z. B. nichts zwischen anderen Dingen aus der Schul- oder Studienzeit verloren, die man nur aus Nostalgiegründen aufhebt. Entweder liegen die Zeugnisse im Ordner „Schule" ganz obenauf oder sie befinden sich in einem reinen Dokumentenordner. Erinnerungen sind dann woanders untergebracht, z. B. in einer schön beklebten Kiste.

5 Manche Dinge, wie etwa Quittungen für die Steuererklärung, die man zwar aufheben muss, aber meist nie wieder anschaut, kann man gut in große Umschläge stecken. Die Umschläge beschriften – etwa „Quittungen Steuer 2010" – und dann in ebenfalls beschrifteten Standordnern deponieren. Die Alternative: abheftbare Klarsichthüllen.

Sein Testament machen

Der Gedanke an das eigene Testament ist natürlich ein bisschen gruselig. Deshalb schrecken viele Leute davor zurück – vor allem, wenn sie sich noch nicht so alt und krank fühlen, dass der Gedanke an den Tod zwangsläufig näher gerückt ist. Bei einem plötzlichen Todesfall kann das jedoch zu massiven Problemen für die Hinterbliebenen führen. Deswegen ist es für jeden Menschen mit Vermögen und/oder nahen Angehörigen sinnvoll, seine letzte Verfügung testiert zu haben – ungeachtet von Alter, Gesundheitszustand und Plänen für die Zukunft. Das ist auch gar nicht schwierig.
Ein Testament kann jeder machen, der 18 Jahre alt und bei vollem geistigem Bewusstsein ist. Damit das Testament gültig ist, muss es handschriftlich verfasst, datiert und unterschrieben werden. Die Verfügungen dürfen natürlich auch nicht gegen geltendes Recht verstoßen. Ehegatten können ein gemeinsames Testament aufsetzen, das einer verfasst, aber beide unterschreiben. Im Testament können Sie Ihren Besitz verteilen (Geld und Dingliches), aber z. B. auch verfügen, wer sich um Ihre Kinder kümmern soll, wenn Ihnen (und Ihrem Ehegatten) etwas zustößt. Sinnvoll ist es, einen Testamentsvollstrecker zu benennen, der sich im Falle eines Falles um die Umsetzung des Letzten Willens bemüht. Ihm kann man das Dokument auch zum Aufbewahren geben. Oder man hinterlegt es gleich beim Nachlassgericht.
Wenn es um viel Geld oder komplizierte Verfügungen geht, dann empfiehlt es sich, das Testament mit einem Notar zu verfassen. Das kostet zwar Gebühren, doch man ist auf der sicheren Seite. Das Testament kann man jederzeit ändern, allerdings sollte man vorherige Versionen vernichten und im neuen Testament erklären, dass alle älteren Verfügungen nun unwirksam sind.

GRUNDWISSEN: ERBREGELUNG

Wenn kein Testament vorliegt, tritt die gesetzliche Erbfolge in Kraft. Diese sieht so aus:

- **Bei Unverheirateten:** Das Erbe geht an die Eltern. Sind diese verstorben, sind die Geschwister des Toten bzw. deren Nachkommen die Erben. Gibt es keine derart nahen Verwandten mehr, erben die Großeltern oder deren Abkömmlinge bzw. die Urgroßeltern usw. Findet sich absolut kein Verwandter, fällt das Geld an das Bundesland, in dem der Verstorbene wohnhaft war. Wer jedoch ein Testament macht, kann alle entfernteren Verwandten ignorieren und über sein Vermögen nach Belieben verfügen. Nur wenn die eigenen Eltern noch leben, haben diese jeweils Anspruch auf mindestens ein Viertel des Vermögens, den sogenannten Pflichtteil.
- **Bei kinderlosen Ehepaaren:** Ein Großteil des Vermögens geht an den Gatten (bzw. eingetragenen Lebenspartner). Der genaue Anteil richtet sich nach dem Güterstand, der vereinbart wurde. Doch auch eventuell vorhandene Eltern (bzw. deren Nachkommen) oder Großeltern erhalten einen Teil des Erbes. Mit einem Testament kann man sowohl den Anteil des Gatten als auch den der Eltern auf die Hälfte des gesetzlichen Anteils (Pflichtteil) reduzieren und den Rest frei verteilen. Andere Verwandte können ganz ausgeschlossen werden.
- **Bei Ehepaaren mit Kindern:** Wie groß der Anteil des überlebenden Partners ist, richtet sich wieder nach dem Güterstand. Die gesetzlichen Erben sind jedoch nur der Partner und die Kinder (bzw. deren Nachkommen, falls sie schon verstorben sind). Ihren Anteil kann man auf den Pflichtteil halbieren. Auch noch den Pflichtteil zu entziehen, ist aber praktisch unmöglich, wenn einem der Betreffende nicht gerade nach Leib und Leben getrachtet hat.

Patientenverfügung erstellen

Die Patientenverfügung ist ein ähnlich unerfreuliches Thema wie das Schreiben eines Testaments. Aber wer nicht rechtzeitig selbst handelt, wird unter Umständen einmal anders behandelt, als er möchte. In einer Patientenverfügung legt man fest, wie die medizinische Betreuung in Situationen, in denen man sich selbst nicht äußern kann, aussehen soll. Sie muss schriftlich verfasst sein und mit Namen, Datum und Ort unterschrieben werden. Außerdem müssen Vor- und Nachname, Geburtsdatum und Wohnort genannt werden. Ansonsten ist jeder relativ frei, wie er seine Verfügung gestaltet. Man kann eine Liste mit Maßnahmen erstellen, die man ablehnt oder wünscht, aber auch einen Essay über die eigenen Ansichten bezüglich Krankheit, Schmerz und Tod schreiben, aus denen die Leitlinie ersichtlich wird, nach der man behandelt werden möchte. Je konkreter man sich fasst, desto sicherer kann man sein, dass der Verfügung auch entsprochen wird. Da sich aber kaum jemand mit all den verschiedenen Behandlungsmöglichkeiten bei Demenz, Wachkoma bzw. während des Sterbeprozesses auskennt, empfiehlt es sich, sich zuvor Infomaterial zu diesem Thema zu beschaffen. Damit die Patientenverfügung im Falle des Falles auch gefunden wird, sollte man bei seinem Ausweis einen Zettel mit einem Hinweis und dem Namen der Ansprechperson haben.

TIPP

Wenn ich nicht mehr entscheiden kann, dann tun das mein Ehepartner oder meine Kinder, oder? Nicht unbedingt. In einem solchen Fall werden die Vormundschaftsgerichte aktiv. Die sollen zwar, wenn möglich, die engsten Verwandten als Betreuer einsetzen, müssen dies aber nicht, wenn sie der Auffassung sind, dass es nicht dem Wohl des zu Betreuenden dient. Deshalb verfassen viele Menschen eine **Vorsorgevollmacht**, in der sie festlegen, wer im Falle des Falles ihr Betreuer sein soll. Eine solche Vollmacht wiegt noch schwerer als die bloße Verwandtschaft. Kommt das Gericht aber zu der Auffassung, dass die Regelung nicht zum Wohl des Patienten ist, kann es auch dagegen entscheiden.

Dreisatz lösen

Wie geht es Ihnen, wenn Sie einen PISA-Test für 15-Jährige zu Gesicht bekommen? Alles vergessen? Besonders von Mathe keinen blassen Schimmer mehr? Sie können Ihr Gesicht wahren, wenn Sie beweisen, dass Sie den Dreisatz noch beherrschen. So wie die Abseitsregel oft als Beweis für Fußballkenntnisse allgemein herhalten muss, so kann man mit dem Dreisatz mehr mathematisches Wissen vorgaukeln, als man hat.

Ein Dreisatz sieht folgendermaßen aus:

a : b = c : x.

Dahinter stecken Fragestellungen wie:
Wenn 2 Kilo Äpfel (a) 2,49 Euro (b) kosten, wie viel (x) kosten dann 3,1 Kilo (c)? Oder: Wenn ich für 1000 Euro in einem Jahr (a) 50 Euro Zinsen (b) bekomme, wie viel erhalte ich nach nur 200 Tagen (c)?

Also: 365 : 50 = 200 : x.
Die Lösung: (c · b) : a = x.
Also: (200 · 50) : 365 = 27,39.

Stromanbieter wechseln

Es geht ganz einfach, suggeriert die Werbung: Einfach beim neuen Anbieter anrufen, einen Vertrag ausfüllen und alles andere erledigt der neue Anbieter. Stimmt! Es geht wirklich (fast) so einfach. Und zwar nicht nur bei den Anbietern, die damit werben, sondern bei allen.

1 Das Komplizierteste ist die Wahl des neuen Anbieters. Dessen Konditionen sollten Sie genau lesen: Wie lange ist die Erstlaufzeit? Sie sollte nicht über ein Jahr betragen. Wie ist die Kündigungsfrist? Sie sollte zum Ende des nächsten Kalendermonats möglich sein. Wie sind die Preise gestaffelt? Gibt es hohe Grundpreise und niedrige Verbrauchspreise oder umgekehrt? Rechnen Sie infrage kommende Tarifsysteme anhand der Verbrauchsdaten aus ihrer letzten Stromrechnung durch!

2 Wenn Sie Ihre Entscheidung getroffen haben, schließen Sie mit dem Anbieter Ihrer Wahl einen Vertrag und ermächtigen ihn, den bisherigen Vertrag zu kündigen. Dazu müssen Sie sich Ihre letzte Stromrechnung vornehmen und den Namen des bisherigen Lieferanten, Zählernummer, Kundennummer und bisherigen Verbrauch angeben.

3 Danach sollten Sie von Ihrem alten Anbieter eine Bestätigung über die Vertragskündigung und eine Abschlussrechnung bekommen und vom neuen eine Bestätigung des Vertrages. Wie schnell der Wechsel allerdings erfolgen kann, hängt von der Kündigungsfrist in Ihrem alten Vertrag ab. Lesen Sie am Tag des Wechsels sicherheitshalber den Stand Ihres Stromzählers ab, wenn dies nicht von offizieller Seite passiert.

Wechselgebühren fallen nicht an, der Einbau neuer Zähler ist auch nicht nötig. Und sollte Ihr neuer Anbieter einmal pleitegehen, dann springt der regionale Versorger ein.

WISSENSWERT

Sie wollen Ökostrom beziehen? Dann ist Vorsicht geboten. Es ist nämlich so, dass auch die konventionellen Anbieter verpflichtet sind, ein bestimmtes Kontingent des vorhandenen Stroms aus erneuerbaren Quellen zu einem festgelegten Preis abzunehmen. Dieser Strom wurde traditionell einfach mit dem Nicht-Öko-Strom als normaler Mix angeboten. Nun verfallen einige Anbieter darauf, den Ökostrom extra zu einem teureren Preis zu verkaufen. Dafür enthält ihr Normalmix keinen Strom aus erneuerbaren Quellen mehr. Der Anteil an Ökostrom am gesamten erzeugten Strom erhöht sich dadurch überhaupt nicht. Sinn macht das Beziehen von Ökostrom nur, wenn der Anbieter auch den Ausbau neuer Anlagen vorantreibt. Entsprechende Anbieter lassen sich das von Prüfstellen (TÜV, ok-power, Grüner Strom) zertifizieren. Aber auch unter den zertifizierten Anbietern gibt es engagiertere und solche, die nur gerade eben die Auflagen erfüllen.

Widerspruch einlegen

Ihr Steuerbescheid ist nicht korrekt? Sie haben eine Rechnung bekommen, die Sie für ungerechtfertigt oder falsch halten? Von Ihrem Konto wurde unberechtigterweise etwas abgebucht? Ihr Vermieter hat Ihnen gekündigt? Bei vielen Menschen kommt da Panik auf. Wie kann ich mich nur wehren? Wer kann mir helfen? Zuerst einmal sollten Sie sich selbst helfen, indem Sie fristgerecht Widerspruch bzw. Einspruch einlegen. Je nachdem, worum es sich handelt, liegen die Fristen zwischen zwei Wochen und drei Monaten. Oft sind Sie auf der Zahlungsaufforderung vermerkt. Wenn nicht, halten Sie sich sicherheitshalber an die Zweiwochenfrist. Legen Sie Widerspruch immer schriftlich ein. Erklären Sie deutlich, wer Sie sind und welcher Sache Sie widersprechen (Rechnungsnummer, Datum etc. unbedingt angeben). Vergessen Sie bei Ihrem Schreiben auch Datum und Unterschrift nicht. Wenn möglich, begründen Sie Ihren Widerspruch. Wenn Sie aber unsicher sind, wie sich ihre Position am besten untermauern lässt, dann lassen Sie das vorerst weg. Mit dem Widerspruch haben Sie den Ball erst einmal an die andere Seite zurückgespielt. Nun muss diese reagieren. Und Sie können sich nun in aller Ruhe über Ihre Rechtslage und weitere Schritte informieren. Wenn Sie den Streit jedoch nicht mit Ihrem Finanzamt, Ihrer Bank oder einem Unternehmen haben, wo Sie wirklich etwas bestellt haben, sondern mit irgendeiner dubiosen Firma, die völlig unberechtigte Forderungen stellt, dann brauchen Sie eigentlich gar nicht zu reagieren. Trotzdem ist man mit einem Widerspruch auf der sicheren Seite. Weitere Schreiben – und seien sie noch so drohend – kann man dann aber ignorieren bzw. ungeöffnet zurückschicken. Erst wenn ein gerichtlicher Mahnbescheid kommt, muss man unbedingt innerhalb von zwei Wochen widersprechen. Aber meist belassen es solche Firmen bei Muskelspielen.

WISSENSWERT

Wenn Sie gegen Ihre Steuererklärung Einspruch einlegen, dann müssen Sie die geforderte Summe trotzdem fristgerecht zahlen. Wird dem Einspruch stattgegeben, bekommen Sie zu viel Gezahltes später zurück. Können Sie nicht zahlen, dann bitten Sie in Ihrem Einspruch um Stundung. Nicht auf einen versehentlichen Fehler in Ihrer Steuererklärung oder über fehlende Mittel reagieren die Beamten vom Finanzamt sauer, sondern auf Betrug und Ignoranz.

VARIANTE: GESCHÄFTE RÜCKGÄNGIG MACHEN

Haben Sie sich schon mal am Telefon, an der Haustür oder im Internet zu einem Geschäftsabschluss nötigen lassen, den Sie später bereuten? Oder gar im Internet aus Versehen auf einen Button wie „Jetzt kaufen!" geklickt? Keine Sorge! Fast **alle Geschäfte,** die Sie über Medien wie Telefon oder Internet bzw. in überraschenden Situationen (an der Haustür, auf Veranstaltungen, auf der Straße) tätigen, **dürfen Sie innerhalb von zwei Wochen widerrufen.** Einfach fristgerecht einen Widerruf formulieren und abschicken. Mit einem Einschreiben sind Sie auf der ganz sicheren Seite. Wurde die Ware schon geliefert, schicken Sie diese zurück. Eine Begründung ist nicht nötig. Zu den wenigen Ausnahmen gehören bei Internet- und Telefongeschäften Frischwaren, speziell nach Ihren Wünschen angefertigte Ware und Dinge, die Sie in Versteigerungen erworben haben. Das Recht erlischt auch, wenn Sie versiegelte Ware bereits geöffnet haben. Haustürgeschäfte können Sie bei Versicherungsabschlüssen nicht widerrufen oder wenn Sie eine Ware im Wert unter 40 Euro unmittelbar bezahlt und übernommen haben. Beharrt die Firma auf dem Geschäftsvertrag, dann legen Sie Widerspruch ein und verweisen auf die entsprechenden Paragrafen (§ 312 BGB Widerrufsrecht von Haustürgeschäften, § 312d BGB Widerrufs- und Rückgaberecht bei Fernabsatzverträgen, die über Telefon, Post oder Internet zustande gekommen sind, § 355 BGB Widerrufsrecht bei Verbraucherverträgen). Manche Firmen bieten auch schnell Anwälte auf, um die Kunden einzuschüchtern. Das ändert aber nichts an der Rechtslage. Am besten informieren Sie sich bei einer Verbraucherberatung, wie Sie weiter vorgehen sollten. Übrigens: Wenn Sie bei Vertragsabschluss nicht ordentlich über Ihr Widerrufsrecht informiert wurden, gilt dieses sogar länger als 14 Tage. Und noch etwas ist wichtig: Wenn Sie sicher sind, dass Sie gar keinen Vertrag abgeschlossen haben, dürfen Sie auch keinen kündigen bzw. widerrufen, sondern müssen in Ihrer Reaktion klar widersprechen, dass es überhaupt ein Vertragsverhältnis gibt.

Forderungen eintreiben

Was aber tut man, wenn man selbst berechtigte Geldforderungen hat und der Schuldner einfach nicht zahlt?

1 Zuerst einmal muss der Schuldner wirklich in Verzug sein. Dafür schickt man ihm nach Fälligkeit der Zahlung eine Mahnung. Diese muss schriftlich erfolgen, datiert sein, den Schuldner und die geschuldete Leistung eindeutig (bei Geld in Zahlen) benennen und eine ebenso eindeutige Zahlungsaufforderung innerhalb einer angemessenen Frist enthalten. Zwei, bei großen Summen vier Wochen sind Fristen, die vor Gericht kaum beanstandet werden können. Wer zu unverbindlich formuliert (etwa „Deshalb wäre es

nett, wenn Sie Ihre Schulden demnächst begleichen würden"), der hat keine gültige Mahnung verfasst. Trotzdem sollte die erste Mahnung moderat und höflich ausfallen. Auch mit Mahngebühren sollte man vorsichtig sein. Sind die unverhältnismäßig hoch, kann das die ganze Mahnung juristisch ungültig machen. Damit sich der Schuldner nicht herausreden kann, empfiehlt es sich, Mahnungen per Einschreiben zu verschicken oder in Gegenwart eines Zeugen direkt abzugeben. Spätestens, wenn der Schuldner dieser Mahnung nicht nachkommt, ist er im Verzug. Nun kann man als Gläubiger zusätzlich Schadensersatz bzw. entstehende Kosten einfordern.

2 Ist der Schuldner im Verzug, kann man weitere Mahnungen schicken und gerichtliche Schritte androhen. Man kann aber auch gleich ein gerichtliches Mahnverfahren einleiten. Dazu muss man ein Formblatt ausfüllen, es beim zuständigen Amtsgericht abgeben und die entsprechenden Gebühren zahlen. Das Gericht sendet nun dem Schuldner per Gerichtsvollzieher einen Mahnbescheid – allerdings ohne zu prüfen, ob die Forderung berechtigt ist.

3 Der Schuldner kann sich mit einem formellen Widerspruch wehren. Tut er das, so muss sich der Gläubiger entscheiden, ob er Klage erheben will. Klagen sind jedoch nicht nur teuer, sondern auch nervenaufreibend und langwierig. Sie machen nur dann Sinn, wenn man zweifelsfrei beweisen kann, dass man im Recht ist – und wenn die Gegenpartei überhaupt das Geld hat, die Forderung zu begleichen. Wenn der Schuldner pleite ist oder am Existenzminimum lebt, dann bleibt man als Gläubiger sogar noch auf den Anwaltskosten sitzen – auch wenn man voll und ganz recht bekommen hat.

4 Widerspricht der Schuldner dem Mahnbescheid nicht, zahlt aber auch nicht, kann man frühestens nach zwei Wochen einen Vollstreckungsbescheid beantragen. Auch dagegen kann der Schuldner innerhalb von zwei Wochen protestieren. Tut er das, geht die Sache nun automatisch vor Gericht. Tut er es nicht, haben Sie Glück gehabt und werden aus dem Erlös der Zwangsvollstreckung Ihr Geld bekommen.

5 Eine Alternative zur Klage, aber auch schon zum gerichtlichen Mahnverfahren, ist eine Schlichtung bei einer staatlich anerkannten Gütestelle. Das ist günstiger und geht schneller als ein Gerichtsverfahren. Allerdings müssen beide Seiten diesem Lösungsweg, der oft auf einen Kompromiss hinausläuft, zustimmen.

VARIANTEN ZUM MAHNVERFAHREN

Oft möchte man trotz einer berechtigten Forderung nicht den gerichtlichen Weg einschlagen, etwa weil der Schuldner ein Verwandter oder Bekannter ist. Ein recht wirksamer „Trick“ ist, die eigene Mahnung per Gerichtsvollzieher zustellen zu lassen. Das kann jeder – gegen Zahlung der entsprechenden Gebühr – tun. Die Einbeziehung des Gerichtsvollziehers erhebt die private Mahnung nicht zum staatlichen Akt, aber zum einen kann man damit beweisen, dass sie tatsächlich zugestellt wurde, zum anderen wirkt das Ganze auf viele Leute recht einschüchternd.

Computer bedienen (für Anfänger)

Gehören Sie zu der kleinen Minderheit, die sich auch heute noch immer nicht an den Computer wagt? Dafür gibt es keinen Grund. Es ist wirklich kinderleicht und bietet immense Vorteile im Leben. Auch wenn man schon 80 ist oder der Ehegatte diesen Part perfekt beherrscht. Gerade wenn der Partner fit am Computer ist, kann es ziemlich problematisch werden, wenn der einmal ausfällt oder gar plötzlich verstirbt und tausend wichtige Daten in dieser ominösen Kiste stecken. Deshalb gibt es nur eins: rechtzeitig ranwagen!

- Einschaltknopf drücken, eventuell Bildschirm gesondert einschalten.
- Abwarten. Die Computerprogramme bauen sich von allein auf. Irgendwann haben Sie eine einfarbige oder mit einem Bild unterlegte Arbeitsfläche (Desktop) vor sich, auf der sich mehrere Symbole befinden.
- In der Regel wird an Ihren Computer eine Maus angeschlossen sein: das annähernd ovale, kleine Gerät, dessen Bewegungen einen kleinen weißen Pfeil auf dem Bildschirm steuern. Bewegen Sie die Maus auf dem Schreibtisch, bis der Pfeil sich auf dem Symbol desjenigen Programms befindet, das sie benutzen wollen. Dann klicken Sie zweimal mit der linken Maustaste – ganz leicht und ganz schnell hintereinander.
- Wenn Sie nun z. B. das Programm zur Textverarbeitung geöffnet haben, können Sie auf Ihrer Tastatur einfach anfangen zu schreiben wie auf einer Schreibmaschine.
- Damit Ihr Text erhalten bleibt, müssen Sie der Datei einen Namen geben und sie speichern. Dazu gehen Sie mit dem Mauspfeil auf das Sicherungssymbol (eine kleine Diskette) oberhalb Ihres Dokumentes und drücken einmal auf die linke Taste. Haben Sie keine Angst, dass Sie Unersetzliches löschen, wenn Sie das falsche Symbol anklicken. Ihr Computer fragt Sie immer, ob Sie einen Befehl wirklich ausführen wollen. Wenn Sie einen Fehler gemacht haben, wählen Sie in diesem Fall einfach die Antwort „Abbrechen". Dann geschieht gar nichts.
- Um ein Programm wieder zu schließen, klicken Sie mit der Maus auf das Kreuzchen ganz oben rechts in der Ecke.
- Wenn Sie aufhören wollen, dürfen Sie den Computer nicht einfach ausschalten, sondern müssen ihn „herunterfahren". Dazu klicken Sie mit der Maus das Startfeld links unten an. Nun erscheint eine Liste, in der sich auch der Punkt „Computer ausschalten" (bzw. „herunterfahren") befindet. Diesen klicken Sie an und warten ab, bis der Bildschirm schwarz geworden ist. Die meisten Computer schalten sich selbst ab, bei anderen müssen Sie nun noch den Ausknopf drücken.

Es wird sich immer jemand finden, der Ihnen am konkreten Computer zeigt, wie die Bedienung geht. Lassen Sie ihn aber nicht zu viel reden und mit Fachausdrücken um sich werfen – gerade männliche Jugendliche können da anstrengend sein. Lassen Sie sich stattdessen Schritt für Schritt ganz simple Dinge wie Hoch- und Runterfahren bzw. das Öffnen eines Programms zeigen und machen Sie sie sofort mehrmals nach, um sie sich einzuprägen.

TIPP

Spielen Sie Computerspiele, um Übung bei der Bedienung der Maus zu bekommen! Es müssen ja keine Ballerspiele sein. Sie können per Computer auch Patiencen legen oder das Brettspiel Mah-Jongg spielen.

Desktop gestalten

Sie wollen am Computer nicht vor einem langweiligen, linoleumgrünen Hintergrund arbeiten, sondern ein hübsches Urlaubsfoto unterlegen? Das geht ganz einfach:

1 Bild als „bmp"- oder „jpg"-Datei auf dem Computer speichern.
2 Mit der rechten Maustaste auf den Desktop klicken.
3 Auf das Feld „Eigenschaften" klicken.
4 Auf das Feld „Desktop" klicken.
5 Über den Befehl „Durchsuchen" nach dem gewünschten Bild suchen.
6 Auf „Übernehmen" gehen, um eine Vorschau zu sehen. Wenn das Bild den Bildschirm nicht ausfüllt, im Befehlskästchen statt „zentriert" „gestreckt" wählen.
7 Auf „OK" klicken.

VARIANTE: BILDSCHIRMSCHONER ÄNDERN

Den Bildschirmschoner ändert man praktisch genauso. Nur dass man unter Punkt 4 eben nicht „Desktop", sondern „Bildschirmschoner" anklickt. Sehr angesagt: eine Diashow eigener Bilder ablaufen lassen. Auch diese lässt sich ganz einfach auswählen, muss aber natürlich zuvor erst einmal auf dem Rechner gespeichert worden sein.

Verknüpfungen erstellen

Auf einem vernünftig eingerichteten Computerdesktop befinden sich eine Reihe kleiner Symbole, mit deren Hilfe sich Programme, mit denen man regelmäßig arbeitet, direkt anklicken lassen. Doch wie behilft man sich, wenn man diesen Desktop von einem Dritten eingerichtet bekommen hat und inzwischen lieber mit anderen Programmen arbeitet? Wieder um Hilfe rufen? Völlig unnötig. Sie suchen einfach das entsprechende Programm im Programmordner, klicken es mit der rechten (!) Maustaste an und ziehen es dann mit gedrückter Taste auf den Desktop. Der Computer sollte Sie nun fragen, ob Sie das ganze Programm auf den Desktop verschieben, es dorthin kopieren oder eine Verknüpfung erstellen wollen. Wählen Sie die Verknüpfung! Alles andere ist nicht empfehlenswert. Erscheint dieses Fragefeld nicht, dann haben Sie vermutlich nicht die rechte, sondern die linke Taste benutzt und das ganze Programm selbst auf den Desktop verschoben. Es liegt nun nur noch auf Ihrem virtuellen Schreibtisch herum und befindet sich in keinem sicheren Ordner mehr. Das Ganze lässt sich jedoch einfach rückgängig machen, indem Sie das Symbol auf dem Schreibtisch wieder anklicken und zurück in den Ordner ziehen. Verknüpfungen erkennen Sie an dem kleinen abgeknickten Pfeil in der rechten unteren Ecke. Wenn Sie eine solche Verknüpfung wieder loswerden wollen, schieben Sie sie einfach in den Papierkorb. Symbole ohne Pfeil sind keine Verknüpfungen, sondern Programme. Wenn Sie die einfach löschen, funktionieren sie nicht mehr und müssen neu installiert werden.

TIPP

Wenn Sie ein neues Programm installieren, erstellt der Installationsassistent meist auch automatisch eine Verknüpfung. Das kann dazu führen, dass Sie irgendwann eine Unmenge von Verknüpfungen auf Ihrem Desktop haben und das Ganze ziemlich unübersichtlich wird. Erzeugen Sie einfach einen neuen Ordner namens „Verknüpfungen" auf den Desktop und ziehen Sie selten genützte Verknüpfungen hinein. Dann sind sie nicht im Weg, aber doch schnell erreichbar, wenn sie benötigt werden.

Programme deinstallieren

Neue Programme zu installieren ist inzwischen ziemlich leicht geworden. Wenn Sie die entsprechende CD eingeschoben oder „Download" im Internet angeklickt haben, sagt Ihnen der Installationsassistent genau, was Sie tun müssen. Programme wieder loszuwerden, kann etwas aufwendiger sein. Heutzutage haben die meisten allerdings auch Deinstallationsprogramme. Wenn Sie über „Start" und „Programme" auf das entsprechende Programm gehen, dann werden Ihnen auch die zugehörigen Hilfsprogramme angezeigt. Falls es eines namens „deinstallieren" oder „uninstall" gibt, klicken Sie einfach darauf. Wenn es kein solches Programm gibt, dann gehen Sie über „Start" und „Einstellungen" in den Ordner „Systemsteuerungen". Darin finden Sie den Punkt „Software". Wenn Sie diesen öffnen, bekommen Sie eine Liste all Ihrer Programme, die Sie nur anklicken müssen, um Sie zu entfernen.

Doch Achtung! Wählen Sie diesen Weg nur, wenn die Programme keine Deinstallationsprogramme haben. Sonst kann es passieren, dass das System durcheinanderkommt und ein Programm nicht vollständig löscht. Das führt zu ziemlichen Problemen, wenn Sie dieses oder ein Nachfolgeprogramm erneut installieren wollen.

TIPP

Die meisten Programme haben die schlechte Angewohnheit, sich bei der Installation auf dem Computer ziemlich breitzumachen. Denn oft werden eine ganze Reihe von Optionen und Zusatzprogrammen mitinstalliert, die Sie vielleicht gar nicht brauchen. Die fressen unnötig Arbeitsspeicherkapazität, verlangsamen Ihren Rechner oder drängen sich ständig in den Vordergrund. Ganz unangenehm wird es, wenn das Programm sich standardmäßig mit diversen Dateiformaten verbindet. Dann kann es Ihnen passieren, dass zum Beispiel jedes Mal, wenn Sie ein Bild im jpg-Format anklicken, automatisch Ihr Fax- oder Bildbearbeitungsprogramm geöffnet wird, obwohl Sie es überhaupt nicht brauchen. Dem entgeht man, indem man die „benutzerspezifische Installation" wählt, die von den meisten Installationsassistenten neben der Standardinstallation angeboten wird. Hier kann man u. a. – meist gegen Ende des Installationsprozesses – selbst auswählen, mit welchen Dateiformaten das Programm verbunden wird. Oder unterbinden, dass gleich mehrere Verknüpfungen zum Programm (Desktop, Fußleiste, Startmenü) erstellt werden.

Computer aufräumen

Kennen Sie die Programme „Datenträgerbereinigung“ und „Defragmentierung“? Mit ihnen lässt sich auf Ihrer Festplatte Ordnung schaffen. Das hat zur Folge, dass Ihr Rechner wieder schneller arbeiten kann. Bei Windows sind sie unter „Start“/ „Programme“/ „Zubehör“/ „Systemprogramme“ zu finden. Die Datenträgerbereinigung sollte man etwa alle ein bis zwei Monate durchführen, das längere Defragmentieren etwa halb so oft. Beide Programme führen zuerst eine Prüfung durch, und zwar für jedes Laufwerk einzeln, egal, ob es sich um die ganze Festplatte handelt oder nur um Teilbereiche. Wichtig ist vor allem, das Laufwerk „C:“ in Ordnung zu halten, auf dem das Betriebssystem liegt. Die Datenträgerbereinigung macht Ihnen einen Vorschlag, in welchen Bereichen nicht benötigte Daten gelöscht werden können. Wenn Sie ganz sichergehen wollen, folgen Sie einfach diesen Empfehlungen. Sie können jedoch auch Vorschläge verwerfen und andere Bereiche auswählen. Viel Speicherplatz lässt sich meist mit der Komprimierung alter Dateien erzeugen, was jedoch heikel ist, da ein Zugriff auf diese Dateien in Zukunft länger dauern kann. Das Löschen temporärer Dateien und das Leeren des Papierkorbes sind dagegen unproblematisch. Es sei denn, Sie haben aus Versehen Wertvolles in den Müll geschmissen. Beim Defragmentieren schiebt das System einzeln herumliegende Datenfragmente auf der Speicherplatte zusammen, damit größere Dateien auch physikalisch wieder beieinanderliegen. Dies beschleunigt die Verarbeitung der Dateien und schafft freien Platz für neue.

Im Internet surfen (für Anfänger)

Grundsätzlich arbeitet man am Computer mit Programmen, die in diesem konkreten Computer gespeichert sind. Man kann aber auch über eine Leitung oder Funkverbindung mit Computern in aller Welt in Verbindung treten. Ist ein solcher Anschluss einmal eingerichtet, dann ist es kinderleicht, ihn zu nutzen. Man klickt auf dem Bildschirm das Symbol für das Internet an und öffnet damit ein Programm, das eine Verbindung aufbaut. Dieser Browser ist eine Maske, die die Daten aus dem World Wide Web in eine grafische Anzeige übersetzt und die Eingaben des Nutzers als Befehle in die Welt schickt. Je nach Installation ist man nun schon im Internet oder muss noch Tasten wie „Einwählen“ oder „Internet öffnen“ anklicken. Wenn man

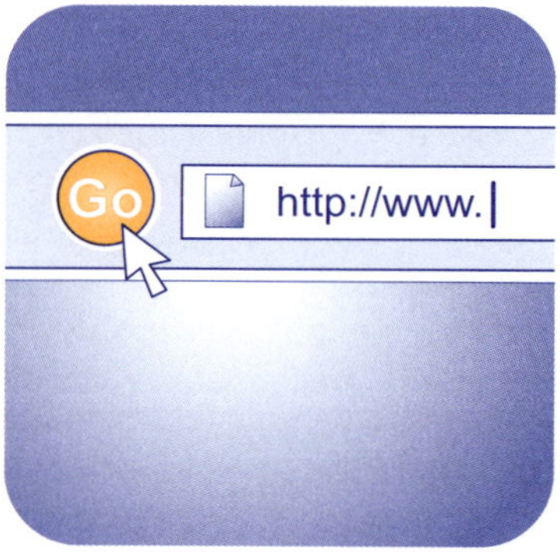

verbunden ist, zeigt sich auf dem Browser ganz oben ein Feld, in dem man die gewünschte Adresse eintippen kann. Die meisten Adressen beginnen mit „www“ und enden in Deutschland auf „.de“. Etwa www.compactverlag.de.

Nach dem Eintippen drückt man auf dem Computer die große Returntaste (mit dem abgeknickten Pfeil rechts auf der Tastatur) und schon baut sich auf dem Computer die gewünschte Seite auf. Will man auf eine andere Seite wechseln, gibt man einfach eine neue Adresse ein. Beendet wird die Verbindung, indem man den Browser mit einem Klick auf das Kreuz rechts oben schließt oder sich wieder abmeldet.

E-Mail schreiben (für Anfänger)

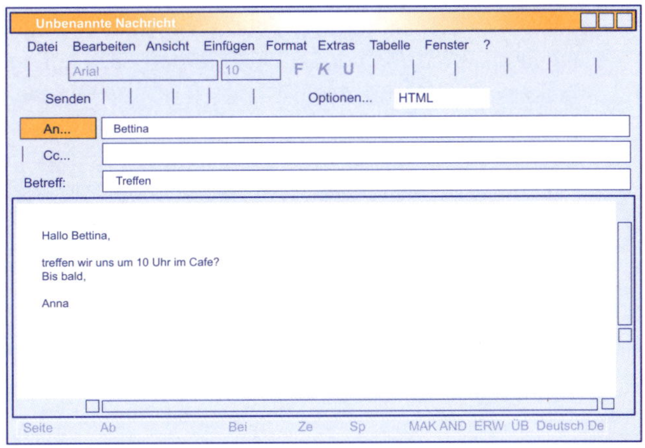

Eine der schönsten und praktischsten Funktionen des Internets ist das Postsystem. Vor allem Großeltern, die sonst praktisch nie ein Lebenszeichen von den geliebten Enkeln bekamen, erleben manchmal ihr blaues Wunder, sobald sie sich ins Netz wagen. Sogar die Queen setzt sich angeblich an den Computer, um auf diese Weise Kontakt mit Harry, William und Co zu halten. Die Nutzung ist ganz einfach:

1 Das E-Mail-Programm öffnen. Je nach Installation ist es über den Internetbrowser (dann müssen Sie sich vorher noch anmelden) oder einen eigenen Browser erreichbar.
2 Auf „E-Mail schreiben" klicken.
3 Text über die Tastatur eingeben.
4 An die Mail können Textdokumente oder Fotos, die sich auf dem Computer befinden, als Anhang angeheftet werden, indem man einfach auf das Feld „Anhang" oder „Attachment" oder das Zeichen mit der Büroklammer klickt.
5 E-Mail-Adresse in das betreffende Feld eingeben (@ wird durch gleichzeitiges Drücken der Tasten „alt gr" und „q" gebildet), nach Belieben auch „Betreff"-Feld ausfüllen.
6 Auf „Senden" drücken.

Das Empfangen von E-Mails ist etwas heikler. Zwar muss man im Grunde nur auf das Postfach oder das Feld „E-Mail abrufen" klicken, doch in der Regel bekommt man auch viel elektronischen Müll. Und den sollte man nicht einfach neugierig durchblättern wie Werbemüll im Briefkasten. Denn die sogenannten „Spam-" oder „Junkmails" können gefährliche Anhänge haben, die den Computer schädigen. Deshalb dubiose Mails gleich löschen und nie, nie, nie einen Anhang öffnen, wenn man den Absender nicht kennt.

WISSENSWERT

Wirre englischsprachige Mails, wo schon im Betreff Viagra oder Penisverlängerung vorkommen, werden die wenigsten Menschen öffnen. Doch wenn es darum geht, Viren und Computerwürmer unters Volk zu bringen oder geheime Daten wie Passwörter auszuspähen, sind die Absender meist raffinierter. Sie schicken etwa Mails, in denen die Adressaten mit Namen angeredet werden, tun so, als würden sie auf eine Mail reagieren (mit „Re:" im Betrefffeld) oder geben einen seriös klingenden Absender an. Beliebt ist zum Beispiel, Internetnutzer angeblich im Namen des BKA darüber zu informieren, man ermittle wegen illegaler Software auf dem Rechner. Wer kann dem Blick in den Anhang schon widerstehen, wenn angeblich gegen ihn ermittelt wird? Oder: Die Mail kommt augenscheinlich von der Bank und fordert dazu auf, wegen wichtiger Informationen die Bankwebsite zu besuchen. Die jedoch ist eine täuschend ähnliche Fälschung. Dort wird der Adressat dann aufgefordert, das Passwort für sein Konto einzugeben. Dies gerät dadurch in die Hände der Kriminellen. Spätestens jetzt sollten die Alarmglocken schrillen, denn echte Banken fragen niemals nach dem Passwort. Wird man mit solchen Dingen konfrontiert, sollte man sich an die Zentrale zur Bekämpfung unlauteren Wettbewerbs (www.wettbewerbszentrale.de/beschwerdestelle) wenden.

E-Mail schreiben für Profis

Technisch ist alles klar! Aber in der Form? Was ist eine Profi-E-Mail? Eine, die gespickt ist mit Netslang? 4 U *g* MfG ☺? Im Gegenteil! Ein Profi-E-Mailer zeichnet sich durch Stilsicherheit aus. Und das bedeutet vor allem, dass offizielle elektronische Mitteilungen und geschäftliche Mails genauso ordentlich wie Briefe geschrieben werden: höfliche Anrede, gut lesbare Schrift (12-Punkt und Type ohne Schnörkel), klare Formulierungen ohne Rechtschreibfehler, Absätze zur Gliederung, einen freundlichen Schluss (Nein! Nicht „MfG"! Grüße ausschreiben!) und keine problematischen Anhänge, die der andere eventuell nicht öffnen kann oder die immensen Speicherplatz verschlingen.

In privateren Mails mit Bekannten kann man dagegen gerne mal einen „Smiley" oder ein anderes „Emoticon" einbauen. Doch das sollte selbsterklärend sein. In Chatforen oder Freundeskreisen dagegen, wo Netzjargon kultiviert wird, macht es sich natürlich gut, alle gerade relevanten Abkürzungen, Tricks und Symbole zu kennen.

VARIANTE: E-MAILS VERSTEHEN

Und was macht man, wenn man E-Mails mit Slang bekommt, den man nicht versteht? Im Internet nachschauen! Dort finden sich genügend Listen mit den gerade gebräuchlichen Abkürzungen oder Symbolen. Elemente des Netzslangs sind:

- **Emoticons:** Am Anfang stand der Smiley, ein gelbes, grinsendes Köpfchen, das entweder als freundlicher Gruß verwendet wurde oder Belustigung des Schreibers ausdrücken sollte. Inzwischen gibt es Dutzende solcher Gesichter, deren Ausdruck jedoch für Uneingeweihte oft unklar oder zweideutig ist.

- **Abkürzungen:** Im SMS-Verkehr, wo pro Nachricht nur 160 Zeichen erlaubt sind, wird heftig abgekürzt – meist auf englischer Grundlage. Bb etwa heißt „bye, bye“, imo „in my opinion“ und np „no problem“. Das hat sich auf die Bereiche Chat und E-Mail übertragen.
- **Homofone:** Buchstaben und Zahlen stehen für Wörter, die (auf Englisch) gleich klingen: 2 für to, 4 für for, b für be, c für see, h für age, i für eye, r für are, u für you.
- **Einschübe:** Relativ selbsterklärend sind Einschübe in Sternchen oder Tags wie *grins* oder <ironie>.
- **Leetspeak:** eine reine Spielerei, die weder Abkürzungscharakter hat noch zusätzliche Informationen birgt. Dabei versucht man Buchstaben durch Zeichen zu ersetzen, die ähnlich aussehen, etwa ein G durch eine 6 oder ein B durch eine 8.

Passwörter erfinden

Hand aufs Herz – haben Sie Ihre Passwörter für die verschiedensten Onlinedienste doch irgendwo aufgeschrieben? Es kommt ja einiges zusammen: Onlinebanking, eventuell nicht nur bei einer Bank, der Zugang zu ebenfalls mindestens einem E-Mail-Account, E-Bay, Amazon und andere Einkaufsportale, verschiedene Chatforen … Doch das ist riskant. Viele Einbrecher suchen heute gar nicht mehr nach Wertgegenständen, sondern nach Passwörtern und TAN-Nummern für das Onlinebanking. Oder benutzen Sie Ihre Initialen oder die Geburtstage

Ihrer Kinder, obwohl davor immer gewarnt wird? Oder haben Sie gar nur ein einziges Passwort für alle Internetoperationen? Hochriskant! Aber wie soll man sich bloß Dutzende von Passwörtern merken, die nicht einmal eingängig und einfach sein dürfen? Es gibt ein paar Tricks:

- Gute Passwörter sind aus Buchstaben und Zahlen zusammengesetzt. Damit man sie sich problemlos merken kann, sollte man sich beim Kreieren etwas überlegen, was für einen persönlich unvergesslich ist, aber so schräg, das Dritte nicht darauf kommen. Zum Beispiel: Sie taufen Ihr Girokonto Ira. Die letzte Ziffer (außer 0) der Bankleitzahl ist eine 8. Ihre Frau (weiblich wie Ira) ist im Mai geboren und ihr Vorname beginnt mit S. Ergibt „ira805es". Oder: Opa wurde in Baden-Baden geboren, ist 92 Jahre alt und nannte seine Kinder Peter, Karl und Erika. Das sind drei. Ergibt: „bad92pke3".
- Schaffen Sie Hierarchien: Sie brauchen nicht unbedingt für jede Infoseite, auf der Sie sich als Nutzer registrieren lassen, ein eigenes Passwort. Aber Ihre Konten und andere ähnlich gefährdete Zugänge sollten unbedingt jeweils ein spezielles Passwort haben. Für mittelwichtige Konten können Sie eventuell Variationen benutzen, etwa „frll17bü" (wie Bücher) für Ihr Konto bei Amazon", „frll17stei" (wie Versteigerung) bei Ebay, „frll17fig" (wie „finde ich gut") für das Konto beim Modeversand.

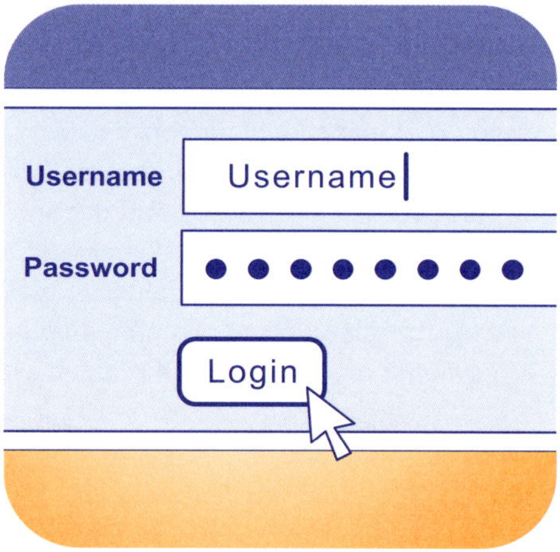

VARIANTE: PIN-NUMMERN MERKEN

Noch schwieriger als selbst erfundene Passwörter lassen sich PIN-Nummern merken, die man zum Beispiel von der Bank zugeteilt bekommt, bei der man sein Konto hat. Die Geheimzahlen der EC-Karte und des Girokontos, die man regelmäßig benutzt, kann man wahrscheinlich wirklich auswendig. Aber wie ist es z. B. mit der Sparcard, die man nur im Urlaub für Auslandsabhebungen benutzt? Die meisten Menschen schreiben sich solche Kennzahlen doch irgendwo auf. Aber wer auf Nummer sicher gehen will, sollte sich auch diese merken. Das funktioniert, wenn man es schafft, auch dazu irgendeine eingängige Erklärung zu erfinden. Etwa: 5798. Die Familie besteht aus fünf Personen, im Urlaub wünschen sie sich sieben Tage Sonnenschein und der Norwegenurlaub war im Jahr 98. Alternative: Man ersetzt die Zahlen durch die jeweiligen Buchstaben im Alphabet und erfindet einen Satz: E G I H. Etwa: „Eine Geheimzahl ist herrlich."

Computer schützen

Würden Sie Ihre Wohnungs- und Haustür offen stehen lassen, wenn Sie in den Urlaub fahren? Genau so verhalten sich Internetnutzer, die ihren Computer nicht vor Angriff und Missbrauch schützen. Dabei sind die inzwischen angebotenen Schutzlösungen wirklich komfortabel und gemessen an den Risiken auch preiswert. Vor technischen Problemen bei Installation und Betrieb von Firewall und Virenschutzprogramm – meist zusammen im Paket mit Antispam und Kindersicherung angeboten – brauchen Sie sich nicht zu fürchten. Es gilt jedoch, ein paar Dinge zu beachten.

- Sicherheitssoftware sollten Sie bei neuen Computern immer als Erstes installieren, in jedem Fall, bevor Sie online gehen. Lassen Sie sich von keinem anderen Programm irritieren, das sich nach einem Internetzugang sehnt. Schließen Sie erst die Installation ab, bevor Sie das Kabel einstecken oder eine drahtlose Netzwerkverbindung herstellen. Registrieren können Sie die Programme später immer noch.
- Beim Austausch der Schutzprogramme als Erstes die Internetverbindung kappen und die alte Software mit dem Deinstallationsprogramm vollständig entfernen. Diese Programme sitzen – aus gutem Grund – ganz tief im Herzen Ihres Rechners. Wenn nach dem zwingenden Neustart keine Meldungen und Verknüpfungen mehr erscheinen und das Betriebssystem sich nicht beschwert, dass es jetzt ungeschützt ist, hat alles geklappt. Jetzt können Sie guten Gewissens die neue Software installieren – ansonsten sollten Sie fachkundige Hilfe suchen.
- Da immer wieder neue Viren, Würmer & Co im Netz auftauchen, sollte unbedingt das automatische Update der Virendefinitionen aktiviert sein. Dies erfolgt meist beim Start des Rechners, weswegen es etwas dauern kann, bis man dann selbst ins Internet kommt. Achten Sie darauf, dass die Definitionen wirklich immer aktualisiert werden, denn manche Computerschädlinge setzen genau hier an und schlagen dann später zu.
- Sicherheitshalber sollten Sie alle ein bis zwei Wochen Ihren ganzen Computer auf Viren scannen. Findet das Programm etwas, macht es meist auch einen Lösungsvorschlag, dem man am besten folgt. Gelingt es dem Programm nicht, die infizierte Datei zu entfernen, so wird diese meist isoliert und unter Quarantäne gestellt.
- Wenn die Lizenz abgelaufen ist, unbedingt verlängern bzw. anderes Virenschutzprogramm erwerben, falls Sie nicht zufrieden waren. Das alte Programm funktioniert zwar weiter, wird jedoch nicht mehr aktualisiert. Die neuesten Schädlinge sind aber in der Regel auch die gefährlichsten.

TIPP

Sicherheitslücken im Betriebssystem Ihres Computers kann kein Firewall- oder Virenschutzprogramm schließen, sondern nur der Hersteller des Systems. Damit Sie alle Updates für Ihr Betriebssystem auch immer sofort bekommen, sollten Sie bei den Schutzeinstellungen des Systems den automatischen Download von Updates eingestellt haben. Ihr Computer informiert Sie dann, wenn er neue Updates installiert bzw. wenn Sie dies aktiv tun müssen.

An Wikipedia mitarbeiten

Benutzen auch Sie das Onlinelexikon Wikipedia? Und was machen Sie, wenn Sie dort einen Fehler entdecken? Sinn der Sache ist, dass jeder, dem so etwas unterkommt, den Fehler sofort korrigiert. Nur so kann die Qualität des Lexikons erhalten werden. Das Ganze funktioniert äußerst einfach: Im Prinzip muss man nur auf die Markierung „Seite bearbeiten" über dem Artikel klicken. Dann kann man an der richtigen Stelle im Text die Änderung eingeben. Um die vielen Sonderzeichen für die Formatierung brauchen Sie sich nicht zu kümmern, wenn Sie nur Text korrigieren. Nun auf „Seite speichern" klicken und Sie haben einen Entwurf geschaffen, der nun von einem regelmäßigen Autor der Wikipedia gesichtet und freigegeben werden muss. Für die Freigabe wird aber nicht unbedingt überprüft, ob Ihre Änderung sachlich richtig ist, sondern nur, dass kein offensichtlicher Quatsch bzw. Vandalismus ins Netz gestellt wird. Zum guten Ton gehört es aber, sich vor einer Bearbeitung bei Wikipedia anzumelden. Dazu muss man sich nur mit einem selbst gewählten Benutzernamen, einem selbst gewählten Passwort und seiner E-Mail-Adresse registrieren lassen. Dazu erst „Über Wikipedia" und dann „Anmelden" klicken. Doch richtig anonym ist man auch ohne Anmeldung nicht. Da wird nämlich statt des Benutzernamens die IP-Adresse des eigenen Computers registriert. Fällt jemand mehrmals durch Vandalismus oder ähnliche grobe Verstöße gegen die Nutzungsordnung auf, kann er auch über diese Adresse von den Administratoren gesperrt werden.

FÜR FORTGESCHRITTENE

- Wer mehr als nur eine kleine zufällige Korrektur vornehmen möchte, sollte sich unbedingt anmelden, damit andere Benutzer mit ihm kommunizieren können.
- Alle wichtigen Informationen für die Mitarbeit bei Wikipedia gibt es auf der rechten Seite in der Rubrik „Über Wikipedia".
- Ganz wichtig ist, dass weder bei Texten noch bei Bildern, die man hinzufügt, Urheber- oder Persönlichkeitsrechte verletzt werden.
- Wer einen Text bearbeitet, sollte im Feld über der Speichertaste kurz angeben, was er gemacht hat und welche Quellen er dazu benutzt hat.
- Wenn man Zweifel an Inhalten hat bzw. Dinge löscht oder ändert, weil man sie für falsch hält, sollte man dazu auf der Diskussionsseite, die es zu jedem Artikel gibt, Stellung nehmen – und seinen Artikel unterschreiben: Das macht man, indem man auf das Symbol mit der vierfachen Wellenlinie klickt, das sich unter der Speichertaste als Textbaustein findet.
- Wenn es das gewünschte Thema noch gar nicht gibt, erscheint nach der vergeblichen Suche die Aufforderung, selbst einen Artikel zu schreiben, die man nur anklicken muss, um loszulegen. Dafür sollte man sich aber auch mit den richtigen Formatierungen auseinandersetzen.
- Alle Informationen, die man für das Bearbeiten braucht, wie Anmeldung, Formatvorlagen oder die Hinweise, wie man ein Bild einbindet, findet man, wenn man in der linken Spalte auf „Hilfe" klickt.

REISEBEGLEITER

Nichts vergessen!

- Ausweis plus Kopie
- Tickets
- Handy plus Aufladegerät (plus länderspezifischer Netzstecker)
- Kamera und aufgeladene Akkus
- Geldbeutel mit richtigen Karten, aber ohne Überflüssiges (z. B. Kundenkarten)
- wichtige Adressen von zu Hause und vom Urlaubsort
- Notfallnummern (z. B. zum Sperren der Kreditkarte)
- Reiseführer und Straßen- oder Landkarten
- Ersatzautoschlüssel, Kfz-Schein, grüne Versicherungskarte
- Brille, Sonnenbrille, Lesebrille, Ersatzbrille
- Medikamente
- Kleines Erste-Hilfe-Set
- Sonnencreme und Mückenschutz
- Kulturbeutel inklusive Zahnbürste, (voller) Zahnpasta, Kamm, Seife, Shampoo, Tampons, Kondome etc.
- Badesachen
- Handtücher/Strandtücher
- Unterwäsche
- Nachtwäsche
- Oberbekleidung (Pullover, Hemden, Blusen, T-Shirts, Hosen, Kleider, Röcke, Jacken)
- Regenbekleidung und/oder -schirm
- warmer Pullover
- Handschuhe, Schal
- Kopfbedeckung
- Strümpfe, Socken
- gute Schuhe, Laufschuhe, Hausschuhe
- Schreib- und Lesematerial (Notizblock, Stifte, Bücher, Zeitschriften, Zeitungen)

Ergänzen Sie diese Liste für sich und arbeiten Sie sie jedes Mal beim Packen genau ab. Auch wenn viele Punkte trivial sind: Es sind schon Leute mit vollem Gepäck, aber ohne Socken losgezogen. Oder haben in der Hektik den Kulturbeutel bereitgestellt, aber dann doch vergessen einzupacken.

TIPP

Auch wenn Sie nicht mit dem Flugzeug unterwegs sind: Überlegen Sie sich gut, welche Dinge Sie ins Handgepäck mitnehmen, damit sie schnell erreichbar sind. Es ist ärgerlich, unterwegs den Koffer öffnen zu müssen, um einen warmen Pullover zu suchen oder die Schachtel mit den Tampons, die man doch ein paar Tage früher braucht als gedacht.

Gekonnt Koffer packen

1 Mindestens einen Tag vorher beginnen. Dinge, die mitgenommen werden sollen, an einem bestimmten Platz sammeln. Im Kopf alle Urlaubssituationen durchgehen.
2 Möglichst dunkle und unempfindliche Kleidung wählen, die nicht durch den kleinsten Fleck untragbar wird, und darauf achten, dass alle Teile gut miteinander kombinierbar sind. Dadurch lässt sich die Gesamtmenge reduzieren. Für Wanderungen eventuell T-Shirts mitnehmen, die man am Urlaubsende vor Ort aussortiert. Lieblingssachen besser zu Hause lassen, damit sich die Tragödie in Grenzen hält, falls der Koffer verloren geht.
3 Die richtigen Koffer und Taschen wählen.
4 Schuhe in Beutel packen, auch wenn sie (jetzt noch) sauber sind. Eventuell gerollte Socken hineinstopfen, um Platz zu sparen.
5 Zuerst die schweren Dinge nach unten in den Koffer packen (unten beim stehenden Koffer natürlich).
6 Dann die empfindlichsten Dinge sehr sorgfältig auf den Kofferboden im oberen Bereich legen.
7 Darauf Dinge legen, die nicht so schwer sind, dass sie die empfindlichen Sachen quetschen, aber doch Masse genug haben, sie zu fixieren (z. B. Pullover auf Hemden).
8 Manche Kleidungsstücke rollt man besser, als dass man sie faltet. Das kann zum Beispiel für Hosen gelten, vor allem aber für Kleider und Röcke, die keine Knicke bekommen sollen.
9 Darauf achten, dass man den Koffer noch selbst tragen kann, aber so füllen, dass die Sachen darin nicht hin und her geschleudert werden.
10 Vor allem bei Flugreisen: individuellen Adressanhänger anbringen, um Koffer problemlos wiederzuerkennen.

GRUNDWISSEN: PULLOVER UND HEMD FALTEN

1 Hemd mit der Vorderseite nach unten auf einer glatten Fläche ausbreiten, eventuellen Kragen nach oben klappen.
2 Rechtes Drittel zur Mitte einschlagen.
3 Rechten Ärmel im 90-Grad-Winkel nach unten einschlagen, sodass er auf der eingeschlagenen Vorderseite zu liegen kommt.
4 Mit dem linken Drittel genauso verfahren.
5 Obere Hälfte auf die untere klappen.
6 Kragen richten und glatt streichen.

TIPP
Das Sakko mit der Brustseite nach oben in den Koffer legen. Vorne öffnen und die zusammengefalteten Hemden glatt in den oberen Teil des Sakkos legen. Dann Vorderpartie über den Hemden schließen, Ärmel kreuzen (können auch noch mit gerollten Socken ausgestopft werden). Dann den unteren Teil des Sakkos nach oben klappen. Die Hemden werden so geschützt und das Sakko bewahrt durch die Auspolsterung seine Form. Viele moderne Businesskoffer haben extra flache Kleiderfächer, in denen sich Empfindliches gut verstauen lässt. Außerdem gibt es spezielle Kleiderhüllen, in denen Anzüge, Kleider und Kostüme schonend eingeschlagen werden können.

Richtiges Verhalten im Stau

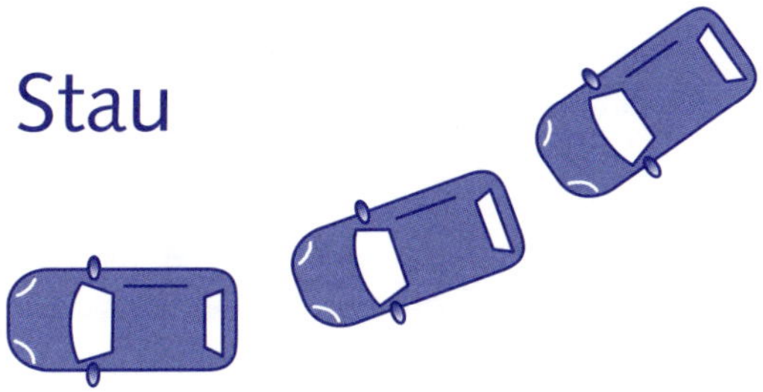

- Wenn möglich, Hauptreisezeiten vermeiden.
- Wenn Staus drohen, Radio hören, immer rechtzeitig tanken, auf die Toilette gehen, Proviant (vor allem Flüssigkeit) bereithalten.
- Bei Entdecken eines Stauendes vom Gas gehen, Warnblinklicht einschalten, aber nicht abrupt bremsen, wenn nicht nötig.
- An den Rand fahren, sodass zwischen den beiden Spuren (bzw. zwischen linker und mittlerer Spur) eine Rettungsgasse bleibt.
- Nach Möglichkeit Spurwechsel vermeiden. Erstens sind sie gerade im Stau gefährlich, da die Hinterleute oft angesichts des fast stehenden Verkehrs unkonzentriert sind. Zweitens werden Staus dadurch verschlimmert. Manche entstehen sogar nur dadurch, dass viele Fahrer auf der Suche nach der schnellsten Spur im stockenden Verkehr wild hin und her wechseln und ihre Hinterleute zum Bremsen zwingen.
- Wenn (fast) gar nichts mehr geht: Motor abstellen. Selbst wenn die Kolonne wieder ins Rollen kommt, geht das so langsam, dass Zeit bleibt, wieder zu starten. Das Abstellen lohnt sich bei Stehzeiten ab 20 Sekunden.
- Auch wenn scheinbar alles steht: Aussteigen ist verboten. Wenn man es aus irgendeinem Grund doch tut: vor dem Verlassen des Autos gut umschauen und Warnweste anziehen. Es kann z. B. immer mal ein Motorradfahrer oder Rettungswagen mit hohem Tempo auftauchen.
- Auf dem Standstreifen zu überholen ist absolut tabu!
- Da die Warterei nervt, treiben Staus den Adrenalinspiegel in die Höhe. Das Resultat: Wenn es wieder weitergeht, fahren manche wie die Verrückten. Aufpassen und sich selber nicht anstecken lassen. Allerdings trotzdem zügig weiterfahren, damit sich der Stau auflösen kann.

TIPP

Versuchen Sie die erzwungene Standzeit zu nutzen: Spielen Sie ein Spiel mit Ihren Kindern. Singen Sie alle zusammen Lieder. Studieren Sie den Reiseführer. Machen Sie leichte Entspannungsübungen und strecken Sie alle Glieder. Hören Sie ein Hörbuch oder suchen Sie eine interessante Radiosendung, die während des Fahrens zu viel Konzentration erfordern würde. Holen Sie die Brotzeitbox heraus und essen und trinken Sie entspannt. Wenn Sie Musik hören, dann lieber etwas Ruhiges. Harte Beats können das Aggressionslevel leicht in die Höhe treiben.

VARIANTE: RICHTIG EINFÄDELN

Wenn die Autobahn von drei auf zwei oder von zwei auf eine Spur verengt wird, dann kann sich bei dichtem Verkehr kilometerlanger stockender Verkehr oder sogar ein Stau bilden. Dass es so schlimm wird, hat oft mit dem falschen Verhalten der Autofahrer zu tun. Die richtige Strategie ist: Die Fahrer auf der Spur, die gesperrt wird, fahren bis ganz zur Verengung vor. Die Fahrer auf der Nachbarspur lassen dort jeweils ein Auto einfädeln. In der Praxis haben viele Fahrer Angst, vorne nicht mehr reingelassen zu werden und fädeln frühzeitig ein. Das führt dann dazu, dass die äußerste Spur frei wird und andere Fahrer an den Wartenden vorbei nach vorne brausen. Irgendwann fahren dann wieder mehr auf der äußersten Spur am Stau vorbei, weil auf der Nachbarspur praktisch gar nichts mehr geht. Dann scheren natürlich auch vermehrt entnervte Fahrer aus der „Standspur" auf die „Überholspur" aus, was wegen der Tempounterschiede unfallträchtig ist. Wer bleibt, bezahlt jedoch mit gesteigerter Wartezeit. Gelegentlich „sperrt" dann jemand die äußerste Spur, indem er darauf genauso langsam nach vorn fährt wie das Auto daneben. Im Prinzip ist das richtig und fair. Denn nun läuft der Verkehr auf beiden Spuren gleich schnell. Wer zuerst da war, kann an der Verengungsstelle zuerst einfädeln. Doch nicht jeder Hintermann versteht das. Manch einer fühlt sich von dem langsam fahrenden Fahrzeug auf der äußersten Spur ausgebremst und meint, dieses verschlimmere den Stau. Da brennen dann oft die Sicherungen durch. Richtig ist deshalb, in einer solchen Situation langsam ganz nach vorn zur Engstelle zu fahren, die freie Strecke, wenn andere vorzeitig einfädeln, zu nutzen, aber nicht um jeden Preis. Versuchen Sie bei dieser Aktion nicht provozierend auf ungeduldige Hintermänner zu wirken. In der Praxis oft ein ziemlicher Spagat!

Sitzplätze im Flugzeug

Wunderbar, ein Fensterplatz! Und dann sitzt man direkt über der Tragfläche und sieht praktisch gar nichts. Wo hat man wirklich Ausblick? Und wo am meisten Beinfreiheit? Wo lässt sich am besten schlafen und wo sind die Überlebenschancen bei einem Absturz am größten? Das ist bei jedem Flugzeug anders. Doch im Internet finden sich Empfehlungen für die verschiedensten Typen. Generell schläft es sich natürlich auf einem Fensterplatz am ungestörtesten, sitzt man in der Mitte über den Tragflächen am ruhigsten und ist die Beinfreiheit an den Notausgängen am größten. Was die sichersten Plätze betrifft, gehen die Meinungen auseinander. Manche Experten weisen darauf hin, dass die meisten Unfälle bei Starts und Landungen passieren, weshalb sie Plätze an den Notausgängen empfehlen. Andere raten, hinten zu sitzen, da man dort bei einem Absturz laut Statistik geschützter sei.

TIPP

Die Bewegungslosigkeit auf Langstreckenflügen kann zu Blutgerinnseln in den Beinvenen und damit zu Thrombosen führen. Wer gefährdet ist, sollte sich auf jeden Fall mit seinem Arzt absprechen und Kompressionsstrümpfe tragen. Aber auch für alle anderen ist es ratsam, öfters aufzustehen und viel zu trinken (keinen Alkohol!). Auch eine Bewegung der Beinmuskulatur beim Sitzen tut gut. Erfinden Sie doch ein paar Fußspiele, wenn eine vertraute Person neben Ihnen sitzt. Etwa mit den Zehen Botschaften schreiben, die der andere erraten muss.

Jetlag bekämpfen

Die Umstellung des Tagesrhythmus um mehrere Stunden ist ein Problem. Fliegt man von West nach Ost, meistens mehr als in Richtung Westen. In der Regel verkraftet man die Zeitverschiebung am besten, wenn man bereits im Flugzeug die Uhr auf die Zeit am Zielort umstellt und versucht, sich darauf einzustellen. Am Zielort sollte man dann so lange wach bleiben, wie es draußen hell ist, und auch die Mahlzeiten auf den dortigen Tagesrhythmus einstellen. Reichlich trinken (keinen Alkohol!) während des Fluges hilft. Die Einnahme von Melatonintabletten ist umstritten. Auf jeden Fall sollte man es während der ersten beiden Tage am Urlaubsort langsam angehen lassen und reichlich schlafen. Fragen Sie Ihren Arzt, wie Sie gegebenenfalls den Rhythmus einer Medikamenteneinnahme anpassen können.

Druck auf den Ohren loswerden

1 Mund schließen.
2 Nase zuhalten.
3 Kräftig in die Nase blasen, als wollte man sich schnäuzen.
4 Alternativ: Kaugummi kauen; gähnen.

Seekrankheit bekämpfen

Seekrankheit entsteht, wenn das Gehirn widersprüchliche Signale über die Bewegung des eigenen Körpers und die Lage im Raum empfängt. Tests haben gezeigt, dass unter extremen Bedingungen nahezu bei allen Menschen Seekrankheit auftritt. Auch erfahrene Seeleute können davon betroffen werden. Am anfälligsten sind aber Kinder im Alter von etwa zwölf Jahren.

1 Vorbeugend Medikamente einnehmen.
2 An Deck gehen. Im Schiffsinneren, wo die Augen die Ursache für die ungewohnten Bewegungen nicht ans Gehirn melden können, sind die Symptome in aller Regel viel schlimmer.
3 Am besten in der Mitte des Schiffes stehen und in Richtung Bug (Vorderteil) auf den unbewegten Horizont blicken.
4 Sich den Wind ins Gesicht wehen lassen und tief einatmen.
5 Ein Ohr mit dem Finger zudrücken, um die Flüssigkeit im Gleichgewichtsorgan zu bremsen, bzw. einen Ohrstöpsel benutzen. Angeblich soll es helfen, wenn Rechtshänder das linke Ohr blockieren und Linkshänder das rechte.
6 Gegen Übelkeit Ingwer essen.
7 Nicht lesen, fernsehen oder andere Dinge tun, die konzentriertes Sehen verlangen, sich ansonsten aber, wenn möglich, ablenken.
8 Eventuell hinlegen und die Augen schließen. Am besten bei den ersten Anzeichen.
9 Den Magen beschäftigt halten, aber nur mit Schonkost wie Zwieback, trockenem Brot oder Salzstangen.
10 Kaugummi kauen.

11 Penetrante Gerüche vermeiden, da diese die Übelkeit verstärken.

12 Die Reise entspannt antreten und eventuell autogenes Training machen.

13 Manche Leute und besonders Kinder reagieren sehr gut auf Akupressurbändchen (auch Sea-Band genannt).

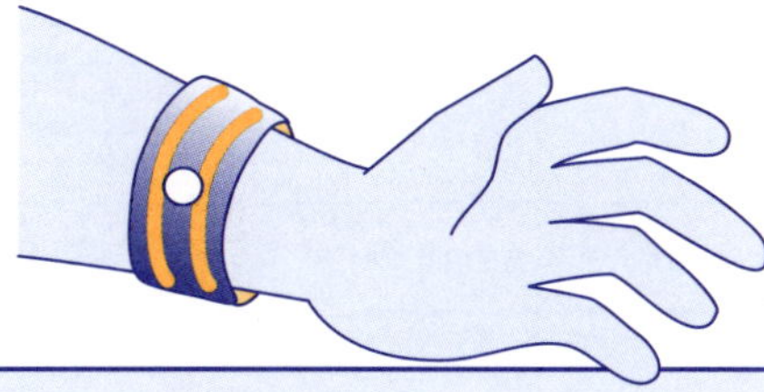

VARIANTE: REISEKRANKHEIT

Eigentlich ist die Seekrankheit nur die bekannteste Variante der allgemeinen Reisekrankheit. Übelkeit im Auto oder im Flugzeug hat nämlich dieselben Ursachen, tritt aber seltener und meist nicht so heftig auf. Auch Schaukeln, schwankende Wolkenkratzer, schlechte Sichtverhältnisse beim Skifahren oder Computersimulatoren können diese Art von Übelkeit auslösen.

Im **Auto** oder **Reisebus** hilft es, vorn zu sitzen und, wenn möglich, das Steuer zu übernehmen. Fahrer werden nicht reisekrank, da sie die Bewegungen des Fahrzeugs antizipieren. Beifahrer, denen schlecht wird, sollten nach Möglichkeit ebenfalls die Route im Blick haben und im Geiste mitfahren – ja nicht auf die Straßenkarte schauen!

Im **Flugzeug** sitzt man am besten in der Mitte über den Tragflächen. Manchen Menschen hilft der Blick aus dem Fenster, andere bemühen sich, ihn absolut zu vermeiden. Eine Liegestellung des Sessels und geschlossene Augen, aber auch ein Hin-und-her-Gehen im Gang können helfen.

TIPP

Ingwer hilft nicht nur auf Reisen gegen Übelkeit. Seine Inhaltsstoffe beugen Erbrechen vor, fördern die Durchblutung und haben antibakterielle Eigenschaften. Deshalb können sie oft auch Kopfschmerzen und Erkältungen lindern. Probieren Sie es doch einmal mit einem Ingwertee. Einfach pro Tasse einige dünne Scheiben von einer frischen Ingwerknolle schneiden, mit kochendem Wasser überbrühen und mindestens zehn Minuten ziehen lassen. Im Supermarkt ist auch Beuteltee erhältlich.

Sich im Ausland verständigen*

	guten Tag/hallo	danke	ja	nein	auf Wiedersehen
Arabisch	*ahlan wa sahlan/ marhaba*	*shukran*	*na'am*	*la*	*ma'a salama*
Chinesisch	*nihao*	*xiexie*	*shi*	*bushi*	*zaijian*
Dänisch	god dag/hej	tak	ja	nej	farvel
Englisch	good morning/hello	thank you	yes	no	good bye
Französisch	bonjour/salut	merci	oui	non	au revoir
Griechisch	*kalimera/hallo*	*efcharisto*	*nä*	*ochi*	*adio/cherete*
Hindi	*namastee/haloo*	*dhanyavaad*	*haa*	*nahin*	*fir milenge*
Italienisch	buongiorno/ciao	grazie	sì	no	arrivederci
Kroatisch	dobar dan/bok	hvala *(chvala)*	da	ne	do videnja *(do vidjeja)*
Niederländisch	(goeden) dag/hallo	dank u wel *(dank ü wäl)*	ja	nee	tot ziens *(tott siens)*
Polnisch	dzine dobry *(dschindobry)*/ czesc *(tschäschtsch)*	dziekuje *(dschienkuje)*	tak *(tack)*	nie *(njä)*	do widzenia *(do widsenja)*
Portugiesisch	bom dia/olá	obrigado/a	sim	não	adeus *(adeusch)*
Russisch	*dobri djen/priwjet*	*ßpaßiba*	*da*	*njet*	*da ßwidanja*
Spanisch	buenos días/hola	gracias	sí	no	adiós
Türkisch	merhaba/selam	tsekkür ederim/mersi *(teschekkür)*	evet *(ewet)*	hayir *(hajer)*	allahaismarladik (Erwiderung: güle güle)

*Kursiv geschriebene Wörter geben die Aussprache wieder.

Korrektes Begrüßen

Romanische Länder: Eine Begrüßung darf nicht zu kurz und zu zaghaft ausfallen. Ein langer, kräftiger Händedruck mit Blickkontakt ist das Mindeste. Aber man sollte sich darauf einstellen, dass Umarmungen, Wangenküsse, kräftiges Schulterklopfen etc. folgen.

Osteuropäische Länder: Der Handschlag ist nur teilweise üblich, aber korrekt. Fremden reicht man jedoch nur kurz die Hand.

Skandinavische Länder und Niederlande: Man sollte unbedingt immer jedem Anwesenden die Hand geben.

USA: Der Handschlag ist nicht allgemein üblich, aber willkommen. Jemand, der sich die Mühe macht, die Hand zu reichen, wird als besonders freundlich angesehen.

Großbritannien: Handschlag ist nicht unbedingt üblich und geht in der Regel vom Ranghöheren aus. Lieber darauf verzichten.

Russland: Wenn es formell zugeht, ist unter Männern ein kurzer, fester Händedruck üblich. Frauen entscheiden selbst, ob sie die Hand geben wollen oder nicht. In privatem Rahmen werden drei Wangenküsse ausgetauscht, die nicht nur in die Luft gehaucht werden. Auch in anderen Ländern (etwa Frankreich, Türkei), in denen Begrüßungsküsse verbreitet sind, sind unter Fremden der Handschlag (oft nur Männer) oder das höfliche Nicken (Frauen) die korrekte Begrüßung.

Muslimische Länder: Männer schütteln Männern die Hand, Frauen können Frauen die Hand geben. Aber für viele Muslime gilt, dass Männer und Frauen einander nicht berühren. Als Mann nickt man einer Frau höflich zu, schaut ihr dabei aber keinesfalls tief in die Augen. Ladys first wäre ein Tabubruch. Zuerst wird immer der Mann begrüßt. Wenn eine Frau von sich aus die Hand reicht, erwidert man das mit einem kurzen und nur leichten Händedruck.

Frauen sollten nicht allzu beleidigt sein, wenn sie vollkommen ignoriert werden. Teilweise gilt es unter muslimischen Männern als Geste des Respekts, eine Frau nicht wahrzunehmen.

Südostasien: Körperkontakt ist eher selten. Meistens legt man die Handinnenflächen an der Brust aufeinander und beugt den Kopf. In Japan hält man die Hände an der Seite und verbeugt sich – mit geradem Rücken – tief. Etwa 45 Grad gelten als korrekt. Von Ausländern wird dies jedoch nicht unbedingt erwartet.

WISSENSWERT

Entweder „Sie" und der Nachname oder „Du" und der Vorname: Diese Trennung gilt nicht in allen Ländern. In Russland etwa spricht man Leute nach der Vorstellung meist mit Vor- und Mittelnamen an (also z. B. Wladimir Sergejewitsch), aber mit „Sie". In anderen Ländern ist die Kombination Herr und Frau mit dem Vornamen üblich, etwa in Polen, der Türkei, Thailand, Malaysia und Indien.

Fettnäpfchen vermeiden

Es gibt einige Dinge, die als typisch deutsche Unsitten gelten:

- außerhalb des Strandes mit nacktem Oberkörper oder Badebekleidung herumlaufen.
- Minitrinkgelder in Form von Münzen unter einem Wert von 20 Cent geben.
- hemmungslos fotografieren.
- Kirchen mit bloßen Schultern, Shorts oder kurzen Röcken betreten (in ganz Südeuropa ungern gesehen).
- Liegen mit Handtüchern reservieren (kommt in Großbritannien besonders schlecht an).
- drängeln (auch hier rümpfen die Briten, Meister des geordneten Schlangestehens, die Nase).
- im Restaurant getrennt zahlen (vor allem in Italien ein Fauxpas).
- sich über den Bedienungszuschlag im Restaurant beschweren (ebenfalls Italien).
- im Restaurant nicht warten, bis man einen Tisch zugewiesen bekommt (hier ziehen die Franzosen die Augenbrauen hoch).
- sich am Strand mit großen Sandburgen das eigene Revier abstecken (mögen die Dänen gar nicht).
- sich mit imitiertem Dialekt anbiedern (vor allem die Schweizer werden ungern mit „Grüezi" angesprochen, aber auch in Österreich, Bayern oder an der deutschen Küste sollte man lieber davon absehen). In fremdsprachigen Ländern ist es dagegen in der Regel gern gesehen, wenn der Gast wenigstens ein paar Worte spricht.
- öffentlich turteln oder gar Liebkosungen austauschen (kann nicht nur in muslimischen, asiatischen und afrikanischen Ländern zu Ärger führen).
- laut und ungehobelt sein (während die Südeuropäer die Deutschen eher steif und ungesellig finden, werden sie in Asien, aber auch in Osteuropa oft als aufdringlich und anbiedernd angesehen. Auch direkt „Nein" zu sagen, wird nicht erst in Asien, sondern schon in Osteuropa als schroff betrachtet).
- Wein als Gastgeschenk mitbringen (in muslimischen Ländern, wo aus religiösen Gründen Alkoholverbot herrscht, ziemlich peinlich).

WISSENSWERT

Viele Fettnäpfchen sind mit einem guten Taktgefühl zu vermeiden. Doch es gibt in fremden Kulturen Tabus, die man nicht erahnen kann, deren Übertretung oft aber sehr krummgenommen wird. In großen Teilen Asiens etwa gilt die linke Hand als unrein, da man sich mit ihr auf der Toilette abwischt. Im Leben der Wüstennomaden, die sich nach dem Geschäft nicht unbedingt die Hände waschen konnten, war diese Trennung in saubere und unreine Hand auch wirklich sinnvoll.

Heute jedoch kann diese Trennung für Linkshänder zum echten Problem werden. Vor allem bei Reisen in islamische Länder wird oft geraten, für Begrüßungen und zum Essen und Trinken immer nur die rechte Hand zu benutzen, da alles andere als Respektlosigkeit oder gar Beleidigung des Gegenübers angesehen würde. Leider führt es auf der anderen Seite nicht gerade zum Respekt des Gastgebers, wenn man gezwungen ist, ungeschickt mit der falschen Hand zu agieren. Deshalb lohnt es sich im privaten Rahmen durchaus, dem Gastgeber das Problem zu erklären und zu fragen, ob es in Ordnung ist, wenn man wie gewohnt agiert.

Ebenfalls grob unhöflich und beleidigend ist es in weiten Teilen Asiens, beim Sitzen seine Fußsohlen zu zeigen. Außerdem sollte man es vermeiden, Kindern – und seien sie noch so niedlich – über den Kopf zu streichen. Diese onkelhafte Zudringlichkeit gegenüber fremden Kindern kommt aber auch in Deutschland nicht mehr besonders gut an, sodass es kein Schaden ist, diese Angewohnheit abzulegen.

Fotografieren im Urlaub

Auch bei Urlaubsfotos im Ausland gibt es Benimmregeln, die man unbedingt beachten sollte. Wer Menschen fotografieren will, sollte grundsätzlich immer vorher fragen. Auch bei Bettlern sollte man nicht davon ausgehen, dass es okay ist, wenn man für das Foto einfach eine Münze in den Hut schmeißt. In Ländern mit stark patriarchaler Gesellschaftsstruktur kann man auch leicht Ärger bekommen, wenn man Frauen fotografiert. Auch, wenn diese eher als Beiwerk mit auf das Foto kommen. Bei heiligen Stätten – egal ob europäische Kathedrale, muslimische Moschee oder australisches Naturheiligtum – sollte man sich vorher unbedingt vergewissern, dass Fotografieren erlaubt ist. In manchen Ländern ist es auch verboten, militärische Bauwerke, Soldaten, Flughäfen etc. zu fotografieren. Teilweise sind sogar Brücken tabu. Informieren Sie sich vorher im Reiseführer oder im zuständigen Tourismusbüro.

Trinkgeld geben

Ein Aufschlag von zehn Prozent auf die Rechnung im Restaurant, so wie in Deutschland üblich, ist in den meisten Ländern korrekt. Es gibt allerdings Ausnahmen.
In **China** und **Japan** etwa sind Trinkgelder weitgehend unüblich und werden teilweise sogar als Beleidigung angesehen. In Nordamerika (**USA** und **Kanada**) dagegen ist das Gehalt des Servierpersonals so niedrig, dass man 15 bis 20 Prozent als angemessen ansieht. In **Skandinavien** dagegen gelten fünf Prozent als ausreichend. In den **Beneluxländern**, aber auch in der **Schweiz**, **Island** und teilweise in **Italien** ist ein Bedienungszuschlag Teil der Rechnung, weshalb Trinkgeld überflüssig ist (aber ein Aufrunden trotzdem gern gesehen wird). In **Großbritannien** finden sich teilweise 12,5 Prozent Trinkgeld bereits auf der Restaurantrechnung, die man theoretisch streichen kann, was aber unangenehm auffällt. Legitim ist es jedoch, die Bedienung zu fragen, ob sie das Trinkgeld auch bekommt, und es im Zweifelsfalle direkt auszuzahlen. In Pubs dagegen sind Trinkgelder eher unüblich.
Und wem muss man sonst noch Trinkgeld geben? In guten Hotels ist etwa ein Euro täglich für das **Zimmermädchen** üblich (in den USA eher zwei Dollar) sowie etwa 50 Cent pro Gepäckstück für den **Gepäckträger**. **Taxifahrer** erwarten in manchen Ländern zehn Prozent, in den USA sogar 15. In der Regel braucht man aber nur aufzurunden. Gute Sitte ist es auch, **Stadtführer** mit einem oder zwei Euro zu entlohnen.

TIPP
Wie viel Trinkgeld ist richtig? Die Entscheidung beim Zahlen empfinden viele Menschen als Stress. Muss ich 4,10 auf ganze fünf Euro aufrunden? Oder bei 6,80 gleich acht Euro geben? Müssen müssen Sie überhaupt nichts. Lassen Sie sich also nicht unter Druck setzen. Die Aufrunderei ist überhaupt eine typisch deutsche Angewohnheit. In den meisten anderen Ländern lässt man den Betrag, den man zahlen will, einfach auf dem Tisch zurück. Und trauen Sie sich durchaus, bei schlechter Bedienung auf das Trinkgeld zu verzichten.

Mit Stäbchen essen

Mit Stäbchen zu essen ist Übungssache, doch im Prinzip nicht schwer. Wichtig ist, dass die Hand dabei nicht verkrampft.

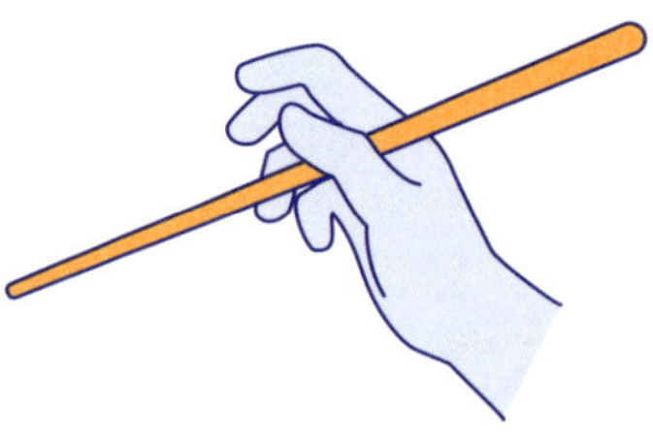

1 Eines der Essstäbchen wird in die Hautfalte zwischen Daumen und Zeigefinger geklemmt und durch die Kuppe des Ringfingers abgestützt. Dieses Stäbchen wird beim Essen nicht bewegt.

2 Das zweite Stäbchen nimmt man wie einen Stift zwischen die Spitzen von Daumen und Zeigefinger.

3 Im Ruhezustand liegen die Spitzen der Stäbchen aufeinander. Zum „Essenfassen“ hebt man die Spitze des oberen Stäbchens an und klemmt die Portion zwischen die Spitzen.

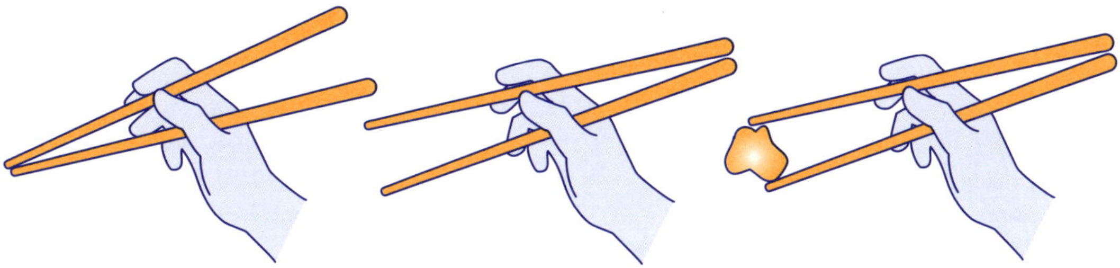

WISSENSWERT

- Essen von Stäbchen zu Stäbchen weiterzugeben gilt als unhöflich.
- Man deutet genauso wenig mit Stäbchen auf Personen, wie man hierzulande mit dem Finger auf sie zeigt.
- Man spielt oder trommelt auch nicht mit den Stäbchen herum.
- Auf keinen Fall sollte man Stäbchen senkrecht in die Reisschüssel stecken. Dies wird nur bei Trauerfeiern mit der Schüssel des Toten gemacht.
- Die Stäbchen gekreuzt oder v-förmig hinzulegen gilt in manchen Kulturen als böses Omen (das gilt übrigens auch in manchen Ländern für Besteck).
- Von den gemeinsamen Platten wird das Essen in der Regel nicht mit den eigenen, sondern mit speziellen Stäbchen genommen, so wie man auch hierzulande Vorlegebesteck benutzt.
- Während man in China beim Essen die Schüssel zum Mund hebt, ist dies in anderen asiatischen Kulturen verpönt.
- In manchen Kulturen ist es üblich, die Stäbchen nach dem Essen nicht in der Schüssel zu lassen, sondern neben die Schüssel zu legen, in anderen legt man sie quer über die Schüssel.

TIPP

Immer wieder hört man, dass Rülpsen und Schlürfen beim Essen in Asien durchaus üblich sei. Lassen Sie sich aber nicht verleiten zu glauben, dies gelte auch für das Schnäuzen. Das gehört sich in Asien bei Tisch nämlich absolut nicht.

Mit der Hand essen

Das Essen mit der Hand ist in Teilen Indiens und Afrikas noch üblich. In Restaurants wird man jedoch meist Besteck erhalten. Falls man aber mal in die Verlegenheit kommt, ohne Besteck essen zu müssen, sollte man folgende Regeln beachten:

- Gegessen wird nur mit der rechten Hand (Linkshänder sollten, um Missverständnisse zu vermeiden, darauf hinweisen, dass die Linke ihre „Haupthand" ist).
- Natürlich wäscht man sich unmittelbar vor dem Essen die Hand.
- möglichst nur mit den Fingerspitzen agieren.
- wenn Fladenbrot gereicht wird, kleine Fleisch- und Gemüseportionen in mundgerechte Brotfetzen wickeln.
- wenn Reis gereicht wird, den Reis auf den vorderen Fingergliedern mit etwas Soße vermischen und mit dem Daumen von der Hand in den Mund schieben, ohne dabei die Finger abzulecken. Dafür darf man nicht zu viel Soße nehmen. Der Vorteil: Die Gerichte schmecken weniger scharf, als wenn man den Reis in Soße „ertränkt".

Stehklo benutzen

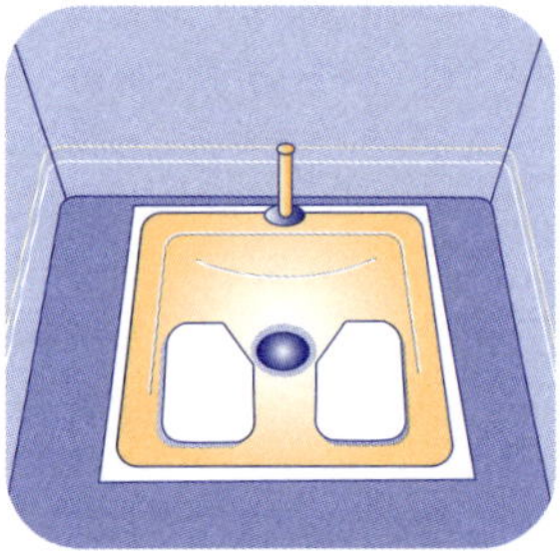

Der Name Stehklo ist schon irreführend. Denn wer darüber rätselt, wie er das in den Boden eingelassene Becken stehend benutzen soll, ohne sich selbst zu bepinkeln, der wird zu keinem guten Ergebnis kommen. In Wirklichkeit sind solche Toiletten nämlich **Hockklos.** Man stellt sich mit den Füßen auf die dafür vorgesehenen, meist geriffelten Erhöhungen im oder neben dem Becken und lässt sich möglichst tief in die Hocke hinunter. Das ist für die meisten Menschen, die das nicht gewohnt sind, ziemlich anstrengend, vor allem, wenn sie schon älter sind oder Knie- und Rückenprobleme haben. In vielen anderen Kulturen, in denen Hockklos üblich sind, sind die Menschen dagegen die Hockstellung auch in anderen Lebenslagen gewohnt. Hose und Unterhose zieht man in die Kniekehlen. Dabei gilt es aufzupassen, dass der Saum nicht auf dem Boden schleift und auch nichts aus den Taschen fällt. Einen Trick, wie jemand, der dergleichen nicht gewohnt ist, mit einem Hockklo leicht zurechtkommt, gibt es nicht. Es ist Übungssache.

WISSENSWERT

Mit Hockklos muss man vor allem in Südeuropa, teilweise auch in Frankreich, in der Türkei und in Südostasien inklusive Japan rechnen. Auch in den Ländern der früheren Sowjetunion sind sie noch weitverbreitet. Wer aus körperlichen Gründen solche Toiletten nicht benutzen kann, der sollte sich bei Reisen in diese Länder früh genug nach Alternativen umschauen.

Bidet richtig benutzen

Deutschland gehört zu den Ländern, in denen Bidets eher selten sind, was dazu führt, dass manche Menschen wenig damit anfangen können, wenn sie ihnen im Ausland begegnen. Viele halten sie sogar für ein Urinal und benutzen sie zum Pinkeln. Tatsächlich aber dienen Bidets zur Reinigung der Intimzone nach dem Toilettenbesuch oder im Rahmen der morgendlichen oder abendlichen Wäsche. Man zieht Hose und Unterhose aus und setzt sich dann mit dem Gesicht zur Armatur auf das Becken. Dann reinigt man mit der Hand oder einem Waschlappen den Intimbereich. Ob man die meist vorhandenen Düsen benutzt oder Wasser für eine gründliche Reinigung in das Becken einlässt, ist Privatsache.

Sich gegen Diebstahl wappnen

Rucksäcke, Handtaschen und die Hosentaschen sind ein Sicherheitsrisiko. Deshalb empfiehlt es sich, Wertsachen immer am Körper zu tragen: in Innentaschen, Brustbeuteln oder Bauchgurten. Auch wenn es nicht chic ist. Eventuell kann man einen kleinen Betrag für aktuelle Einkäufe in der Tasche haben, die großen Scheine, Karten und Ausweise aber gesichert aufbewahren. Je problematischer das Reiseland in dieser Hinsicht ist, desto mehr gilt es, diese Sicherheitshinweise wirklich zu befolgen. Aber auch in einer Umgebung, die nicht krimineller ist als die heimische, lohnt sich Vorsicht. Denn im Urlaub ist der Verlust der Barschaft oder Ausweise meist ein noch größeres Problem als zu Hause. Um nicht völlig blank dazustehen, wenn der Geldbeutel doch einmal weg ist, empfiehlt es sich, eine zweite Karte dabeizuhaben bzw. als Paar nicht nur mit einer Geldkarte zu reisen. Auch Ausweise wie Personalausweis und Führerschein separat aufbewahren. Alle wichtigen Dokumente sollte man zudem kopieren und die Kopien getrennt von den Originalen aufbewahren.

GRUNDWISSEN: DIE HÄUFIGSTEN TRICKS VON TASCHENDIEBEN

- Das Opfer wird **angerempelt**. Während es abgelenkt ist, greift ein Komplize nach Geldbeutel oder Handtasche.
- Die Diebe nutzen die Gelegenheit in **vollen Bahnen oder Bussen**, wenn das Opfer von allen Seiten von Menschen eingezwängt ist.
- Das Opfer wird gebeten, **Geld zu wechseln**, etwas auf dem Stadtplan zu zeigen oder im Supermarkt beim Auffinden einer Ware zu helfen. Während es abgelenkt ist, greift der Täter oder ein Komplize nach den Wertgegenständen.
- Besondere Aufmerksamkeit ist geboten, wenn mit einem Trick **Körperkontakt** hergestellt wird. Etwa, wenn jemand das Opfer „versehentlich" mit Eis etc. beschmutzt und dann versucht, den Schaden wieder gutzumachen. Oder wenn man von einem Wildfremden umarmt wird, der dann von einer Verwechslung redet. Auch bei bettelnden Kinderhorden ist das Betteln oft nur ein Ablenkungsmanöver, während andere zugreifen.

Kreditkarten sperren lassen

Wenn die Kreditkarte verloren geht, dann ist es wichtig, sie umgehend sperren zu lassen. Sonst haftet man unter Umständen selber für entstehende Schäden und nicht die Bank. Früher war das ein Problem: Jedes Institut hatte seine eigene Nummer, die man natürlich parat haben musste. Doch 2005 ist in Deutschland eine zentrale Anlaufstelle für die Sperrung elektronischer Berechtigungen (auch Kundenkarten, Krankenkassenkarten etc.) ins Leben gerufen worden. Die Nummer ist leicht zu merken – **116 116** –, rund um die Uhr zu erreichen und der Anruf innerhalb Deutschlands kostenfrei. Aus dem Ausland muss man einfach die 0049 vorwählen.

Was Sie allerdings für die Sperrung brauchen: die Kreditkartennummer und den Namen der betreffenden Bank. Deshalb sollte man sich die Nummern notieren und getrennt von den Karten aufbewahren. Außerdem sollten Sie sich vergewissern, dass Ihr Geldinstitut tatsächlich an diesem System beteiligt ist. Einige wenige Großbanken gehen Extrawege und haben eigene Nummern für die Sperrung der Karten.

GRUNDWISSEN: DIE HÄUFIGSTEN GAUNERTRICKS RUND UM KREDITKARTEN

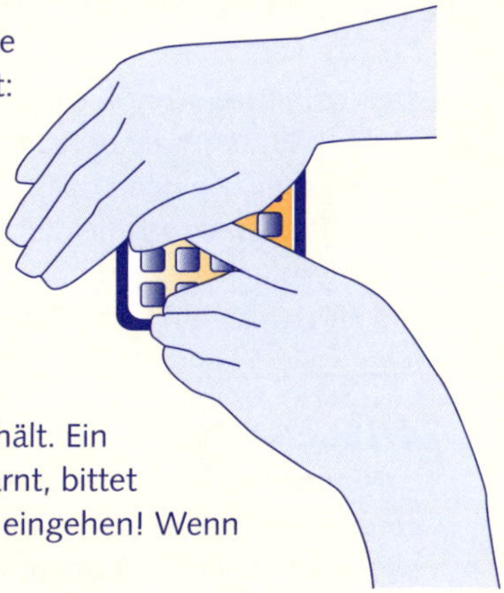

- Am Automaten oder im Automatenraum werden winzigste **Kameras zum Ausspähen der Geheimnummer** angebracht: Deshalb sollte man beim Eingeben immer die Tastatur verdecken. Auch wenn man sich vollkommen unbeobachtet fühlt.
- Der Karteninhaber wird **beim Geldabheben abgelenkt** und das Geld oder die Karte geraubt: deshalb immer darauf achten, dass niemand zu nahe kommt. Am besten beim Abheben zu zweit sein.
- Der **Automat wird so manipuliert,** dass er die Karte einbehält. Ein angeblicher Helfer, eventuell als Mitarbeiter der Bank getarnt, bittet dann, die **Nummer nochmals einzugeben**: darauf niemals eingehen! Wenn die Karte nicht zurückgegeben wird, sperren lassen.
- Der Automat **wird mit einem Vorsatzgerät manipuliert,** das die Geheimzahl ausspäht: keine Automaten benutzen, die verdächtig wirken. Passiert doch etwas, tragen aber meist die Banken den Schaden, wenn man nachweisen kann, nicht fahrlässig gehandelt zu haben.
- Beim **Bezahlen wird die Kreditkarte kopiert und nachgemacht**: die Karte beim Bezahlen nicht aus den Augen lassen. Bei einem Verdacht Kontostand auf Missbrauch kontrollieren. Auch hier haftet meist die Bank für eventuellen Schaden.
- Bei allen Tricks, wo zunächst nur die PIN ausgespäht wird, muss die Karte anschließend noch gestohlen werden. Mit sicherer Aufbewahrung und sofortigem Sperren nach Bemerken des Diebstahls kann man sich auch hier wappnen.

Blasen an den Füßen verarzten

Aufstechen oder nicht? Lieber nicht, da die Flüssigkeit in der Blase die Wunde vor Infektionen schützt. Aufgestochen werden nur sehr große Blasen, die wirklich stören. Aber so weit sollte man es gar nicht erst kommen lassen. Inzwischen gibt es spezielle Blasenpflaster mit Gelauflage, die man bei Wanderungen eigentlich immer dabeihaben sollte und aufklebt, wenn etwas zu scheuern beginnt. Beim Stadtbummel in den neuen Schuhen ist die nächste Apotheke sicher auch nicht weit. Notfalls können auch Leukoplast oder Klebeband die in Mitleidenschaft gezogene Stelle vor weiteren Reizungen schützen. Aber bei bereits wund gelaufenen Hautpartien sollte man diese Maßnahme natürlich nicht ergreifen.

Richtig reagieren bei Sonnenstich und Hitzschlag

1 Opfer möglichst schnell ins Kühle oder zumindest in den Schatten bringen.
2 Auf dem Rücken in einer halb liegenden, halb aufgerichteten Position lagern.
3 Beim Sonnenstich den Kopf mit feuchten Tüchern kühlen, beim Hitzschlag möglichst den ganzen Körper. Dabei Kleidung weit öffnen oder entfernen.
4 Kühlung zufächeln.
5 Beim Hitzschlag auf jeden Fall einen Notarzt rufen, beim Sonnenstich bei Bedarf.

WISSENSWERT

Ein **Sonnenstich** ist eine Schwellung der Hirnhaut, die durch direkte Sonneneinstrahlung verursacht wird. Er äußert sich durch einen heißen, roten Kopf, während die übrige Haut eher kühl ist, sowie Kopfschmerzen, Übelkeit, Schwindelgefühl und einen steifen Nacken. Ein **Hitzschlag** dagegen ist eine Überhitzung des Körpers auf über 40 °C, die auch bei feucht-schwülem Wetter ohne direkte Sonneneinstrahlung passieren kann. Die Symptome sind ähnlich wie beim Sonnenstich, werden aber noch von Fieber begleitet, was leicht zu Bewusstseinsstörungen und Fieberkrämpfen führen kann. Daneben gibt es noch den **Hitzekollaps**, der in der Regel bei großer körperlicher Anstrengung auftritt, wenn zu wenig Flüssigkeit konsumiert wurde. Auch in diesem Fall bringt man das Opfer in den Schatten, lagert es aber in Schocklage (flach auf den Rücken, Beine nach oben) und gibt ihm zu trinken.

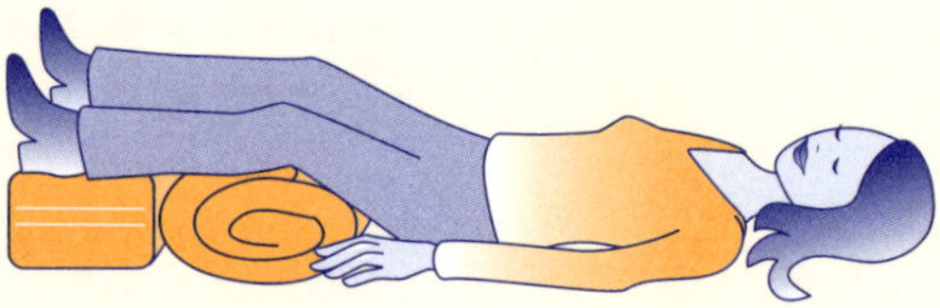

Tageslicht messen

Wie lange wird es wohl noch hell bleiben? Bei einer Wanderung kann dieses Wissen von entscheidender Bedeutung sein. Muss man sich beeilen, um rechtzeitig zurück zu sein? Mit einer Uhr und einem ungefähren Wissen, wann momentan die Sonne untergeht, ist das kein Problem. Aber wenn die Uhr nun vergessen wurde oder ausgefallen ist? Einen ungefähren Wert bekommt man, wenn man den Arm ausstreckt und mit der Hand den Abstand zwischen Sonne und Horizont misst. Jeder Fingerbreit steht ungefähr für eine Viertelstunde, die es noch bis zum Sonnenuntergang dauern wird.

Wettervorhersage anhand von Wolken treffen

Fransenwolken

Wird es Regen geben? Dazu braucht es Wolken. Aber welche Wolken sind wirklich gefährlich? Im Urlaub hat man oft keinen Zugang zu einem Wetterbericht, deshalb ist man mehr auf die eigene Einschätzung angewiesen.

- Je dunkler Wolken sind, desto dicker sind sie und desto eher bringen sie Unwetter mit sich. Wenn man zusehen kann, wie sich dunkle Wolken bilden, muss man eigentlich immer mit Unwetter rechnen.
- Lokale, heftige Regenschauer erkennt man durch tiefgraue „Fransen" an der Unterseite begrenzter, oben weißer, unten dunkler Wolken. Gelbe Fransen deuten Hagel an. An der Zugrichtung der Wolke kann man gut erkennen, ob und wann der Schauer einen treffen wird.
- Tief ziehende Wolken in Form weißer Wattebäusche sind eigentlich Schönwetterwolken. Vor allem, wenn sie sich im Laufe des Vormittags bilden und gegen Abend wieder verschwinden. Beginnen sie jedoch zu wachsen, sich nach oben „blumenkohlartig" zusammenzuballen und an der Unterseite dunkel zu werden, muss man mit Unwettern rechnen. Je schneller sie aufquellen, desto heftiger wird das Unwetter vermutlich ausfallen.
- Sogenannte Schäfchenwolken am Morgen lösen sich meist auf. Werden sie jedoch größer und wachsen türmchenförmig nach oben, muss man mit Gewitter rechnen. Auch „Schäfchen", die sich abends nach einem schönen Tag bilden, sind meist Vorboten für Regen.
- Feine Schleierwolken sind eigentlich harmlos. Doch wenn sie im Westen in großer Höhe immer dichter werden und die Sonne langsam milchig wird, ist das ein Kennzeichen für eine warme, aber feuchte Luftfront, die sich langsam über eine kältere Luftschicht legt und in ein paar Stunden für Regen sorgen wird. Auch schnell fliegende Schleierwolken, solche, die aus Südwest heraufziehen, gegen den Uhrzeigersinn drehen oder „Häkchen" haben, deuten auf schlechtes Wetter hin. Vor allem, wenn der Luftdruck fällt.
- Ziehen mehrere Wolkenarten gleichzeitig auf, fliegen sie schnell dahin und werden immer wieder zerrissen, ist das ebenfalls kein gutes Zeichen.
- Sieht man am Himmel nur ein eher helles, konturloses Einheitsgrau, muss man in der Regel allenfalls mit feinem Sprühregen rechnen. Lassen sich unter der Wolkendecke jedoch zusätzlich dunklere Einzelwolken erkennen, wird es wohl stärker regnen.

Gewitterwolken

Schäfchenwolken

Schleierwolken

FÜR FORTGESCHRITTENE

Nicht nur aus den Wolken lässt sich das Wetter ablesen:

- Ein **Sonnenhof** deutet auf eine Schlechtwetterfront in ein oder zwei Tagen hin.
- Nachts signalisieren **flimmernde Sterne** eine Eintrübung des Wetters.
- Ein **intensives Morgenrot** deutet genauso auf eine Regenfront hin wie ein schmutzig wirkendes, **gelb-rotes Abendrot**, während ein schönes **rosa Abendrot** ein Gutwetterbote ist.
- Ein **mattblauer Himmel** verheißt meist eher beständiges Wetter, ein **tiefblauer bei gleichzeitigem Wind** unbeständiges mit Schauern.
- Eine **Änderung der Windrichtung** um mehr als 45 Grad deutet auch auf einen Wetterumschwung hin.
- **Sehr gute Fernsicht** deutet eher auf einen Wetterumschlag hin (wenn man nicht gerade in den Bergen ist und Föhn herrscht), **Dunst am Abend** auf gutes Wetter.
- **Steigender Nebel** ist ebenfalls kein gutes Zeichen.
- **Intensiver werdende bodennahe Gerüche** rühren von sinkendem Luftdruck her und sind ein Regenbote.
- **Tief fliegende Schwalben** und Insekten, die bereits am Morgen stechlustig sind, deuten auf schlechtes Wetter hin.
- Wenn der **Wind abends zunimmt**, ist das ebenfalls kein gutes Zeichen.
- Wenn sich im Gebirge am Tag die **Silberdisteln schließen**, dann sollte man mit baldigem Unwetter rechnen, auch wenn es noch nicht danach aussieht.
- **Unruhe bei Tieren** kann auch auf Unwetter hindeuten.

Himmelsrichtung bestimmen

Sie haben sich verlaufen? Oder sind ohne Karte und Wegweiser aufgebrochen? Welcher Weg führt nun in die richtige Richtung? Wenn die Sonne am Himmel zu sehen ist, gibt diese eine gute Orientierung. Um zwölf Uhr mittags (Sommerzeit 13 Uhr) steht sie direkt im Süden. Davor östlich davon, danach westlich. Aber wie weit? Wenn man sich in unseren Breiten so stellt, dass der Stundenzeiger der Uhr genau Richtung Sonne zeigt und dann in Gedanken eine imaginäre Linie zieht, die in der Mitte zwischen zwölf Uhr und dem Stundenzeiger verläuft, weiß man ungefähr, wo Süden ist. Die Betonung liegt allerdings auf ungefähr, da es bei dieser Methode eine Reihe von Fehlerfaktoren gibt, wie z. B. der genaue Standort in der Zeitzone oder die Jahreszeit.

In den Bergen Hilfe alarmieren

Gerade da, wo es am einsamsten und gefährlichsten ist, funktioniert das Handy oft nicht mehr. Für solche Fälle lohnt es sich, das traditionelle alpine Notsignal zu kennen. Es besteht aus sechs Signalzeichen oder -lauten in der Minute. Dann folgt eine Minute Pause, dann wird wieder signalisiert. Die Art der Signale ist dabei völlig egal. Man kann Blinkzeichen mit einem Spiegel oder einer Taschenlampe geben, winken, schreien, pfeifen oder jodeln. Letzteres trägt besonders weit. Schließlich wurde das Jodeln nicht aus Gaudi, sondern als Verständigungssignal in den Bergen erfunden. Wer ein solches Notsignal sieht oder hört, der antwortet mit drei Signalzeichen pro Minute, macht eine Minute Pause und wiederholt sie dann. Und alarmiert natürlich sofort die Bergwacht. In allen Staaten der EU gilt generell die kostenlose **Euronotrufnummer 112**. Übrigens: Der Missbrauch dieses Notsignals ist strafbar!

VARIANTE: SEENOTSIGNAL

Auf See wird ein Notfall in der Regel durch rote Signalraketen angezeigt. Schiffe hissen die Flaggen, die für N und C stehen.

N

C

Wer über solche Ausrüstung nicht verfügt, aber eine Taschenlampe oder Spiegel hat, morst **SOS (dreimal kurz, dreimal lang und dreimal kurz)**. Das steht übrigens nicht für „Save our Souls", wie oft behauptet wird, sondern wurde einfach als Notzeichen ausgewählt, weil es auffällig und leicht zu merken ist.

International buchstabieren

„K wie Kaufmann, O wie Otto, N wie Nordpol ..." – ob das im Ausland jemand versteht? Es wird wohl schwierig. Deshalb empfiehlt es sich, auch das **internationale Buchstabiersystem** zu können. Es lautet: **A**lpha, **A**lpha-**E**cho (ä), **B**ravo, **C**harlie, **D**elta, **E**cho, **F**oxtrott, **G**olf, **H**otel, **I**ndia, **J**uliet, **K**ilo, **L**ima, **M**ike, **N**ovember, **O**scar, **O**scar-**E**cho (ö), **P**apa, **Q**uebec, **R**omeo, **S**ierra, **T**ango, **U**niform, **U**niform-**E**cho (ü), **V**ictor, **W**hiskey, **X**-Ray, **Y**ankee, **Z**ulu.

VARIANTE: BUCHSTABIEREN AUF DEUTSCH

Für alle, die sich auch beim **deutschen Buchstabiersystem** unsicher sind: **A**nton, **Ä**rger, **B**erta, **C**äsar, **Ch**arlotte (ch), **D**ora, **E**mil, **F**riedrich, **G**ustav, **H**einrich, **I**da, **J**ulius, **K**aufmann, **L**udwig, **M**artha, **N**ordpol, **O**tto, **Ö**konom, **P**aula, **Q**uelle, **R**ichard, **S**amuel oder **S**iegfried, **Sch**ule (sch), **Eszett** (ß), **T**heodor, **U**lrich, **Ü**bermut, **V**iktor, **W**ilhelm, **X**anthippe, **Y**psilon, **Z**acharias oder **Z**eppelin.

Jemanden vor dem Ertrinken retten

Jemanden vor dem Ertrinken zu retten, ist besonders heikel. Zum einen besteht die Gefahr, dass man denselben Risiken zum Opfer fällt, die dem Ertrinkenden gerade zum Verhängnis werden. Zum anderen sind die Opfer meist in Panik und klammern sich dann leicht an ihre Retter. Experten schätzen, dass etwa zehn Prozent aller Ertrunkenen verunglückte Retter sind. Entdeckt man einen Ertrinkenden, sollte man deshalb auf jeden Fall als Erstes weitere Helfer alarmieren.

1 An Land sicherstellen, dass Wasserwacht und Notarzt gerufen werden. Möglichst viele andere Badegäste als Helfer rekrutieren. Auf dem Wasser ebenfalls andere Schwimmer in Hörweite informieren.

2 An Land nach Hilfsmitteln Ausschau halten: Boote, Rettungsringe, Surfbretter, Luftmatratzen, lange Leinen, mit denen Schwimmer gesichert werden können.

3 Möglichst nicht alleine weit weg schwimmen. Zwei Retter können mit einem panischen Opfer leichter klarkommen als einer. Sicherstellen, dass alle Hilfsmittel eingesetzt werden. Etwa, dass Boote flottgemacht werden, obwohl schon Schwimmer unterwegs sind, oder weitere Helfer mit Surfbrettern oder Luftmatratzen hinterherpaddeln.

4 Eigensicherung beachten: nicht erhitzt in eiskalte Gebirgsseen springen, keinen kühnen Kopfsprung in unbekannte Gewässer machen und notfalls auch umkehren, wenn die eigenen Kräfte den Verhältnissen nicht gewachsen sind.

5 Ist der in Not Geratene bei Bewusstsein, rufen und beruhigen, sobald man in Hörweite kommt.
6 Das Opfer von hinten anschwimmen, um Umklammerungen zu vermeiden.
7 Unter die Achseln greifen und auf dem Rücken liegend auf den eigenen Körper ziehen.
8 Einen Arm des Hilfsbedürftigen abwinkeln und mit beiden Händen umgreifen (Rettungsgriff).
9 Auf dem Rücken liegend mit ihm ans Ufer schwimmen. Dabei darauf achten, dass sein Mund und seine Nase immer über Wasser sind. Wasserschlucken könnte eine neue Panik hervorrufen.
10 An Land Atmung und Puls prüfen. Gegebenenfalls Atem spenden oder wiederbeleben. Ansonsten in stabile Seitenlage bringen und warm zudecken.

WISSENSWERT

Schlechte Schwimmer ertrinken eher als gute? Völlig falsch! Etwa 85 Prozent aller Schwimmer, die im Meer ertrinken, waren gute Schwimmer. Die meisten schlechten Schwimmer wagen sich nämlich gar nicht über den Bereich hinaus, in dem sie noch stehen können. Viele gute Schwimmer jedoch **überschätzen ihre Kräfte**. Im Meer können sich die Strömungsverhältnisse sehr schnell ändern. Außerdem treten oft **Unterströmungen mit Sogwirkungen** auf, gegen die auch ein guter Schwimmer nicht ankommt. Vor allem die **Rückseite von Sandbänken** ist gefährlich. Über Wasser sind solche Turbulenzen kaum zu entdecken. Gebrochene Wellen oder ein **Farbwechsel von Blau nach Braun** sind jedoch ein Alarmzeichen. Gerät man wirklich in solche Strömungen, sollte man versuchen, sie zu umschwimmen.

Was den Wind betrifft: Sowohl ablandige (vom Land auf die See) als auch stark auflandige (von der See auf das Land) Winde können für gefährliche Strömungen sorgen. Ganz besonders tückisch ist das **Treiben mit Luftmatratzen**, weil man dabei die Strömungen nicht spürt. Auch **Flussufer** sind gefährlich, weil der Übergang vom flachen Uferbereich zu Zonen mit gefährlicher Strömung oft sehr abrupt ist.

90 Prozent aller tödlichen Unfälle in Deutschland passieren jedoch in Seen. Zum einen, weil dort insgesamt mehr Leute schwimmen gehen als an der Küste, zum anderen, weil die Menschen am Meer vorsichtiger sind, während die **Gefahren in Seen** unterschätzt werden. Auch hier schwimmen gute Schwimmer weiter hinaus und häufiger alleine und sind dann oft hilflos, wenn sie von einem plötzlichen Herzinfarkt, Kreislaufproblemen oder einem Krampf befallen werden.

Die alte Weisheit, **nicht mit vollem Magen schwimmen** zu gehen, sollte man übrigens nach wie vor beherzigen. Die Verdauung belastet den Kreislauf und kann in Kombination mit anderen Stressfaktoren wie Hitze und Überanstrengung durchaus gefährlich werden.

Beim Schwimmen einen Krampf lösen

Auch dem besten Schwimmer kann es passieren, dass er im Wasser von einem Krampf befallen wird. Das ist jedoch kein Grund zur Panik:

- **Wadenkrampf:** auf den Rücken drehen. Das befallene Bein an der Zehenspitze anpacken und möglichst weit zu sich ziehen. Mit der anderen Hand knapp oberhalb der Kniescheibe dagegendrücken, damit das Bein gestreckt bleibt. Mit dem anderen Bein leicht paddeln, um in einer stabilen „Sitzhaltung“ zu treiben.
- **Oberschenkelkrampf:** auf den Rücken drehen. Das befallene Bein am Fußgelenk fassen und gegen das Gesäß ziehen. Mit dem anderen Bein paddeln.

Im Wasser treiben

Man muss nicht immer schwimmen, um nicht unterzugehen. Beherrschen Sie den „toten Mann“?

- Auf den Rücken drehen.
- Tief einatmen, um mehr Auftrieb zu bekommen.
- Den Körper möglichst steif durchdrücken und treiben lassen.
- Nun eher flach atmen.
- Der Kopf kann auf das Wasser gelegt, aber auch aufgerichtet werden.
- Mit den Armen sind Paddelbewegungen möglich.

VARIANTE: MIT HOSE TREIBEN

Ein Survival-Ratschlag, auf dessen Wirksamkeit man sich allerdings nicht verlassen sollte, lautet:

- Hose ausziehen.
- Hosenbeine verknoten.
- Hosenbeine durch die Luft ziehen und dabei mit Luft füllen.
- unter Wasser mithilfe des Gürtels am Bund zuziehen.

Auf diese Weise soll sich die Luft in den Hosenbeinen sammeln und ein Luftsack entstehen, auf dem man sich bequem treiben lassen kann. Abgesehen davon, dass dieser Trick sich nicht für in Not geratene Schwimmer eignet, sondern nur für Leute, die mit Hose von einem Boot gefallen sind (und von der Bootsbesatzung nicht gerettet werden), ist es natürlich mehr als zweifelhaft, dass es gelingt, ein Luftpolster zu erzeugen, das mehr als ein paar Augenblicke trägt.

Erste Hilfe gegen Feuerquallen

Natürlich sollte man sich als Erstes möglichst schnell aus dem Bereich der Tentakeln (im schlimmsten Fall bis zu fünf Meter lang) und ans sichere Ufer begeben. Um Hilfe rufen sollte man aber nur, wenn es wirklich nötig ist, damit die Helfer nicht auch noch getroffen werden. An Land spült man die betroffene Stelle mit **Wasser** oder – wenn vorhanden – **Essig** oder **Zitronensaft** ab. Dann bedeckt man sie mit trockenem Sand und streicht diesen mit dem Rand einer Kreditkarte, Plastikkinderschaufel oder Ähnlichem wieder ab, um eventuelle Tentakelreste zu entfernen (auf alle Fälle nicht mit den bloßen Händen!). Gelegentlich wird auch **Rasierschaum** empfohlen, der am Strand jedoch eher seltener zur Hand sein dürfte. Danach wird die Stelle wie eine Brandwunde gekühlt und behandelt. **Antihistaminika**, wie man sie auch bei Insektenstichen benutzt, können helfen. In schweren Fällen sollte man auch zum Arzt gehen. Im Prinzip sind Feuerquallen aber nicht lebensgefährlich. In wärmeren Meeren jedoch sollte man Badeverbote wegen Quallengefahr unbedingt beachten. Dort sind die schleimigen Biester mit meterlangen Tentakeln und tödlichen Giften unterwegs.

WISSENSWERT

Feuerquallen, die korrekt Gelbe Haarquallen heißen, kommen im **Atlantik**, im **Ärmelkanal**, in der **Nordsee** und der **westlichen Ostsee** vor. Dort liegt die Verbreitungsgrenze an der Darßer Schwelle, die sich vom Leuchtturm Darßer Ort nach Falster hinzieht. Östlich davon brauchen Sie keine Angst mehr vor unliebsamen Begegnungen zu haben.

Haien richtig begegnen

Zugegeben: Wenn ein Weißer Hai oder Tigerhai Sie attackiert, wird es kritisch. In der Regel aber werden Sie beim Schwimmen oder Schnorcheln in tropischen Gewässern eher kleineren Arten begegnen. Die meisten sind eher scheu und harmlos. Einige jedoch können ebenfalls gefährlich werden. Meistens dann, wenn die Schwimmer sie provozieren oder gar anfassen oder wenn das Wasser so trübe ist, dass sie die Schwimmer mit Beutetieren verwechseln.

Grundsätzlich passen Menschen jedoch nicht ins Beuteschema der Haie (zu wenig Fett). Deshalb sollte man sich bei einer Begegnung möglichst schnell, aber ohne Hektik oder panische Bewegungen entfernen. Dabei empfiehlt es sich, das Tier im Blick zu behalten. Von den Grauen Riffhaien ist sogar ein deutliches Drohverhalten bekannt, das in einem Winden, Drehen und Buckeln des Körpers und einem Hin- und Herpeitschen des Kopfes besteht. Wenn Haie doch angreifen, dann kann man versuchen, sie durch Griffe in die Kiemen oder die Augen oder Schläge auf die Nasenspitze zu vertreiben. Auf jeden Fall sollte man sich nicht passiv verhalten, da Haie Größe und Stärke respektieren. Meist verschwinden Haie nach dem ersten Biss aber von selbst wieder. Entweder weil sie das Interesse verloren haben oder weil sie mit der nächsten Attacke warten, bis das Opfer geschwächt ist. In dieser Zeit können die meisten Opfer gerettet werden. Doch während die kleineren Haie oft nur kleine Verletzungen verursachen, kann der „Probebiss" eines Großhais schon mal einen Arm oder ein Bein kosten.

WISSENSWERT

Im Jahr 2007 kam gerade einmal ein Mensch weltweit durch eine Haiattacke ums Leben. 2006 gab es 39 Attacken, von denen vier tödlich endeten. Die meisten Attacken gibt es in den **Vereinigten Staaten** und dort vor allem an den Küsten Floridas. Danach folgen **Australien** und **Südafrika**. Von rund 360 Haiarten sind nur von Weißem Hai, Tigerhai und Bullenhai eine nennenswerte Anzahl tödlicher Attacken bekannt. An der Spitze der Liste steht jedoch nicht der Weiße Hai wie oft angenommen, sondern der etwa 3,5 Meter lange Bullenhai, der in allen warmen Küstengewässern und sogar einigen großen Flussmündungen zu finden ist. Er greift auch im seichten Wasser an.

Krokodilen entkommen

Falls Sie jemals im Urlaub auf ein Krokodil in freier Wildbahn treffen, ist Fortlaufen im Prinzip eine gute Idee. Doch es ist zweifelhaft, dass Sie gewinnen. Denn diese Panzerechsen können erstaunlich schnell werden, gerade auch auf unwegsamen Gelände, in dem Sie dagegen nur mühsam stolpernd vorankommen. Der beste Trick ist: ablenken! Werfen Sie auf Ihrer Flucht hinter sich, was immer Ihnen in die Finger kommt. Das Krokodil wird erst mal stoppen und danach schnappen. Das verschafft Ihnen Zeit. Hat das Krokodil Sie doch geschnappt, dann soll es angeblich helfen, wenn Sie ihm mit der Faust von oben auf die Schnauze schlagen. Doch es ist mehr als fraglich, ob Ihnen Derartiges noch gelingt, wenn erst einmal ein Teil Ihres Körpers zwischen den eisernen Kieferladen mit den messerscharfen Zähnen eingeklemmt ist. Also lieber nicht darauf ankommen lassen!

Langlaufen

Auf Alpinski sollte sich niemand ohne sachkundige Anleitung alleine stellen. Aber wie ist das mit Langlauf? Das sieht doch eigentlich ganz einfach aus. Und die verträumte Winterlandschaft verleitet dazu, ein paar Skier zu leihen und einfach loszuloipen. Im Prinzip ist das richtig. Langlauf ist ein toller und gesunder Sport und man braucht nicht unbedingt einen Kurs zu belegen, um es zu erlernen. Fangen Sie ganz langsam an, indem Sie die Skier nur kleine Stücke nach vorn schieben und sich dabei mit den Stöcken Halt verschaffen. Wenn Sie dann etwas sicherer geworden sind, können Sie beginnen, richtig zu gleiten, die Füße abzurollen und sich mit den Stöcken Schub zu verleihen. Doch Sie brauchen für den Anfang das geeignete Gelände. Im Prinzip sind blau markierte Loipen einfach. Aber auch diese können schon kleine Abfahrten enthalten und absoluten Anfängern Probleme bereiten. Denn Langlaufskier haben keine Bremsen und auch keine scharfen Kanten wie Alpinskier. Um durch den Einsatz des Gewichtes oder durch Schrägstellen eines oder beider Skier das Tempo zu reduzieren, braucht man schon eine gewisse Sicherheit. Außerdem ist es ziemlich unhöflich, auf einer sehr vollen Loipe als schleichendes Hindernis unterwegs zu sein. In manchen Orten gibt es kleine übersichtliche Übungsloipen. Bei guten Schneeverhältnissen (nicht zu tief, nicht zu schwer, nicht klebrig) kann man die ersten Schritte auch ohne Spur auf einer verschneiten Wiese machen. Dass man dabei langsamer ist als in einer gut gleitenden Spur, verleiht Anfängern ohnehin mehr Sicherheit. Schließlich ist noch kein Meister vom Himmel gefallen!

TIPP

Langlaufskier leiht man sich mitsamt den entsprechenden **Spezialschuhen**. Weitere spezielle Ausrüstung ist unnötig. Ziehen Sie sich bequem, aber nicht zu warm an. Eine **Jogginghose** (auch wenn es nicht elegant ist) kann angemessener sein als die Skihose, mit der Sie im Sessellift nicht frieren. Einen **Anorak** oder eine **warme Jacke** sollte man dabeihaben, aber während der Bewegung eher im Rucksack lagern oder locker um die Hüften binden. Auch die **Mütze** ist bei nicht zu tiefen Temperaturen in der Pause wichtiger als beim Laufen selbst. **Handschuhe** sollten Sie aber auf jeden Fall immer tragen, um sich bei Stürzen nicht zu verletzen.

VARIANTE: NACH EINEM STURZ WIEDER AUFSTEHEN

Das ist weniger leicht als gedacht. Schon mancher geriet in Verzweiflung, weil ihm die glatten Bretter – egal ob alpin oder Langlauf – immer wieder entglitten.

- Zunächst einmal gilt es nach einem Sturz, in Ruhe Füße und Bretter wieder zu sortieren. Dabei darf man sie nicht belasten, sondern sitzt oder liegt besser in einer stabilen Position im Schnee – auch wenn das zusätzliches Nasswerden bedeutet.
- Dann werden die Füße mit den Skiern parallel neben den sitzenden Körper gebracht, und zwar so, dass der Körperschwerpunkt beim Aufrichten direkt über den Füßen ist. Sonst rutschen die Skier nach vorn oder hinten weg.
- Jetzt sticht man einen Stock jenseits und einen Stock diesseits der Skier neben den Füßen in den Schnee ein und zieht sich hoch. Das ist beim Alpinskifahren am Hang, wo man die Skier schräg mit den Kanten aufstellen kann, leichter als beim Langlauf, wo man das Gewicht sehr schnell auf die glatt aufgesetzten Skier bekommen muss.

Carven

Kurze, taillierte Carvingskier fährt heutzutage nahezu jeder, weil sie viel leichter drehen als die herkömmlichen langen und geraden „Latten". Doch richtiges Carven ist das noch nicht. Was aber muss man tun, um den Fahrspaß voll auszukosten? Der grundsätzliche Unterschied ist: Beim Carven werden die Kurven nur auf der Skikante gefahren. Dadurch wird die Bremswirkung minimiert. Wie sauber jemand carvt, erkennt man an der nur etwa zwei Zentimeter schmalen Linie, die er im Schnee hinterlässt. Da beim Carven aber beträchtliche Fliehkräfte entwickelt werden, eignet sich diese Technik nur für breite, relativ glatte und übersichtliche Pisten. Nie auf schwarzen, unübersichtlichen und vollen Pisten carven!

Im Gegensatz zur klassischen Technik werden die Skier nicht eng, sondern etwa schulterbreit geführt. Sprunggelenk, Knie und Hüfte sind leicht angewinkelt, der Rücken gerade, das Gewicht auf der ganzen Fußsohle verteilt. Will man nun eine Kurve fahren, dreht man nicht die Füße, sondern kippt den ganzen Körper in Richtung Kurve. Dabei kanten die Skier automatisch auf.

In der Praxis ist es aber meist ratsamer, die Hüfte abzuknicken und nur die Beine zu kippen. Dadurch kann man auch ohne extreme Schräg-

lage stark aufkanten. Und je stärker der Aufkantwinkel ist, desto kleinere Kurvenradien sind möglich. Diese Kippbewegung lässt sich gut im Trockenen üben. Nach dem Kanten fahren die Skier die Kurve dann praktisch alleine. Am Ende der Kurve richtet man die Beine wieder auf – und kippt sie meist gleich zur anderen Seite für die nächste Kurve. Zum Üben sollte man ganz langsam beginnen: auf flachen, blauen Pisten mit wenig Ausgangsgeschwindigkeit.

WISSENSWERT

Beim Skifahren liegt die Verantwortung immer bei demjenigen Fahrer, **der von oben** kommt. Er darf nur so schnell fahren, dass er jederzeit bremsen oder ausweichen kann. Auch wenn die Fahrer vor ihm unorthodoxe Dinge tun, wie plötzlich schneller oder langsamer werden, stehen bleiben, quer fahren oder stürzen. Ein knappes Vorbeirauschen nach dem Motto „Der ist ja langsam genug/fährt ja nur enge Kurven" ist tabu und kann lebensgefährlich werden. Auch in eine unübersichtliche Stelle darf man nur so schnell hineinfahren, dass man selbst dann reagieren kann, wenn direkt dahinter ein Gestürzter liegt. **Wer allerdings auf der Piste steht**, darf nicht losfahren, ohne sich zu vergewissern, ob jemand von oben kommt. In diesem Fall liegt die **Verantwortung beim unteren Fahrer.** Übrigens gilt für **Kinder** in den meisten Ländern **Skihelmpflicht**.

Kamel besteigen

Eine Kamelsafari ist vielerorts eine reizvolle Perspektive. Aber da ist die Angst, sich auf den schwankenden Wüstenschiffen zu blamieren. Doch das ist unbegründet. Zum Aufsteigen werden die Kameltreiber dafür sorgen, dass sich das Tier hinlegt. Fuß in den Steigbügel stellen, anderes Bein über den Rücken schwingen und setzen. Dann aber wird es ein wenig unheimlich: Denn das Tier steht zuerst mit den Hinterbeinen, dann mit den Vorderbeinen auf. Darauf sollte man gefasst sein. Am Sattel festhalten und ein wenig in Gegenrichtung lehnen.

VARIANTE: PFERD BESTEIGEN

Pferde zu besteigen ist sportlich. Denn die legen sich nicht hin. Eventuell wird man Ihnen bei einer Touristentour für Anfänger eine Tritthilfe anbieten. Wenn nicht, gehen Sie folgendermaßen vor:

1 Bitten Sie jemanden, das Tier zu halten. Ansonsten müssen Sie die Zügel in der linken Hand behalten, dürfen aber beim Aufsitzen auf keinen Fall daran ziehen.

2 Mit dem Gesicht in Richtung Schweif neben das Pferd stellen.

3 Steigbügel um 180 Grad drehen und inneren Fuß hineinsetzen.

4 Mit beiden Händen vorn und hinten an den Sattel greifen.

5 Hochziehen und dabei um 180 Grad drehen (dabei auf keinen Fall das Pferd mit der Fußspitze in die Seite piken!).

6 Rechtes Bein über den Pferderücken schwingen und möglichst sanft in den Sattel gleiten lassen.

7 Zurechtsetzen. Die Füße müssen festen Halt in den Steigbügeln haben, dabei wird die Ferse niedriger als die Fußspitze gehalten und nach außen gedreht, sodass die Wadenmuskeln am Pferdeleib anliegen. Der Rücken wird sehr gerade, aber locker gehalten.

8 Jemanden bitten, zu kontrollieren, ob die Steigbügel passen und der Sattelgurt festgezogen ist.

9 Zügel aufnehmen. Dazu die Zügel über die mittleren drei Finger der Hände legen und dann die Fäuste aufstellen. Die Zügel müssen so gehalten werden, dass sie nicht durchhängen, aber auch nicht so straff, dass es dem Pferd wehtut. Will man das Pferd anhalten, dreht man nur ganz leicht die Hände nach innen.

10 Zum Absitzen nimmt man beide Füße aus den Steigbügeln, holt Schwung und springt nach links ab, wobei man das rechte Bein hoch genug über den Pferdehintern schwingen muss, um dort nicht hängen zu bleiben.

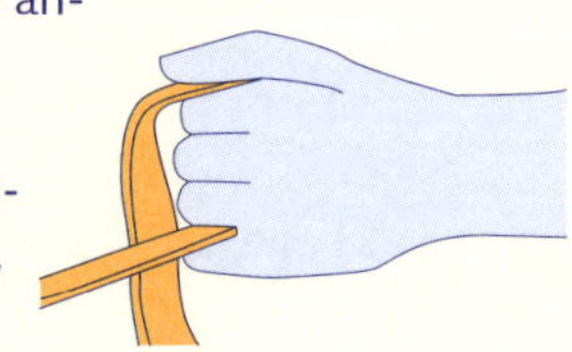

Wasser in der Wüste erzeugen

Vermutlich werden Sie nie in die Verlegenheit kommen, dieses Wissen in der Praxis anwenden zu müssen. Aber ein paar Survival-Tricks sollte man doch kennen. Und wenn es nur ist, um seinen Kindern zu imponieren. Es ist auch durchaus spannend, mit dem Nachwuchs solche Dinge praktisch auszuprobieren.

Dazu braucht man eine Plastikplane, ein paar Steine, ein wasserdichtes Gefäß und die Sonne. Ein Spaten tut auch gute Dienste, denn man gräbt ein möglichst tiefes Loch, das bis in den feuchten Untergrund reicht. Dort hinein stellt man das Gefäß. Dann deckt man die Grube mit der Plane ab, befestigt sie am Rand mit Steinen und legt einen Stein direkt über dem Gefäß in die Mitte, sodass die Folie dort ihren tiefsten Punkt hat. Nun heißt es warten. Die Feuchtigkeit in der Grube wird in der Hitze zu Wasserdampf werden, der dann an der Folie zu Wasser kondensiert und vom tiefsten Punkt in das Gefäß tropft. Viel Wasser kann man auf diese Weise allerdings nicht gewinnen: Je nach Verhältnissen kommt man mit viel Glück auf einen halben Liter pro Tag.

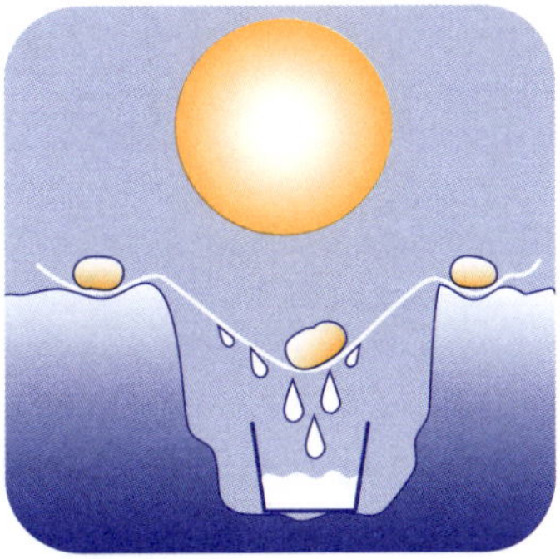

WISSENSWERT

Durch Verdampfen und Kondensieren gewonnenes Wasser ist absolut sauber. Verunreinigungen bleiben im Boden zurück. Deshalb wird, wenn man vorher in die Grube – nicht in den Becher – pinkelt, selbst aus dem eigenen Urin Trinkwasser.

Sich aus Treibsand befreien

Noch so ein Survival-Trick, den man wohl nie brauchen wird, der aber Small-Talk-tauglich ist. Die gängigen Vorstellungen über Treibsand sind nämlich grundfalsch. Kennen auch Sie die Szene aus dem Film *Lawrence von Arabien*, wo einer der Begleiter des Helden mitten in der Wüste im Handumdrehen in den sandigen Boden gezogen wird? Vergessen Sie es! Treibsand gibt es nicht mitten in der Wüste. Er entsteht nur dort, wo Sand durch bewegtes Wasser selbst in Bewegung gebracht wird, etwa an Flussmündungen. Die spezifische Dichte dieses Gemisches bewirkt, dass menschliche Körper einsinken, allerdings nur etwa bis zur Hälfte. In der Realität geht man in Treibsand also nicht unter. Das ist die gute Seite. Die schlechte ist, dass man sich nur äußerst schwer selber wieder befreien kann. Solange der Sand in Bewegung ist, kann man versuchen, sich rechtzeitig auf den Rücken zu werfen, sodass sich das Gewicht auf eine größere Fläche verteilt und man kaum einsinkt. Und dann gen sicheres Ufer vorarbeiten. Oder versuchen, ein Bein frei zu strampeln und Richtung Oberfläche zu bringen. Zu hektische Befreiungsversuche sollte man aber unterlassen, denn die bewirken nur, dass der Treibsand in Bewegung bleibt und man unter Umständen doch noch weiter einsinkt. Die sicherste Methode ist, zu warten, bis sich der Sand wieder verdichtet hat, und sich dann herauszuarbeiten. Falls man aber im Watt eingesunken ist und die Flut kommt, kann Treibsand doch noch zu einer tödlichen Bedrohung werden.

ERSTE HILFE

WISSENSWERT

- Für den Erwerb des Führerscheins ist ein standardisierter Lehrgang namens „Lebensrettende Sofortmaßnahmen am Unfallort“ vorgeschrieben. Er umfasst vier Einheiten à 90 Minuten. Erste Hilfe bei Verbrennungen, Vergiftungen, das Behandeln von Wunden und vieles andere kommen dabei nicht vor.
- Besser ist deshalb, gleich einen allgemeinen Erste-Hilfe-Lehrgang zu machen, der doppelt so lange dauert, aber alle wichtigen Situationen berücksichtigt.
- Es macht Sinn, einen solchen Lehrgang ab und zu aufzufrischen, am besten gemeinsam mit Freunden oder Familienmitgliedern, damit es mehr Spaß macht.
- Es gibt auch spezielle Lehrgänge wie „Erste Hilfe bei Kindernotfällen“, „Erste Hilfe für Senioren“ oder „Erste Hilfe bei Herz-/Kreislaufpatienten“.

Etwas aus dem Auge entfernen

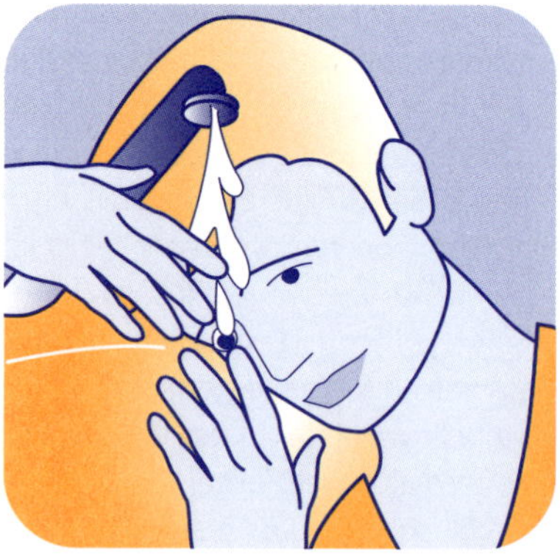

Unsere Augen haben einen natürlichen Selbstreinigungseffekt. Kleine, lose sitzende Fremdkörper werden mit der Tränenflüssigkeit Richtung Nase gespült und dann über die Tränenrinne wieder aus dem Auge entfernt. Manchmal muss man aber nachhelfen. Oft reicht es schon, das Auge längere Zeit zu schließen. Man kann das Auge auch mit klarem Wasser spülen. Mit Reiben sollte man sehr, sehr vorsichtig sein, da die Bindehaut leicht ge-

schädigt werden kann. Auf jeden Fall nur bei weichen Eindringlingen wie Insekten oder Staub versuchen und sofort aufhören, wenn es schmerzt.
Hilft das alles nicht, kann man weiche Fremdkörper mit einem sauberen Papiertaschentuch entfernen. Man zwirbelt mit den Fingern eine feine Spitze zurecht und tupft damit den Eindringling auf oder stupst ihn Richtung Nase. Wenn sich das lästige Etwas unter dem Unterlid festgesetzt hat, zieht man die Lidkante vorsichtig an den Wimpern nach unten. Der Patient sollte dabei den Blick möglichst weit nach oben richten. Bei Fremdkörpern unter dem Oberlid zieht man das Oberlid an den Wimpern über das Unterlid herunter. Beim Zurückgleiten sollte der Gegenstand dann an den Wimpern des Unterlides hängen bleiben.
Klappt dies nicht, wird es etwas komplizierter: Der Betroffene schließt die Augen und ein Helfer legt ein Streichholz oder Wattestäbchen quer über den oberen Rand des Oberlides. Dann klappt er das Lid an den Wimpern über das Hölzchen. Nun sollte der Störenfried sichtbar sein und abgetupft werden können. Das alles tut nicht weh, ist aber trotzdem unangenehm für den Betroffenen, da er ständig gegen den Reflex kämpfen muss, die Augen zu schließen. Auf jeden Fall sollte man den Blick so weit wie möglich von der „Operationsstelle“ wegbewegen. Aber Achtung! Wenn sich ein scharfkantiger und/oder festsitzender Fremdkörper wie ein kleiner Glas- und Metallsplitter im Auge befindet, ist Selbsthilfe schädlich. In diesem Fall legt man Kompressen auf beide Augen, bindet diese fest und sucht ärztliche Hilfe.

GRUNDWISSEN: NOTRUF

1 In der **EU** wird gerade die **einheitliche Notrufnummer 112** durchgesetzt. Man erreicht damit sowohl Polizei als auch Feuerwehr und Rettungsdienst. In Deutschland ist zudem noch die 110 aktiv.

2 Wenn man in andere Länder fährt, sollte man sich vorab über die dortigen Notrufnummern informieren.

3 Sowohl von öffentlichen Telefonzellen als auch vom Handy aus kann man die Notrufnummern kostenlos erreichen, jedoch im Gegensatz zu früher nicht mehr mit einem Handy, das nicht betriebsbereit ist.

4 Ist man verbunden, sollte man die 5-W-Regel beachten:
- Wo ist der Unfall passiert?
- Was ist passiert?
- Wie viele Personen sind betroffen?
- Welcher Art sind ihre Verletzungen?
- Das fünfte „W“ lautet „warten auf Rückfragen“. Manche Anrufer legen nämlich auf, sobald sie alles gesagt haben. Man sollte es jedoch grundsätzlich der Leitstelle überlassen, das Gespräch zu beenden.

Splitter ziehen

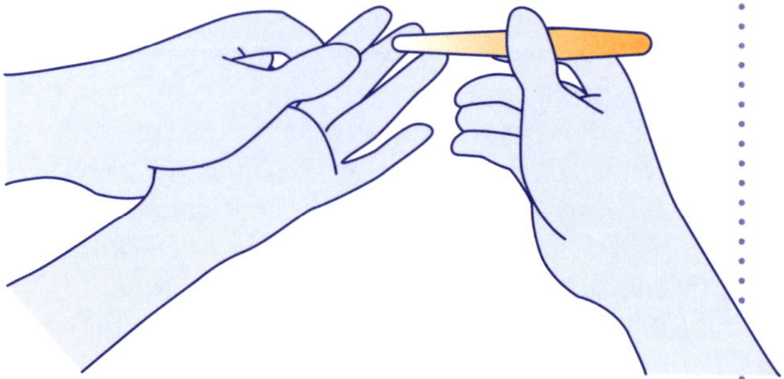

Für einen solchen Fall sollte man unbedingt eine Pinzette im Haus haben.
Man drückt die Haut um den Splitter zusammen. Dadurch kommt er eventuell ein Stück nach oben, sodass man ihn mit der Pinzette greifen kann.
Dann stellt man fest, in welche Richtung der Splitter eingedrungen ist, und zieht ihn entsprechend wieder heraus.
Ist er mit der Pinzette nicht zu greifen, hilft es manchmal, die Haut mit weichem Seifenwasser aufzuweichen. Der Splitter sitzt dann nicht mehr so fest und kann eventuell ein Stückchen herausgedrückt werden.
Hilft auch das nicht, nimmt man eine feine Steck- oder Nähnadel und desinfiziert die Spitze mit Alkohol. Dann schiebt man die Nadel von der Eintrittsstelle an über dem Splitter ganz flach unter die oberste Hautschicht und reißt diese vorsichtig auf. Das tut in der Regel nicht weh, da sich in dieser obersten Schicht keine Nervenzellen befinden. Dann versucht man wieder, den Splitter durch Druck nach oben zu drücken, bis man ihn mit der Pinzette greifen kann.
Wenn der Splitter heraus ist, drückt man wieder, bis etwas Blut kommt. Dabei werden eventuelle Keime aus der Wunde entfernt. Danach desinfizieren und verpflastern.

Wunden behandeln

Schürfwunden: möglichst nicht berühren und keinen Schmutz abwischen, sondern unter fließendem klarem Wasser reinigen. Kleine Fremdkörper mit einer desinfizierten Pinzette entfernen. Nicht verpflastern. Kleinere Wunden an der Luft heilen lassen, größere mit Gelverbänden oder selbsttrocknendem Gel bedecken.
Schnitt- und **Platzwunden**: eine Kompresse, möglichst eine sterile, auf die Wunde pressen, um die Blutung zu stillen. Wenn möglich, das verletzte Körperteil hoch lagern. Wenn die Blutung aufgehört hat, steril verbinden. Mit starken Blutungen sollte man zum Arzt gehen, ebenso mit tiefen Wunden, die genäht werden müssen. Bei Gesichtsverletzungen empfiehlt sich auf jeden Fall ein

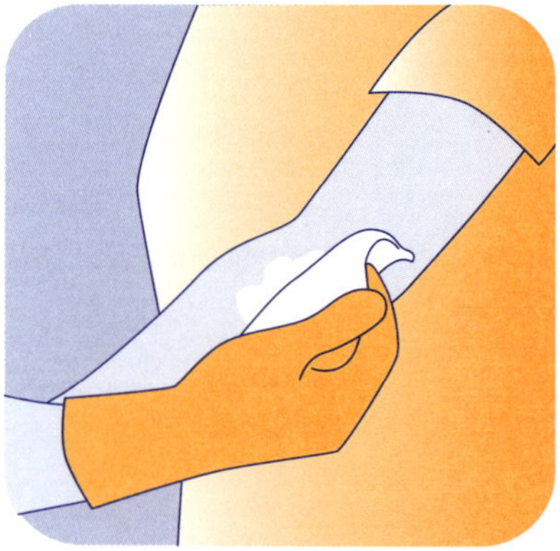

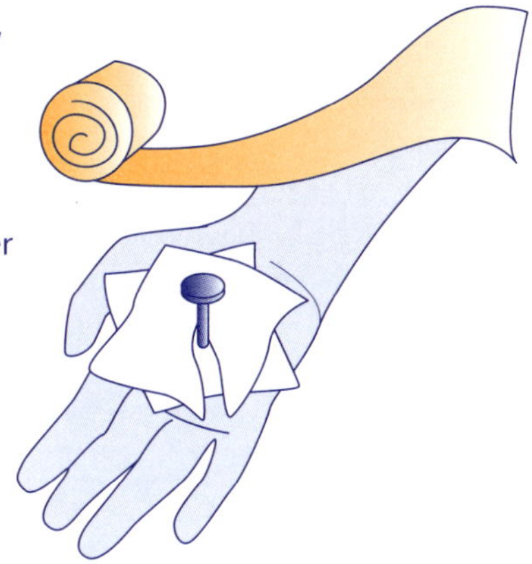

Arztbesuch, auch wenn die Wunde nicht sehr tief ist. Jedenfalls, wenn Sie nicht scharf auf Narben sind.

Wunden mit Fremdkörpern: Auch wenn man sich den rostigen Nagel gerne möglichst schnell aus dem Fuß ziehen oder das entglittene Küchenmesser nicht im Bein stecken lassen möchte, sollte man davon absehen, Fremdkörper, die tiefer in den Körper gedrungen sind, selbst zu entfernen. Sie könnten eine größere Ader getroffen haben, in der sie nun quasi als „Verschluss" stecken. Richtig ist es deshalb, um den Fremdkörper herum eine sterile Wundauflage anzubringen. Dann fixiert man den Fremdkörper mit seitlicher Polsterung, etwa durch Mullrollen, die rundherum festgeklebt werden. Wenn das Ganze stabil ist und keine unmittelbare Gefahr droht, zum Arzt fahren, ansonsten lieber den Rettungswagen rufen.

Bisswunden, egal ob von Mensch oder Tier, sind besonders heikel, da sie sich sehr leicht infizieren können. Vor allem Katzenbisse eitern oft. Deshalb: auswaschen, keimfrei abdecken und zum Arzt. Erkundigen Sie sich vorher noch, ob das Tier gegen Tollwut geimpft ist.

TIPP

Früher glaubte man, dass Wunden an der Luft am besten heilen. Doch medizinische Tests haben ergeben, dass ein feuchtes Milieu der Heilung zuträglicher ist. Deshalb wurden spezielle Gelverbände, Wundheilgele aus der Tube und Wundauflagen mit integriertem Feuchtigkeitsspeicher entwickelt. Experten raten, bei größeren Wunden lieber diese zu benutzen und nicht die konventionellen Pflaster oder trockenen Verbände. Heilen die Wunden trotzdem schlecht oder treten Anzeichen einer Infektion (Überwärmung, Schwellung, Eiter) auf, sollte man einen Arzt aufsuchen. Kleinere Wunden dagegen braucht man in der Regel gar nicht zu verbinden, da Schorf genauso gegen eindringende Keime schützt wie ein Pflaster.

GRUNDWISSEN: TETANUS

Tetanus bekommt man nicht nur durch rostige Nägel. Die Bakterien, die den lebensbedrohlichen Wundstarrkrampf auslösen können, kommen überall vor, besonders in der Erde und in Tierkot. Vor allem bei Bisswunden, stark verschmutzten Wunden und solchen mit zerfetzten Wundrändern besteht deshalb ein Infektionsrisiko. Informieren Sie sich bei einer solchen Verletzung über Ihren aktuellen Impfschutz. Liegt die letzte Impfung mehr als zehn Jahre zurück, lässt man sie umgehend nachholen.

WISSENSWERT

Haben auch Sie gehört, dass man **Schlangenbisse** aussaugen soll? Nun sind solche Verletzungen in Deutschland mit seinem eklatanten Mangel an Giftschlangen zum Glück äußerst selten, aber im Falle eines Falles beachtet man diese Regel besser nicht. Denn die Sache funktioniert nicht. Jede Manipulation an der Wunde sorgt nur dafür, dass sich das Schlangengift noch besser im Körper verteilt. Deshalb hilft nur, das gebissene Glied möglichst wenig zu bewegen und den Gebissenen schnell zum Arzt zu bringen. Wenn möglich, kann man oberhalb der Bisswunde einen Druckverband anbringen, um den Blutaustausch zu bremsen. Dabei muss man aber aufpassen, dass die Durchblutung nicht zu gering wird.

Nasenbluten stillen

Früher hatte man andere Prioritäten. Da wurde bei Nasenbluten empfohlen, den Kopf in den Nacken zu legen. Das verschonte die Kleidung oder den Boden mit Blut. Dass dieses dann in den Rachen lief und für Übelkeit sorgen konnte, nahm man billigend in Kauf. Wenn es nicht darum geht, die Kleidung fleckenfrei zu halten, sondern die Blutung möglichst schnell zu stillen, dann steckt man einen Wattebausch oder ein Stück Papiertaschentuch in das blutende Nasenloch und drückt den Nasenflügel leicht an. Dazu Kopf nach vorn beugen und ein nasses, kaltes Tuch in den Nacken legen. Wenn die Blutung sehr stark ist, das Blut eine hellrote Farbe hat und auch aus dem Mund läuft, dann ist möglicherweise eine Arterie verletzt. Damit sollte man sofort zum Arzt gehen, denn daran kann der Betroffene verbluten. Dies war übrigens ein weiterer Nachteil von Omas Methode mit dem Kopf im Nacken: Da verschluckte der Patient nämlich das Blut und es fiel gar nicht auf, wie heftig die Sache wirklich war.

TIPP

Wenn Sie immer wieder Nasenbluten bekommen, kann das an einem besonders empfindsamen Äderchen liegen. Dann empfiehlt es sich, einen Hals-Nasen-Ohren-Arzt aufzusuchen und die Problemstelle veröden zu lassen

Starke Blutungen stillen

- Verletzten Körperteil, wenn möglich, hochhalten.
- Arterie mit vier Fingern abdrücken. Bei Armverletzungen am Oberarm, bei Beinverletzungen in der Leiste, bei anderen Verletzungen direkt neben der Wunde in Richtung Herz.
- Notarzt rufen.
- Druckverband anlegen. Dazu wird die Wunde mit einer sterilen Auflage bedeckt und verbunden. Dann drückt man einen passenden Gegenstand wie ein Verbandpäckchen, ein Päckchen Taschentücher, ein Portemonnaie oder Ähnliches darauf und bindet dies mit einem weiteren Verband sehr fest. Steckt der Gegenstand, der die Verletzung hervorgerufen hat, noch in der Wunde, ist kein Druckverband möglich. Man deckt die Wunde um den Gegenstand herum ab und drosselt die Blutzufuhr weiterhin durch Abdrücken.

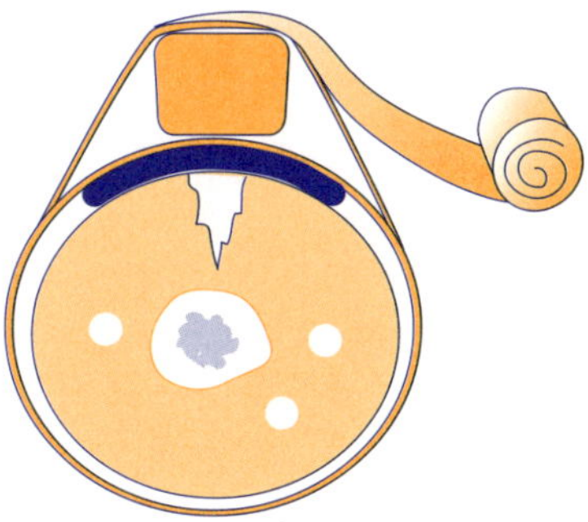

- Erst jetzt darf man das Abdrücken der Arterie beenden. Da es natürlich schwierig ist, gleichzeitig zu drücken und zu wickeln, sollte das Drücken, wenn möglich, der Verletzte selbst übernehmen. An Körperteilen, wo es nicht möglich ist, einen Druckverband anzulegen, drückt man mehrere übereinandergelegte Kompressen mit der Hand in die Wunde, bis der Notarzt kommt.
- Ist der Druckverband durchgeblutet, entfernt man ihn nicht, sondern bindet einen zweiten darüber.

WISSENSWERT

Ist Ihnen die Aderpresse bekannt? Man bindet oberhalb der Wunde ein Tuch um das verletzte Glied, macht zwei Knoten hinein, schiebt einen Stock zwischen die beiden Knoten und zieht dann durch Drehen des Stockes zu. Das Ganze ist wirksam, aber ziemlich schmerzhaft und birgt die akute Gefahr, dass Glieder absterben. Allein in der Wildnis ohne Arzt weit und breit haben solch drastische Methoden eventuell ihre Berechtigung, in Gegenden, wo der nächste Notarzt nicht allzu weit weg ist, ist dergleichen inzwischen absolut tabu. Schließlich will man als Helfer nicht verantwortlich sein, dass das Opfer anschließend amputiert werden muss. Aber auch in der Wildnis müsste man die Aderpresse gelegentlich lockern, um dem abgebundenen Glied eine Überlebenschance zu geben.

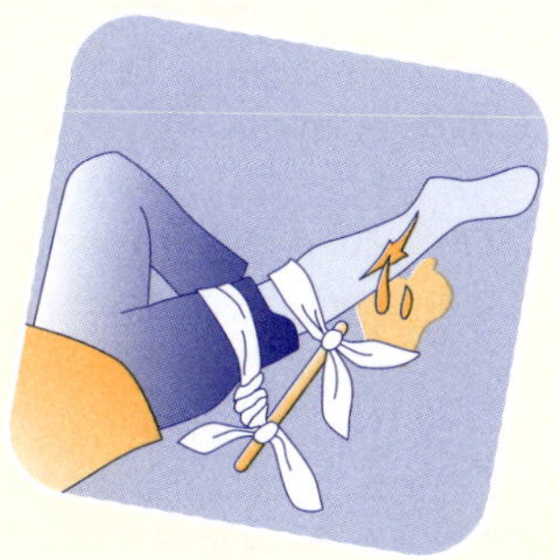

Achtung! Starke Blutungen werden im zivilen Rettungsdienst nicht abgebunden, sondern durch Druckverband kontrolliert.

Abgetrennte Körperteile sichern

1 Oberste Priorität: um den Verletzten kümmern und Notarzt rufen (siehe: starke Blutungen stillen).
2 Abgetrenntes Glied suchen, nicht waschen, sondern in einen sauberen Plastikbeutel legen.
3 Plastikbeutel in einen zweiten Beutel mit möglichst kaltem Wasser stecken. Wenn vorhanden, kann man in dieses Wasser noch Eiswürfel geben. Glied aber nie direkt auf Eis legen und auch den zweiten Beutel nicht nur mit Eiswürfeln füllen.

VARIANTE: AUSGESCHLAGENER ZAHN

Ausgeschlagene Zähne dürfen nicht austrocknen, wenn die Chance bestehen soll, sie wieder einzusetzen. Sie werden in Milch oder einer Kochsalzlösung gereinigt (nicht unter Leitungswasser) und dann, wenn möglich, wieder an der Stelle lose eingesetzt, aus der sie herausgebrochen sind. Dann sofort zum Zahnarzt gehen. Wenn das Einsetzen nicht funktioniert, können Sie den Zahn auch in der Backentasche transportieren oder in Milch oder einer Kochsalzlösung eingelegt.

Knieverband anlegen

1 Auf die Wunde wird eine sterile Kompresse gelegt, die man mit Leukoplast festklebt.
2 Nun legt man ein Dreieckstuch mit der Spitze nach oben über das Knie und faltet an der Basis einen kleinen Rand.
3 Die beiden unteren Spitzen werden um das Bein schräg nach oben geschlagen und oberhalb des Knies verknotet.
4 Nun schlägt man die obere Spitze um und schiebt sie von unten unter den Knoten.
5 Entsprechend lässt sich auch ein Verband über dem Ellenbogen herstellen. Bei Ellenbogenverletzungen ist aber meist eine Stabilisierung in einer Armschlinge der bessere Weg. Geht es nicht um Wundversorgung, sondern um die Ruhigstellung des Knies, dann wickelt man eine elastische Binde herum.

VARIANTE: KOPFVERBAND

Turban:

1 Dreieckstuch über den Kopf legen. Die vordere Spitze hängt über das Gesicht.
2 Die beiden unteren hinteren Spitzen nehmen, die Zipfel über die Ohren führen, über der Stirn kreuzen, um den Kopf legen und verknoten.
3 Den vorderen Zipfel nach oben umschlagen und unter den Knoten stecken.

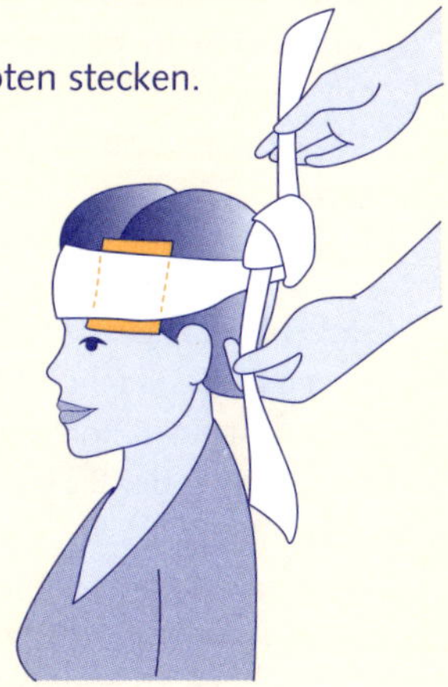

Stirnverband:

1 Oberen Zipfel des Dreieckstuchs fast bis zur Basis herunterschlagen.
2 Basis zweimal über die Spitze falten.
3 Von der anderen Seite her ebenfalls zweimal umschlagen.
4 Nun ist eine feste „Krawatte" entstanden, die um die Stirn gebunden wird.

Wichtig: Dreieckstücher dienen nur dazu, verwundete Stellen zusätzlich abzudecken, nicht zur direkten Abdeckung der Wunde. Dazu wird steriles Verbandsmaterial benutzt.

Erste Hilfe bei inneren Blutungen

Innere Blutungen können schnell lebensgefährlich werden. Deshalb sollte man bei einem Verdacht möglichst schnell einen Notarzt rufen. Kennzeichen sind Schocksymptome wie Blässe, schwächer werdender Puls, flache, schnelle Atmung und eventuell auch eine hart werdende Bauchdecke. Bis zum Eintreffen des Notarztes lagert man wache Patienten in Schocklage und bewusstlose in stabiler Seitenlage. Dabei ständig die Atmung kontrollieren und notfalls Atemspende geben.

Schockpatienten helfen

1 Den Notarzt rufen, falls noch nicht geschehen.
2 Den Patienten auf einer möglichst wärmenden Unterlage auf den Rücken legen. Wenn möglich, die Beine in einem Winkel von etwa 45 Grad hochlegen.
3 Eventuell Kleidung lockern.
4 Den Patienten zudecken, um ihn vor Unterkühlung zu bewahren.
5 Dem Patienten Ruhe und Sicherheit vermitteln.
6 Nichts zu essen und möglichst auch nichts zu trinken geben, eventuell die Lippen mit Wasser benetzen.

GRUNDWISSEN: SCHOCK

In der Alltagssprache ist ein Schock ein heftiger Schrecken. Medizinisch gesehen handelt es sich um einen körperlichen Ausnahmezustand, bei dem die Blutversorgung aufgrund einer Störung der Blutzirkulation nicht mehr richtig funktioniert, was zu Sauerstoffmangel im Gewebe führt. Das kann lebensbedrohlich werden. Grund für einen Schock können Blutverlust, starke Schmerzen, Verbrennungen, Vergiftungen oder ähnliche Dinge sein, die einen Organismus plötzlich und über Gebühr belasten.
Einen Schock erkennt man daran, dass der Verletzte zittert, immer blasser wird, kaum noch ansprechbar ist und sich kalt anfühlt, obwohl sein Puls rast. Wichtig ist, schon bei den ersten Anzeichen eines Schocks einzugreifen.

Stabile Seitenlage

Erinnern Sie sich noch an Ihren Erste-Hilfe-Kurs? Die berühmte stabile Seitenlage? Aber wie genau ging die noch und wann braucht man sie? Die stabile Seitenlage verhindert, dass ein Bewusstloser erstickt, weil ihm seine eigene Zunge oder eventuell auch Erbrochenes die Luftwege blockieren. Außerdem wendet man sie an, wenn man einen Verletzten – der vielleicht noch bewusstlos werden kann – alleine lässt, um Hilfe zu holen.

1 Man legt den Verletzten auf den Rücken und kniet sich daneben.
2 Das Bein, das auf der Seite des Helfers liegt, wird mit angewinkeltem Knie aufgestellt.
3 Nun schiebt man den Arm des Verletzten auf dieser Seite gestreckt unter dessen Körper, sodass die Hand unter dem Gesäß liegt.
4 Als Nächstes greift man die gegenüberliegende Schulter und Hüfte und rollt den Körper zu sich herum. Es ist schonender, wenn mehrere Helfer Hand anlegen.
5 Jetzt wird der Kopf möglichst weit nach hinten überstreckt. Auf diese Weise verhindert

man, dass die Zunge die Luftwege blockiert. Außerdem können Speichel und eventuell auch Erbrochenes aus dem Mund laufen.

6 Nun wird noch der dem Helfer zugewandte, oben liegende Arm des Verletzten abgewinkelt und die Hand unter die Wange geschoben, der abgewandte Arm wird unter dem Körper hervorgezogen und ebenfalls abgewinkelt.

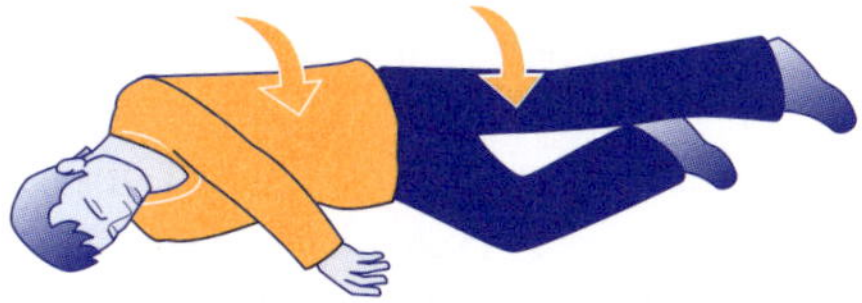

WISSENSWERT

Kennen Sie den Unterschied zwischen Ohnmacht und Bewusstlosigkeit? Der Unterschied liegt in der Dauer und Intensität. Ohnmacht ist ein kurzzeitiger Bewusstseinsverlust, Bewusstlosigkeit ein länger anhaltender Zustand. Einen Ohnmächtigen lagert man am besten wie einen Schockpatienten mit erhöhten Beinen, sodass das Blut vermehrt ins Gehirn fließt. Wacht er aber nicht schnell wieder auf, dann ist von einer Bewusstlosigkeit auszugehen. Nun ist die stabile Seitenlage gefragt, um ein eventuelles Ersticken zu verhindern.

Bei Atemstillstand helfen

1 Atemstillstand feststellen.

2 Den Patienten auf den Rücken legen und den Kopf nach hinten überstrecken. Manchmal setzt dadurch die Atmung wieder ein.

3 Funktioniert dies nicht, überprüft man, ob ein Fremdkörper oder die eigene Zunge die Luftwege blockieren. Man drückt den Unterkiefer des Bewusstlosen nach unten, drückt einen Daumen durch die Wange zwischen die Zahnreihen, um den Mund offen zu halten, und greift mit der anderen Hand (wenn möglich mit Einweghandschuhen) möglichst tief in den Rachen, um eventuelle Fremdkörper zu beseitigen.

4 Hilft auch dies nicht, muss man zur Atemspende greifen.

Wichtig: Wenn man nicht sicher ist, ob man einen Puls fühlen kann, sollte man nicht nur von Atem-, sondern auch von Herzstillstand ausgehen und entsprechende Wiederbelebungsmaßnahmen ergreifen.

GRUNDWISSEN: ATEMSPENDE

Bei einer Atemspende bläst man dem Bewusstlosen den eigenen Atem ein. Das kann in den Mund oder in die Nase geschehen. Wichtig ist, dass man bei einer Mund-Nasen-Spende den Mund des Opfers zuhält, bei einer Mund-Mund-Spende die Nase. Aus hygienischen Gründen kann man ein leichtes luftdurchlässiges Tuch über das Gesicht des Patienten legen. Aber die Gefahr einer gefährlichen Infektion ist äußerst gering. Bei der Atemspende liegt der Patient mit überstrecktem Kopf auf dem Rücken. Am besten schiebt man ihm eine – improvisierte – Nackenrolle unter. Wichtig ist nicht, möglichst viel Luft auf einmal in den anderen hineinzupusten, sondern kontinuierlich im Rhythmus der eigenen Atmung zu agieren, bis der Bewusstlose wieder selbst atmet oder der Notarzt eintrifft. Bei Säuglingen und Kleinkindern muss man Mund und Nase zusammen beatmen. Außerdem ist hier eine geringere Luftmenge, aber eine höhere Frequenz von etwa 40 Atemstößen pro Minute nötig, während die Frequenz bei einem Erwachsenen bei etwa 15 Atemstößen pro Minute liegt.

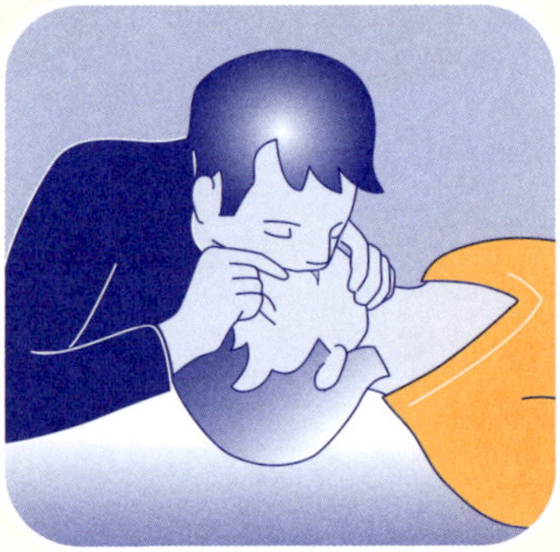

Wiederbelebungsmaßnahmen

Es passiert gar nicht so selten: Scheinbar kerngesunde Menschen erleiden plötzlich ein Herzkammerflimmern, brechen zusammen und sterben nach kurzer Zeit. In Deutschland schätzt man die Zahl der plötzlichen Herztoten im Jahr auf 100.000 bis 200.000. Ein Teil davon könnte durch eine schnelle Wiederbelebung gerettet werden. Aber was tun?

1 Keine lange Zeit bei der Suche nach dem Puls vertrödeln. Wenn man nicht sehr schnell einen Puls findet bzw. sich unsicher ist, von Herzstillstand ausgehen.

2 Notarzt rufen! Wenn mehr als ein Helfer bereitsteht, kann jemand parallel mit der Wiederbelebung beginnen.

3 In öffentlichen Gebäuden wie Einkaufszentren, Bahnhöfen, Banken oder Sportstätten werden für einen solchen Notfall zunehmend Defibrillatoren bereitgehalten. Mit diesen Geräten kann selbst ein Laie eine Wiederbelebung mittels Elektroschock durchführen. Sie werden durch grüne Schilder mit einem weißen Herz und einem weißen Kreuz angezeigt. Idealerweise beginnt ein Helfer mit der Wiederbelebung, während sich andere auf die Suche machen.

4 Die Wiederbelebung ohne Defibrillator besteht aus Herzdruckmassage und Beatmung.

Man beginnt mit der Herzdruckmassage. Der Patient liegt auf dem Rücken. Sein Brustkorb wird frei gemacht. Dann legt der Helfer einen Handballen auf die Mitte des Brustbeines und drückt mit Unterstützung der anderen Hand mit Kraft etwa vier bis

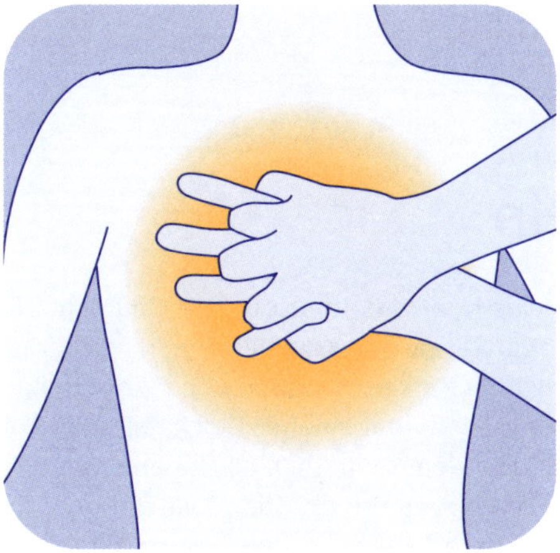

fünf Zentimeter Richtung Wirbelsäule. Dieser Druck sollte möglichst rhythmisch geschehen. Nach jedem Druck wird der Brustkorb wieder komplett entlastet. Auf diese Weise wird das Blut mechanisch aus dem Herzen gedrückt und fließt in den Pausen wieder ein. Das Drücken und Entlasten geschieht etwa im Sekundentakt. Nach 30-mal Drücken schiebt man eine zweimalige Atemspende ein. Dann folgen wieder 30 Herzdruckmassagen. Mit diesem Wechsel fährt man fort, bis ein Defibrillator gefunden wird oder der Notarzt eintrifft.

5 Die Gebrauchsanweisungen für Defibrillatoren finden sich auf den Geräten und sind – wie Tests ergaben – gut verständlich. Nach dem Stromstoß muss man jedoch mit Herzdruckmassage und Atemspende fortfahren. Wichtig bei der Wiederbelebung ist, sehr schnell zu reagieren. Jede Minute, die vergeht, senkt die Überlebenschancen des Patienten beträchtlich.

GRUNDWISSEN: PULS MESSEN

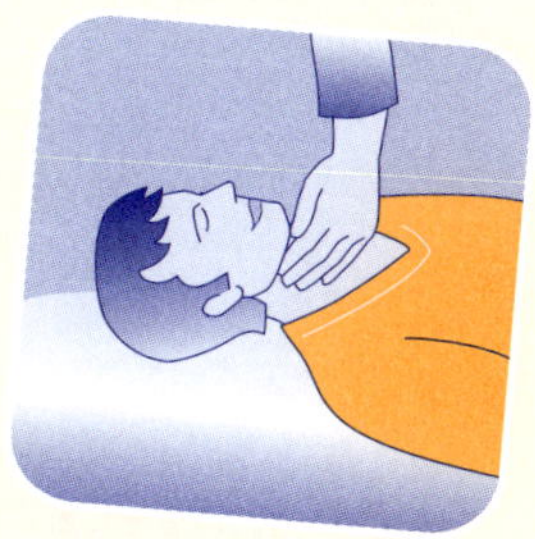

Der Puls entsteht durch das Blut, das nicht gleichmäßig, sondern stoßweise vom Herzen durch die Adern gepumpt wird. Deshalb gibt er Auskunft über den Arbeitszustand des Herzens. Man kann ihn überall dort fühlen, wo dicke Arterien unmittelbar unter der Oberfläche liegen. Oft wird am **Handgelenk** getestet, am besten fühlbar ist der Puls aber meist an der **Halsschlagader** oder in der **Leiste**. Ertastet wird er mit den Fingern, wobei die Innenseite der Finger meist empfindsamer ist als die Fingerkuppen und die anderen Finger empfindsamer als der Daumen. Beim gesunden Menschen liegt der Ruhepuls bei etwa 50 bis 100 Schlägen in der Minute, kann aber bei Belastung auch auf über 200 steigen. Extrem niedrige Pulswerte bzw. ein unregelmäßiger Puls deuten auf Herzprobleme hin, ein sehr hoher Puls kann durch einen Schock oder Blutverlust ausgelöst werden.

TIPP

Bei der Wiederbelebung von Babys legt man Zeige- und Ringfinger einer Hand auf das Brustbein und drückt etwa zwei Zentimeter Richtung Wirbelsäule, bei Kleinkindern nimmt man nur den Handballen ohne Verstärkung durch die zweite Hand. Dafür drückt man in einem viel schnelleren Rhythmus, da auch der Pulsschlag kleiner Kinder höher ist. Bei Kindern unter acht Jahren drückt man 15-mal und beatmet dann einmal. Ältere Kinder werden wie Erwachsene behandelt.

Insektenstiche behandeln

1. Falls der Stachel noch steckt, entfernen.
2. Dann die Einstichstelle kühlen, notfalls mit Spucke. Bewährte Hausmittel sind rohe Zwiebeln oder eine Mischung aus Backpulver bzw. Natron und Wasser, die auf die Stichstelle aufgetragen wird.
3. Stiche in die Lippe oder die Zunge sind kein Grund zur Panik, falls das Opfer nicht Allergiker ist. Bei Stichen im Rachenraum jedoch ist sofort der Notarzt zu alarmieren. Bis dahin sollte man die Stelle kühlen, um das Anschwellen zu verzögern. Am besten ist das Lutschen von Eiswürfeln. Sind die nicht vorhanden, greift man zu Speiseeis oder möglichst kalten Getränken. Parallel dazu wird eine Kühlkompresse oder ein Beutel mit Eiswürfeln um die Kehle gelegt.
4. Ist der Patient allergisch gegen Insektengift, muss man mit einem Schock rechnen. Außerdem sollte man alle einengenden Dinge rund um die Stichstelle entfernen, da sie oft extrem schnell anschwillt. Viele Allergiker sind auch mit Medikamenten ausgerüstet. Falls der Patient nicht mehr ansprechbar ist, lohnt ein Blick in die Handtasche. Kommt es zum Schock, Notarzt rufen. Aber auch wenn der Schock ausbleibt, sollten Allergiker sicherheitshalber einen Arzt bzw. die Notaufnahme im Krankenhaus aufsuchen.

Zecken entfernen

Auf keinen Fall sollte man Zecken mit Öl, Klebstoff oder Ähnlichem zu „betäuben" versuchen, wie das früher oft empfohlen wurde, da sonst die Gefahr besteht, dass sie ihren Mageninhalt samt der Krankheitserreger in die Wunde entleeren.

Zum Herausziehen eignet sich am besten eine Zeckenzange oder eine spezielle Zeckenkarte, die man in Apotheken bekommt. Ansonsten benutzt man eine

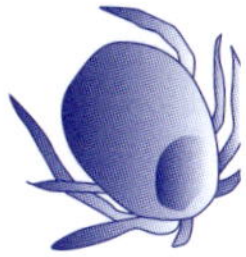

möglichst feine Pinzette. Das Werkzeug wird möglichst nah an der Haut angesetzt, um die Zecke nicht zu quetschen, da auch hierbei Mageninhalt in die Wunde gelangen kann. Nun stellt sich die Frage: Gerade herausziehen oder herausdrehen? Hier gehen die Meinungen auseinander. Beim Drehen quetscht man die Zecke leichter, beim Ziehen besteht eher die Gefahr, dass die Mundwerkzeuge abreißen.

Wenn Letzteres passiert, kann sich die Stelle entzünden. Das ist jedoch in der Regel nicht besonders schlimm.

WISSENSWERTES RUND UM ZECKEN

- Zecken lassen sich nicht von Bäumen fallen wie manchmal behauptet, sondern sitzen im Gras. Gefährdet ist also vor allem, wer sich selbst ins Gras setzt oder mit bloßen Beinen durch langes Gras streift.
- Zecken suchen sich bevorzugt warme Hautfalten unter den Achseln, in der Leiste, im Schambereich, im Bauchnabel, in der Kniekehle und Armbeuge oder am Haaransatz, um sich festzubeißen. Wer in Risikogebieten im Freien war, sollte anschließend am ganzen Körper und insbesondere an diesen versteckten Stellen nachschauen.
- Zecken können vor allem Borreliose und eine Viruserkrankung mit Hirnhautentzündung (FSME) übertragen. Gegen die Viruskrankheit kann man sich impfen lassen, gegen Borreliose nicht. Die regionale Verteilung infizierter Zecken ist sehr unterschiedlich. Wer nicht geimpft ist, sollte sich vor einem Urlaub informieren.
- Wenn sie nicht gestört werden, saugen Zecken tagelang, und je länger, desto mehr Erreger geraten auch in die Wunde, wenn das Tier infiziert ist. Entfernt man die Zecke innerhalb von 24 Stunden, ist das Infektionsrisiko recht gering. Deshalb sollte man Zecken lieber sofort entfernen und dabei riskieren, den Rüssel abzureißen, als erst am nächsten Tag eine Zeckenzange zu besorgen.
- Ob eine Zecke schon lange gesaugt hat, erkennt man an der Größe. Während Zecken normalerweise nur wenige Millimeter groß sind, bläht sich beim Saugen ihr Leib zu einem runden Ballon auf, der ein, zwei oder sogar drei Zentimeter groß ist.
- Nach dem Entfernen sollte man die Stelle beobachten. Borreliose zeigt sich meist durch eine ringförmige Rötung um die Einstichstelle – manchmal erst nach Wochen. Dann muss dringend ein Arzt aufgesucht werden. Aber keine Panik: Eine Infektion bedeutet noch nicht, dass man auch erkrankt.

Verbrennungen und Verbrühungen behandeln

Die erste Regel lautet: weg von der Hitzequelle, alle Kleidung entfernen, die nicht anklebt, (vor allem bei Verbrühungen) und kühlen – mindestens fünf Minuten in kaltem Wasser, besser zehn. Dann die Wunde steril abdecken. Auch wenn es etwas paradox klingt: Nur bei ganz kleinen Brandbläschen kann man eventuell Brandsalbe auftragen. Auf richtige Brandwunden aber sollte man gar nichts schmieren. Bei großflächigen Verbrennungen muss auf jeden Fall ein Arzt aufgesucht werden. Außerdem besteht hier unmittelbar nach der Verbrennung die Gefahr eines Schocks. Auch ein Fall für den Arzt sind Verbrennungen bei kleinen Kindern, Brandwunden, die sich entzünden, und schwere Verbrennungen, die tiefere Hautschichten betreffen. Für den Transport zum Arzt bedeckt man die Wunde mit einem speziellen Brandwundenverband aus dem Erste-Hilfe-Kasten. Patienten, die sehr große Verbrennungen erlitten haben, sollte man bis zum Eintreffen des Notarztes mit kaltem Wasser begießen, aber nicht vollständig eintauchen, da dies zu einem Schock führen kann.

Erste Hilfe bei Verätzungen

Alle ätzenden Substanzen werden durch Wasser in ihrer Wirkung geschwächt. Äußerliche Verätzungen werden deshalb ähnlich wie Brandwunden behandelt: mindestens 15 Minuten lang mit klarem Wasser spülen. Helfer sollten sich mit Handschuhen schützen, um sich nicht auch selbst noch zu verätzen. Danach mit einem Brandwundenverband abdecken. Sind die ätzenden Flüssigkeiten verschluckt worden, gibt man dem Patienten Wasser zu trinken. Er sollte jedoch nur kleine Schlucke zu sich nehmen, da Erbrechen das Ganze noch ein zweites Mal durch die Speiseröhre und den Rachen befördern würde. Stattdessen ist kontinuierliches Trinken angesagt, ebenfalls mindestens eine Viertelstunde lang. Bei Atemnot die Arme nach hinten ziehen. Auch verätzte Augen müssen mindestens 15 Minuten lang – besser länger – mit klarem Wasser oder notfalls einer anderen kalten Flüssigkeit gespült werden. Legen Sie den Betroffenen auf den Rücken, den Kopf zur Seite des verätzten Auges geneigt. Dann ziehen Sie mit zwei Fingern das obere und das untere Augenlid auseinander und gießen aus etwa zehn Zentimeter Höhe vorsichtig Wasser in den inneren Augenwinkel. Der Betroffene sollte dabei die Augen in alle Richtungen bewegen. Darauf achten, dass das abfließende Wasser nicht mit Haut in Berührung kommt. Nach dem Spülen werden beide Augen verbunden. Bei schweren Verätzungen muss sofort der Notarzt alarmiert werden, bei leichteren nach dem Spülen der Arzt aufgesucht werden.

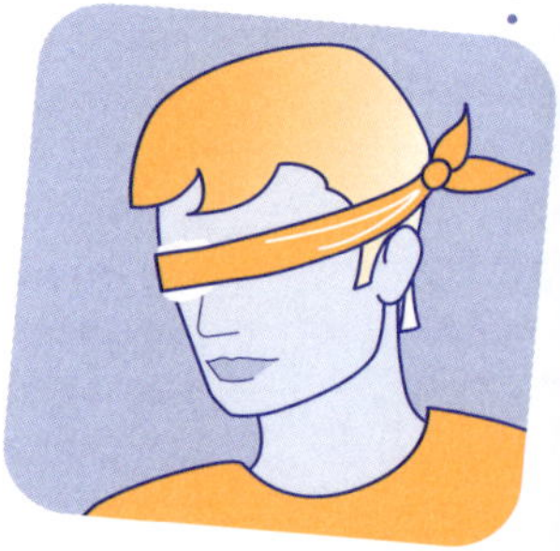

TIPP
Bei Verätzungen oder Vergiftungen ist es wichtig, dass der Arzt weiß, mit welchem Stoff das Unglück passierte.

Erste Hilfe bei Vergiftungen

Oft liest man, man solle den Vergifteten zum Erbrechen bringen. Das ist nur bedingt richtig. Vor allem sollte man erst einmal den Notarzt alarmieren. Ist man sich sicher, dass das Gift, das das Opfer verschluckt hat, weder ätzend noch schäumend ist, kann man versuchen, Erbrechen herbeizuführen, indem man den Finger möglichst weit in den Hals steckt, oder eine lauwarme Kochsalzlösung (zwei Esslöffel Salz auf ein Glas Wasser) zu trinken gibt. Als Helfer trägt man dabei Handschuhe, um nicht mit dem Gift in Berührung zu kommen. Andere Getränke als Wasser sind auf jeden Fall tabu, da sie bei einem Magendurchbruch in die Bauchhöhle geraten können. Bei potenziell Schaum bildenden Substanzen, etwa wenn Kinder sich an der schönen bunten Spülmittelflasche vergriffen haben, ist auch Wasser schädlich, da es die Schaumbildung verstärkt.
Ansonsten bleibt nur, das Opfer zu beruhigen, auf seine Atmung zu achten, es gegebenenfalls in Schocklage zu lagern oder – bei Bewusstlosigkeit – in stabiler Seitenlage, bis der Notarzt eintrifft.

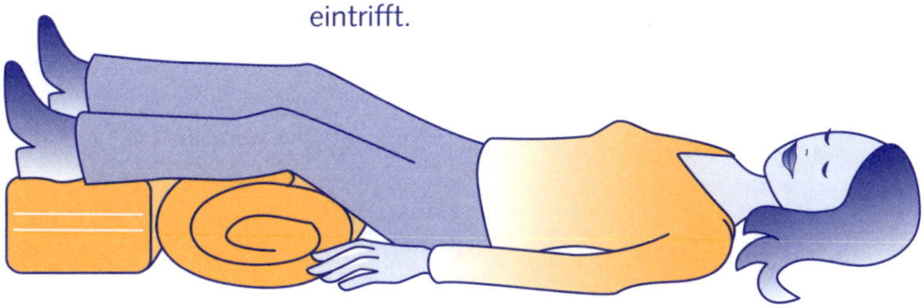

Schluckauf kurieren

Beim Schluckauf ist ein Nerv, der die Bewegungen des Zwerchfells steuert, durcheinandergekommen. Um ihn wieder in Takt zu bringen, muss man ihn reizen. Dafür gibt es eine Menge alter Hausmittel, die zwar nicht unfehlbar sind, aber tatsächlich zum Erfolg führen können. Etwa die **Luft anhalten** und dabei bis 100 zählen. Oder ein **Glas kaltes Wasser** trinken. Oder einen **Löffel Zucker essen**. Klappt das alles nicht und wird der Schluckauf im schlimmsten Fall chronisch, dann hilft nur noch ein Gang zum Arzt.

Vor dem Ersticken retten

Erinnern Sie sich, wie Ex-US-Präsident George W. Bush einmal fast an einem Stück Brezel gestorben wäre? In der Praxis kommt es gar nicht so selten vor, dass Menschen an einem Bissen, der in den „falschen Hals" gelangt, ersticken. Fängt der Nebenmann beim Essen zu husten und zu würgen an, wird man ihm höflich anbieten, ihm auf den Rücken zu klopfen. Aber was tun, wenn die Sache ernster wird?

Im Prinzip ist das kräftige Schlagen zwischen die Schulterblätter genau die richtige Therapie. Sie funktioniert aber besser, wenn der Kopf nach unten zeigt. Kinder legt man mit dem Bauch über den Unterarm und klopft dann. Gelegentlich wird auch geraten, Babys an den Beinen hochzuhalten. Das sollte man jedoch nie machen. Bei ihnen besteht die Gefahr einer Hirnblutung. Ein Erwachsener legt sich am besten mit dem Bauch über das aufgestellte Knie eines Helfers, der dann kräftig auf den oberen Rücken schlägt. Hat das Ganze jedoch nicht sehr schnell Erfolg, muss man den Notarzt alarmieren und dann mit seinen Bemühungen fortfahren.

Ist das Opfer aber wirklich in akuter Erstickungsgefahr und noch kein Arzt in Sicht, dann gibt es – als Ultima Ratio – noch den Heimlich-Griff („Heimlich" deshalb, weil er von einem Arzt namens Heimlich erfunden wurde). Dazu umgreift man den Patienten mit beiden Armen von hinten und legt ihm eine Faust auf den Bereich unterhalb der Rippen und des Brustbeins. Dann drückt man mit der anderen Hand auf die Faust. Dies kann bis zu fünfmal geschehen, aber birgt Verletzungsrisiken wie Milzrisse. Deshalb darf diese Methode wirklich nur im äußersten Notfall und nie bei Kindern angewandt werden. Bei Kindern darf man höchstens versuchen, den Brustkorb ähnlich wie bei der Herzdruckmassage von vorn einzudrücken – aber auf dem Brustbein, nicht unterhalb wie beim Heimlich-Griff.

Richtig inhalieren

Inhalieren hilft bei allen Erkältungskrankheiten. Es wärmt die Schleimhäute und feuchtet sie an. Ganz nebenbei öffnet es auch noch die Poren der Gesichtshaut, was einen reinigenden Effekt hat. Bei entzündlichen Hauterkrankungen oder einer Starerkrankung der Augen darf jedoch nicht inhaliert werden.

1 Man bringt in einem großen Topf von mindestens drei Liter Fassungsvermögen etwa einen Liter Wasser zum Kochen – nach Belieben mit passenden Heilkräutern wie Kamille oder Thymian. Am praktischsten sind entsprechende Teebeutel.

2 Der Topf wird auf einen Tisch gestellt und der Patient beugt sich mit dem Gesicht darüber. Der Oberkörper sollte idealerweise unbekleidet sein. Nun wird ein großes Handtuch so über den Patienten gedeckt, dass es Kopf, Topf und Oberkörper einhüllt.

3 Der Patient atmet den Wasserdampf nun tief durch Mund und Nase ein. Wird die Hitze zu groß, legt man eine kleine Pause ein. Bei Übelkeit sollte man die Behandlung abbrechen. Insgesamt inhaliert man zehn bis höchstens 20 Minuten.

Natürlich muss man dabei aufpassen, den Topf mit dem heißen Wasser nicht aus Versehen – zum Beispiel beim Hantieren mit einer zu großen und schweren Decke – umzustoßen, weil dies zu schweren Verbrühungen führen würde. Besonders bei Kindern ist Vorsicht angesagt. Bei den Kleinen sollte man lieber zu einem Inhalationsgerät aus der Apotheke greifen.

Halswickel anlegen

Bei Schnupfen, Halsweh und anderen schmerzlichen Erkrankungen im Hals- und Rachenbereich ist Omas Halswickel ein bewährtes Hausmittel. Aber es ist wichtig, ihn richtig anzuwenden.

1 Bei akuten Erkrankungen macht man immer kalte Wickel. Die Kälte regt die Durchblutung an. Die sorgt dafür, dass dem Patienten schnell wieder warm wird und dass die Selbstheilungskräfte des Körpers auf Touren gebracht werden.

2 Der Wickel besteht aus drei Lagen. Geeignet sind zwei saubere Geschirrtücher und ein Wollschal. Das eine Tuch wird mit kaltem Wasser durchfeuchtet, dann schmal zusammengelegt und um den Hals gewickelt. Dann bedeckt man es mit einem trockenen Tuch, das weniger gefaltet wird. Das Ganze wird mit dem Wollschal festgebunden.

3 Der Wickel sollte eng, aber nicht unbequem sitzen und das trockene Tuch das feuchte immer vollständig bedecken. Sonst besteht die Gefahr des Fröstelns.

4 Man kann die Innenseite des feuchten Tuches zusätzlich mit Heilerde oder Quark bestreichen. Das soll entzündungshemmend und schmerzstillend wirken. Außerdem kann man statt Wasser zum Anfeuchten auch abgekühlte Heiltees wie Kamille benutzen.

5 Der Halswickel kann problemlos über Nacht getragen werden. Tagsüber empfiehlt es sich, ihn etwa alle zwei Stunden zu erneuern, um die Wirkung zu verstärken.

VARIANTEN

- Bei Bronchitis hilft ein **Brustwickel.** Auch er besteht aus einem kühlen, feuchten Tuch und einem trockenen Tuch. Dann wird noch ein warmes Oberteil darübergezogen. Man sollte ihn jedoch nicht anwenden, wenn der Patient ohnehin schon fröstelt.
- **Wadenwickel** sind ein effektives Mittel, Fieber zu senken. Allerdings sollte man sie nur im Extremfall anwenden, da Fieber ein Teil der Immunabwehr ist, mit dem der Körper die Krankheit bekämpft. Fiebersenkende Maßnahmen können deshalb den Krankheitsverlauf komplizieren und verlängern.

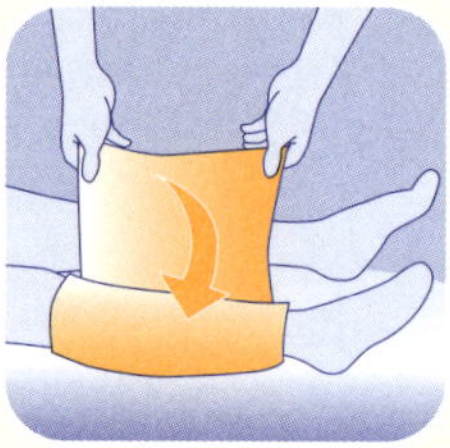

- Der **Leberwickel** ist eigentlich eher eine Kompresse. Man legt ein feuchtes, gefaltetes Tuch auf den Bereich der Leber und deckt es gut mit einem trockenen ab. Dieses Rezept soll die Leber aktivieren und die Selbstheilungskräfte des Körpers stärken.
- Im Prinzip kann man jeden Körperteil – mit Ausnahme des Gesichtes natürlich – derart einwickeln, sogar den ganzen Körper. Je größer der Wickel jedoch ist, desto leichter kann die anregende Wirkung zur Belastung für den Kranken werden. Wird der Wickel als unangenehm empfunden, sollte er sofort entfernt werden.

Blinddarmentzündung erkennen

- Oft wellenartige Schmerzen, die in der Gegend um den Bauchnabel beginnen und sich innerhalb einiger Stunden in den rechten Unterbauch verlagern.
- Fieber.
- Übelkeit, Erbrechen, Appetitlosigkeit, Durchfall.
- Beschleunigter Puls.

VARIANTEN: BAUCHSPEICHELDRÜSENENTZÜNDUNG UND DARMVERSCHLUSS

Auch diese beiden Krankheiten der Verdauungsorgane können unter Umständen lebensbedrohliche Ausmaße annehmen:

- **Bauchspeicheldrüsenentzündung** (Pankreatitis): gürtelartige, starke Schmerzen im Oberbauch, die bis in den Rücken reichen können, dazu oft Übelkeit, Erbrechen und Fieber.
- **Darmverschluss:** aufgeblähte bzw. harte Bauchdecke, krampfartige Schmerzen, eventuell Erbrechen, keinerlei Stuhlgang oder Abgang von Gasen.

Im Verdachtsfall sofort den Arzt aufsuchen.

Herzinfarkt erkennen

Je schneller ein Infarktpatient ins Krankenhaus kommt, desto besser sind seine Überlebenschancen. Man spricht von der „golden hour", der ersten Stunde nach dem Infarkt, in der die Heilungschancen am höchsten sind. Aber es ist nicht leicht, einen Infarkt zu erkennen. Selbst Notärzte können die Anzeichen oft nicht zweifelsfrei identifizieren. Deshalb sollte man schon bei Verdacht einen Rettungswagen rufen. Indizien sind:

- plötzliche, starke und anhaltende Schmerzen in der Herzgegend, zum Teil mit Ausstrahlung in den Oberbauch und den linken Arm oder Unterkiefer.
- große Unruhe, starkes Angstgefühl.
- Übelkeit, Erbrechen.
- blasses Gesicht, kalte Hände und Füße, kalter Schweißausbruch.
- Kreislaufkollaps.
- Atemnot.
- Gefühl von Herzstolpern.

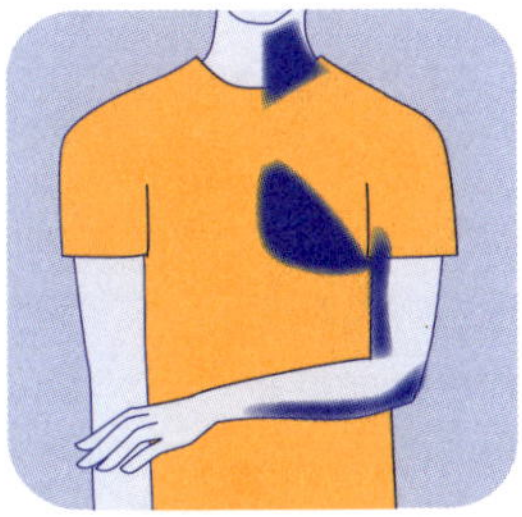

Der Infarkt kann leicht zu einem Kammerflimmern und in der Folge zum Herzstillstand führen. Deshalb den Patienten nicht aus den Augen lassen und gegebenenfalls mit Wiederbelebungsmaßnahmen beginnen.

VARIANTE: SCHLAGANFALL

Schlaganfälle manifestieren sich meist durch halbseitige motorische Ausfälle, Sprachstörungen, Gesichtsfeldstörungen, Taubheitsgefühl, Sehstörungen und Schwindel. Auch hier ist sofort die Rettung zu verständigen. Bis dahin lagert man den Patienten auf der Seite, bei Bewusstlosigkeit in stabiler Seitenlage. Atmung kontrollieren!

Epileptikern helfen

Ein epileptischer Anfall wirkt meist dramatisch und kann auch mögliche Helfer in Panik versetzen. Die Betroffenen verlieren die Beherrschung über ihren Körper, stürzen zu Boden und winden sich – ohne Bewusstsein – in Krämpfen. Dabei kann sich blutiger Schaum vor dem Mund bilden und die Kontrolle über Darm und Blase verloren gehen.

- Wenn möglich auffangen, bevor der Patient fällt.
- Alles wegräumen, woran er sich verletzen könnte.
- Rundherum polstern.
- Krampf abwarten. Ist er nach fünf Minuten nicht vorüber, Notarzt informieren.
- Ist der Krampf vorüber, Puls und Atmung kontrollieren. Bei Bewusstlosigkeit in stabile Seitenlage bringen.
- Dabeibleiben, bis sich das Opfer wirklich erholt hat oder der Arzt vor Ort ist.

Erste Hilfe bei verletzter Lunge

Zugegeben: Es ist extrem unwahrscheinlich, dass Sie einmal einem Opfer helfen müssen, das gerade ein Messer zwischen die Rippen oder einen Schuss in die Brust bekommen hat. Aber was tun, wenn es doch passiert? Darüber hinaus können auch spießende Rippenbrüche oder starke Quetschungen des Brustkorbs die Lunge verletzen. Und dann wird es schnell lebensbedrohlich.

1 Notarzt rufen.
2 Patienten auf dem Rücken, halb liegend, halb sitzend, lagern, aber möglichst wenig bewegen.
3 Bei äußeren Verletzungen Wunde steril abdecken, dann mit einer Plastikfolie bedecken und luftdicht abkleben. Fremdkörper wie steckende Messer aber keinesfalls entfernen, sondern mit einkleben.
4 Puls und Atmung kontrollieren und auf Schockanzeichen achten. Gegebenenfalls Gegenmaßnahmen ergreifen.

VARIANTE: SPONTANER LUNGENRISS

Es braucht kein dramatischer Unfall vorausgegangen sein – die Lunge kann unter Umständen ohne äußere Ursachen spontan reißen. Es kann auch durch indirekte Ursachen, wie etwa extrem dumpf dröhnende Disco-Bässe, passieren. Anzeichen ist eine mühsame, ohne erkennbaren Grund schnelle Atmung. Das Opfer wird vermutlich über starke Schmerzen klagen. Eventuell sind asymmetrische Atembewegungen zu beobachten. Dann sollte man sofort einen Notarzt alarmieren.

Verstauchten Knöchel behandeln

1 Schuhe und Socken entfernen.
2 Bein hochlegen.
3 Mit kalter Kompresse kühlen.
4 Knöchel mit Wattepolster umwickeln und dann den ganzen Fuß mit einer elastischen Binde einwickeln.

TIPP

Pech, so ein verstauchter Knöchel, oder? **PECH** steht auch als Merkhilfe für die nötigen Maßnahmen: **P**ause machen, **E**is zum Kühlen auflegen, **C**ompression durch Einwickeln und **h**ochlagern.

GRUNDWISSEN: MIT EINER ELASTISCHEN BINDE WICKELN

Elastische Binden zum Stabilisieren verletzter Gelenke gehören in jeden Erste-Hilfe-Kasten, sollten aber auch bei einem Ausflug, vor allem bei Wanderungen, immer im Rucksack sein. Man hält das lose Ende der Rolle auf der Haut fest und beginnt dann mit der anderen Hand die Binde abzuwickeln. Dabei wird das Ende möglichst schnell fixiert, indem man darüberwickelt. Die Binde steht dabei immer leicht unter Zug, damit der Verband eng wird. Gewickelt wird immer schräg, sodass eine Art Fischgrätmuster entsteht. Also schräg nach oben, um die Gliedmaße herum, dann schräg nach unten, wieder um die Gliedmaße herum und etwas versetzt wieder schräg nach oben. Auf diese Weise sollte das in Mitleidenschaft gezogene Gelenk großflächig umwickelt werden.

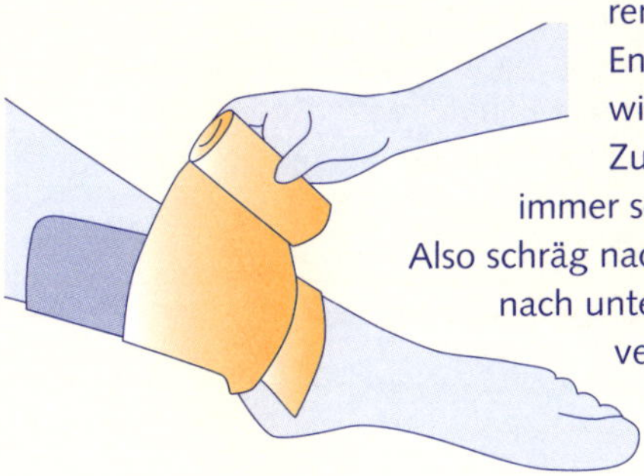

Richtiges Verhalten bei gebrochenen Knochen

Warum hier nicht „Brüche schienen" steht? Weil Schienen durch Laien selten das richtige Verhalten ist, wenn jemand sich einen Knochen gebrochen hat. Richtig ist dagegen, das betroffene Glied möglichst überhaupt nicht zu bewegen. Fixieren Sie etwa ein gebrochenes Bein, indem Sie gerollte Jacken, Decken, Kissen, Taschen oder ähnliche Gegenstände, die gerade zur Hand sind, von beiden Seiten dagegenstellen, damit der Patient auch keine kleinen Bewegungen macht. Machen Sie es ihm da, wo er liegt, so bequem wie möglich. Ziehen Sie ihn dazu aber nicht aus, sondern schneiden Sie die Kleidung auf. Decken Sie den Patienten anschließend zu. Zeigt er Anzeichen von Schock, lagern Sie das gesunde Bein, wenn möglich, nach oben. Alles Weitere ist Sache des Arztes.

VARIANTE: ARMBRUCH

Etwas anders sieht es bei einem gebrochenen Arm aus. Hier erreicht man die beste Ruhigstellung in der Regel durch eine Armschlinge. Diese lässt sich am einfachsten mit einem Dreieckstuch aus dem Verbandskasten herstellen. Das Tuch wird über die „kranke" Schulter gelegt, der verletzte Arm vorsichtig um 90 Grad angewinkelt und das Tuch dann von der Körperseite her darumgeschlungen. Dann verknotet man die Zipfel über der gesunden Schulter und schlägt den dritten Zipfel am Ellenbogen so ein, dass auch er mit in der Schlinge fixiert ist. Eventuelle Wunden müssen natürlich zuerst versorgt werden. Falls kein passendes Tuch vorhanden ist, kann man auch den Zipfel einer Jacke umschlagen und mit einer Sicherheitsnadel oder Ähnlichem befestigen. Auch wenn das Schlüsselbein gebrochen sein könnte, wird der Arm mit einer solchen Schlinge fixiert. Eine möglicherweise gebrochene Hand umhüllt man mit einem weichen Polster, bevor man sie in die Schlinge legt.

Erste Hilfe bei Wirbelsäulenverletzung

Wenn ein Unfallopfer die Beine nicht bewegen kann bzw. wenn sie sich taub anfühlen oder merkwürdig kribbeln, dann hat es sich vermutlich die Wirbelsäule verletzt. Auch wenn es die Arme oder Beine nur mühsam und unter großen Schmerzen bewegen kann, sollte man vorsichtshalber damit rechnen. In diesem Fall darf der Verletzte möglichst überhaupt nicht bewegt werden. Die einzigen Ausnahmen sind andere akut lebensbedrohliche Situationen wie drohendes Ersticken oder Atemstillstand bzw. nahendes Feuer, eine drohende Explosion etc. Ansonsten dürfen Sie den Verletzten lediglich vorsichtig von der Seite her abpolstern und zudecken. Selbst das Unterschieben eines Kissens ist tabu.

VARIANTE: BECKENBRUCH

Auch bei einem Beckenbruch sollte der Verletzte nicht bewegt werden. Zwar droht hier keine Querschnittslähmung, möglicherweise jedoch eine Verletzung innerer Organe. Indizien für einen Beckenbruch sind eine nasse Hose, da die Verletzung zu unkontrolliertem Harnabgang führen kann, und starke Schmerzen im Becken beim Bewegen der Beine.

Erste Hilfe bei Schädelbruch

Wenn jemand auf den Kopf gefallen ist oder einen starken Schlag dagegen erhalten hat und dann Bewusstseinsstörungen aufweist, unter Umständen merkwürdiges Verhalten an den Tag legt, starke Kopfschmerzen und Schwindelgefühle hat und eventuell erbricht, dann ist das ein Fall für den Arzt – egal, ob es sich am Ende wirklich um einen Schädelbruch oder „nur" um eine Gehirnerschütterung handelt. Die Symptome sollten auch ernst genommen werden, wenn der Unfall schon Tage zurück liegt. Bis zum Eintreffen des Arztes auf dem Rücken halb liegend, halb sitzend lagern, Kopfschmerzen eventuell durch Kühlung lindern. Auf Anzeichen von Schock oder auftretende Bewusstlosigkeit achten.

GRUNDWISSEN: VERHALTEN AN DER UNFALLSTELLE

Wer plötzlich mit einem Unfall konfrontiert wird, kann leicht in Panik geraten. Was ist als Erstes zu tun? Die richtige Reihenfolge ist folgende:

1. Dafür sorgen, dass nicht noch mehr passiert. Dazu gehört, die Unfallstelle abzusichern, Verletzte aus der Gefahrenzone zu bringen und, wenn nötig, auch Maßnahmen zu ergreifen, sich selber zu schützen. Instinktiv neigt man natürlich dazu, sich sofort um einen blutenden Menschen zu kümmern, und vernachlässigt dabei, das Warndreieck aufzustellen oder Einweghandschuhe gegen HIV anzuziehen.
2. Dann wird der Notarzt gerufen.
3. Nun kann man mit Hilfsmaßnahmen beginnen. Dabei stehen Maßnahmen gegen lebensbedrohliche Zustände wie Atem- und Herzstillstand, Schock oder verletzte Schlagadern an erster Stelle.

Bei einer Geburt assistieren

Immer wieder passiert es, dass Geburten plötzlich einsetzen und Kinder an den unmöglichsten Orten zur Welt kommen. Die unregelmäßigen Eröffnungswehen und der Blasensprung sind noch kein Grund zur Panik. Während dieser Phase sollte man versuchen, ein Krankenhaus zu erreichen. Erst wenn die regelmäßigen Presswehen einsetzen und der Kopf des Kindes sichtbar wird, muss man sich auf eine Geburt an Ort und Stelle einstellen. Als Helfer gilt es vor allem, beruhigend auf die werdende Mutter einzuwirken und es ihr so bequem wie möglich zu machen. Ob sie auf dem Rücken liegen oder ihr Kind lieber im Hocken gebären will, ist ihre Sache. Wenn der Kopf des Babys ganz heraus ist, kann man durch vorsichtiges

Ziehen nach unten nachhelfen. Dann den Schleim vom Gesicht des Babys entfernen. Wenn es nach der Geburt eine rosige Haut hat, schreit und atmet, legen Sie es auf den Bauch der Mutter und decken es unbedingt zu, da es leicht auskühlen kann. Die Sache mit der Nabelschnur eilt nicht. Das können Sie getrost dem Notarzt überlassen. Falls das Kind jedoch bläulich anläuft und nicht atmet, muss man sofort aktiv werden. Hilft das berühmte Hochnehmen an den Beinen mit Klaps auf den Po nichts, sind Atemspende oder gar Herzmassage angesagt.

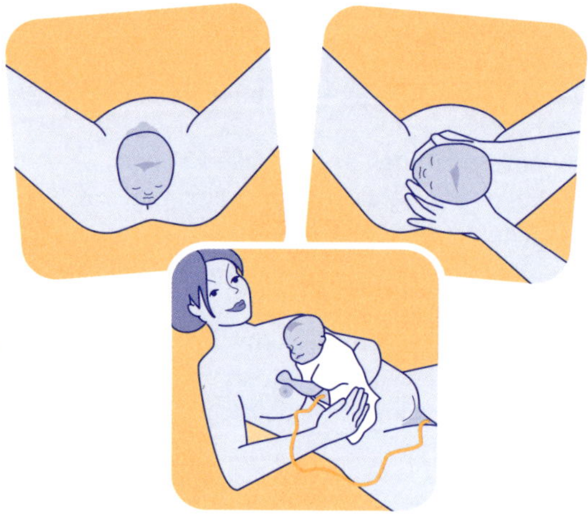

Sich selbst aus einem Eisloch retten

Natürlich sollte man sich nie auf ein zugefrorenes Gewässer begeben, das nicht behördlich freigegeben ist. Aber was ist zu tun, wenn man doch einmal einbricht, weil ein Tümpel unter der Schneedecke nicht zu erkennen war?

1 Den Eisrand suchen und festhalten, bis der erste Schock überwunden ist.
2 Um Hilfe rufen.
3 Sich von unnötigem Ballast (z. B. Tasche) befreien.
4 Falls man keine Handschuhe trägt: Hände vor der Kälte schützen, indem man die Ärmel darüberzieht.
5 Am Eisrand eine geeignete, möglichst stabile Ausstiegsstelle Richtung Ufer suchen.
6 Die Arme auf das Eis legen und den Körper in eine horizontale Position bringen.
7 Vorsichtig auf das Eis robben.
8 Um die Längsachse vom Loch wegrollen.
9 An Land kriechen.

Wenn das Eis am Rand des Lochs nicht stabil ist, sondern splittert, muss man versuchen, sich zu behelfen, indem man es mit den Fäusten oder Ellenbogen stückweise zerbricht, und sich so zum Ufer oder tragfähigerem Eis vorarbeiten.

WISSENSWERT

Eine Volksweisheit besagt, dass man in kaltem Wasser pro Grad Wassertemperatur nur eine Minute lang überleben kann. Experten schätzen jedoch, dass man in null Grad kaltem Wasser kräftig strampelnd etwa zwölf Minuten überleben kann, bei fünf Grad Celsius sogar bis zu einer Stunde. Man kann aber auch einen Kälteschock erleiden und sofort ertrinken. Deshalb ist es am wichtigsten, nicht in Panik zu verfallen.

Andere aus einem Eisloch retten

Die erste Maßnahme, wenn jemand im Eis eingebrochen ist, ist, die Rettungskräfte zu alarmieren. Dann kann man ausprobieren, ob es möglich ist, den Verunglückten zu bergen. Grundsätzlich bewegt man sich auf Eis, das schon einmal gebrochen ist, nur robbend, um nicht zu viel Gewicht auf eine Stelle zu bringen. Eine Unterlage wie ein Brett oder eine Leiter hilft, das Gewicht besser zu verteilen. Wenn möglich sollte der Retter mit einer Leine gesichert werden. Sind genügend Leute da, kann man eine Kette bilden, bei der immer einer die Fußgelenke des anderen festhält. Beim Vorwärtskriechen muss man sorgfältig auf das Eis achten. Denn es ist am Ufer dicker und wird zur Mitte eines Sees hin dünner. Im Zweifelsfall sofort zurückkriechen und auf die Rettungskräfte vertrauen.

Je näher man an die Eiskante kommt, desto gefährlicher wird es. Deshalb sollte man nach Möglichkeit dem Verunglückten ein Seil oder einen Rettungsring zuwerfen oder einen langen Stock hinhalten. Auch ein ausgeworfener Anorak, an einem Ärmel gehalten, eine Hundeleine oder ein umgedrehter Schlitten taugen zur Überbrückung. Kann man den Verunglückten nicht erreichen, ist aber in Hörweite, so ist es wichtig, ihm Mut zu machen, dass Rettung unterwegs ist.

FÜR FORTGESCHRITTENE

Ist der Eingebrochene unter das Eis geraten, dann ist es lebensgefährlich, nach ihm zu tauchen. Doch als verzweifelter Angehöriger ist man oft trotzdem dazu bereit. Auch für diesen Fall gibt es Verhaltensregeln:

1. Wegen der Kälte ohne Schuhe, aber voll bekleidet tauchen.
2. Ein zweiter Helfer sichert den Taucher am Eisrand mit einem Seil und achtet darauf, dass es an der Eiskante nicht durchscheuert.
3. Nach 20 Sekunden zieht der zweite Helfer den Taucher heraus.
4. Jeder Helfer taucht nur einmal. Einen zweiten Tauchgang würde er wegen der Kälte wahrscheinlich nicht überleben. Auf jeden Fall ist er nicht mehr fähig, jemanden zu retten, selbst wenn er das Opfer finden sollte.

Unterkühlung behandeln

Wenn jemandem so richtig kalt geworden ist, muss man ihn mit möglichst viel Hitze wieder aufwärmen, oder? Das darf man nicht. Der Organismus muss sich selber vom Herzen her wieder aufheizen und darf nicht einfach von außen gewärmt werden.

- Der Unterkühlte sollte Arme und Beine möglichst wenig bewegen müssen, denn je stärker der Blutkreislauf in Schwung kommt, umso mehr Wärme wird aus dem Körperkern abgezogen.
- Nasse Kleidung wird nur gewechselt, wenn genügend trockene zur Verfügung steht. Wenn der Patient bereits apathisch zu werden beginnt, sollte darauf verzichtet werden.
- Ein mit heißem Wasser getränktes Leintuch auf der Herzregion ist hilfreich.
- Vor allem muss der Patient so gut wie möglich in Kleidung und Decken eingepackt werden. Dabei auch eine Mütze nicht vergessen.
- Ist die Decke groß genug, kann sich der Helfer dazulegen und den anderen mit seiner Körperwärme wärmen.
- Warme Getränke und kalorienreiche Nahrung (z. B. Schokolade) tun gut.
- Bei schweren Unterkühlungen muss als Erstes ein Notarzt verständigt werden.

VARIANTE: ERFRIERUNGEN BEHANDELN

Für Erfrierungen gilt genau dasselbe wie für Unterkühlungen. Das Wärmen muss sehr schonend vor sich gehen. Erfrierungen ersten Grades, die sich durch eine blässlich weiße Hautfarbe, Schwellungen und Schmerzen bemerkbar machen, können durch ein Bad in nur lauwarmem Wasser und sanftes Massieren behandelt werden. Oder klemmen Sie die Hände in die eigenen Achselhöhlen und die Füße unter die eines Helfers. Ist die Haut schon blaurot und es bilden sich Blasen, werden die Stellen mit Wundauflagen abgedeckt und mit warmer Kleidung gewärmt. Alles Weitere ist Sache des Arztes.

Feuer löschen

Reflexartig fällt den meisten Menschen als Gegenmittel zu Feuer Wasser ein. Doch Wasser ist keineswegs immer geeignet. Wie man richtig löscht, hängt davon ab, was brennt. Dabei sollte man aber auch den Eigenschutz nie vernachlässigen. Die meisten Brandopfer sterben am Einatmen der Rauchgase. Manchmal reichen schon drei Atemzüge, um bewusstlos zu werden

- **Feststoffe:** Prinzipiell ist Wasser okay. Bei großer Hitze allerdings kann es sich auch in gefährlichen Wasserdampf verwandeln. Deshalb sind Feuerlöscher die bessere Alternative. Wenn es gefahrlos möglich ist, kann man ein Feuer auch ersticken. Das hat den Vorteil, dass man keine Probleme mit der Beseitigung des Löschmittels bzw. Wasserschäden hat.

- **Flüssigkeiten:** Wasser birgt die Gefahr, dass sich das Feuer weiter ausbreitet. Brennendes Benzin etwa kann damit ins „Schwimmen" kommen. Deshalb Feuerlöscher benutzen. Ist keiner vorhanden, bei kleinen Feuern alles Brennbare aus der Umgebung entfernen und ausbrennen lassen. Bei großen Feuern Feuerwehr rufen, Raum verlassen, Tür schließen. Wenn möglich, noch Gefahrgut entfernen, das zu einer Verschlimmerung der Lage führen könnte.
- **Fett:** Der Einsatz von Wasser ist hier lebensgefährlich! Schon eine brennende Pfanne und ein Schwall Wasser können eine Explosion erzeugen, die die ganze Küche ausfüllt. Auch die meisten Feuerlöscher sind nicht geeignet. Nötig wäre ein Speziallöschgerät der Klasse F. Was aber tun, wenn doch einmal in der Küche das Fett in der Pfanne so heiß geworden ist, dass es sich entzündet? Prinzipiell wäre ein Eimer Sand geeignet – aber wer hat den schon parat? Deswegen: wenn noch möglich, Herd ausschalten und Pfanne von der heißen Platte ziehen, um eine weitere Hitzezufuhr zu unterbinden. Eventuell brennbare Gegenstände aus der Umgebung entfernen. Dann die Pfanne ausbrennen lassen. Unter Umständen gelingt es auch, einen Deckel aufzulegen, sodass das Feuer erstickt. Wenn dies alles nicht mehr möglich ist: Küche verlassen, Türe schließen, Sicherung herausnehmen und eventuell Gashahn abdrehen. Feuerwehr rufen, Mitbewohner zum Verlassen des Hauses auffordern und auf das Eingreifen der Profis vertrauen.
- **Menschen:** Menschen, deren Haar oder Kleidung in Flammen stehen, geraten meistens in Panik und rennen weg, was das Feuer noch anfacht. Ist man selbst betroffen, sollte man diesen Reflex unterdrücken und das Feuer mithilfe einer Decke oder eines Mantels oder durch Hinwerfen ersticken. Gleiches gilt, wenn man anderen hilft. Dabei darf man allerdings keine Textilien aus Synthetik zu Hilfe nehmen, da diese schnell schmelzen. Das verhindert nicht nur erfolgreiche Löschversuche, sondern führt auch zu besonders üblen Verbrennungen auf der Haut. Reißt man das Opfer nieder, sollte man es mit der Brandstelle gegen den Boden drücken, aber nicht rollen, da sonst die Gefahr besteht, dass sich das Feuer verbreitet.
- **Elektrische Geräte:** erst den Stromkreis unterbrechen, dann löschen. Flüssige Löschmittel sind leitfähig!
- **Grill:** beim Grillen am besten immer einen Eimer mit Sand bereithalten und damit eventuelles Feuer ersticken. Wasser kann auf den glühenden Kohlen zu einer Wasserdampfexplosion führen.

TIPP

Wenn Sie im Internet unter „Fettbrand" suchen, finden Sie leicht eindrucksvolle Videos, die die Gefährlichkeit vor Augen führen. Vor allem Kinder bekommen dadurch ein Gefühl für die Gefahr.

Feuerlöscher benutzen

- **Feuerlöscher finden**. In öffentlichen Gebäuden weisen rote Schilder mit weißem Pfeil den Weg. Am Standort ist ein rotes Schild mit weißem Löscher angebracht.
- Kontrollieren, ob der Feuerlöscher für den konkreten Fall geeignet ist.
- **Entsichern,** Druck aufbauen lassen, Ventil öffnen. Am besten macht man sich mit der Bedienungsvorschrift schon beim Kauf, nicht erst im Ernstfall vertraut.
- Etwa aus **fünf Meter Entfernung** zu sprühen beginnen, Abstand dann anpassen.
- Im Freien **mit der Windrichtung** sprühen.
- **Nicht von oben** auf das Feuer sprühen. Flächenbrände werden von vorne unten bekämpft. Bei Tropfbränden sprüht man auf die Austrittsstelle.
- **Stoßweise sprühen,** nicht in einem Schwung. Aufhören, wenn das Feuer gelöscht ist, und Reserve für eventuelle Rückzündung aufbewahren.
- Falls vorhanden, **mehrere Feuerlöscher gleichzeitig** und nicht nacheinander einsetzen.
- Nach dem Löschen **Brandstelle beobachten,** ob sie sich wieder entzündet.
- Gebrauchten Feuerlöscher von Fachleuten wieder auffüllen lassen.

WISSENSWERT

Um die Eignung von Feuerlöschern ist es folgendermaßen bestellt:

- Brandklasse A: für feste Stoffe wie Holz, Papier, Textilien, Autoreifen usw.
- Brandklasse B: für flüssige Stoffe wie Benzin, Alkohol, Wachs und viele Kunststoffe
- Brandklasse C: für Gase
- Brandklasse D: für Metalle
- Brandklasse F: für Fett

In Privathäusern empfiehlt sich vor allem der Schaumlöscher, der für die Brandklassen A und B geeignet ist, eventuell auch noch der ABC-Pulverlöscher. Er kann auch Gase löschen, ist jedoch mit einem Pulver gefüllt, das sich nur schwer bis überhaupt nicht wieder von den eingesprühten Oberflächen entfernen lässt.

TIPP

Wer vorsorgen will, installiert in seinem Haus Rauchmelder und besitzt einen Feuerlöscher. Beides muss allerdings regelmäßig gewartet werden. Rauchmelder geben ab und zu (und leider auch mitten in der Nacht) durch ein Piepen kund, dass ihre Batterien gewechselt werden müssen. Feuerlöscher (auch die im Auto) sollten alle zwei Jahre von einem Fachmann geprüft werden. Dabei wird zum einen festgestellt, ob die Geräte noch so unter Druck stehen, dass sie noch funktionieren, zum anderen werden die Geräte auf Anzeichen von gefährlichem Überdruck untersucht, der zu einer Explosion führen kann.

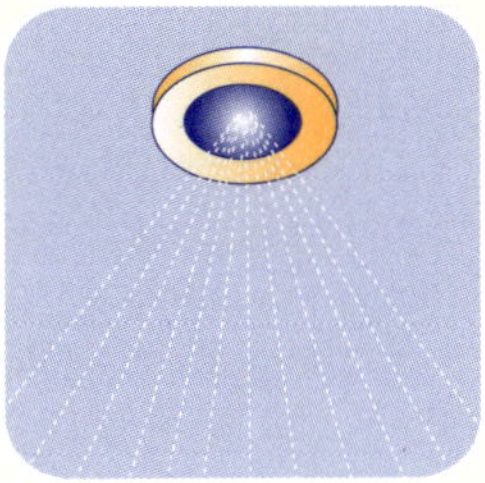

Bei einem Großbrand richtig reagieren

Wie aber sollte man sich verhalten, wenn das Feuer nicht mehr durch Laien zu löschen ist?

- **Feuerwehr rufen: 112**. Alarm aktivieren, falls vorhanden.
- **Wohnung verlassen,** wenn es in der eigenen Wohnung brennt. Eventuell etwas Warmes überziehen, aber keine Zeit vertrödeln, um etwa möglichst viele Dinge zu retten. Bei einem Brand in einer tiefer liegenden Wohnung oder gar im Treppenhaus sollte man sich in der eigenen Wohnung verschanzen. Möglichst viele geschlossene Türen zwischen sich und den Brandherd bringen, eventuell Ritzen mit nassen Tüchern abdichten, am besten auf dem Balkon warten. Eine Wohnungstür brennt erst nach etwa 30 Minuten durch, während die Feuerwehr im Schnitt nach zehn Minuten zur Stelle ist. Im Treppenhaus dagegen zieht der Rauch dank eines Kamineffektes nach oben und es kann leicht zu einer lebensgefährlichen Rauchvergiftung kommen. Faktisch sterben bei Wohnungsbränden weit mehr Personen am Rauch als am Feuer. Dringt der Rauch bereits in die Wohnung, Fenster öffnen. Falls nicht möglich, auf den Boden legen, wo die Luft besser ist.
- **Mitbewohner alarmieren.** Je nach Lage auch noch vor dem Verschanzen in der eigenen Wohnung.

Richtiges Verhalten bei Gasunfällen

- **Im Raum:** Das Tückische an austretendem Gas ist, dass man meist bewusstlos wird, bevor man das Gas bemerkt. Wenn Sie jedoch den Verdacht haben, dass sich in einem Raum Gas sammelt, hilft nur eines: raus! Alarm schlagen, wenn sich weitere Personen im Gebäude aufhalten, und dann fliehen. Dabei keinesfalls Feuer machen, auch kein Licht einschalten und keinen Klingelknopf bedienen.
- **Von außen:** Wenn Sie auf eine bewusstlose Person in einem gasgefüllten Raum treffen, öffnen Sie die Tür und, wenn möglich, auch die Fenster von außen. Notfalls einschlagen. Dann alarmieren Sie die Rettungskräfte. Ein Versuch, das oder die Opfer zu bergen, ist extrem gefährlich und sollte nur unternommen werden, wenn Sie jemanden von außen mit einem Seil sichern und notfalls aus dem Raum ziehen können. Da die meisten Gase nach oben steigen, empfiehlt es sich, sich möglichst nah am Boden zu bewegen. Das gilt jedoch nicht für Kohlendioxid, das sich in Klärgruben, Silos oder Gärkellern sammeln kann. Hier muss man die Rettung Experten überlassen.

GRUNDWISSEN: RETTUNGSGRIFF

Grundsätzlich sollte man einen Verletzten so wenig wie möglich bewegen. Manchmal ist es aber nötig, ihn aus dem Gefahrenbereich zu ziehen. Dazu empfiehlt sich folgender Griff:

1. Man stellt sich hinter den Verletzten, greift ihn mit beiden Händen an den Schultern und richtet ihn mit Schwung in eine sitzende Lage auf. Sitzt der Verletzte noch im Auto, zieht man ihn an der Hüfte etwas heraus.
2. Nun greift man mit beiden Armen unter seinen Achseln durch und winkelt einen seiner Unterarme vor seinem Oberkörper ab.
3. Diesen Arm umfasst man mit beiden Händen, sodass alle zehn Finger nach vorn zeigen.
4. Nun zieht man den Verletzten auf die eigenen Oberschenkel und richtet sich langsam auf.
5. Anschließend schleift man den Verletzten rückwärts aus der Gefahrenzone.

Dieser Griff darf natürlich nicht bei Wirbelsäulenschäden und anderen Verletzungen, die sich dadurch verschlimmern könnten, angewandt werden.

Richtiges Verhalten bei Stromunfällen

Klar, dass jeder den Impuls hat, ein liebes Familienmitglied sofort von der Gefahrenquelle wegzureißen, wenn es an einem defekten elektrischen Gerät „klebt". Doch das Einzige, was man damit erreicht, ist, ebenfalls in den Stromkreis einbezogen zu werden. Deswegen ist die erste Maßnahme, die Sicherung auszuschalten und den Stromkreis zu unterbrechen. Allerdings muss man darauf gefasst sein, dass das Opfer unter Umständen sehr unglücklich fallen kann, wenn der Strom nicht mehr fließt. Wenn der Strom nicht so schnell abzustellen ist, aber ein Besenstiel, ein Stuhl oder ein anderer nicht leitender Gegenstand unmittelbar erreichbar ist, kann man das Opfer auch damit von der Stromquelle wegdrücken. Nicht leitend sind z. B. Holz, Kunststoff und Pappe. Dabei ist es auch wichtig, dass der Helfer nicht über einen leitenden Untergrund, z. B. eine große Pfütze, in den Stromkreislauf einbezogen wird. Zur Sicherheit am besten auf Telefonbücher, Pappe, eine trockene Jacke oder Ähnliches stellen. Im äußersten Notfall kann man auch versuchen, den Betroffenen an einem losen Kleidungszipfel wegzuziehen. Aber das ist sehr riskant für den Helfer. Anschließend muss der Stromkreislauf trotzdem noch unterbrochen werden. Dann wird das Opfer versorgt. Stromunfälle können zu Herz- oder Atemstillstand, Schock und Brandwunden führen.

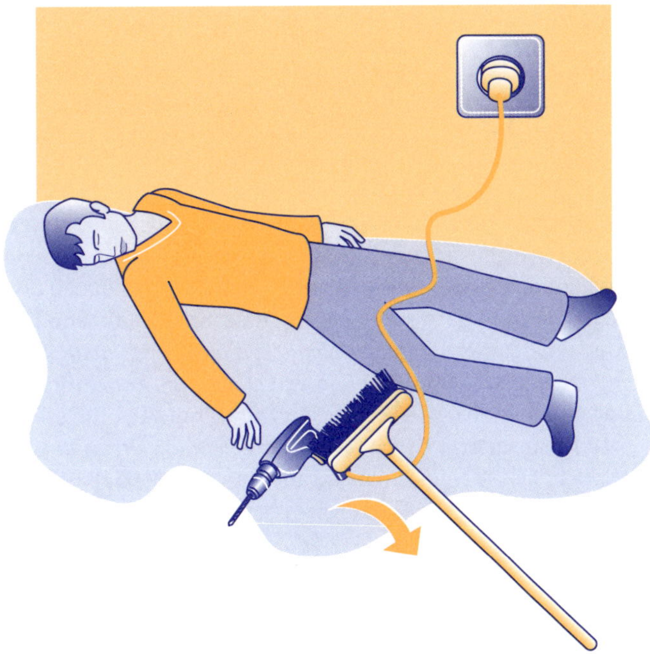

WISSENSWERT

Aus einem Hochspannungsstromkreis können Sie kein Opfer bergen. Schon eine Annäherung auf etwa fünf Meter an ein herunterhängendes Hochspannungskabel ist mit ziemlicher Sicherheit tödlich. Geraten Sie aus Versehen in weniger als zehn Meter Entfernung zu solch einem Kabel, sollten Sie den Bereich mit geschlossenen Beinen hüpfend wieder verlassen.

STIL-REGELN

Richtige Kleidung für eine Einladung wählen

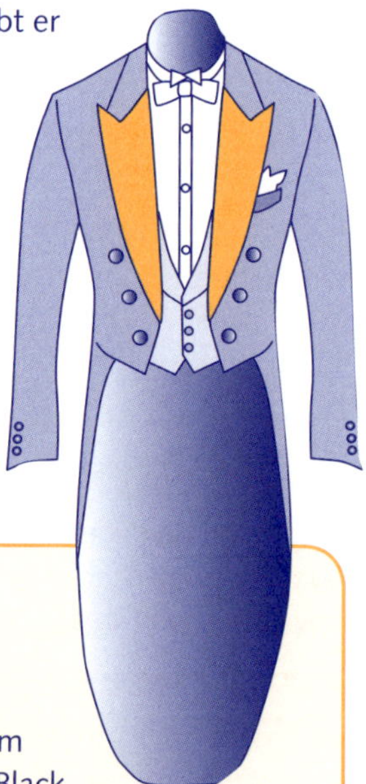

Wenn ein Gastgeber großen Wert auf ein bestimmtes Outfit legt, dann gibt er das in der Regel bekannt. Ist man sich sehr unsicher, kann man auch nachfragen, was gewünscht ist. Ansonsten vermeiden Sie es, zu lässig, zu elegant, zu bunt, zu extravagant oder gar zu ungepflegt zu erscheinen. Wenn Sie nicht ganz sicher wissen, dass Turnschuhe und Dreitagebart oder ein atemberaubendes Abendkleid okay sind, dann kleiden Sie sich eher gediegen konservativ und zurückhaltend. Ein Outfit, das nicht auffällt, ist immer okay. Alles, was auffällt, führt zu Vorurteilen. Die können natürlich auch positiv sein, erweisen sich in der Praxis aber oft als wenig hilfreich. Selbst auffallende Eleganz oder Originalität stoßen oft auf Reaktionen wie „Der will zeigen, dass er etwas Besseres ist" oder „Die hält sich wohl für die Allertollste".

WISSENSWERT

Wenn Abendgarderobe erwünscht ist, dann ist für den Herrn ein schwarzer oder dunkelblauer Anzug mit weißem Hemd und Krawatte Pflicht. Damen können in der Regel statt im langen Abendkleid auch im Cocktailkleid oder im eleganten Hosenanzug kommen. Wird jedoch „Black tie" gewünscht, dann ist für den Herrn der Smoking erwünscht. Als Dame greift man am besten zum Abendkleid, auch wenn das „kleine Schwarze" oft ebenfalls okay ist. „White tie" wird man als Normalbürger eher selten anlegen müssen. Dahinter verbergen sich Frack und langes Ballkleid.

Gastgeschenke mitbringen

Blumen für die Dame und eine Flasche Wein für den Herrn: Am wenigsten kann man mit Ess- bzw. Trinkbarem und Blumen falsch machen. Das ist nicht fantasievoll, aber auch nie falsch. Wenn Sie im Zweifel sind, ob Geschenke angebracht sind oder nicht, dann bringen Sie lieber etwas mit – aber etwas, was für den Gastgeber keine Verpflichtung darstellt. Selbstgemachtes, z. B. Marmelade oder Likör, geben noch eine persönliche Note und kommen stets gut an. Auch hübsche Delikatessen, die man nicht unbedingt selbst macht, in Form eines kleinen „Fresskorbes" sind eine gute Idee.

TIPP

Den Kindern Ihrer Gastgeber brauchen Sie nichts mitzubringen. Vielen Eltern ist es sogar unlieb, wenn ihre Kinder von den Gästen Süßigkeiten bekommen. Andererseits erinnert sich wohl jeder von uns an bestimmte Onkel und Tanten in seiner Kindheit, die besonders willkommen waren, weil sie immer etwas mitgebracht haben. Wenn Sie Kindern also etwas schenken wollen, dann belassen Sie es bei Kleinigkeiten und vergewissern Sie sich bei den Eltern, dass das in Ordnung ist.

Blumenstrauß binden

Man kann natürlich einfach ein paar hübsche Blumen zusammenfassen, doch um einen wirklich eleganten Strauß zu binden, bedarf es etwas mehr Mühe.

1 Zuerst wird eine besonders schöne Blume mit längerem Stiel für die Mitte gewählt. Blätter und eventuell auch Dornen werden entfernt.

2 Um diese Mittelblume gruppiert man nun spiralförmig einen Kranz weiterer Blumen, die ein wenig tiefer angeordnet sind. Auch bei ihnen entfernt man die Blätter an den Stängeln. Wenn man nicht Blüte an Blüte haben, sondern das Ganze auflockern möchte, dann bindet man dekoratives Blattwerk oder kleinteilige Blütenzweige wie Schleierkraut mit hinein.

3 Dem ersten Kranz um die Mittelblume folgen weitere, die wieder jeweils etwas tiefer liegen, bis der Strauß die gewünschte Größe erreicht hat. Verwendet man unterschiedliche Blumen, dann sollte man auf eine harmonische Verteilung achten.

4 Nun wird der Blumenstrauß entweder mit dekorativen grünen Blättern oder einer Papiermanschette eingefasst.

5 Die Stängel werden mit Blumendraht fest zusammengebunden und die Enden auf eine einheitliche Länge gekürzt. Wenn man einen besonders guten Halt bekommen möchte, umwickelt man den ganzen Stiel mit grünem Kreppband. Bei feierlichen Buketts kann man den Stiel auch noch mit farbigem Geschenkband umwickeln.

WISSENSWERT

Welche Blumen schenkt man wann? Früher huldigte man der „Blumensprache" und da war eigentlich keine Blume unbelastet. Gladiolen konnten den Vorwurf darstellen, der Empfänger sei zu stolz, gelbe Rosen Zweifel an der Treue des anderen signalisieren und Chrysanthemen, dass man noch zu haben sei. Blumen zu schenken, die einfach nur nett gemeint waren, war anscheinend kaum möglich – wenn man die Handbücher der Blumensprache von damals studiert. Heute ist das zum Glück anders. Mit einem hübschen Strauß kann man kaum etwas falsch machen. Nur ein Bukett, das (nahezu) ausschließlich aus roten Blumen besteht, sollte man sich wirklich für geliebte Menschen aufsparen – zumal wenn es Rosen sind. Ein wenig heikel sind auch weiße Lilien und Chrysanthemen, die oft mit Beerdigungen assoziiert werden, und Nelken, die bei einigen „Benimmexperten" als unpassend abgetan werden. Irritierend kann es auch wirken, wenn man jemandem, dem man nicht allzu nahesteht, einen sehr bombastischen Strauß mitbringt.

Blumen in Empfang nehmen

„Die muss ich gleich ins Wasser stellen“, sagte die Gastgeberin und sauste davon. Die nächste Viertelstunde blieb sie verschwunden, weil es galt, die passende Vase zu finden und die Blumenstängel anzuschneiden. Solche Panik ist natürlich absolut fehl am Platz, aber in der Realität gar nicht so selten. Kein Blumenstrauß verdirbt, wenn er zehn Minuten später ins Wasser kommt, und das Anschneiden der Stängel hält die Blumen zwar wirklich länger frisch, hat aber Zeit bis nach der Party. Die Begrüßung der Gäste jedenfalls darf durch die mitgebrachten Blumen nicht gestört oder abgekürzt werden. Man wechselt genauso viele Worte mit Gästen, die keine Blumen mitgebracht haben. Erst nach einer ordentlichen Begrüßung und ein wenig Small Talk kann man die Neuankömmlinge entlassen, um sich um die Blumen zu kümmern. Da es aber auch nicht ganz überraschend kommt, bei einer Party Blumen zu erhalten, sollten ein paar Vasen griffbereit stehen. So wird das Versorgen eine Angelegenheit von wenigen Augenblicken. Eventuell kann sich auch eine Freundin oder ein älteres Kind um die Blumen kümmern, damit die Gastgeberin ganz ihren Besuchern zur Verfügung steht.

TIPP

Überreicht man Sträuße mit oder ohne Einwickelpapier? Eigentlich ohne. Aber dann passiert es oft, dass die ankommenden Gäste die nette Begrüßung vereiteln, weil ihr dringendstes Problem ist, dieses Papier loszuwerden. In diesem Fall sollte man die Verpackung dem Gast abnehmen, das Papier mit dem Strauß in der Hand halten und beides später gemeinsam ver- und entsorgen. Wird der Strauß noch in Papier überreicht, dann kann man die Hülle etwas öffnen und ein nettes Wort über die Blumen verlieren, ohne das Papier gleich ganz zu entfernen.

Jemanden vorstellen

Das Vorstellen war früher eine gesellschaftliche Hürde par excellence. Man unterschied ganz genau zwischen „vorgestellt bekommen“ und „vorgestellt werden“ und es war stets der Jüngere oder sozial niedriger Gestellte bzw. der Herr, der vorgestellt wurde, während der Ältere, Höherrangige bzw. die Dame den anderen vorgestellt bekam. Aber was zählte im Zweifelsfall mehr? Das Alter, der Rang oder das Geschlecht? Und natürlich durfte man keinen Titel vergessen. Heute brauchen Sie sich darüber nicht mehr den Kopf zerbrechen. Wichtig ist vor allem, dass Sie – egal ob als Gastgeber oder als Gast – merken, wenn sich in Ihrer Gegenwart gerade Personen treffen, die Ihnen bekannt sind, einander aber nicht kennen. Dann sollten Sie aktiv werden und die Vorstellung übernehmen. In der Regel werden Sie den Namen des Hinzutretenden zuerst nennen. Sie können das Ganze mit den Worten „Darf ich vorstellen?" einleiten. Aber oft ist das auch überflüssig. Nennen Sie die Namen klar und deutlich und fügen Sie noch ein paar hilfreiche Informationen hinzu, damit die Genannten einander besser einordnen können. Etwa: „Jürgen Meyer, ein alter Freund von mir aus Hamburg. Er ist dort beim Senat angestellt. – Meine Tante Hannelore Huber aus Miesbach. Sie ist freischaffende Künstlerin."

VARIANTE: VORGESTELLT WERDEN

Und wie reagieren die beiden Vorgestellten richtig? Es gibt heute keine festen Regeln mehr. Wichtig ist, dass sie einander freundlich zur Kenntnis nehmen: mit einem Nicken, einem Lächeln, einem „guten Tag", einem „sehr erfreut", einem Händedruck. Auch wenn man selbst einen Händedruck als zu förmlich für die Situation empfindet, sollte man darauf gefasst sein, dass der andere die Situation anders sieht. Wenn es gerade passend ist, dann beginnt man auch einen kleinen Small Talk. Oder man bezieht den Neuankömmling in die bereits laufende Unterhaltung ein.

Sitzt einer der Partner, so war es früher üblich, dass Herren zur Vorstellung bzw. überhaupt zur Begrüßung aufstehen mussten, Damen aber sitzen bleiben durften. Heute ist es höflich, wenn beide Geschlechter aufstehen oder ein Aufstehen zumindest andeuten.

Jemanden ansprechen

Tun Sie's einfach! Die Zeiten, in denen es anrüchig war, jemanden anzusprechen, dem man noch nicht vorgestellt war, sind längst passé. Suchen Sie auf keinen Fall nach einem „passenden" Vorwand. Denn wenn der andere das Manöver durchschauen sollte, dann gerät Ihr Unterfangen wirklich in ein schiefes Licht. Je lockerer, ungezwungener und unverbindlicher das Ganze passiert, desto besser. „Guten Tag, mein Name ist Tom Müller. Sind Sie auch zur Tagung hier? / Ich bin ein Cousin der Braut. / Schöne Party, was?" Wenn der Small Talk schon nach zwei Sätzen einschläft, dann sagt man einfach „Es hat mich gefreut" und geht weiter. Ebenso nimmt man es dem anderen nicht krumm, wenn er sich ähnlich verhält. Es kann tausend Gründe geben, warum jemand sich gerade nicht in eine Unterhaltung verwickeln lassen möchte. Das ist nicht peinlich. Peinlich wäre nur, jemandem ein Gespräch aufzunötigen, der erkennbar kein Interesse daran hat.

Small Talk führen

Interessanter Small Talk? Sie sind der Meinung, das sei ein Widerspruch in sich? Dann geht es Ihnen wie vielen anderen. Aber es ist trotzdem ein Fehler, Small Talk grundsätzlich als oberflächlich und langweilig abzutun. Denn das Interessante am Small Talk sind eigentlich nicht die Themen, sondern die Menschen. Small Talk ist *der* Türöffner, um mit jemandem ins Gespräch zu kommen. Darüber hinaus lockert ein nettes, unverbindliches Geplauder über Unwichtiges in der Regel die Atmosphäre. Was am Small Talk interessant ist, liegt an den äußeren Umständen. Wenn Sie mit einem künftigen Verhandlungspartner smalltalken, dann ist es spannend, seine Reaktionen schon vorher kennenzulernen. Ist er abwartend oder dynamisch, zuvorkommend oder einnehmend, ausschweifend oder zielorientiert? Auf einer Party dagegen führen Sie Small Talk, um herauszufinden, wen Sie näher kennenlernen möchten. Sie sprechen gezielt Themen an, um gemeinsame Interessen auszuloten und zu prüfen, ob die Chemie stimmt. Ein andermal führen Sie nur Small Talk, um die Atmosphäre aufzulockern. Dann ist es interessant, den eigenen Erfolg zu beobachten.

TIPPS FÜR DEN SMALL TALK

- Wählen Sie Themen, zu denen möglichst jeder etwas zu sagen hat: das **Wetter**, die **aktuelle Veranstaltung**, tagesaktuelle Nachrichten ohne Brisanz, große kulturelle oder **sportliche Ereignisse**, **Familie**, **Hobbys**, **Urlaub**, **Studium** und **Beruf**.
- Vermeiden Sie Heikles wie Geld, Politik, Religion oder Sex.
- Werfen Sie Themen als „Köder" aus und testen Sie, wie der andere darauf reagiert. Manchmal kann man durchaus bei einfachen Themen interessante Gespräche führen.
- Wechseln Sie sofort das Thema, wenn der andere Anzeichen von Langeweile oder Unbehagen zeigt.
- Steigen Sie möglichst niederschwellig in ein Gespräch ein. Wenn Sie fragen: „Haben Sie gestern Nacht auch den Boxkampf gesehen?", dann fühlt sich jemand, der sein Desinteresse zugeben muss, leicht verlegen. Wenn Sie berichten, dass Sie wegen des Boxkampfes etwas übermüdet sind, dann kann der andere erzählen, dass er selbst immer spätabends bei Computerspielen hängen bleibt oder der Sohn großer Boxfan ist. Anstelle des Boxens können dann ganz zwanglos Computerspiele oder Söhne zum Thema werden.
- Beenden Sie einen Small Talk, der nicht in Gang kommt, höflich, aber bestimmt. Sagen Sie einfach: „Es war nett, Sie kennengelernt zu haben. Aber jetzt entschuldigen Sie mich bitte". Oberflächliche Gespräche haben den Vorteil, dass sie keine tiefgründigen Erklärungen beim Abgang erfordern.

Witze erzählen

Witze sind eine heikle Sache. Zu oft sind sie anstößig, abgedroschen, schlecht erzählt oder einfach nicht wirklich witzig. Trotzdem möchte man gerne etwas beitragen, wenn Witze erzählt werden. Und hat man da nicht erst einen guten gelesen? Wie ging der noch gleich? „Treffen sich ein Breitmaulfrosch und ein Storch … Ach nein, der Breitmaulfrosch geht zuerst spazieren und trifft eine Maus …“ Klar, dass der Witz jetzt schon unten durch ist, egal, wie gut er eigentlich sein mag.

- Merken Sie sich lieber einen Witz richtig, als dass Sie sich an ein paar nur vage erinnern.
- Suchen Sie sich einen Witz aus, der Ihnen wirklich gefällt, Ihnen bis dato neu war, nicht schmutzig ist und auch niemanden diffamiert. Die heiklen Witze können Sie mal Ihrem besten Kumpel gegenüber reißen, aber nicht in Gesellschaft.
- Brennen Sie nun nicht darauf, Ihren Witz loszuwerden. Leute, die meinen, ein Witz taugt immer, um die Stimmung zu heben, haben oft keinen besonders guten Ruf. Warten Sie den passenden Moment ab.
- Wenn Sie Ihren Witz öffentlich erzählt haben, sollten Sie sich einen neuen suchen. Nichts ist schlimmer, als wenn Sie mit Ihrem Standardwitz zum Witz werden.
- Bevorzugen Sie kurze, knackige und eindeutige Witze, bei denen man beim Erzählen nicht viel falsch machen kann. Eine umständliche und langatmige Erzählweise hat schon so manche Pointe kaputt gemacht. Noch schlimmer, wenn Sie die Pointe erklären müssen. Das gilt besonders für Sprachwitze.

FÜR FORTGESCHRITTENE

Für gute **Anekdoten** finden sich im Gespräch oft passendere Gelegenheiten als für Witze. Meist kommen sie auch besser an. Sie sind jedoch schwieriger zu erzählen. Einen Witz finden Sie oft schon in der standardisierten, passenden Form vor. Eine Anekdote, die Ihnen zugestoßen ist, müssen Sie erst selbst in eine passende Erzählform bringen. Es gibt viele Anekdotenerzähler, die ihre Zuhörer zu Tode langweilen, bevor sie zum wirklich erzählenswerten Teil ihrer Geschichte kommen. Erzählen Sie deshalb so kurz und knackig wie möglich. Sie dürfen auch gerne etwas zuspitzen, aber hüten Sie sich davor, Ihre Anekdoten zu oft und zu sehr zu „schönen“. Sonst kommen Sie bald in den Ruf, dass alle Ihre Geschichten nur Seemannsgarn sind.

Jemandem das „Du" anbieten

Früher war das einfacher. Das „Du" wurde vom Ranghöheren angeboten und der Rangniedrigere hatte sich gefälligst geehrt zu fühlen. Andererseits wurde der Tatsache, ob man sich duzt oder siezt, auch viel größere Bedeutung beigemessen. Heute wird man sich, etwa auf einer Party oder in einer Firma, in der Regel den herrschenden Gepflogenheiten anpassen. Aber wie geht man vor, wenn man jemand Konkretem das „Du" anbieten will? Wenn man der Ältere, der Ranghöhere oder derjenige ist, der schon länger in der Firma ist, dann fragt man einfach. Wenn man unsicher ist, kann man ein Hintertürchen auflassen. Etwa: „Oder meinen Sie, das käme in der Abteilung nicht gut an?". Ob man den „Antrag" eines Tages am Kopierer macht oder dafür ein privates Treffen anberaumt, ist jedem persönlich überlassen. Da das „Du" heute keine große Sache mehr ist, muss man auch kein feierliches Thema mehr daraus machen. Als der „Niederrangige" sollte man die Initiative nur ergreifen, wenn man sich sehr sicher ist, dass der andere nichts dagegen hat (aber vielleicht selber zu schüchtern ist, das Thema anzuschneiden). Oft rutscht einem das „Du" auch heraus. Dann klärt man am besten sofort, ob es okay ist, künftig dabeizubleiben.

TIPP

Wenn einem der Chef auf der Betriebsfeier schon ziemlich angeheitert das „Du" aufgedrängt hat, sollte man am nächsten Tag wieder zum „Sie" zurückkehren und warten, ob er sich erinnert und auf der Sache besteht. Das gilt auch für andere Zeitgenossen, die man nicht unbedingt duzen möchte.

VARIANTE: DAS „DU" ABSCHLAGEN

Eine sehr heikle Angelegenheit. Schließlich ist die Offerte in der Regel freundlich gemeint. Aber nicht jeder möchte sich unbedingt mit dem jungen Schnösel in der Firma duzen, während er sich mit langjährigen, hoch geschätzten Kollegen siezt. Am besten wehrt man solche Versuche schon im Vorfeld ab, indem man auf „Hallo, ich bin der Wolfgang" seinen vollen Namen nennt und ein „Schön, Sie kennenzulernen" nachschiebt. Eine direkte Anfrage kann man mit Hinweis auf die Gepflogenheiten höflich abwehren. „Das Duzen ist in unserer Abteilung eigentlich nicht üblich. Es geht nicht gegen Sie persönlich, aber ich denke, wir bleiben besser beim ‚Sie'". Gibt es kein solches Umfeld, auf das man sich berufen kann, kann man eine Ablehnung mit Charme versuchen: „Wissen Sie, ich bin eigentlich ein Fan des ‚Sie'. Ich persönlich fühle mich da wohler". Duzt der andere ungefragt, kann man auch einfach beim „Sie" bleiben und abwarten, ob der andere nachgibt oder die Sache direkt anspricht.

Konflikte ansprechen

Konflikte anzusprechen ist den meisten von uns unangenehm. Deshalb drücken wir uns oft lange darum herum, was das Problem meistens verschärft. Irgendwann geht es dann doch zur Sache – meistens am falschen Ort, zur falschen Zeit und voller Emotionen. Das Resultat ist dann entsprechend. Doch es gibt Leitlinien, die helfen, es besser zu machen:

- Sprechen Sie Konflikte immer möglichst sofort an!
- Sorgen Sie aber für eine passende Umgebung. Vor allem sollte man unter vier Augen reden. Allenfalls kann man einen Vermittler, der von beiden Seiten akzeptiert wird, dazu bitten.
- Bleiben Sie ruhig und sachlich.
- Wenden Sie alle Regeln der konfliktfreien Kommunikation an und fordern Sie diese auch von der Gegenseite ein.
- Machen Sie dem anderen keine Vorwürfe, schon gar keine Pauschalvorwürfe, sondern stellen Sie dar, warum es aus Ihrer Sicht ein Problem gibt.
- Fordern Sie auch vom anderen eine sachliche Darlegung seiner Sicht ein und hören Sie dabei genau zu. Stellen Sie Fragen, bis Sie seine Situation wirklich verstanden haben.
- Suchen Sie nach konstruktiven Auswegen, bei denen, wenn möglich, beide Seiten gewinnen.
- Versuchen Sie immer das Gesicht Ihres Gegners zu wahren. Greifen Sie nie als Erster zu groben Mitteln.

GRUNDWISSEN: KONFLIKTFREIE KOMMUNIKATION

Die Regeln der konfliktfreien Kommunikation sind vor allem für solche Gespräche gedacht, bei denen es gilt, menschliche Probleme auszuräumen, nicht, wenn Differenzen über Sachentscheidungen bestehen.

- Behandeln Sie den anderen unbedingt als gleichrangig. Wenn es um zwischenmenschliche Dinge geht, spielt es keine Rolle, ob Sie mehr Autorität haben oder der andere Ihr Chef ist.
- Formulieren Sie Ich-Botschaften. Sagen Sie nicht „Das geht so nicht" oder „Du verstehst mich nicht", sondern „Für mich geht das so nicht" oder „Ich habe nicht das Gefühl, das du mich verstehst".
- Vermeiden Sie unbedingt Wörter wie „immer", „ständig", „typisch", „schon wieder". Damit werden Pauschalvorwürfe kommuniziert, und die sind Gift für ein Gespräch.
- Vergewissern Sie sich, ob Sie den anderen richtig verstanden haben.
- Formulieren Sie Zwischenergebnisse, auf die Sie sich einigen können.
- Denken Sie immer daran, dass es darum geht, eine Lösung zu finden – nicht darum, es dem anderen zu „zeigen".

Gastgeber sein

Eventmanager ist heute ein Beruf, und wer schon mal eine größere Party oder sonstige Veranstaltung organisiert hat, kann das in der Regel gut nachvollziehen. Das Ganze ist aufwendig und meist auch nervenaufreibend. Damit sich die Sache dann hinterher wenigstens gelohnt hat, sollten Sie folgende Tipps beachten:

- Überlegen Sie sich genau, wie viel Zeit und Kraft Sie haben, das Ereignis vorzubereiten.
- Werden Sie sich darüber klar, was Sie mit der Veranstaltung wirklich wollen: einer gesellschaftlichen Pflicht nachkommen, bestimmte Leute mal wieder treffen, einem Familienmitglied eine tolle Party schmeißen, ausgiebig tanzen zu Musik, die Ihnen auch wirklich gefällt, eine Idee umsetzen …
- Denken Sie gründlich über den geeigneten Rahmen nach: Ist es vielleicht sinnvoll, zum 50. Geburtstag lieber einen Empfang als eine Party zu geben? Muss die Kinderparty im eigenen Haus stattfinden? Wie wäre es mal mit einem Motto, um die ewig gleiche Partyroutine zu brechen?
- Bereiten Sie alles so gut vor, dass Sie zum Ereignis selbst wirklich Gastgeber sind und nicht ständig am Organisieren, damit auch alles klappt.
- Verfallen Sie nicht in Perfektionismus! Machen Sie lieber Kompromisse, als dass Sie am Ende keine Lust mehr auf die Party haben, weil die Vorbereitung Sie schon erschöpft hat. Laden Sie Ihre Freundinnen lieber zu Tee und gekauften Keksen ein, als dass Sie ewig auf eine Gelegenheit warten, bis Sie mal Zeit zum Kuchenbacken haben.

TIPP

Ein Gastgeber sollte sich möglichst während der ganzen Veranstaltung seinen Gästen widmen können. Denn schließlich sind die in erster Linie wegen ihm und nicht wegen der Häppchen oder der Torte gekommen. Überlegen Sie sich deshalb nicht, ob der Organisationsaufwand während der Veranstaltung für Sie zu bewältigen ist, sondern ob er so groß ist, dass er den Kontakt mit den Gästen beeinträchtigt. Wenn ja, dann schaffen Sie Abhilfe. Vielleicht können Ihre Kinder (gegen angemessene Belohnung) während der Party die Blumen entgegennehmen, schmutzige Teller abräumen und den Getränkenachschub organisieren. Oder Ihre Putzhilfe. Oder jemand von der studentischen Arbeitsvermittlung. Oder Ihre beste Freundin (bei der Sie sich dann bei Gelegenheit revanchieren). Und warum soll nicht der Ehemann den Kaffee für das Damenkränzchen seiner Frau kochen und die Gattin sich dafür an den Grill stellen, wenn er seine Herrenrunde zu Besuch hat?

Cocktailparty geben

Nein, auf einer Cocktailparty müssen Sie sich nicht die Mühe machen, Cocktails zu servieren. Es handelt sich dabei um einen Stehempfang von etwa zwei Stunden Dauer, der am frühen Abend zwischen 17 und 19 Uhr beginnt. Die Gäste müssen nicht pünktlich kommen und können den Termin gut zwischen Tages- und Abendprogramm schieben. Serviert werden alkoholische sowie nicht alkoholische Getränke, klassischerweise jedoch kein Bier oder Spirituosen. Aber daran müssen Sie sich nicht unbedingt halten. Wichtig sind Qualität und ein gewisser Stil. Also nicht den billigsten Sekt, Apfelsaft aus der Tüte und ein Gläsersammelsurium. Zum Essen werden lediglich begleitende Kleinigkeiten gereicht. Dafür kann man natürlich großen Aufwand treiben, aber auch gekauftes Salzgebäck ist okay. Eine Cocktailparty ist deshalb eine sehr einfache Möglichkeit, etwa zu einem runden Geburtstag oder einer Ehrung eine große Anzahl von Gratulanten zu empfangen. Außerdem ist sie so unverbindlich, dass man wirklich jeden einladen kann. Zum Beispiel den Chef oder die Nachbarn, die man nur vom Grüßen kennt. Auch nach einem Umzug kann solch ein kleiner Empfang eine gute Möglichkeit sein, die Nachbarn kennenzulernen.

WISSENSWERT

Trägt man als Dame tatsächlich ein Cocktailkleid? Früher war das so: Die Herren erschienen nach Büroschluss gewöhnlich im Businessanzug, während ihre nicht berufstätigen Frauen sich ein Kleid anzogen, das irgendwo zwischen Tages- und Abendkleid rangierte. Heute ist ein Businessoutfit in der Regel auch für die Damenwelt angebracht. Je nach Gastgeber und Anlass kann man auch in stilvoller Freizeitkleidung kommen.

Einladung ins Restaurant

- Die Garderobe richtet sich nach der Preisklasse des Restaurants.
- Man setzt sich erst, wenn der Gastgeber dazu auffordert.
- Der Dame aus dem Mantel zu helfen und ihr den Stuhl zurechtzurücken, ist immer noch stilvoll.
- Wenn die Preisspanne sehr groß ist, dann wählt man besser nicht aus dem teuersten, sondern eher aus dem mittleren Bereich. Ist sie nicht groß, ist es nicht schlimm, wenn man eines der teuersten Gerichte bestellt.
- Eine Vorspeise sollte man nur bestellen, wenn das der Gastgeber auch macht, vor allem wenn sie teuer ist.
- Teure Weine bestellt der Gastgeber für alle. Ansonsten wählt man „normale“ Getränke.
- Wenn man sein Essen als Erster bekommt, beginnt man nur, wenn man ausdrücklich aufgefordert wird, nicht zu warten.

– Falls das Essen nicht in Ordnung ist, darf man es auch zurückgehen lassen, wenn man eingeladen ist.
– Umgestürzte Gläser und fallen gelassenes Besteck sind das Problem des Kellners. Nicht selbst unter dem Tisch verschwinden!
– Desserts oder weitere Getränke nach dem Essen bestellt man nur, wenn der Gastgeber dazu auffordert.

Richtiges Besteck benutzen

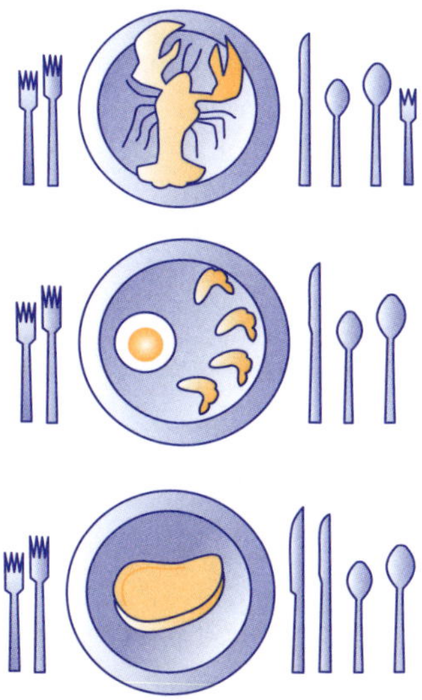

Bei einem feierlichen Menü wird oft eine beängstigende Fülle an Geschirr und Besteck aufgefahren. Wer nicht tagtäglich so edel speist, kann da leicht in Panik geraten. Was wohl die anderen denken, wenn man plötzlich mit dem Dessertmesser das Steak schneidet? Doch die Sache ist eigentlich ganz einfach: Für jeden Gang gibt es neues Besteck. Man beginnt ganz außen und arbeitet sich nach innen vor. Über dem Teller liegt nur das Dessertbesteck. Auch wenn sich dort ein großer Löffel oder ein Messer befindet, sind sie keinesfalls für Suppe und Fleisch gedacht. Bei den Gläsern ist es Sache des Kellners, das richtige Glas zum richtigen Getränk auszuwählen, da bei solchen Gelegenheiten in der Regel eingeschenkt wird. Und: Die Serviette wird auf den Schoß gelegt, nicht eingesteckt.

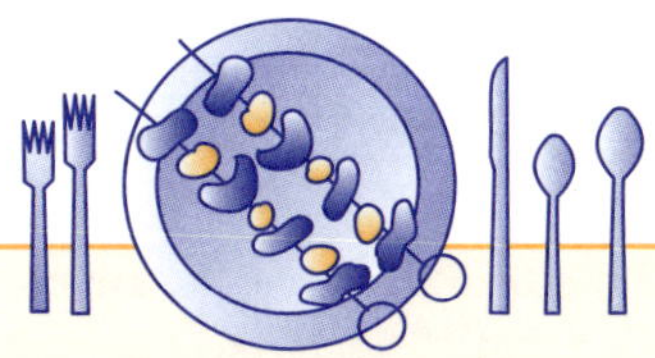

VARIANTE: EINE FEINE TAFEL DECKEN

Im privaten Rahmen muss man nicht unbedingt für jeden Gang neues Besteck reichen. Wenn Sie es aber tun, dann beschränken Sie sich auf vier Bestecke rechts und drei links des Tellers. Wenn das nicht ausreicht, müssen einzelne Gänge mit Besteck serviert werden. Suppenlöffel liegen nicht mehr wie früher oberhalb des Tellers, sondern rechts. Wichtiger als viel Besteck sind die passenden Gläser für jeden Wein. Man stellt sie rechts oberhalb des Tellers in leicht schräger Reihenfolge. Das erste Glas steht dabei ganz außen. Wenn das Essen in großen Schüsseln serviert und auf die Tafel gestellt wird, dann werden die Teller für die verschiedenen Gänge auf den einzelnen Plätzen übereinandergestellt. Heute ist es meist üblich, bereits in der Küche angerichtete Teller aufzutragen. Dann brauchen Sie für jeden Gast einen Platzteller als Unterlage, der erst vor dem Dessert abgetragen wird.

Artischocken essen

Artischocken sind eine Distelart und bestehen aus einem delikaten Boden, ungenießbarem „Heu" im Inneren und teilweise essbaren, schuppenartigen Blättern. Bestimmte Sorten wie die römische Artischocke kann man im Ganzen essen, wenn sie jung genug geerntet werden. Mögliche Verarbeitungen sind: Kochen, Braten, Grillen oder das Einlegen als Artischockenherzen. Bei größeren Artischocken isst man nur den Boden und das Fleisch der Blütenblätter. Sie werden im Ganzen in Salz-Zitronen-Wasser weich gekocht. Eventuell schneidet man das obere Ende der Blütenblätter mit der Schere ab, da es stachelig sein kann. Bei Tisch zupft man die Blätter einzeln ab, taucht sie in Dips und zieht zwischen den Zähnen das Fleisch heraus. Am Ende öffnet man die Artischocke und schneidet den delikaten Boden heraus.

Spaghetti drehen

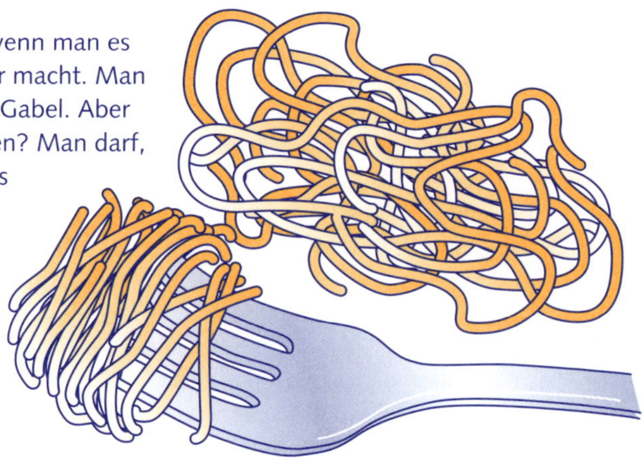

Spaghetti zu schneiden ist stillos, wenn man es nicht gerade für seine kleinen Kinder macht. Man dreht die Nudeln zum Essen auf die Gabel. Aber darf man dabei einen Löffel benutzen? Man darf, aber als wirklich stilecht gilt auch das nicht. Stattdessen dreht man die Spaghetti am Rand des Tellers. In sehr kleinen Portionen – am besten fängt man mit einer Nudel an, die man um die Gabelzinken wickelt. Aber dazu müssen die Spaghetti natürlich in einem tiefen Pastateller serviert werden.

Garnelen essen

1 Wenn die Garnelen noch einen Kopf haben, dann bricht man diesen nach unten hin ab.
2 Als Nächstes zupft man die Beine ab.
3 Nun bricht man den Panzer auf, indem man ihn leicht zusammendrückt.
4 Dann hält man den Panzer am Schwanz fest und zieht das Fleisch heraus.

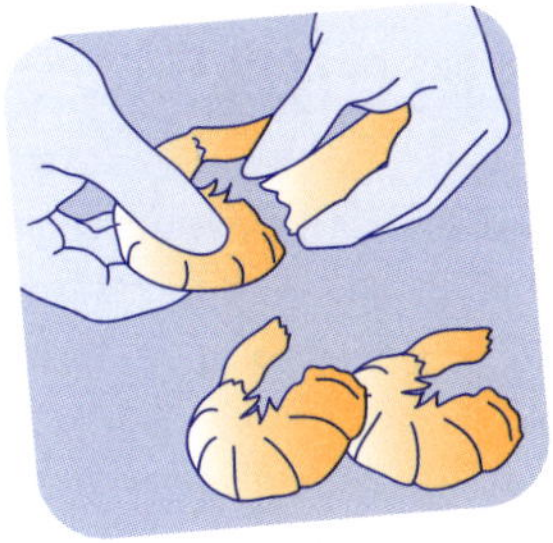

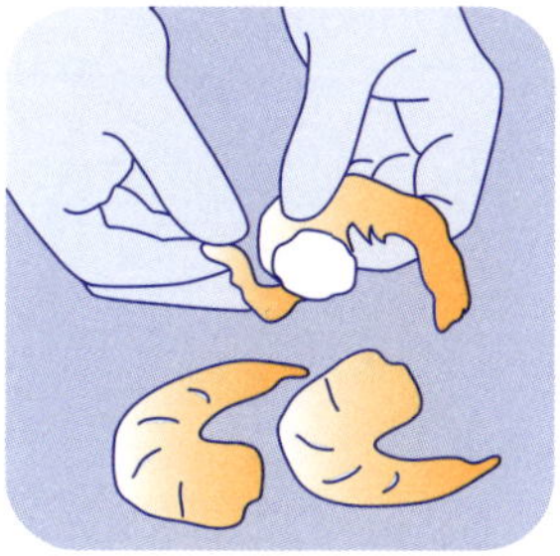

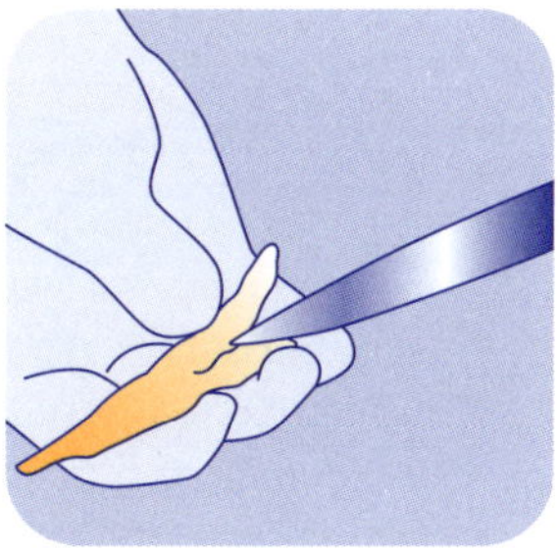

5 Jetzt kann man noch den Darm entfernen, der als dunkles Band zu sehen ist. Man schneidet die Garnele dazu längs mit einem scharfen Messer auf und zieht den Darm im Ganzen heraus. Unbedingt notwendig ist das allerdings nicht, da der Darm ungiftig und geschmacklos ist.

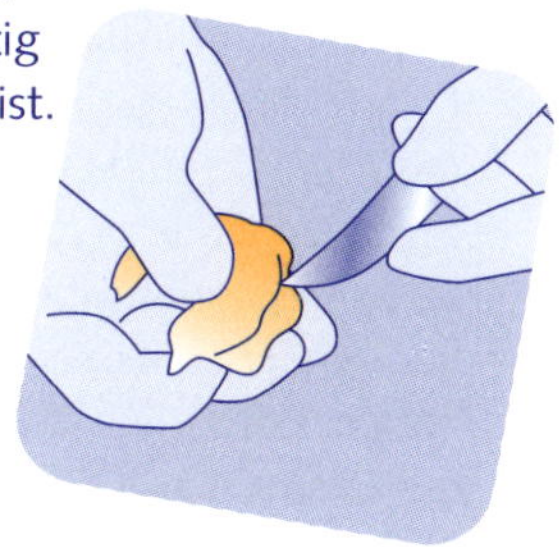

Muscheln essen

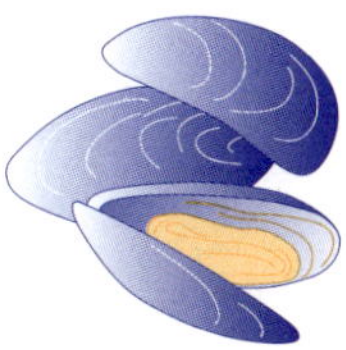

Wenn Miesmuscheln oder ähnliche kleinere Muscheln in der Schale serviert werden, dann nimmt man die erste Muschel in die Hand und löst das Fleisch mit der Gabel heraus. Danach benutzt man die leere Schale als Zange, um das Fleisch aus den übrigen Meerestieren zu lösen. Zum Abschluss kann man den Sud mit einem Löffel essen.

TIPP

Ob man in einem Restaurant mit den Händen essen darf, erkennt man daran, ob Fingerschalen mit Wasser zum Reinigen bereitstehen oder ein Erfrischungstuch zum Reinigen der Hände gereicht wird. Ist das nicht der Fall, dann sollte man z. B. auch Hähnchenkeulen nur so weit abessen, wie sich das mit Messer und Gabel gut bewerkstelligen lässt.

Fisch zerlegen

Fisch im Ganzen zubereitet ist eine Delikatesse und es wäre schade, immer nur Fischstäbchen zu essen, weil man Angst vor den Gräten hat. Wenn man seinen Fisch nach dem Kochen schichtweise zerlegt, ist das Entfernen der Gräten auch kein großes Problem.

1 Der Fisch wird immer flach auf einer Seite liegen. Als Erstes zieht man die obere Haut ab. Ob man sie mitisst, ist Geschmackssache.

2 Dann trennt man die Flossen ab und zieht dabei möglichst viele der Gräten, an denen sie „befestigt" sind, mit heraus.

3 Nun teilt man mit dem flachen Fischmesser das offen liegende Filetfleisch oberhalb der zentralen Gräte in der Mitte längs durch.

4 So kann man es sehr leicht portionsweise mit dem Fischmesser von der Mittelgräte heben. Besonders aufpassen muss man in dem Bereich, wo die Flossen saßen. Hier könnten noch kleinere Gräten vorhanden sein, die man oft schwer erkennt.

5 Wenn die Mittelgräte blank vor einem liegt, entfernt man sie samt Kopf und Schwanz in einem Stück und widmet sich anschließend der zweiten Hälfte des Fisches.

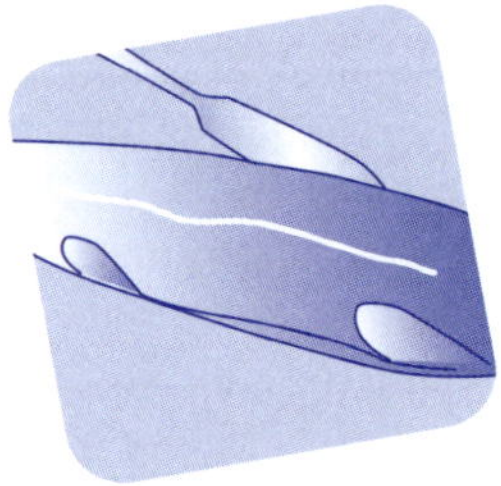

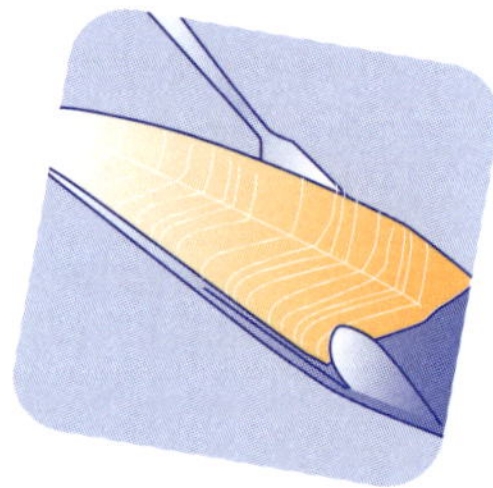

Es ist bei den einzelnen Fischarten durchaus unterschiedlich, wie leicht sich das Fleisch von den Gräten trennen lässt und wie problematisch das Entfernen der Flossengräten ist. Forelle z. B. ist relativ leicht zu essen, Scholle eher schwierig.

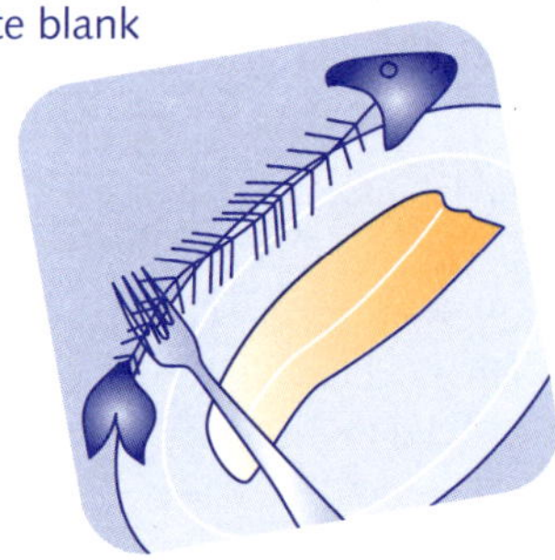

TIPP

Wenn man eine Gräte verschluckt hat, ist es am sinnvollsten, gut gekautes Brot oder zerdrückte Kartoffeln hinterherzuessen. Der weiche Speisebrei hüllt die Gräte ein und befördert sie in den Magen.

Hummerzange verwenden

Die Hummerzange gilt als Albtraum all jener, die unversehens zu einem besonders noblen Essen eingeladen werden und gesellschaftliche Fallstricke befürchten. In der Regel werden Sie jedoch nicht damit konfrontiert. Das zugegebenermaßen schwierige Problem, den Hummer zu knacken, ist Sache des Kochs. Selbst wenn Hummer auf den Tisch kommt, kann das Fleisch meist problemlos aus den geöffneten Schalen gegessen werden. Sollten die Scheren des Hummers aber tatsächlich noch nicht geknackt worden sein, dann legt man die Zange um die Scheren und drückt zu – wie man auch Nüsse knackt. Anschließend zieht man das Fleisch mithilfe der mitgelieferten Hummergabel aus den Scheren.

Bekommt man einen völlig unausgelösten Hummer serviert, dann

1 löst man erst mit einem kräftigen Ruck die Scheren und die Beine vom Körper.

2 Dann verdreht man Kopf und Schwanz gegeneinander und bricht das Tier auf, um an das Fleisch im Schwanz heranzukommen. Der Kopfteil wird entsorgt.

3 Die Beine bricht man an den Gelenken auf. Eventuell kann man die Hummerzange zu Hilfe nehmen. Das Fleisch wird dann ebenfalls mit der Hummergabel herausgezogen.

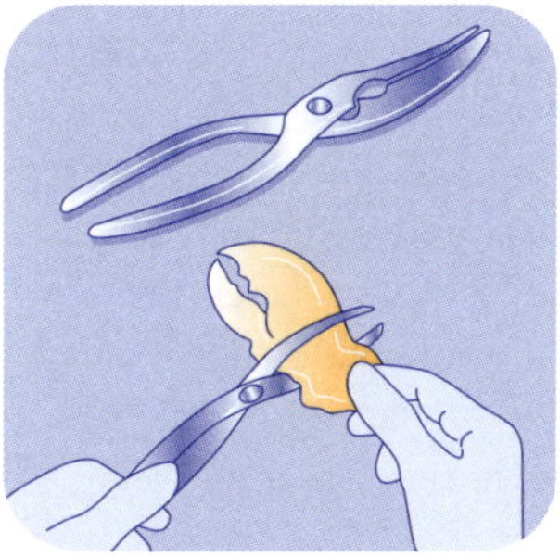

WISSENSWERT

Schneckenzangen dienen nicht dazu, das Gehäuse der Schnecken zu knacken. Man klemmt die Häuser nur ein, um sie zu fixieren, und zieht dann das Fleisch mit einer speziellen Schneckengabel aus dem Gehäuse.

VARIANTE: KREBSE ESSEN

Es gibt kleinere Krebse, die noch viel komplizierter zu essen sind als Hummer. Werden sie im Ganzen serviert, muss man ihnen zunächst den Schwanz abbrechen. Diesen schneidet man dann an der Unterseite mit einem speziellen Krebsmesser auf und isst ihn aus. Dann knackt man die Beinchen, indem man sie durch ein Loch in der Schneide des Krebsmessers steckt. Die Krebsscheren knackt man ähnlich wie Hummerscheren. Allerdings ist ein traditionelles schwedisches Krebsessen meist eine sehr ausgelassene, fröhliche Angelegenheit, sodass es nicht so schlimm ist, wenn man die Sache nicht formvollendet beherrscht. Und weil Krebsschalen (und der Sud, in dem sie gekocht wurden) stark färben, steckt man sich eine rote Serviette in den Halsausschnitt, damit man beim Kleckern nicht die Kleidung ruiniert.

Im Stehen essen

Bei einem Stehempfang wird in der Regel auch Essen gereicht, das sich unkompliziert und meist ganz ohne Besteck verzehren lässt, sogenanntes Fingerfood. Doch auch auf Partys, wo Sitzgelegenheiten und Tische zum Essen vorgesehen sind, ergibt es sich oft, dass man lieber mit seinem Teller mitten im Geschehen steht, anstatt sich am Rande zum Essen zu setzen. Dann ist es wichtig, den Teller am Buffet nicht zu voll zu laden. Einerseits reduziert das die Gefahr, dass beim Balancieren etwas herunterfällt, andererseits bleibt immer die Möglichkeit, das Besteck seitlich auf dem Teller abzulegen und eine Hand frei zu haben. Und natürlich wählt man nur Dinge, die man mit einem Besteckteil (vorwiegend Gabel, aber auch Dessertlöffel) essen kann.

Dass man auch beim Essen im Stehen nicht mit vollem Mund spricht, ist natürlich selbstverständlich, kann aber in der Praxis leicht in Vergessenheit geraten, wenn man auf einer Party mit vollem Teller (und knurrendem Magen) einem interessanten Gesprächspartner über den Weg läuft.

Passenden Wein wählen

Je unsicherer Sie auf diesem Gebiet sind, desto konservativer sollten Sie vorgehen.

- Halten Sie sich daran, dass man zu Fisch, hellem Fleisch und zartem Gemüse Weißwein und zu kräftigen Gerichten Rotwein wählt.
- Orientieren Sie sich an den Empfehlungen auf der Flasche.
- Kaufen Sie nicht im Supermarkt, sondern lassen Sie sich in einem Weingeschäft beraten. Am besten in einem, in dem Sie probieren können.
- Machen Sie keine Experimente, sondern servieren Sie Weine, die Ihnen selbst schmecken und die bei früheren Ereignissen und Einladungen gut angekommen sind.
- Wenn Sie selbst bei einer Einladung sind und der vorgesetzte Wein gut ankommt, dann können Sie ruhig den Gastgeber nach der Bezugsquelle fragen.

TIPP

Einen Wein zu finden, der allen Gästen schmeckt, ist oft nicht einfach. Manche mögen nur trockene Weine, andere nur liebliche. Wenn Sie nicht verschiedene Weine servieren wollen, dann eignen sich trockene mit einem ausgeprägt fruchtigen Bukett, das eine gewisse Süße vortäuscht, ohne dass die Weine wirklich lieblich sind.

GRUNDWISSEN: LAGERUNG

Je älter, desto besser? Vergessen Sie es! Das gilt nur für sehr teure Rotweine, deren Lagerung Sie allerdings Fachleuten überlassen sollten. Bieten Sie Ihren Gästen keine Weiß- und Roséweine an, die älter als drei Jahre sind, wenn Sie nicht ganz sicher wissen, dass sie noch einwandfrei sind. Auch gewöhnliche Rotweine, die über fünf Jahre alt sind, sollten Sie vorher testen. Ob Ihr Wein seine Qualität behält, hängt auch von den Lagerbedingungen ab. Ideal sind 10–14 °C, Dunkelheit und möglichst konstante Bedingungen. Unter 4 °C und über 20 °C darf Wein auf gar keinen Fall gelagert werden. Vor allem edle Rotweine reagieren sehr empfindlich auf Veränderungen. Wenn Sie eine Flasche direkt nach einer längeren Reise öffnen, werden Sie enttäuscht sein. Der Wein braucht erst wieder eine ausgedehnte Ruhezeit, um seine Qualität zurückzugewinnen.

Wein servieren

- Rotwein wird meist 16–18 °C warm serviert, Weiß- und Roséwein auf etwa 8–10 °C gekühlt. Denken Sie daran, dass die Raumtemperatur in der heutigen Zeit generell bei mehr als 18 °C liegt und daher auch Rotwein keine Zimmertemperatur haben sollte. Wenn Sie unsicher sind, dann achten Sie auch auf die Empfehlungen, die auf dem Etikett stehen, da es immer Ausnahmen gibt.
- Manche Rotweine schmecken direkt nach dem Öffnen „kantig“. Sie brauchen noch Luft, um ihr Bukett zu entfalten. Idealerweise füllt man sie in eine Karaffe (dekantieren). Wer aber keine Erfahrung damit hat und nicht beurteilen kann, wann der Wein „richtig“ ist, der sollte seinen Gästen nur Weine servieren, die man gleich trinken kann. Auf der Flasche angegebene Dekantierzeiten sind nur Richtwerte, auf die man sich nicht blind verlassen darf.

- Gekühlte Weine behalten bei Tisch ihre Temperatur, wenn man die Flasche in einen Weinkühler stellt. Da warme Luft nach oben steigt, verfängt sich die Kälte der Flasche im Kühler, ohne dass dieser selbst gekühlt werden muss.
- In einem Weinglas sollte sich das Bukett optimal entfalten, aber nicht „verlieren“. Deswegen benutzt man heute generell Weingläser, die sich oben leicht verengen, um das Bukett einzufangen. Für leichtere Weine kann man aber auch kelchförmige Erbstücke benutzen. Weißweine werden fast immer in „normalen“ Weingläsern serviert. Bei Rotweinen gilt: je schwerer und wuchtiger der Wein, desto größer und bauchiger das Glas.
- Damit der edle Tropfen Platz zur Entfaltung hat, werden die Gläser nie mehr als zu zwei Drittel gefüllt. Bei besonders edlen Weinen belässt man es sogar bei einem Drittel.

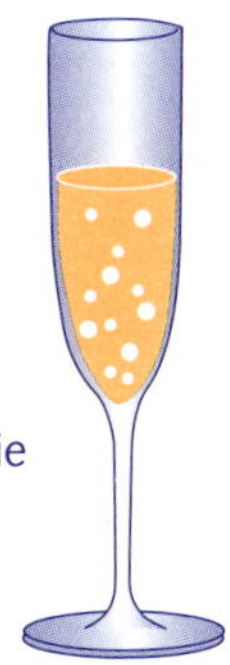

TIPP

Angebrochene Weiß- oder Roséweinflaschen können Sie gut aufbewahren. Korken wieder locker aufstecken und ab in den Kühlschrank. Rotwein aber oxidiert. Der Sauerstoff in der Flasche verändert das Aroma. Deswegen gibt es in Fachgeschäften für wenig Geld spezielle Gummistopfen mit einem schmalen Schlitz. Mittels einer dazugehörigen Pumpe lässt sich die Luft absaugen und der Wein problemlos einige Tage aufbewahren.

Anstoßen

Und Prost? Nur in geselliger Runde. Bei vornehmeren Anlässen erhebt grundsätzlich der Gastgeber als Erster das Glas. Eventuell in Verbindung mit einer kleinen Ansprache oder einem Toast. Er gibt auch vor, ob mit den Nachbarn angestoßen wird oder ob man einander nur mit erhobenem Glas zunickt. Auf alle Fälle schaut man dem anderen beim „Prosten" in die Augen.

Das Glas wird am Stil angefasst und – falls angestoßen wird – nur ganz zart mit dem oberen Rand an das Nachbarglas getippt.

Über Wein reden

Dieses Bukett von Veilchen und Leder, dieser weiche Auftakt mit seinem geschmeidigen Spiel von Süßaromen und floralen Noten, dieser vollmundige Schmelz im Abgang mit seinen feinkörnigen Tanninen! Machen Sie dieses Spiel nicht mit, wenn Sie es nicht beherrschen. Entschuldigen Sie sich aber auch nicht dafür. Sagen Sie, ob ein Wein Ihnen schmeckt, und benutzen Sie allgemein verständliche Worte wie kräftig und zart, fruchtig und herb. Wenn Sie das Gefühl haben, zu wenig zur Unterhaltung beizusteuern, dann fragen Sie einfach. Erkundigen Sie sich bei Ihren Gesprächspartnern, was diese am liebsten trinken. Man wird Ihr Interesse sympathisch finden, ohne sich über Ihre Kompetenz Gedanken zu machen.

GRUNDWISSEN: WEIN

Ein paar Sachen sollte man wissen,
wenn man sich über Wein unterhalten will:

- Trocken nennt man Weine mit geringem Restzucker. Weine mit einem recht hohen Zuckergehalt sind lieblich. Als Süßweine werden nur spezielle Dessertweine bezeichnet.
- Rosé ist keine Mischung aus Weiß- und Rotwein, sondern ein Wein aus roten Trauben, der nach der Weißweinmethode gekeltert wird.
- Die wichtigsten Weißweintrauben sind: Riesling, Pinot Grigio, Weiß- und Grauburgunder, Sauvignon, Chardonnay, Gewürztraminer, Silvaner, Morio Muskat und Müller-Thurgau. An Rotweintrauben sollte man kennen: Cabernet-Sauvignon, Pinot Noir, Spätburgunder, Merlot, Syrah, Grenache, Tempranillo, Trollinger und Dornfelder.
- Wichtiger als die Traube ist aber meist die Herkunftsbezeichnung, etwa Franken, Bordeaux, Rioja oder Chianti.
- Ein Cuvée ist eine Mischung mehrerer Traubensorten.
- Weine, die im Barrique ausgebaut sind, wurden für einige Zeit in einem Holzfass gelagert. Die Tannine (pflanzliche Gerbstoffe) im Holz geben ihnen einen kräftigen Geschmack. Manche mögen solche Weine sehr gerne, andere lehnen diese Methode vehement ab.

Wein ohne Korkenzieher öffnen

Sie haben ein schönes Picknick arrangiert, aber den Weinöffner vergessen? Wie ärgerlich! Doch man kann sich behelfen. Entfernen Sie die Folie vom Flaschenhals. Dann wickeln Sie die Flasche in ein Handtuch. Nun schlagen Sie die Flasche mehrmals mit dem Boden im 90-Grad-Winkel gegen eine Wand oder einen Baum. Dadurch wird der Korken ein Stück weit aus der Flasche herausgetrieben. Schlagen Sie so lange, bis Sie ihn greifen können, und ziehen dann kräftig.

TIPP

Der Korken war schon zu alt oder minderwertig und ist beim Öffnen zerbröselt? Und nun liegen Teile davon im Wein? Da hilft nur Filtern. Gießen Sie den Wein in der Küche durch einen Kaffeefilter in eine Karaffe, aus der Sie ihn auch servieren können.

Sektflasche öffnen

Manche Leute lieben es, Sektflaschen zu öffnen, andere haben Angst davor. Aber dafür gibt es keinen Grund.

Grundsätzlich gibt es zwei Varianten, eine Sektflasche zu öffnen: so, dass der Sekt möglichst nur in den Gläsern landet, und so, dass der Korken von alleine herausknallt.

- Für Variante eins darf die Sektflasche möglichst wenig erschüttert werden. Man entfernt das Stanniol und dreht das Drahtkörbchen vorsichtig auf. Wenn man dabei merkt, dass sich der Korken von selbst zu lösen droht, hält man die Hand darüber und organisiert ein Glas, in dem man den heraussprudelnden Sekt schnell abgießen kann, bevor man den Korken langsam freigibt. Sitzt er fest, zieht man mit einer Hand, mit der anderen dreht man die Flasche. Auf jeden Fall sollten die Gläser in Reichweite stehen, denn auch bei der sanften Variante kann der kostbare Inhalt schnell übersprudeln, wenn der Korken entfernt ist.
- Für die Variante mit dem Knall muss man die Flasche kräftig schütteln. Schon beim Entfernen des Drahtkörbchens sollte man die Flasche so halten, dass der herausschießende Korken kein Unheil anrichten kann. Ihre Gäste sollten sich aus der Gefahrenzone begeben. Auch die Umgebung sollte so gewählt sein, dass der zwangsläufig aus der Flasche sprudelnde Sekt nichts durchnässt, was absolut nicht nass werden sollte.

FÜR FORTGESCHRITTENE

Napoleons Soldaten fanden es besonders cool, Champagnerflaschen mit dem Säbel zu öffnen. Der Trick dabei: Man muss die Nahtstelle zwischen Flasche und dem gewölbten Flaschenrand mit einer scharfen Kante mit großer Wucht im richtigen Winkel treffen. Dazu braucht man nicht unbedingt ein Schwert. Das Ganze funktioniert im Prinzip auch mit einer Treppenstufe. In der Realität jedoch wird man sich wohl eher durch herumfliegende Splitter verletzen oder zumindest den Flascheninhalt damit verderben.

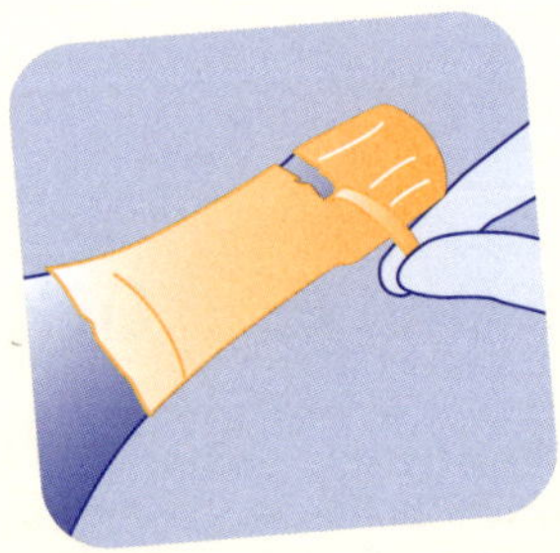

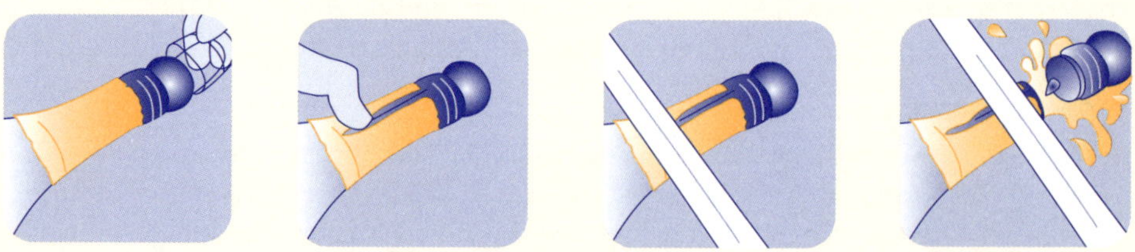

Bierflasche ohne Öffner öffnen

Dafür gibt es verschiedene Tricks. Relativ leicht funktioniert es mit einer zweiten Bierflasche. Man nimmt die zweite Flasche kopfüber in die Hand, verhakt die Kronkorken ineinander und zieht kräftig nach oben, bis sich der Korken der unteren Flasche öffnet.
Alternativ funktioniert es auch, die Flasche an eine Kante zu legen. Dann drückt man mit einer Hand auf den Korken und zieht mit der anderen die Bierflasche darunter weg.

Spontanbesuch machen

Spontanbesuche sind meistens die nettesten. Wenn sie gerade passen! Aber bei wem kann man einfach so „hereinschneien“ und wie zieht man sich aus der Affäre, wenn es nicht passt?

- Was wissen Sie von dem Kandidaten, den Sie überraschen wollen? Wenn eine Familie um diese Zeit nun mal kleine Kinder zu versorgen hat oder beruflich gerade bis über beide Ohren im Stress ist, ist es wirklich unhöflich, einfach mal so zu klingeln. Ebenso spätabends oder frühmorgens, wenn man nicht sicher weiß, dass der andere noch nicht oder nicht mehr schläft.
- Klingeln Sie nur einmal! Auch wenn Licht ist. Wer niemanden erwartet, geht nicht unbedingt an die Tür, wenn es nicht passt.
- Biegen Sie bei jedem verlegenen Räuspern „Du, im Moment …“ sofort ab: „Das ist doch kein Problem. Aber lass uns mal wieder telefonieren und was ausmachen.“
- Wenn Ihr Gastgeber „nur kurz“ Zeit hat, dann halten Sie sich daran und plaudern nicht drauflos, bis der andere sichtbar nervös wird.
- Bringen Sie, wenn möglich, etwas zu essen und zu trinken mit. Es braucht nichts Fantasievolles zu sein. Eine Tüte Chips oder eine Packung Kekse tuen ihren Zweck auch. Oder schlagen Sie doch einen gemeinsamen Restaurantbesuch vor.
- Machen Sie nur Spontanbesuche, wenn Ihnen eine „Revanche“ bei passender Gelegenheit ebenfalls angenehm wäre.

Kondolieren

Ein guter Freund oder Bekannter ist gestorben. Schlimm genug. Aber wie verhält man sich gegenüber seiner Familie?

- Wenn man eine Traueranzeige erhält, dann muss man reagieren. Normalerweise ebenfalls schriftlich. Die beste Lösung ist natürlich ein persönlicher Brief, in dem man mitteilt, was einem der Verstorbene bedeutet hat. Notfalls tut es auch eine vorgedruckte Karte, auf der man sein „herzliches Beileid" bekundet. Auf jeden Fall sollte man rasch reagieren.
- Hört man nur über Dritte von dem Todesfall, kann man ebenfalls schreiben.
- Ist man den Hinterbliebenen sehr eng verbunden, dann fragt man am besten informierte Dritte, ob ein Besuch oder Anruf willkommen ist. Also zum Beispiel die Kinder einer Witwe oder eines Witwers.
- Beerdigungen sind öffentlich, sodass jeder hingehen darf, der das Bedürfnis hat. Ob man „gehen muss", das wird sehr unterschiedlich gehandhabt. In der Regel ist es für die engsten Hinterbliebenen ein Trost, wenn möglichst viele Leute kommen.
- Am Grab wird nochmals kondoliert, falls nicht in der Traueranzeige gebeten wurde, davon Abstand zu nehmen. Dabei braucht man nicht viel zu sagen. Ausführliche Beileidskundgebungen macht man schriftlich oder eventuell auch in einer passenden, ruhigen Situation mündlich.
- Auf keinen Fall sollte man die Angehörigen und Freunde des Toten in ihrer Trauer in den Schatten stellen. Wer nicht zum engsten Kreis gehört, bestellt keinen pompösen Kranz, trägt keinen Witwenschleier und lebt seinen Seelenschmerz auch nicht extrovertiert aus.

Zum Tanz auffordern

Klassische Tänze erfordern auch heute noch ein klassisches Benehmen. Unter guten Bekannten kann man sich natürlich formlos darüber verständigen, die nächste Runde miteinander zu drehen. Ist man sich mehr oder weniger fremd, dann bittet in der Regel der Herr um den Tanz. Ist die anvisierte Dame in Herrenbegleitung, holt man sich erst bei der Begleitung mit einem „Sie gestatten?" die Erlaubnis ein. Man spricht aber nur eine Dame an, die auch signalisiert, dass sie die nächste Runde gerne tanzen möchte. Vielleicht hat sie durch Blickkontakt schon Interesse an einem potenziellen Tanzpartner gezeigt. Lehnt sie trotzdem ab, nimmt man das hin. Sprechen Sie keine Dame an, die sich in angeregter Unterhaltung befindet. Ein Drängen ist nur unter sehr guten Freunden okay. Aber natürlich sollte die Dame auch nicht so unhöflich sein, nach einem „Korb" in dieser Runde noch mit einem anderen zu tanzen. Wenn sie den Tanz schon jemandem versprochen hat, dann sagt sie das bei der Ablehnung. Damen dagegen gibt man keinen Korb. Wer bei der Damenwahl den Tanz verweigert, muss damit rechnen, als ziemlicher Stoffel abqualifiziert zu werden. Vielleicht ungerecht, aber dafür haben die Damen auch seltener die Wahl.

Langsamen Walzer tanzen

Sie tanzen grundsätzlich nicht? Nun gut. Es gibt aber eine Gelegenheit, bei der man wirklich ernste Missstimmung heraufbeschwören kann, wenn man bei seiner Weigerung bleibt. Das sind Hochzeitsfeiern, bei denen Braut und Bräutigam sich wünschen, dass wirklich alle Gäste am Hochzeitswalzer teilnehmen. Deswegen sollten auch Nichttänzer wenigstens für diese Gelegenheit gewappnet sein und die Grundbewegung verstanden haben.

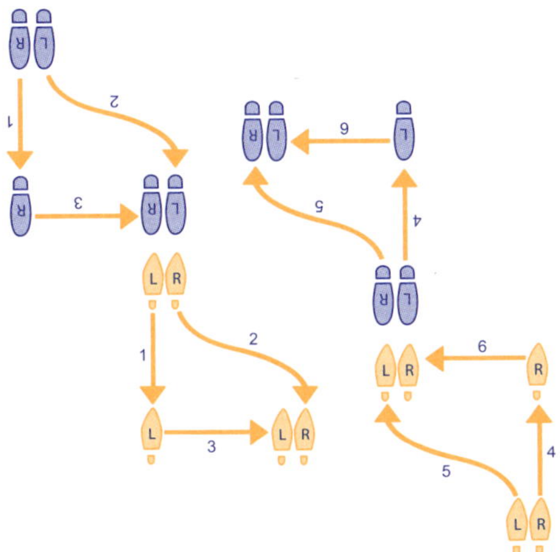

1 Der Walzer besteht aus drei Grundschritten. Normalerweise tanzt der Herr vorwärts, die Dame rückwärts.
2 Der Herr beginnt mit dem rechten Fuß mit einem Schritt vorwärts. Entsprechend setzt die Dame den linken Fuß rückwärts.
3 Der Herr setzt nun den linken Fuß etwas zur Seite, die Dame den rechten.
4 Nun zieht der Herr den rechten Fuß zum linken, die Dame den linken zum rechten.
5 Nun macht der Herr einen Vorwärtsschritt mit links, dem ein Seitschritt mit rechts und ein Heranziehen des linken Fußes folgen. Danach wird wieder mit dem rechten Fuß gestartet.

VARIANTE: WALZER MIT DREHUNG

Im Prinzip kann man den langsamen Walzer mit dem Grundschritt bestreiten, wenn man sich unsicher fühlt. Doch da beim Tanzen immer der Herr führt, sollte man als Dame gewappnet sein, wenn der Tanzpartner zur Drehung ansetzt.

1 Beim Vorwärtsschritt mit rechts wird sich der Herr mit dem Körper schon ein wenig nach rechts drehen, um sich später mit Schwung um die Dame zu drehen. Wenn die Dame nun einen kräftigen Schritt nach rückwärts macht, wird der Herr Mühe haben, sich um sie zu drehen. Deshalb bewegt sie ihren linken Fuß nur ein winziges Stück, und auch das mehr nach links als nach hinten.
2 Der Herr macht nun mit links einen großen Schritt, wobei der Körper und der rechte Fuß sich schon um etwa 90 Grad nach rechts drehen. Die Dame dreht mit und setzt ihren rechten Fuß um mindestens 90 Grad versetzt zur Startrichtung auf.
3 Der Herr setzt den rechten Fuß neben den linken und vollendet dabei die Drehung, sodass er 180 Grad versetzt zur Startrichtung steht. Die Dame folgt entsprechend.
4 Dieser halben Drehung folgt immer eine zweite, bei der der Herr nun die Damenschritte und die Dame die Herrenschritte macht. Aber geführt wird natürlich weiter vom Herrn.

Salsa tanzen

Erinnern Sie sich noch an das klassische Programm aus der Tanzstunde? Wiener Walzer, langsamer Walzer, Tango, Slowfox und Quickstepp, dazu die lateinamerikanischen Tänze Cha-Cha-Cha, Rumba, Samba und Paso doble? Doch in den letzten Jahren hat sich auch Salsa immer mehr zum Standardtanz entwickelt:

– Grundsätzlich ist Salsa ein sehr variantenreicher Tanz, der keinen einheitlichen Grundschritt vorschreibt und sowohl als Paartanz wie auch in größerer Gruppe getanzt werden kann.
– Als Paartanz kann er in offener oder geschlossener Haltung getanzt werden.
– Die Bewegungen enden in der Hüfte, der Oberkörper bleibt ruhig.
– Salsa wird im Viervierteltakt getanzt, wobei man nach drei Schritten (oder Gewichtsverlagerungen) eine Pause einlegt. Alternativ kann man auf den letzten Schlag mit der Fußspitze auftippen (Tap) oder den dritten Schritt so langsam tanzen, dass er sich auf zwei Viertel erstreckt.
– Eine Schrittkombination erstreckt sich meist auf zwei Takte und wird dann wiederholt oder variiert.
– Ein einfacher Grundschritt könnte (aus der Sicht des Herrn) so aussehen: drei Schritte schräg nach hinten, dann ein Tap und schließlich drei Schritte schräg nach vorn und wieder ein Tap, sodass sich am Ende eine V-förmige Bewegung ergibt. Es sind aber auch gekreuzte Schritte oder Seitwärtsbewegungen möglich. Oder die Partner tanzen beide rückwärts auseinander und auf den zweiten Takt wieder zusammen.

Moonwalken

Sie wollen auf der Tanzfläche durch einen Moonwalk à la **Michael Jackson** beeindrucken? Dabei scheint der Tänzer vorwärtszugehen, bewegt sich aber in Wirklichkeit rückwärts.

1 Rechten Fuß auf den Zehenballen stellen.
2 Gewicht auf das rechte Bein verlagern, aber auf dem Ballen bleiben.
3 Linken Fuß flach schleifend nach hinten schieben.
4 Rechten Fuß flach aufsetzen und mit links auf den Ballen wechseln.
5 Und immer schön eine lässige, traumwandlerische Eleganz wahren. Je mehr Sie üben, desto bessere Ergebnisse werden Sie erzielen.

Wenn man die Sache mit dem Gewicht auf dem aufgestellten Zehenballen des Standbeins und der schiebenden Rückwärtsbewegung des Spielbeins mal raushat, kann man seine Bewegungen spielerisch variieren. Je schneller der Wechsel zwischen Spiel- und Standbein erfolgt, desto verblüffender erscheint der Gang. Auch der Moonwalk auf der Stelle ist sehr eindrucksvoll, da man immer den Eindruck hat, der aufgesetzte Fuß bewege sich, während es in Wahrheit der flach abgestellte ist.

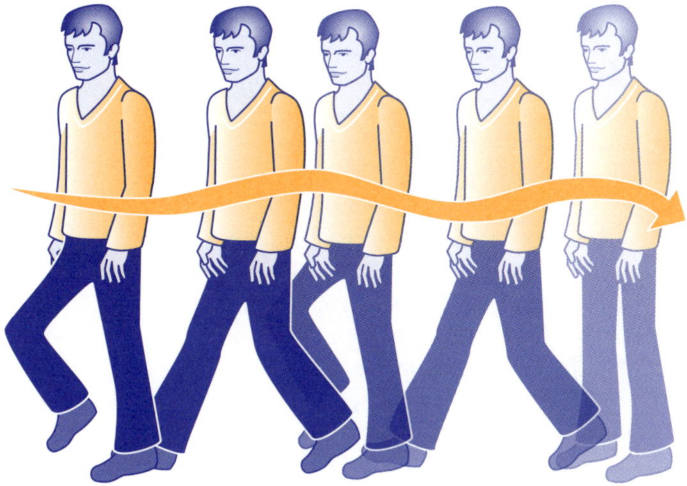

WISSENSWERT

Als Erfinder des Moonwalks wird oft Michael Jackson (1958–2009) erwähnt. Doch das stimmt nicht. Als Gang auf der Stelle wurde er schon im 18. Jahrhundert von Pantomimen ausgeführt. Die Variante mit Rückwärtsbewegung schaute sich Jackson wohl in der Breakdance-Szene ab. Er führte sie erstmals 1983 zu seinem Hit *Billie Jean* vor.

Herzeln

Herzeln ist eines der weniger bekannten **Kartenspiele**, das jedoch den großen Vorteile hat, dass es für Runden mit drei bis sieben Mitspielern geeignet ist. Deshalb kommt es meistens sehr gut an.

- Man spielt mit Bridge- oder Canastablatt mit 52 Karten (ohne Joker).
- Um die Karten gleichmäßig auf alle Spieler verteilen zu können, muss man entweder ein paar unbedeutende (etwa Zweier, aber nicht Herz) aussortieren oder man bildet mit den überzähligen Karten einen verdeckten Stapel, den der erste Spieler aufnehmen und gegen eigene Karten austauschen darf.
- Danach nimmt der erste Spieler drei Karten aus seinem Blatt und schiebt sie an den links von ihm sitzenden weiter. Der nimmt sie auf und schiebt seinerseits drei Karten (jedoch nicht die eben erhaltenen) weiter, bis die Runde sich geschlossen hat.

- Nun beginnt der Spieler links vom Geber das Spiel. Die anderen müssen Farbe bekennen. Den Stich gewinnt, wer die höchste Karte ausspielt. Ziel des Herzelns ist, möglichst keine Karten mit Minuspunkten einzufangen. Das sind die Herzkarten (je ein Minuspunkt) und die „Schwarze Maria“ (Kreuzdame, 13 Minuspunkte).
- Was das Anspielen von Herz zu Beginn eines Stiches betrifft, so gibt es viele Varianten. Die gängige: Erst wenn ein Spieler beginnt, Herz abzuwerfen (weil er die angespielte Farbe nicht hat), darf in den folgenden Stichen Herz angespielt werden. Ausnahme: Ein Spieler hat nur noch Herzkarten auf der Hand. Mit der Kreuzdame darf nie angespielt werden.
- Wer ein schlechtes Blatt hat, kann auch eine „Mondfahrt“ versuchen. Wenn er alle Herz und die Kreuzdame „einfängt“, zählen die Punkte statt minus plus. Fehlt aber auch nur ein Herz, bekommt er 25 Minuspunkte.
- Gewonnen hat am Ende derjenige, der die wenigsten Minuspunkte hat. Man spielt eine festgelegte Anzahl von Runden oder bis der Erste 100 Minuspunkte hat.

GRUNDWISSEN: BLÄTTER, FARBEN UND STICHE

Niemand kann alle Kartenspiele beherrschen. Doch wer etwas Grundwissen hat, kann bei den meisten Spielen nach einer kurzen Erklärung mithalten, vor allem wenn es nur um Geselligkeit und Spaß geht. Wissen sollte man Folgendes:

- Gängig sind das französische und das deutsche Blatt. Beim französischen Blatt heißen die „Farben“ Kreuz, Pik, Herz und Karo, beim deutschen Eichel, Blatt, Herz und Schellen. Den Bildkarten Bube, Dame und König beim französischen Blatt entsprechen Unter, Ober und König beim deutschen.
- Bei vielen Spielen spielen alle der Reihe nach eine Karte von ihrem „Blatt“ aus. Wer die höchste Karte gespielt hat, kassiert alle anderen ein. Die Standardreihenfolge der Karten lautet: Sieben, Acht, Neun, Zehn, Bube, Dame, König, Ass. Doch bei verschiedenen Spielen gibt es andere Reihenfolgen oder Zusatzregeln.
- Bei den meisten Spielen ist eine Farbe Trumpf. Mit ihr kann man Karten anderer Farben überbieten.
- In der Regel müssen alle Spieler die Farbe „bekennen“, die der erste Spieler anspielt. Haben sie jedoch keine Karte der angespielten Farbe, können sie irgendeine andere „abwerfen“ oder mit einer Trumpfkarte „einstechen“.

Zaubertrick vorführen

Sehr effektvoll sind Verschwindetricks wie dieser:

1 Auf dem linken Handteller wird ein Taschentuch ausgebreitet und etwas oberhalb der Mitte eine Münze daraufgelegt.

2 Nun schlägt man die untere Ecke des Taschentuchs über die Münze. Da sie oberhalb der Mitte liegt, reicht die umgeschlagene Ecke aber über die darunterliegende hinaus, was den Zuschauern möglichst nicht auffallen sollte. Eventuell kann man beim Umschlagen den unteren Teil etwas nach hinten ziehen.

3 Als Nächstes schlägt man die untere Kante mehrmals zur Spitze hin um bzw. rollt sie ein, jedoch so, dass die zuvor umgeschlagene Spitze noch hervorsieht. Dabei kommt die zweite Spitze, die ursprünglich unter der umgeschlagenen lag, oben auf dieser Rolle zu liegen.

4 Mit einem Zauberspruch ergreift man das Tuch an dieser Spitze und schüttelt es auf. Die Münze ist verschwunden, da sie durch das Rollen des Tuches unter dem Tuch auf dem Handteller gelandet ist.

5 Man kann nun entweder die Münze durch das Tuch hindurch mit der rechten Hand ergreifen und das Tuch schwenken oder die Münze diskret in der linken Hand unter dem Daumen verbergen und mit der rechten das leere Tuch schwenken.

6 Um die Münze wieder hervorzuzaubern, ergreift man die Münze mit der rechten Hand durch das Tuch hindurch und formt dann mit den Fingern ein Gefäß. Dorthinein stopft man mit den Fingern der linken Hand das Tuch.

7 Mit einem zweiten Zauberspruch werden die Finger der rechten Hand geöffnet. Nun liegt die Münze dort auf dem auseinanderfallenden Tuch.

8 Alternativ kann man eine zweite, identische, vorher dort deponierte Münze irgendwo hervorholen, während die erste Münze in der linken Hand verborgen bleibt.

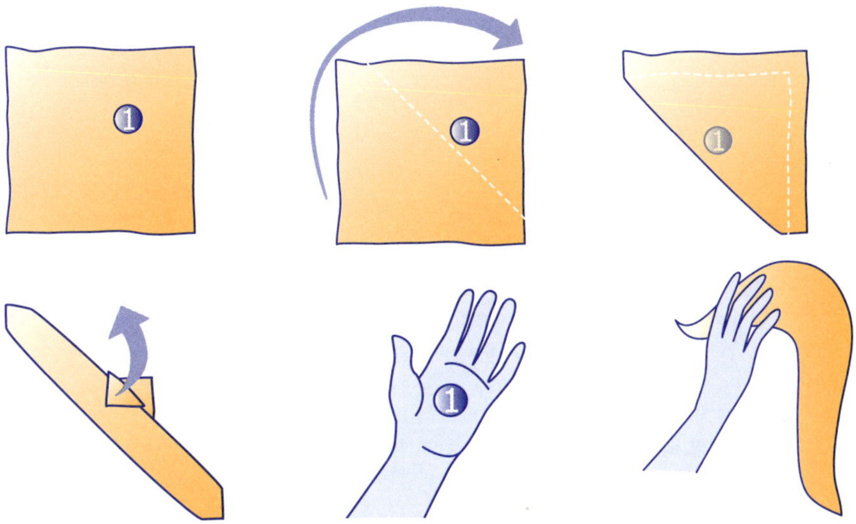

Kartentrick

1 Man mischt ein Päckchen Karten und hält es dabei so, dass man die Werte sieht.
2 Am Ende des Mischens merkt man sich die unterste Karte.
3 Nun wird das Päckchen mit der verdeckten Seite nach oben jemandem aus dem Publikum gereicht. Er oder sie soll eine Karte aus dem Stapel ziehen, sie sich anschauen, verdeckt obenauf legen und einmal abheben.
4 Dann dürfen zwei weitere Zuschauer abheben, um den Stapel zu mischen.
5 Nun blättert der „Hellseher" den Stapel durch und sucht die Karte, die nach seinem eigenen Mischen ganz zuunterst war. Die Karte darunter muss aller Wahrscheinlichkeit nach diejenige sein, die der Zuschauer gezogen hat.

Achtung: Der Trick geht schief, wenn zufällig beim Abheben genau diese beiden Karten getrennt werden. Deswegen wirklich nur zwei- oder dreimal abheben lassen, nicht öfter.

Feuer spucken

Feuer spucken sieht sehr imposant aus, vor allem wenn man seine Vorstellung bei Nacht gibt. Der Trick dabei ist, dass man nicht Feuer spuckt, sondern etwas ins Feuer spuckt. Das klingt zunächst ungefährlich, ist es aber in Wirklichkeit nicht, weshalb man sich genau überlegen sollte, ob man sich in dieser Kunst wirklich versuchen will.
Grundsätzlich nimmt der Feuerspucker entweder eine brennbare Flüssigkeit oder ein Pulver in den Mund. Dieses pustet er aus und zündet es mit einer Fackel an. Viele Flüssigkeiten wie Alkohol oder Wundbenzin entzünden sich jedoch zu leicht und explosionsartig, sodass es zu schweren Verbrennungen kommen kann. Deswegen benutzen die meisten Feuerspucker **Petroleumderivate**. Wenn man diese jedoch aus Versehen verschluckt oder inhaliert, dann kann das zu schweren Vergiftungen oder zu einer Lungenentzündung führen, die im Extremfall lebensgefährlich wird oder auch bleibende Schäden an der Lunge hinterlässt. Oft wird deshalb **Mehl** empfohlen. Dieses ist zwar nicht giftig, kann aber ebenfalls explosionsartig verpuffen. Besser geeignet ist ein Pulver aus **Bärlappsporen**, das es in Apotheken gibt. Doch die Gefahr, sich eine Lungenentzündung zuzuziehen, wenn man den Staub versehentlich einatmet, besteht grundsätzlich auch hier. Deswegen bedenken Sie gut, ob es Ihnen die Sache wert ist.

Jonglieren

Jonglieren ist natürlich Übungssache. Aber es bis zur Handhabung von drei Bällen zu bekommen, ist keine Hexerei, wenn man den Bogen einmal heraushat.

1 Man beginnt mit einem Ball. Dieser wird aus dem Handgelenk nach schräg oben geworfen und fällt dann relativ senkrecht in die geöffnete andere Hand. Der Blick folgt dabei dem Ball, Oberkörper und Arme bleiben ruhig. Geworfen wird nur aus dem Handgelenk heraus.

2 Wenn eine Richtung klappt, das Zurückwerfen üben.

3 Nun nimmt man den zweiten Ball hinzu. Er wird dann geworfen, wenn sich der erste am höchsten Punkt der Flugkurve befindet. Während der zweite ansteigt, landet der erste in der Hand und wird wieder geworfen, bevor der zweite in die Hand fällt.

4 Das Prinzip bleibt auch mit dem dritten Ball unverändert. Geworfen wird immer, wenn sich der vorherige Ball am höchsten Punkt der Flugkurve befindet. Doch nun bleibt nach dem Fangen weniger Zeit, den Ball wieder loszuwerden, bevor der nächste im Anflug ist.

Gelingen wird das Jonglieren nur, wenn man Ruhe bewahrt. Wichtig ist, dass die Bälle immer im gleichen Tempo, nicht zu schnell und sehr exakt geworfen werden. Wenn die Zeit zum Fangen nicht reicht, müssen die Bälle höher geworfen werden.

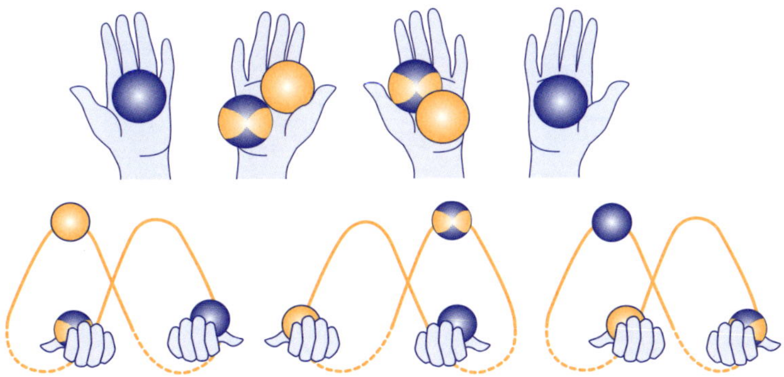

TIPP

Üben Sie anfangs unbedingt mit richtigen Jonglierbällen! Das ist am leichtesten. Wenn Sie damit geübt sind, können Sie auch mit Keulen, Ringen oder sogar brennenden Fackeln jonglieren. Oder Sie lernen neue Techniken: Die oben erklärte Übung heißt **Kaskade**. Bei einer **Fontäne** beispielsweise werfen Sie die Bälle gerade nach oben und fangen sie mit derselben Hand wieder. Versuchen Sie eine **Vier-Ball-Jonglage**, indem Sie mit jeder Hand gleichzeitig eine **Fontäne** mit zwei Bällen werfen. Noch schwieriger sind Muster, bei denen die beiden Hände verschieden agieren, etwa wenn die Bälle mit einer Hand hochgeworfen und mit der anderen gefangen und an die Wurfhand zurückgereicht werden.

Register

A

B

E

F

G

L

Z